AF672939

Frances Hodgson Burnett

Lord Coombe

Frances Hodgson Burnett

Lord Coombe

ROMAN

VERLAG 28 EICHEN
BARNSTORF

Aus dem Englischen übersetzt von Nadine Erler.

Das Original erschien 1922 unter dem Titel
The Head of the House of Coombe
bei Frederick A. Stokes Company, New York,
und liegt hier in der deutschen Erstausgabe vor.

Gretchen Holbrook Gerzina (Northampton, Massachusetts, USA),
Evangeline Holland (La Grange, Illinois, USA)
sowie
Allan Morris (Nottingham, GB)
sei für ihre freundliche Hilfe bei der Recherche gedankt.

Die Deutsche Bibliothek verzeichnet diese Publikation
in der Deutschen Nationalbibliographie.
Detaillierte bibliographische Daten sind im Internet über
http://dnb.ddb.de abrufbar.

ISBN 978-3-940597-95-3

Inhalt

1. Feather

Die Geschichte beginnt vor vielen Jahren – oder jedenfalls kommt es einem dieser Tage so vor. Sie begann zumindest Jahre, bevor die Welt durchgeschüttelt wurde und in den kurzen Ruhepausen ein frappierend neues Muster im Kaleidoskop erschien – und dann sofort wieder ein neues Bild – und noch eins und noch eins, bis jeder Glaube an Beständigkeit dahin war und die Bewohner der Erde nur noch abwarteten und in hilfloser Verwirrung dem Lauf der Sterne zusahen.

Der Beginn reicht in eine Zeit zurück, in der die Leute noch Grund hatten, an Beständigkeit zu glauben, und viele von ihnen – einige aus Naivität, andere aus angeborener Dummheit – glaubten unerschütterlich an die Wichtigkeit und die Sicherheit ihrer Habseligkeiten, Wünsche, Ziele und Überzeugungen.

London fühlte sich zu jener Zeit, ebenso wie andere große Hauptstädte, ziemlich perfekt, obwohl es stolz darauf war, flexibler zu sein als noch fünfzig Jahre zuvor. Immerhin hatte es seine festen Sitten und Gebräuche, Zustände und bewährte Verhältnisse, die Anlaß zu brillanten – oder dummen – Bonmots gaben.

Eines davon, das nicht selten zu hören war, lautete, daß man – in London – unter einem Schirm leben konnte, wenn es nur in der richtigen Nachbarschaft und auf der richtigen Seite der Straße war. Dieses Axiom ist der Grund dafür, daß ein bestimmtes Kind in den ersten sechs Jahren seines Lebens an gewissen Tagen in einem kleinen, schmutzigen Zimmer im obersten Stockwerk eines Hauses, das nur ein schmaler Strich war, in einer engen, aber höchst modernen Londoner Straße saß und zusah, wie die Autos, Kutschen und Menschen im dumpfen Grau des Nachmittags vorbeieilten. Das Zimmer führte den hochtrabenden Titel „Tageszimmer“, und ein zweiter Raum, ebenso schmutzig und ungemütlich, war bekannt als „Nachtzimmer“.

In dem Strich von einem Haus wohnte die sehr hübsche Mrs. Gareth-Lawless, die die überhöhte Miete nur widerwillig zahlte. Die Miete war unmäßig, aber nur, wenn man sie nüchtern sah und den Charakter des Hauses selbst in Betracht zog – es war eine protzige kleine Hundehütte, eingeklemmt zwischen zwei majestätischen Herrenhäusern. Auf einer Seite wohnte ein maßlos reicher Millionär aus Südafrika, und auf der anderen Seite eine maßlos exaltierte Person mit Titel – hinreichende Gründe für eine gewisse Maßlosigkeit der Miete.

Man darf sagen, daß Mrs. Gareth-Lawless zu dem Menschenschlag gehörte, der auf der richtigen Straßenseite wohnen mußte, um nicht zu einem Nichts zusammenzuschrumpfen – denn sie war von Geburt an kaum mehr als ein Nichts gewesen. Ihre äußere Erscheinung war so blaß und schmal, so leichthin und durchsichtig, ihr Geist und Charakter so fadenscheinig, daß sie bei Freunden – und Feinden – unter dem hübschen Namen „Feather" bekannt war. Ihr wirklicher Name – Amabel – war nicht halb so bezaubernd und auch nicht so passend. Sie liebte es, Feather genannt zu werden. In dem erstaunlichen, aber amüsanten Kreis, in dem sie ihr Leben verbrachte, war es Mode, seinen Bekannten phantastische Spitznamen zu geben, die aus der Welt der Vögel, Raubtiere und Fische oder Gegenstände stammten – also flatterte sie als „Feather" durch ihr sonderbares Dasein.

Und so ergab es sich, daß sie die Mutter des Kindes war, das so oft aus dem Fenster des schmutzigen und trostlosen Tageszimmer starrte und das noch zu sehr Kind war, um zu begreifen, daß ein bestimmtes Gefühl, das manchmal in ihm wütete und seinen kleinen Körper heiß und unruhig machte, regelrechter Haß auf einen bestimmten Mann war, der seinen Abscheu sicher nicht mit Absicht geweckt hatte.

„Feather" hatte ihren schönen Namen noch nicht bekommen, als sie Robert Gareth-Lawless heiratete, der ein sehr gutaussehender Mann und eher unzuverlässig als schlecht war. Sie hieß damals noch Amabel Darrel und galt als das hübscheste Mädchen in einer herrlichen Gegend auf der Insel Jersey. Dort hatte ihr Vater, ein Landarzt, eine große Familie mit vielen hübschen Töchtern gegründet und sie mit dem bescheidenen Einkommen aus seiner bescheidenen Praxis durchgebracht. Hübsche junge Dinger muß man früh an den Meistbietenden abgeben, weil sonst ihr Marktwert sinkt. Deshalb ist ein junger Mann aus guter Familie – sogar, wenn er anscheinend keine Mittel hat – ein willkommener Rettungsanker, denn er gehört vielleicht zu einem Schiff und nimmt eine Last ab, die der Lastenträger nur zu gern anderen Schultern aufbürdet. Für einen Mann mit sechs schönen Töchtern ist es leicht, sie als Kapital zu betrachten, wenn er Geld oder eine bedeutende Position oder großzügige Verwandte hat – oder Energie und einen unerschöpflichen Geist. Aber ein Mann, der müde, nicht intelligent oder in irgendeiner Weise bedeutend ist, der seinen Nachwuchs auf einer Kanalinsel großgezogen hat und dessen einziger Beistand in allen Schwierigkeiten eine verwelkte, alberne, unattraktive Ehefrau ist, kann nur auf einen glücklichen Zufall hoffen. Manchmal kommt das Glück ohne Nachhilfe, aber meistens ist das nicht der Fall.

Feather – damals noch Amabel – hielt Robert Gareth-Lawless für einen unglaublichen Glückstreffer. Durch einen Zufall trat er in einem Sommer in ihr Leben, weil die Yacht eines Freundes, mit dem er unterwegs war, im Hafen vor Anker gegangen war. Ein elfenhaftes Mädchen in einem dünnen weißen Kleid und mit großen vergißmeinnichtblauen Augen, das unter der großen Krempe seines Hutes schmachtend zu einem Mann aufblickt, während es seine Frage nach dem Weg beantwortet, wird gern bereit sein, ihm selbst den Weg zu zeigen. Und das ist ein erstklassiger Anfang.

In der Nacht, nachdem sie Gareth-Lawless auf einer Landstraße getroffen hatten, die dicht von Glockenblumen gesäumt war, lagen Amabel und ihre Schwester Alice dicht nebeneinander im Bett und flüsterten aufgeregt über die Möglichkeiten, die sich vielleicht – wenn Gott wollte – durch eine nähere Bekanntschaft mit Mr. Gareth-Lawless bieten würden. Sie waren eifrig und atemlos, jung und voller Begeisterung, und Amabel war entzückt von seinem Äußeren.

„Er sieht *so* gut aus, Alice“, wisperte sie und umarmte ihre Schwester sogar – nicht aus Liebe, sondern vor Aufregung. „Und er kann höchstens sechsundzwanzig oder siebenundzwanzig sein. Und ich bin *sicher,* daß er mich mochte. Du weißt, wie Männer einen ansehen – man merkt es sogar an Orten, an denen nur Pfarrer und solche Leute sind. Er hat braune Augen – wie dunkles glänzendes Wasser in einem Teich. Oh, Alice, wenn er es nun *tut*!“

Alice war vielleicht nicht ganz so begeistert wie ihre Schwester. Amabel hatte ihn zuerst gesehen, und bei den Darrels galt ein ungeschriebenes, wenn auch nicht immer befolgtes Gesetz, das auf dem Grundsatz „Wer zuerst kommt, mahlt zuerst“ beruhte. Zu Beginn einer Bekanntschaft konnte man noch sagen „Hände weg“, aber das galt nicht lange.

„Es spielt keine Rolle, wie hübsch einer ist – sie tun es nur selten“, murrte Alice. „Und vielleicht hat er keinen Viertelpenny.“

„Alice“, flüsterte Amabel beinahe gequält, „das würde mich nicht kümmern – wenn er es nur *tun würde*! Habe ich einen Viertelpenny – oder hast du einen – hat irgendwer, den wir kennen, einen Viertelpenny? Er lebt in London. Er würde mich von hier wegholen. Es wäre himmlisch, in *London* zu wohnen – und sei es nur in einem Hinterhof! Und man *muß* heiraten – so schnell es nur geht. Man *muß*! Und oh!“ Noch eine Umarmung, die diesmal von einem Schaudern begleitet war, „denk nur daran, was Doris Harmer über sich ergehen lassen mußte! Denk an seinen roten Stiernacken – wie furchtbar dick er war! Und wie er immer geschnauft hat! Doris sagte, daß es sie anfangs beinahe krank gemacht hat, ihn anzusehen!“

„Sie ist darüber hinweg“, flüsterte Alice. „Mittlerweile ist sie fast so fett wie er. Und sie ist über und über mit Perlen und Schmuck behängt.“

„Ich müßte über nichts ‚hinwegkommen'", sagte Amabel, „wenn dieser Mann es *tun würde.* Ich könnte mich jeden Moment in ihn verlieben."

„Hast du gehört, was Vater gesagt hat?" Alice sprach die Worte langsam und widerwillig aus. Sie war nicht versessen darauf, ein Detail zu verraten, durch das die aus ihrer Sicht ärgerlich glänzenden Aussichten noch glänzender wurden. Aber sie konnte es sich nicht verkneifen, Amabel noch nervöser zu machen. „Nein, du hast es nicht gehört. Du warst nicht im Zimmer."

„Was hat er gesagt? Etwas über *ihn*? Ich hoffe, es war nichts Schlimmes. Wie könnte es auch?"

„Er hat gesagt", säuselte Alice mit einem Hauch mädchenhaft gehässiger Gleichgültigkeit, „wenn er einer der armen Gareth-Lawlesses wäre, hätte er keine guten Aussichten, den Titel zu erben. Sein Onkel – Lord Lawdor – ist erst fünfundvierzig und hat vier kerngesunde Söhne – perfekte kleine Riesen."

„Oh, ich wußte gar nichts von einem Titel. Wie wunderbar", rief Amabel hingerissen. Nachdem sie einige Augenblicke unschuldige mädchenhafte Überlegungen angestellt hatte, kam ihre Stimme als Hauch seliger Hoffnung unter der Decke hervor. „Kinder haben so oft Scharlach oder Diphtherie, und du weißt – es heißt, daß die besonders Kräftigen noch öfter sterben als die anderen. Der Vikar von Sheen hat *vier* in einer Woche verloren. Und er selbst ist auch gestorben. Der Arzt sagte, daß die Diphtherie ihn nicht umgebracht hätte, wenn der Schock nicht dazugekommen wäre."

Alice – die einen Teelöffel mehr Hirn hatte als ihre Schwester – brach in ein solches Kichern aus, daß sie ihr Kissen in den Mund stopfen mußte, um es zu unterdrücken. „Oh! Amabel!" gluckste sie. „Du bist so ein Esel! Du wärst dumm genug, das vor allen Leuten zu sagen. Stell dir vor, *er* hätte das gehört!"

„Warum sollte es ihn stören", sagte Amabel schlicht. „Man kann nichts für seine Gedanken. Wenn es passieren würde, wäre er der nächste Earl of Lawdor, und – "

Sie verfiel wieder in ihre süßen Träume, und Alice kicherte noch ein bißchen weiter. Dann verstummte sie und wurde ebenfalls nachdenklich. Vielleicht – ! Man mußte praktisch sein. Sie dachte nach, aber sie kicherte nicht mehr, als Amabels Flüstern die Stille brach.

„Alice – glaubst du, daß Beten *wirklich* hilft?"

„Ich habe schon oft um Dinge gebetet, aber sie nie bekommen", antwortete Alice. „Aber du weißt ja, was der Vikar letzten Sonntag in seiner Predigt gesagt hat –‚Bittet, so wird euch gegeben.'[1]"

1 Matthäus 7:7

„Vielleicht hast du nicht mit der richtigen Einstellung gebetet“, gab Amabel mit echter Frömmigkeit zu bedenken. „Wollen wir – wollen wir es versuchen? Wir steigen aus dem Bett und knien uns hin.“

„Steig du aus dem Bett und knie dich hin“, war Alices mitfühlende Antwort. „*Meinetwegen* würdest du dir nicht solche Mühe machen.“

Amabel setzte sich auf die Bettkante. In dem schwachen Mondlicht und ihrem weißen Nachthemd sah sie beinahe engelhaft aus. Sie umklammerte das Ende des langen hellen Zopfs, der über ihre Schulter hing, und ihre Augen blickten vorwurfsvoll. „Ich finde, daß du wenigstens *etwas* Interesse haben solltest“, sagte sie in klagendem Ton. „Du weißt, daß die Chancen für dich und die anderen besser wären – wenn ich nicht hier wäre.“

„Ich warte ab, bis du nicht mehr hier bist“, erwiderte Alice ungerührt.

Aber Amabel hatte das Gefühl, daß in diesem Fall keine Zeit zum Abwarten war. Eine Yacht, die kam, konnte ebenso schnell wieder ablegen. Sie kniete nieder, faltete ihre zarten jungen Hände und lehnte die Stirn dagegen. Sie betete darum, daß die göttliche Weisheit Mr. Robert Gareth-Lawless auf den gewünschten Pfad führen möge. Sie machte auch einige Versprechungen, denn nichts ist einfacher, als Dinge zu versprechen. Sie endete mit der flehentlichen Bitte, daß – wenn ihr Gebet erhört wurde – etwas „passieren möge“, durch das sie Countess of Lawdor wurde. Man hätte diese Bitte nicht zartfühlender vorbringen können.

Sie war in gehobener Stimmung und fühlte sich ein bißchen heilig, als sie wieder aufstand. Alice war eingeschlafen und seufzte leicht, als Amabel neben ihr ins Bett schlüpfte. Kaum lag ihr schöner kleiner Kopf auf dem Kissen, als ihr auch schon die Augen zufielen. Dann schlief sie ein – und sah in dem vom Mondlicht schwach beleuchteten Zimmer mit dem langen weichen Zopf über der Schulter noch engelhafter aus als vorher.

Ob es nun diesem rührenden Appell an den Thron der Gnade zu verdanken war oder nicht – Robert Gareth-Lawless *tat es*. Drei Monate später fand die Hochzeit in der alten Dorfkirche statt, und die blumenhaften Brautjungfern folgten der Blüte von einer Braut zum Altar und später zum Bahnhof, wo Mr. und Mrs. Robert Gareth-Lawless in den Zug nach London stiegen. Vielleicht knieten Alice und Olive in der Nacht nach der Hochzeit auch vor ihren weißen Betten nieder, denn an jenem verheißungsvollen Tag beschlossen zwei Freunde des Bräutigams – einer war der Besitzer der Yacht –, an den Ort zurückzukehren, wo die hübschesten nymphenartigen Geschöpfe zu finden waren, die ein Mann bekommen konnte? Solche feinen Köpfchen mit Kronen aus hellem Haar, so zarte kleine Stupsnasen und schmale weiße Hälse, soviel vergnügtes unsinniges Geplauder! Wenn ein Mann selber genug Geld hat, warum soll er nicht das hübscheste Ding nehmen, das er sieht? So wurden auch Alice und Olive abtransportiert, und die armen Eltern stießen Seufzer der Erleichterung aus. Es gab noch mehr Chancen und Gründe zu freudiger Hoffnung in dem einst so überfüllten Haus, das nun freie Zimmer hatte.

Eine gewisse Unaufmerksamkeit seitens der Gottheit zeigte sich zweifellos darin, daß in Lord Lawdors Familie nichts „passierte“. Im Gegenteil, seine vier kleinen Riesen gediehen prächtig, und ein paar Monate nach Gareth-Lawless' Hochzeit schenkte Lady Lawdor überflüssigerweise ihrem Mann Zwillinge – zwei Söhne, die so kräftig waren, daß sie jahrelang scherzhaft „die Herkules-Zwillinge“ genannt wurden.

Zu diesem Zeitpunkt war aus Amabel „Feather“ geworden, und trotz Roberts genialer und gewissenhafter Art, von absolut nichts zu leben, hatte sie allen Grund zu wissen, daß „das Leben in einem Londoner Hinterhof“ nicht bedeutete, daß man auf Rosen gebettet war. Es mußte die „richtige Straße“ sein, und die Leute, mit denen sie sich abgaben, mußten wenigstens so wirken, als hätten sie die richtige Art von Teilnahmslosigkeit und modischer Leichtlebigkeit; man hatte immer Schulden und war gezwungen, Gläubigern aus dem Weg zu gehen, und verpflichtet, Dinge vorzutäuschen und raffinierte Lügen zu erzählen und immer den Anschein von Fröhlichkeit zu wahren. Manchmal sah man sich so sehr in die Enge getrieben, daß man wichtige Abmachungen nicht einhalten konnte, und das Erfinden glaubwürdiger Ausreden erforderte Genialität. Der Strich von einem Haus zwischen den beiden großen Häusern war eine unbedachte Entscheidung während der Flitterwochen gewesen, aber nachdem sie ein Jahr lang elegante kleine Dinners gegeben hatten und zu eleganten großen Dinners gegangen waren – oder richtiger, in einem eleganten, wenn auch kleinen Brougham gefahren waren, fanden sie sich in einer Lage wieder, die viel Ähnlichkeit mit dem Tanz auf einem Vulkan hatte.

Dann wurde Robin geboren. Sie war ein Eindringling und natürlich ein Malheur. Niemand hatte sie vorgesehen. Feather weinte eine ganze Woche lang, als sich die Wahrscheinlichkeit ihrer Ankunft erstmals bemerkbar machte. Danach jedoch gelang es ihr, das herannahende Ärgernis zu vergessen, und sie ging auf Parties und tanzte bis zum Morgengrauen. Sie war nach wie vor ein großer Erfolg, denn ihre Schönheit war anziehend, und ihre beschränkten Geistesgaben störten weder ihre männlichen noch ihre weiblichen Bewunderer.

Daß Feather Mutter geworden war, gab reichlich Anlaß zu albernen Witzen, als Robin in einem Bündel aus Spitze von ihrem Kindermädchen nach unten getragen wurde, um in dem protzig hergerichteten, überfüllten kleinen Wohnzimmer in dem Strich von einem Haus in der Mayfair Street präsentiert zu werden.

Das Oberhaupt des Hauses Coombe stellte die erste Frage. „Was werden Sie mit ihr machen?“ erkundigte er sich teilnahmslos.

Ein neugeborenes Kind hätte kein unschuldigeres Gesicht machen können als die schöne Feather. Der Blick ihrer blauen Augen war hell und klar wie Quellwasser – und frei von jedem Gedanken oder Plan. Auch ihr Lachen war hell und klar – entzückend klar. „Machen?“ wiederholte sie. „Was ‚machen‘ die Leute mit Babys? Ich nehme an, das Kindermädchen weiß es. Ich weiß es nicht. Ich würde sie niemals anfassen. Sie macht mir angst.“ Sie rückte ein bißchen näher und beugte sich über die Kleine. „Ich werde sie Robin nennen“, sagte sie. „Sie heißt eigentlich Roberta, weil sie nicht Robert heißen konnte. Die Leute werden sich nach ihr umdrehen, wenn sie hören, daß sie Robin genannt wird. Das paßt auch zu ihren Augen – sie hat Augen wie ein Rotkehlchen! Ich wünschte, sie würde sie aufmachen, dann könntest du es sehen!“

Zufällig schlug Robin in diesem Moment die Augen auf – ganz langsam. Sie waren von einem dunklen, glänzenden Braun und starrten unverwandt in das Gesicht von Lord Coombe.

„Sie starrt mich an. Ich sehe Abneigung in ihrem Blick“, sagte er und starrte unverwandt, aber mit einem gewissen kühlen Interesse, zurück.

2. Das Oberhaupt des Hauses Coombe

Oberhaupt des Hauses Coombe" war ein Titel, der nicht im *Burke* oder *Debrett* zu finden war. Es war eine feine Ironie des Oberhauptes selbst. Seine Bekannten hatten den Titel akzeptiert und verwendeten ihn oft, wenn sie in der richtigen Stimmung waren. Das Adelsverzeichnis führte ihn als Marquis und fügte noch einige geringere Titel hinzu.

„Als die englische Gesellschaft noch ehrbar war, manchmal so sehr, daß es langweilig wurde", war sein Standpunkt, „spielte es eine große Rolle, als künftiges ‚Oberhaupt des Hauses' geboren zu sein. Bei Strafpredigten der Eltern und Hauslehrer wurde es immer als letztes Argument vorgebracht gegen unmoralisches Verhalten – zum Beispiel Schulden oder nicht zur Kirche zu gehen. Als Oberhaupt des Hauses war man aufgefordert, ein Vorbild zu sein. Auf dem Land erschien man in seiner Kirchenbank und nannte sich selbst lauthals einen ‚elenden Sünder', man mußte den Pfarrer regelmäßig zum Essen einladen, und die ‚Damen' der Familie spendeten ihre abgelegten Kleider den Armen. Männer und Frauen waren in jenen Tagen als ‚Ladies' und ‚Gentlemen' bekannt. Man stand für Dinge – Parteien im Parlament –, Wohltätigkeitsvereine und britische Gastfreundlichkeit in Form von erstaunlich langen Abendessen, bei denen man auf das Wohl der Leute trank und Reden hielt. In süßer Jugend tanzte man den Schottischen und die Polka und den Walzer, den Lord Byron unanständig fand. Man muß lächeln, wenn man an den Furor seines Gedichtes denkt – wenn man gerade in einem Kabarett zu Abend ißt."

Er galt als sehr unterhaltsam, wenn er seine eigene Einstellung zu seiner Welt im allgemeinen analysierte.

„Ich wurde etwas zu spät geboren – und etwas zu früh", erklärte er leichthin auf seine kühle, teilnahmslose Art. „Ich wurde geboren und erzogen, als eine Ära gerade zu Ende ging, und mußte mich in einer neuen zurechtfinden. Ich lag in der Wiege zwischen verehrten Überbleibseln – den Werten des George und Königin Charlotte – und Königin Victoria in ihrer Blütezeit. Als ich in der Blüte meines Lebens stand, wurden ‚Damen' getadelt, wenn sie in Salons Kleider trugen, die zu tief ausgeschnitten waren. Solche Erziehung weckt Interesse an der Mode, in der Korsetts nebensächlich sind – und griechische Nymphen, die barfuß und mit schönen nackten Beinen tanzen, die eigenen Verwandten sein können. Ich versichere, daß ich nicht im entferntesten ungnädige Kommentare abgebe. Ich beobachte nur die Schnelligkeit der Veränderung mit ungekünsteltem Interesse. Als Oberhaupt des Hauses Coombe bin ich nicht sicher, *wofür* ich ein Beispiel bin – oder für wen. Deshalb nehme ich meine Rolle in dieser Hinsicht nicht allzu ernst.“

Die Teilnahmslosigkeit, mit der er sich nach dem neugeborenen Baby der verantwortungslosen Feather erkundigte, entsprach vollkommen seiner Einstellung zu der einzigartigen Sache Leben, geformt von der Welt, dem Fleisch und dem Teufel. Keiner der drei beeindruckte oder verstörte ihn, oder wenn doch, so merkte es jedenfalls niemand. Seine eigenen Erfahrungen waren sehr vielfältig und beinahe unbegrenzt. Für ihn war alles in Reichweite gewesen – Vergnügungen, sündige und unschuldige Genüsse, harmlose und gefährliche Bosheiten, die Kenntnis seltsamer Dinge und die Möglichkeit, alle lästigen Pflichten zu ignorieren. Nur eine übermenschliche Nachsicht hätte glauben können, er habe in der Blüte seiner Jugend seine Chancen nicht genutzt. Reichtum und fehlende Grenzen hätten an sich schon gereicht, um aus dem unkonventionellen Viktorianer ein abschreckendes moralisches Beispiel zu machen, aber diese drei Versuchungen, vereint mit gutem Aussehen und einer gewissen geistigen Brillanz, führen so unausweichlich zu eleganter Lasterhaftigkeit, daß das Ergebnis eigentlich selbstverständlich war.

Die jeweiligen Welten, in denen er in verschiedenen Ländern lebte, akzeptierten ihn mit Freuden als interessante, faszinierende und mehr oder weniger sündige Persönlichkeit. Das Oberhaupt des Hauses Coombe betrachtete das – schon Jahre, bevor er das Oberhaupt wurde – mit der Distanziertheit, die er – noch viel früher – gelernt hatte. Warum sollte es auch nur die geringste Rolle spielen, was man von sich selber dachte – und darum – warum sollte man überhaupt denken? Mit dieser einfachen Theorie hatte er begonnen – ein rundum glücklicher junger Heide. Nach einigen Jahren war er nicht mehr ganz so glücklich, blieb aber ebenso heidnisch und blieb bei der Theorie, die ihren ersten sorglosen Reiz verloren und eine geheime Bitterkeit angenommen hatte. Er hatte nicht geheiratet, und unzählige Geschichten über den Grund waren in Umlauf. Die meisten waren völlig falsch und keine ganz richtig. Als er seine Jugend hinter sich hatte, wurde viel über seine Schändlichkeit gesprochen, besonders, nachdem sein Vater gestorben war und er den Platz als Familienoberhaupt eingenommen hatte. Er war alt genug, reich genug und wichtig genug, so daß eine Heirat nahezu ein Muß war. Aber er blieb unverheiratet. Außerdem schien er zu finden, daß sein Verzicht nur ihn selbst etwas anging.

„Sind Sie so bösartig, wie die Leute sagen?“ fragte ihn einmal eine freche junge Frau. Sie gehörte zu den jungen Leuten, die in jener Saison Frechheit wie eine neue Mode ausprobierten.

„Ich weiß es wirklich nicht. Es ist so schwierig zu entscheiden“, antwortete er. „Ich könnte es eher sagen, wenn ich genau wüßte, was Bösartigkeit ist. Wenn ich es herausfinde, lasse ich es Sie wissen. Vielen Dank für Ihr Interesse.“ Er wußte, daß eine junge Dame dreißig Jahre früher sich lieber auf dem Scheiterhaufen hätte verbrennen lassen, als so eine taktlose Bemerkung zu machen. Statt dessen hätte sie vielleicht zartfühlend versucht, „erste Hilfe“ bei der Besserung zu leisten, indem sie liebenswert das Thema Kirchgang erwähnt hätte.

Die freche junge Frau sah ihn an, und er war nicht blind dafür, daß seine Antwort ihre Aufmerksamkeit geweckt hatte.

„Ich weiß nie, was Sie meinen“, sagte sie beinahe traurig.

„Ich auch nicht“, war seine liebenswürdige Erwiderung. „Und ich bin sicher, daß es sich nicht lohnt, das Thema zu vertiefen. Wirklich, wir wissen beide nicht, was wir meinen. Vielleicht bin ich so böse, wie ich sein kann. Und ich habe vielleicht schreckliche Fehler – oder vielleicht auch nicht.“

Nach dem Tod seines Vaters verbrachte er viel mehr Zeit in London und viel weniger damit, den Globus zu bereisen. Aber als er vierzig war, kannte er nahe und ferne Länder und deren Bewohner in- und auswendig. In den meisten Großstädten hätte er sich mit verbundenen Augen zurechtgefunden. Er hatte viel gesehen und gelernt. Am meisten fasziniert hatten ihn die Pläne und Veränderungen der Nationen, der Staatsmänner, der Regierenden und der Regierten. An Königshöfen und in Hauptstädten kannte man ihn, und er hatte die Freiheit, ungehindert zuzusehen. Sein Äußeres weckte bei seinen Gesprächspartnern kein Mißtrauen, und er hörte viel Aufschlußreiches von Leuten, die keine Ahnung hatten, daß er Dinge lange behielt und scharfsinnige Schlüsse zog. Er hatte ein beachtliches Gedächtnis, und es war keine Rumpelkammer mit unsortierten bunten Überbleibseln, sondern ein großer ordentlicher Raum, dessen Inhalt sortiert, katalogisiert und vor neugierigen Blicken geschützt war. Er hatte auch eine Neigung, alles bis zum Schluß zu durchdenken. Er kannte und sah diejenigen, die mit gerunzelten Brauen grübelten und vorsichtig zögernder Hand vor dem großen Schachbrett von Europas Landkarte saßen. Er beobachtete ihr Spiel voller Spannung. Es war sein Glück, daß er durch seine Stellung im Leben Menschen kannte, die Kronen trugen und für die es zum Alltag gehörte, daß man ihnen huldigte, indem man den Hut vor ihnen zog und das Knie beugte.

Mit vierzig blickte er zurück auf die Zeit, in der das wacklige Fundament, auf dem die Personen bauten, ihn erschreckt hatte. Die Erkenntnis hatte ihn getroffen wie ein Blitz, der in seinen Geist einschlug, so neu und gewagt und geradezu frevelhaft war sie gewesen. Er hatte damals nur mit einem Menschen darüber gesprochen.

„Ich habe keine moralischen oder ethischen Standpunkte zu bieten", hatte er gesagt. „Ich *sehe* nur. Das Ganze wird in sich zusammenkrachen. Ich sehe so deutlich vor mir, was passieren wird, daß mir die Aussicht schrecklich erscheint. Man ist von jeher an die alten Landesgrenzen gewöhnt und war jahrhundertelang beeindruckt vom alten Pomp und alter Schönheit, daß man sich die Welt ohne sie nicht vorstellen kann. Sogar auf den Kannibaleninseln gab es Könige."

Als Staatsmann oder Diplomat hätte er weit in die Zukunft gesehen, aber er war zu sehr damit beschäftigt, das Leben zu genießen, und zu bequem für irgendeine ernste Arbeit. Er gestand sich selbst freimütig ein, daß er ein wertloser Mensch war, aber die Tatsache störte ihn nicht. Er hatte von Natur aus ein Gehirn, das trotz Müßiggang beobachtete und arbeitete und sein Dasein interessant machte. Aber das war alles.

Als die Jahre vergingen, begeisterte es ihn nicht, zu wissen, daß die Leute, wenn sie von ihm sprachen, fast immer erwähnten, daß er der bestgekleidete Mann in London war. Ihm war der Gedanke zuwider, obwohl er wußte, daß die Wahrheit nicht zu bestreiten war. Die Vollkommenheit seiner Aufmachung stammte noch aus seiner Jugend und rührte von einem heimlichen Gefühl für das Passende und für Harmonie her. Beschaffenheit und Farbe machten ihm eine fast unnormale Freude, aber als männliches Wesen konnte er sie nur zum Ausdruck bringen, indem er sich auf Perfektion beschränkte. Selbst mit fünfundzwanzig war er jedoch nie Dandy genannt worden, und sogar jetzt, da er fünfundvierzig war, verglich ihn noch niemand mit Beau Brummell. Allerdings sprachen Männer und Frauen zu dieser Zeit oft von dem Schnitt und der Farbe seiner Kleidung, und Schneider baten ihn, sie zu beehren, in der ehrgeizigen Hoffnung, ihn als Kunden bezeichnen zu können. Und die schlichte Tatsache, daß er in einer bestimmten Farbe oder einem bestimmten Schnitt erschien, machte daraus sofort eine Mode, die alle begierig aufgriffen, trugen und übertrieben, bis ihr Schöpfer sie plötzlich fallenließ und sie im Niemandsland billiger Nachahmung und in billigen Läden in Vergessenheit geriet und bald nicht mehr zu sehen war.

Feather selbst hatte einen wunderbaren Trick beim Sammeln ihrer Kleider. Es war ein Trick, der sie manchmal beinahe schöpferisch tätig werden ließ. Ihre Leidenschaft, sich zu schmücken, äußerte sich gelegentlich in genialen Kombinationen und einer überraschenden Einzigartigkeit der

Form. Mit ihrer schmalen Gestalt, ihrem hellen Teint und ihrem aschblonden Haar konnten sie leicht seltsame Schwünge und verrückte Hüte und gewagte Farben tragen, die anderen Frauen nicht standen – aber sie versuchten ohne Ausnahme, Feather zu imitieren, so katastrophal die Ergebnisse auch waren. Unter herabhängenden Hutkrempen, die für die meisten Gesichter hoffnungslos unvorteilhaft waren, schaute das ihre so hübsch wie das eines Kindes hervor, das den Hut seiner Großmutter trägt. Alles hüllte sie in schmeichelhafte Hüllen, die kapriziös, aber nie grotesk waren.

„Mir steht alles", sagte sie schlicht. „Aber oft stecke ich ein Kleid hier und da mit Sicherheitsnadeln hoch, oder ich gebe einem Hut einen Knuff, damit er eine Beule bekommt – dann sieht es viel besser aus. Die Leute fragen immer, wie ich es mache, aber ich weiß es nicht. Ich habe letzte Woche einen Hut bei Cerise gekauft und ihm zwei kleine Hiebe mit der Faust gegeben – einen obendrauf und einen auf die Krempe, und das ging wunderbar. Die Dienerin einer bedeutenden Persönlichkeit hat mein Dienstmädchen gefragt, wo ich den Hut gekauft habe. Ich habe ihr natürlich nicht erlaubt, es zu erzählen."

Sie erschuf Moden und wurde imitiert, ebenso wie das Oberhaupt des Hauses Coombe, aber sie war begeistert davon und bot die ganze Kraft der grauen Materie ihres kleinen Gehirns dafür auf, neue Phantasien für ihre Welt zu erschaffen.

Sie waren noch kein Jahr verheiratet, als sich bei Robert Gareth-Lawless ein leiser Zweifel regte – die schreckliche Befürchtung, daß sie vielleicht im Laufe der Jahre entsetzlich langweilig werden würde – vor allem, wenn ihre Schönheit verwelkte. Sie plapperte so endlos über nichts und war so ein hohlköpfiges, extravagantes kleines Dummerchen und so besessen von Kleidern, Kleidern und noch einmal Kleidern, als seien sie die Luft zum Atmen. Nachdem er eines Morgens zwei Stunden dabei zugesehen hatte, wie sie vor dem Spiegel saß und ihre Zofe anwies, ihren Hut und ihr Haar immer wieder neu zu arrangieren – mit sanften Schwüngen und Löckchen und Ringen, weichen Bändern und Reifen, Zöpfen und Rollen –, brach er in ein kurzes, unfrohes Lachen aus und sagte, was er dachte. Aber das nahm sie nicht so recht wahr – und wenn, hätte sie ihn nicht verstanden.

„Wenn du eine Seele hast – und ich bin mir da gar nicht sicher", sagte er, „ist sie dreigeteilt – in die Läden eines Schneiders, eines Friseurs und eines Hutmachers. Sie ist überfüllt mit wilden Haufen von Hüten und Kleidern und Diamantenkämmen. Es ist ein schreckliches Durcheinander, Feather."

„Ich hoffe, es ist auch ein Schuhgeschäft und ein Juwelier dabei", lachte sie vergnügt. „Und der Laden einer Spitzenklöpplerin. Ich brauche sie alle."

„Es ist ein Billigladen", sagte er, „und in dem gibt es nur *Chiffon.*"

„Wenn ich jemals an Seelen denke, dann stelle ich sie mir vor wie alberne kleine durchsichtige Blasen, die durch die Luft schweben“, war ihre heitere Antwort.

„Das ist ein treffender Gedanke“, sagte er mit einem deutlich lauteren Lachen. „Deine könnte aus rosa und blauer Gaze sein – übersät mit den Dingern, die du Pailletten nennst.“

Die Vorstellung gefiel ihr. „Wenn ich so eine Seele hätte“, es machte ihr offensichtlich Spaß, sich so etwas auszumalen, „würde sie an meiner Schulter flattern – oder auf meinem Hut – oder abends in meinem Haar, gehalten von einer winzigen funkelnden Kette mit einer diamantenbesetzten Nadel – und mit hübschen kleinen rosa und blauen Luftschlangen.“ Auf geniale Weise hatte sie ihrer Seele sofort ihren Platz in ihrem Universum zugewiesen.

Und Robert lachte noch lauter als vorher.

„Du darfst mich nicht zum Lachen bringen“, sagte sie und hob die Hand. „Ich habe mein Haar so frisiert, daß es zu dem quäkerhaften mausgrauen Kleid mit dem winzigen Hut mit Krempe paßt – und mein Gesicht muß auch entsprechend aussehen, nämlich sanft und demütig. Man darf nicht lachen, wenn man so ein Kleid und so einen Hut trägt, man darf nur lächeln.“

Ein paar Monate früher hätte Rob nur schwer glauben können, daß sie all das ohne eine Spur von Humor sagte, aber jetzt war ihm klar, daß es so war. Er hatte selbst einigen Sinn für Humor, und einer der Gründe für das vage Gefühl, daß sie sich als Langweilerin entpuppen könnte, war, daß sie keinen Funken davon besaß.

Auf der Gartenparty, auf der sie das quäkerhafte mausgraue Kleid und den winzigen Hut mit Krempe trug, sah das Oberhaupt des Hauses Coombe sie zum ersten Mal. Es war bei einem modernen Künstler, der in Hampstead lebte und einen Garten und ein paar schöne alte Bäume hatte. Es war Feathers Absicht gewesen, dadurch aufzufallen, daß sie in zarten, gedämpften Farben erschien. Alle anderen Frauen trugen Blau, Rosa, Gelb oder Blumenmuster, und sie stach mit ihrer duftigen Kühle und ungewöhnlichen Farben hervor. Auf anderen Köpfen thronten breite, geschwungene oder herabhängende Hüte, aber ihre Kopfbedeckung sah aus wie die einer kleinen Nonne oder die einer zarten jungen Urgroßmutter auf einem verblichenen Foto. Sie zog mehr Blicke auf sich als jedes andere weibliche Geschöpf auf dem smaragdgrünen Rasen und unter den Bäumen.

Als Coombes Blick zum ersten Mal auf sie fiel, sprach er mit einer Gruppe von Leuten und unterbrach sich plötzlich. Jemand, der neben ihm stand, sagte später, daß er eine Sekunde lang ganz blaß geworden sei – als habe er etwas gesehen, das ihm Angst einjagte.

„Wer ist die Frau unter der Rotbuche – die Harlow zuhört?" fragte er.

In der Tat lauschte Feather in demütiger Haltung und mit gesenkten Lidern. Es paßte genau zu dem engelhaften haubenartigen Hütchen.

„Das ist Mrs. Robert Gareth-Lawless – wir nennen sie ‚Feather'", wurde ihm gesagt. „Haben Sie je so etwas Kunstvolles gesehen wie dieses faszinierende mausgraue Kleid? Wenn es feuerrot wäre, würde es nicht derart auffallen."

„Man würde auch nicht so lange hinsehen", sagte Coombe. „Man ist versucht, sie anzustarren. Und der kleine Hut – oder die Haube – und das Satinband mit der hellen Blüte! Würde mich bitte jemand vor dem Starren bewahren, indem er mich zu ihr führt? Wenn ich mit ihr rede, starre ich sie nicht an. Bitte!"

Die Blässe kam wieder, als er über den Rasen geführt wurde und sich der Rotbuche näherte. Er war immer noch ziemlich blaß, als Feather zu ihm aufblickte. Die Natur hatte ihr Augen geschenkt, die, wenn sie aufschauten, aussahen wie die eines Engels. Es gibt Augen von dieser bestimmten Form. Aber er hatte noch keine Viertelstunde mit ihr gesprochen, als er wußte, daß es keinen Grund gab, bei ihrem Anblick seine gesunde Farbe zu verlieren. Er hatte zuerst gedacht, es gäbe einen. Mit dem Instinkt, der ihren Sinn für das Passende auszeichnete, hatte sie begonnen, innerhalb von fünfzehn Minuten – kurz bevor die Farbe in sein Gesicht zurückgekehrt war – davon zu erzählen, wie sich ihr Mann ihre Seele vorstellte, als Ballon aus rosa und blauer Gaze, übersät mit Pailletten. Und von ihrem eigenen Einfall, sie als flatterndes Etwas an der Schulter zu tragen, oder im Haar, gehalten von einer glitzernden Kette – und mit feinen krausen Samtbändern. Sie war begeistert von seinem Lachen – obwohl sie fand, daß es einen ziemlich brüchigen, rauhen Klang hatte. Sie wußte, daß er eine wichtige Persönlichkeit war, und sie fühlte sich immer erfolgreich, wenn Leute lachten.

„Ausgezeichnet!" sagte er. „Ich werde Sie in Zukunft nie ohne sehen. Aber wäre es nicht nötig, ab und zu die Farbe zu ändern?"

„Oh! Ja – damit sie zu meinen Sachen paßt", sagte sie ernst. „ich könnte zu diesem", sie blickte auf das mausgraue Kleid, „kein Rosa oder Blau tragen, und keine Pailletten."

„O nein – keine Pailletten", stimmte er mit beinahe feierlichem Ernst zu, nachdem sein rauhes Lachen verklungen war.

„Man kann sich die genaue Farbe nicht auf Anhieb vorstellen. Man muß nachdenken", überlegte sie. „Vielleicht ein nebelhafter, bläulicher Ton – wie eine Regenwolke – der beinahe gar keine Farbe ist."

Für einen Moment legte sich ein feiner Schleier auf ihre Augen, als sähe sie einen Traum. Er sah sie unverwandt an. Eine engelsgleiche Frau konnte so aussehen, wenn sie sich fragte, wofür alles ihre reine Seele zu beten wagen dürfe. Dann lachte er wieder, und Feather lachte auch.

Ihr gingen schon viele praktische Gedanken durch den Kopf. Es wäre das Beste, wenn er sie wirklich bewundern würde. Rob hatte eine Menge Ärger mit Leuten, denen sie Geld schuldeten. Immer wieder kamen Rechnungen und unerfreuliche Briefe. Ihr Schneider und der Modist hatten höchst ruppige Andeutungen gemacht, die man eigentlich kaum noch Andeutungen nennen konnte. Sie wagte es kaum, mit ihrem pfiffigen jungen Diener zu reden, denn sie wußte, daß er die Stelle in dem Streifen von einem Haus nur angenommen hatte, weil man ihm gesagt hatte, es könne ein Sprungbrett für etwas Besseres sein. Sie wußte allerdings nicht, was man ihm in der Agentur genau gesagt hatte:

„Sie sind ein schönes Paar, und er ist Lord Lawdors Neffe. Sie sind jetzt gerade sehr obenauf, und vornehme Leute werden sie zu Hause besuchen, weil sie so hübsch ist. Es hält vielleicht zwei oder drei Jahre, und es wird Ihnen die Tür zu Leuten öffnen, die sich an einen fähigen jungen Mann erinnern – wenn er zeigt, daß seine Leistungen überdurchschnittlich sind."

Je mehr Männer aus der Schicht des Oberhaupts des Hauses Coombe in dem Streifen von einem Haus ein- und ausgingen, desto wahrscheinlicher war es, daß die Hausbesitzer interessante Einladungen und weiterhin Kredite bekamen. Dessen war sich Feather bewußt. Außerdem, dachte sie genialerweise, wenn er reich ist, wird er Bob zweifellos Geld leihen. Sie wußte schon, daß bestimmte Männer, die sie mochten, es getan hatten. Es störte sie überhaupt nicht. Man mußte Geld haben.

Dies war der Beginn einer Bekanntschaft, die Anlaß zu vielen Diskussionen beim Tee und auf Dinnerparties und in Boudoirs gab – und sogar in den Ecken von Feathers eigenem kleinen protzigen Wohnzimmer. Bei den Diskussionen ging es darum, wie groß Coombes Interesse an ihr war. Man war immer neugierig, wie groß sein Interesse an allen möglichen Frauen war – besonders die Frauen selbst waren es, wenn auch nur insgeheim. Oberflächliche Beobachter sagten, er sei ganz vernarrt, wenn das bei einem Mann seines Temperaments möglich war, wer genauer hinsah, meinte, es sei für einen Mann seines Temperaments *nicht* möglich, und jeder Reiz, den Feather für ihn haben mochte, sei von einer besonderen Art, die nur er erklären könne – was er aber nicht tun würde.

Es war jedoch eine Tatsache, daß er sie sehr oft sah. Man konnte sogar sagen, daß er ihr nachlief, und mehrere besonders aufmerksame Beobachter hatten gesehen, daß er gelegentlich etwas abseits stand und sie ansah – mit einem Gesichtsausdruck, der auf tiefes Nachdenken schließen ließ und auf die feste Entschlossenheit, sich in keiner Weise anmerken zu lassen, *was* er dachte. Sein Umgang mit ihr hatte keinen Hauch von Tiefsinnigkeit. Er sprach mit ihr über das, was ihr am besten gefiel – über sie selbst, ihre Erfolge und ihre Kleider, die erfolgreicher waren als alles andere. Er ging zu den kleinen, aber höchst lebhaften Dinners, die die Gareth-Lawlesses gaben, und obwohl er nicht als begeisterter Tänzer war, tanzte er dann und wann auf Bällen mit ihr.

Die arglose Feather hegte in bezug auf ihn keine Zweifel. Sie war ganz sicher, daß er in sie verliebt war. Sie hatte die Vorstellung, daß es in der Liebe um Kleidung und Präsenz und Schönheit ging und daß man als Resultat davon bekam, was man wollte, wenn man schlau genug war. Ihre Liebe zu Rob und seine Liebe zu ihr hatten ihr das Leben in London und vielfältige Amüsements eingebracht. Mit ihrem Mann sprach sie über diesen lohnenden Fang ganz offen, leichthin und freundlich.

„Natürlich bekommst du bei seinem Schneider einen Kredit, weil du ihn so gut kennst", sagte sie. „Als ich ihn letzte Woche überredet habe, mit mir zu Madame Helene zu gehen, war sie sehr liebenswürdig. Er hat mir geholfen, sechs Kleider auszuwählen, und ich glaube, sie hätte mich noch sechs mehr wählen lassen."

„Denkt sie, daß er sie bezahlen wird?" fragte Rob.

„Es spielt keine Rolle, was sie denkt!" Feather lachte sehr hübsch.

„Nicht?"

„Kein bißchen. Ich bekomme die Kleider. Was ist los, Rob? Du bist ganz rot und siehst schlecht gelaunt aus."

„Ich habe seit drei Tagen Kopfschmerzen", antwortete er, „und ich fühle mich erhitzt und gereizt. Mir gefällt vieles nicht, was du sagst, Feather."

„Sei nicht albern", erwiderte sie. „Mir gefällt auch vieles nicht, was du sagst – und tust."

Robert Gareth-Lawless, der auf einem Stuhl in ihrem Ankleidezimmer saß, grunzte leise und rieb sich die rote, erhitzte Stirn. „Es gibt eine – gewisse Grenze", bemerkte er. Er zögerte und fügte dann mürrisch hinzu: „für die Dinge, die man – *sagt.*"

„Du klingst wie Alice", erwiderte sie ungerührt. „Sie hat mich immer angefaucht, weil ich Sachen *gesagt* habe. Aber ich glaube, einer der Gründe dafür, daß die Leute mich mögen, ist der, daß ich sie zum Lachen bringe, indem ich Dinge *sage*. Lord Coombe lacht. Es ist gut, ihn zu kennen", fügte sie pragmatisch hinzu. „Irgendwie *zählt* er. Weißt du nicht mehr, wie die Leute, bevor wir ihn kannten – als er so lange im Ausland war –, immer von ihm gesprochen haben, weil sie sich so gut an ihn erinnerten. Ich wußte eine ganze Menge über ihn – über seine Intelligenz und seine Manieren und seine Art, Frauen auf Abstand zu halten, ohne unhöflich zu sein – und daß er sagt, die Monarchie und die Aristokratie kämen aus der Mode. Und seine

Kleidung. Ich schwärme für seine Kleidung. Und ich bin überzeugt, daß er auch für meine schwärmt."

Ihr war seine Kleidung wirklich sofort aufgefallen, als er den Rasen überquert und sich ihrem Platz unter der Buche genähert hatte. Sie hatte gesehen, daß seine feine Magerkeit unnachahmlich passend war – sie präsentierte sich dem Betrachter als letzter Schliff der Perfektion, die keines Kommentars bedarf. Er trug seine Kleidung nicht – sie war der Ausdruck seiner Feinsinnigkeit. Feather ihrerseits wußte, daß sie ihre Kleidung trug – sie trug sie mit sich herum – wenn auch auf schöne Art.

„Ich mag ihn", fuhr sie fort. „Ich weiß nichts über politische Parteien und die Lage von Europa, deshalb verstehe ich nichts von dem, was er sagt und was die Leute so brillant finden, aber ich mag ihn. Er ist gar nicht so alt, wie ich dachte, als ich ihn zum ersten Mal gesehen habe. Er sah damals abgehärmt aus – und eine gestreifte Seele aus rosa und blauer Gaze mit kleinen flatternden Bändern schien ihn zu amüsieren."

Die kleine Robin war mittlerweile ein Jahr alt und machte ihre ersten unsicheren Schritte in dem schmutzigen kleinen Tageszimmer, in dem sie ihr Leben verbrachte, außer bei bestimmten Anlässen, wenn ihr Kindermädchen – das sich prompt in den schönen jungen Diener verliebt hatte – sie nach unten in die Küche und die „Dienstbotenhalle" im Keller brachte, wo ein strenger Geruch herrschte und eine Unmenge Kakerlaken hausten. Die „Dienstbotenhalle" hatte ihren Namen aus dem Katalog der Agenturen, und sie war genauso eng und schmutzig wie die beiden Kinderzimmer im Obergeschoß.

Am nächsten Nachmittag taumelte Robert Gareth-Lawless in das Zimmer seiner Frau und fiel auf ein Sofa. Er starrte sie an und atmete schwer.

„Feather!" keuchte er. „Ich weiß nicht, was mit mir los ist. Ich glaube, ich bin – furchtbar krank! Ich kann nicht richtig sehen. Kann nicht denken!" Er fiel seitwärts auf die Kissen – so hilflos, daß Feather mit einem Satz bei ihm war.

„Nicht, Rob, nicht!" rief sie in ehrlichem Entsetzen. „Lord Coombe hat uns in die Oper und zum Essen eingeladen! Ich weiß schon, was ich anziehen werde –" Sie unterbrach sich, um ihn zu schütteln und seinen Kopf anzuheben. „Oh! Bitte versuch, dich aufzusetzen", bat sie flehentlich. „Versuch es. Gib *nicht* auf – oder erst hinterher!" Aber sie schaffte es nicht, ihn aufzurichten, und er hörte sie gar nicht. Er sank schwer nach hinten, mit offenem Mund, und atmete röchelnd und wie von Sinnen.

Zufällig wurde das Oberhaupt des Hauses Coombe genau in diesem Moment gemeldet, als sie vor dem Sofa stand und die Hände rang.

Er ging zu ihr und sah auf Gareth-Lawless hinunter. „Haben Sie einen Arzt benachrichtigt?"

„Es hat – gerade erst angefangen!“ rief sie. „Das ist mehr, als ich ertragen kann. Sie haben gesagt, der Prinz käme zu dem Abendessen und – “

„Hatten Sie vor, hinzugehen?“ fragte er ruhig.

„Natürlich müßte ich ein Kindermädchen kommen lassen“, fing sie an.

Er ging so weit, sie zu unterbrechen. „Sie sollten besser nicht gehen – wenn Sie mir verzeihen, daß ich es sage.“

„Nicht gehen? Gar nicht?“ jammerte sie.

„Gar nicht“, war seine Antwort. Und sein Ton war so entmutigend, daß Feather sich hinsetzte und in Schluchzen ausbrach.

Nicht einmal zwei Wochen später war Robert tot, und sie blieb zurück – als schöne mittellose Witwe mit Kind.

3. Allein

Zwanzig oder dreißig Jahre früher wäre der Tenor gewesen, daß „die arme kleine Mrs. Gareth-Lawless“ in ihrer Situation zu bedauern sei. Ihre Bekannten hätten mitleidig von ihrer Hilflosigkeit und völligen Mittellosigkeit gesprochen. So hübsch, so jung, Mutter eines niedlichen kleinen Mädchens – verarmt! Wie tragisch! Was *konnte* sie tun? Die Auserwählten hätten ihr Besuche abgestattet, in ihrem abgedunkelten Wohnzimmer gesessen und ihr ernsthaft geraten, auf ihren Schöpfer zu vertrauen und ihr „die Schrift“ als geeignete Lektüre empfohlen. Einige von ihnen – die schon zu ihrer Zeit seltsame Figuren gewesen waren – hätten tatsächlich gemeint, was sie sagten, wenn sie es auch nur durch Phrasen ausdrücken konnten. Die anderen hätten sich der gleichen Phrasen bedient, weil Phrasen immer einfach und sicher sind.

Aber Feathers unmittelbarer Kreis war von vielen anderen Dingen in Anspruch genommen, von einem geradezu fieberhaften Aufgehen in Vergnügen, Ehrgeiz, Sorgen und kleinen und großen Ängsten. Die Tage flogen dahin, und man hatte keine Zeit für Rührseligkeit. In dem winzigen Haus, das schon bei einem einzigen Besucher überfüllt zu sein schien, fanden plötzlich keine fröhlichen, lärmenden kleinen Parties mehr statt, auf denen man sich köstlich amüsierte. Die gewagtesten Dinge, über die man in London tratschte, waren dort gesagt und getan und getragen worden. Man hatte dort neue Vergnügen kennengelernt – Tänze und Lieder, die im ersten Augenblick schockierten, die man aber nach und nach übernahm. Man hatte immer viel gelacht und Unsinn geredet und Witze gemacht. Und Feather flatterte umher und sagte reizende, alberne Dinge, bei denen ihre Zuhörer jubelten. So ein Ort konnte nicht plötzlich trist und jämmerlich werden. Es war geradezu unanständig von Robert Gareth-Lawless, daß er den Tod in ihre Mitte geschleift hatte – daß er in seinem Bett in einem der kleinen Schlafzimmer gestorben, in einem Sarg, der die Wand im Treppenhaus gestreift hatte, nach unten getragen und vom Leichenwagen abgeholt worden war. Niemand konnte den Gedanken daran ertragen.

Feather konnte es am wenigsten ertragen. Es schien unglaublich, daß ihr so etwas widerfahren war. Sie schloß sich in ihrem stickigen kleinen Schlafzimmer mit seinen garnelenrosa Rüschen und Vorhängen ein und weinte bitterlich. Zuerst weinte sie wie ein Kind, das plötzlich von einer Party weggezerrt worden war. Dann weinte sie, weil sie Angst hatte. In der ersten Woche nach dem Begräbnis waren unzählige Karten mit „Aufrichtige Teilnahme“ an der Haustür abgegeben worden und türmten sich auf dem Tablett. Aber nur wenige Leute waren gekommen, um sie zu besuchen, und obwohl sie wußte, daß es mit dem Todesfall entschuldigt werden konnte, ließ es ihr das Haus schaurig vorkommen. Es war noch nie still und leer gewesen. Es war immer etwas los gewesen, und jetzt war kein Laut mehr zu hören – niemand ging die Treppen hinauf und hinunter – Robs Zimmer war ausgeräumt worden und sah ordentlich und leer aus – und das Wohnzimmer kam ihr ohne Gäste vor wie eine hübsche kleine Grabkammer. Wie lange *würde* es dauern, bis es wieder voller Menschen sein würde – wie lange war die Anstandsfrist, bis sie wieder Leute einladen konnte? Das war der Augenblick, in dem die Angst sie überkam. Ihr Gehirn war nicht für lange Überlegungen geschaffen und dachte nie einen Gedanken zu Ende. Sie hatte noch nicht einmal begonnen, sich die Frage nach Mitteln und Wegen zu stellen. Rob hatte beim Kartenspielen gewonnen und sich etwas Geld von einem neuen Bekannten geliehen, so daß gerade jetzt kein Abgrund vor ihr gähnte. Aber bei dem Gedanken an zukünftige Feiern faßte sie sich plötzlich an die Kehle. Sie hatte gar kein Geld – überall türmten sich Rechnungen – und vielleicht würden ihr die Geschäfte nach Roberts Tod keinen Kredit mehr gewähren. Sie erinnerte sich, daß Rob nur einen Tag vor seiner Erkrankung fluchend ins Haus gekommen war, weil er auf der Türschwelle einen Gläubiger getroffen hatte, der die längst überfällige Miete eintreiben wollte. Sie hatte kein Geld für die Miete, den Lohn der Diener, für die Haushaltsrechnungen und die monatliche Gebühr für den Brougham! Würde man sie auf die Straße setzen – würden die Diener gehen – würde ihr nicht einmal mehr eine Kutsche bleiben? Und die Kleider? Sie konnte zur Zeit nur Trauer tragen, und wenn die Trauerzeit vorbei war, würden ihre alten Kleider außer Mode sein. An dem Morgen, als ihr diese Seite der Sache bewußt wurde, war sie so in Panik, daß sie auf und ab rannte wie ein Tiger im Käfig.

„Es ist schrecklich – schrecklich – schrecklich!“ stieß sie schluchzend hervor. „Was kann ich tun? Gar nichts! Es gibt nichts zu tun! Es ist schrecklich – schrecklich – schrecklich!“ Es endete damit, daß sie sich aufs Bett warf und weinte, bis sie erschöpft war. Sie hatte keinen Verstand, der ihr hätte sagen können, daß Weinen am wenigsten half. Sie hatte in ihrem bisherigen Leben sehr wenig geweint, weil sie sogar in ihrer armen Familie immer mehr oder weniger bekommen hatte, was sie wollte – obwohl es natürlich meistens weniger gewesen war. Und Weinen machte die Nase und die Augen rot. Aber diesmal vergaß sie tatsächlich ihre Nase und Augen und weinte so, daß sie sich kaum wiedererkannte, als sie aufstand und in den Spiegel sah.

Sie klingelte nach ihrer Zofe, setzte sich hin und wartete auf sie.

Tonson sollte ihr eine Tasse Tee bringen.

Es ist Zeit zum Mittagessen, dachte sie. Mir ist ganz schwach vom Weinen. Und sie soll mir die Augen mit Rosenwasser waschen.

Tonson pflegte ihre Herrin nicht warten zu lassen, aber heute erschien sie nicht sofort. Feather klingelte ein zweites und – ungeduldiges – drittes Mal und saß dann auf ihrem Stuhl und wartete, bis sie wieder das Gefühl überkam, das sie in diesen Tagen immer hatte, in denen im Haus Totenstille herrschte. Nichts flößte ihr größeres Entsetzen ein als diese schreckliche Stille. Die Diener hatten ihren Platz im Souterrain, und ihre düsteren kleinen Zimmer waren so abgelegen, daß man die Bewohner oben nicht hören konnte, selbst wenn sie sich Gehör hätten verschaffen wollen. In den letzten Wochen hatte Feather sich sogar dabei ertappt, daß sie wünschte, sie wären weniger geschult und würden ein paar Geräusche machen – irgend etwas tun, das die Stille unterbrach.

Der Raum, in dem sie saß, grenzte an Robs gräßliches kleines Zimmer. Das war scheußlich, weil sie darin etwas Starres und Reglos auf dem Bett hatte liegen sehen, bevor man sie wegen eines hysterischen Anfalls weggezerrt hatte. Überall herrschte absolute Stille. Das ganze Haus war stumm – nicht einmal auf der Straße war ein Laut zu hören. Wie konnte Tonson es wagen? Sie sprang auf und klingelte wieder und wieder, bis es durch das ganze Haus gellte.

Dann wartete sie wieder. Es kam ihr vor, als seien fünf Minuten vergangen, als sie den intelligenten jungen Diener langsam die Treppe heraufkommen hörte. Sie wartete sein Klopfen nicht ab, sondern öffnete die Tür selbst.

„Wie kann Tonson es wagen!“ fing sie an. „Ich habe vier- oder fünfmal geklingelt! Wie kann sie es wagen!“

Der junge Diener war auf einer guten Schule gewesen. Er war aufmerksam, aber völlig unpersönlich. „Ich weiß es nicht, Ma'am“, antwortete er.

„Was meinen Sie damit? Was meint *sie* damit? Wo ist sie?“ Seine Gelassenheit und sein tadelloses Benehmen verschlugen Feather beinahe den Atem.

„Ich weiß es nicht, Ma'am“, antwortete er wieder. Dann fügte er mit der gleichen Teilnahmlosigkeit hinzu: „Niemand von uns weiß es. Sie ist gegangen.“

Feather klammerte sich an den Türgriff, weil die Beine unter ihr nachgaben. „Gegangen! Gegangen!“ Die Worte waren ein schwaches Keuchen.

„Sie hat gestern ihren Koffer gepackt und ist heute in einer Kutsche weggefahren. Vor ungefähr einer Stunde, Ma'am.“

Feather ließ den Türgriff los, taumelte wieder zu dem Stuhl und ließ sich hilflos niedersinken. „Wer – wer wird mich anziehen?“ jammerte sie.

„Ich weiß es nicht, Ma'am“, antwortete der junge Diener. Er war so professionell, daß er sich eine persönliche Meinung nicht anmerken ließ. Er fügte jedoch hinzu: „Die Köchin möchte Sie sprechen, Ma'am.“

„Sagen Sie ihr, daß sie zu mir kommen soll“, sagte Feather. „Und ich – ich will einen Teller Fleischbrühe.“

„Ja, Ma'am“, kam äußerst respektvoll die Antwort. Und die Tür schloß sich leise hinter ihm.

Wenig später wurde sie wieder geöffnet. Die Köchin hatte angeklopft, und Feather hatte „Herein“ gerufen. Die meisten Köchinnen sind stämmig, aber diese war es nicht. Sie war eine dünne, hochgewachsene Frau mit eckigen Schultern und eckigem Gesicht, das etwas gerötet war, weil sie sich ständig nahe am Feuer aufhielt. Sie war in einer Schule für Köche ausgebildet worden. Sie brachte einen Stapel kleiner Rechnungsbücher, aber sonst nichts.

„Ich wollte Fleischbrühe, Köchin“, sagte Feather vorwurfsvoll.

„Es gibt keine Fleischbrühe, Ma'am“, sagte die Köchin. „Es gibt weder Fleisch noch Vorräte noch Liebig-Brühwürfel im Haus.“

„Warum – warum nicht?“ stammelte Feather. Sie stammelte, weil sie sogar mit ihrem Mangel an Instinkt etwas im Gesicht der Frau sah, das ihr neu war. Es war eine Art Endgültigkeit.

Die Köchin hielt Feather den Stapel kleiner Bücher hin. „Hier sind die Bücher, Ma'am“, lautete ihre Erklärung. „Da Sie ungern mit solchen Dingen behelligt werden, wissen Sie vielleicht nicht, wie weit die Rechnungen im Rückstand sind. Seit Monaten ist nichts bezahlt worden. Es war jeden Tag ein Kampf, das Nötigste zu bekommen. Es ist nicht angenehm für eine Köchin, betteln zu gehen. Ich mußte es tun, weil ich an meinen Ruf zu denken hatte und nichts Minderwertiges servieren konnte, wenn Gäste da waren.“

Feather fühlte, wie sie blaß wurde, als sie dasaß und die Köchin anstarrte.

Die Köchin kam zu ihr und legte ein kleines Buch nach dem anderen auf den kleinen Tisch. „Das ist das Buch des Fleischers“, sagte sie. „Er hat seit drei Tagen nichts geliefert. Wir haben von Resten gelebt. Er schickt nichts mehr – das sagt und meint er. Das ist das des Bäckers. Er ist seit einer Woche nicht mehr gekommen. Ich habe Brötchen gebacken, weil ich etwas Mehl übrig hatte. Es ist jetzt aufgebraucht – und *er* ist mit seiner Geduld am Ende. Das ist vom Lebensmittelhändler – und Mercom & Fees hat letzten Monat an Mr. Gareth-Lawless geschrieben, daß es die letzte Lieferung sei, bis die Bezahlung käme. Hier geht es um Wein – und Kohle und Holz – und Wäsche – und Milch. Und hier sind die Löhne, Ma'am. Es *kann* nicht so weitergehen."

Feather warf die Arme in die Luft, sie war ganz außer sich. „Oh, hören Sie auf! Hören Sie auf!" rief sie. „Wenn Mr. Lawless hier wäre – "

„Das ist er aber nicht, Ma'am", unterbrach die Köchin – nicht ruppig, aber auf eine Art, die viel furchterregender war, als jede Grobheit es hätte sein können – eine Art, die deutlich auf das Ende aller Dinge hinwies. „Solange ein Herr im Haus ist, besteht im allgemeinen die Aussicht, daß die Dinge *vielleicht* irgendwie geregelt werden. Zumindest gibt es dann jemanden, an den man sich wenden und mit dem man reden kann, sogar, wenn man sein Haus verlassen muß. Aber wenn es keinen Hausherrn und auch sonst nichts gibt – und niemanden – ehrenwerte Leute, die ihr Brot verdienen müssen, müssen sich schützen."

Die Frau hatte keine Absicht, unverschämt zu sein. Ihre schlichte Feststellung, daß nach dem Tod ihres Arbeitgebers „nichts" und „niemand" mehr da war, entsprang keiner ironischen Erkenntnis, wie durchsichtig Feather war. Was das übrige betraf, war sie dahingehend geschult, ihre eigenen Interessen ebenso zu wahren wie zu kochen, und die Grundsätze aus der Zeit ihrer Großmutter, als es noch Diener gegeben hatte, die wirklich an ihrer Herrschaft hingen, berührten sie nicht.

„Oh! Gehen Sie! Gehen Sie *weg*!" Feather kreischte beinahe.

„Ja, ich gehe, Ma'am. Das tun auch Edward und Emma und Louisa. Es hat keinen Sinn, auf den Monatslohn zu warten. Wir können nicht auf den Lohn verzichten, und die Geschäftsleute geben uns nichts zu essen. Wir können nicht hierbleiben und verhungern. Und es ist eine Jahreszeit, in der die Leute Diener brauchen. Sie können es uns nicht zum Vorwurf machen, Ma'am. Es ist besser für Sie, wenn wir heute abend das Haus verlassen – dann werden auch unsere Sachen abgeholt."

Da überkam Feather die Panik. Zum ersten Mal im Leben sah sie sich nackten Tatsachen gegenüber, die sich vor ihr auftürmten wie eine solide Steinmauer, eine Mauer, über die man nicht hinwegspringen, unter der man nicht hindurchkriechen konnte, die man nicht durchbohren konnte und an der man auch nicht vorbeikam. Sie war so außer sich, daß ihr nicht einmal eine geistesgegenwärtige Lüge einfiel, die vielleicht geholfen hätte, ja, sie wußte nicht einmal mehr, daß es so etwas wie Lügen gab.

„Soll das heißen", schrie sie, „daß Sie alle das Haus verlassen – daß mich niemand mehr bedient – daß es nichts zu essen und zu trinken gibt – daß ich *allein* hierbleiben – und verhungern muß!"

„*Wir* würden verhungern, wenn wir bleiben würden", antwortete die Köchin schlicht. „Und natürlich sind noch ein paar Reste in der Speisekammer. Und vielleicht finden Sie eine Aushilfe. Sie werden nicht verhungern, Ma'am. Sie haben Ihre Familie in Jersey. Wir haben gewartet, weil wir dachten, daß Mr. und Mrs. Darrel sicher kommen würden."

„Mein Vater ist krank. Ich glaube, er liegt im Sterben. Meine Mutter kann keinen Augenblick weg von ihm. Vielleicht ist er schon tot", jammerte Feather.

„Sie haben Ihre Londoner Freunde, Ma'am –"

Feather schlug buchstäblich die Hände zusammen. „Meine Freunde! Kann ich zu den Leuten gehen und anklopfen und sagen, daß ich keine Diener und nichts mehr zu essen habe? Kann ich das? Kann ich?" Und es klang, als würde sie den Verstand verlieren.

Die Frau hatte alles gesagt, was sie als Sprecherin für die anderen zu sagen hatte. Es war nicht angenehm gewesen, aber sie wußte, daß es ihr gutes Recht gewesen war und sie mit schlichten Tatsachen zu tun gehabt hatte. Aber sie hattesich nicht auf die Aussicht gefreut, Zeugin eines hysterischen Anfalls der dummen kleinen Hausherrin zu werden.

„Sie dürfen sich nicht gehenlassen, Ma'am", sagte sie. „Sie legen sich besser etwas hin und versuchen sich zu beruhigen." Sie zögerte einen Moment und sah das hübsche Wrack an, das von seinem Platz aufgestanden war und zitternd dastand. „Es steht mir nicht zu – Vorschläge zu machen", sagte sie ruhig. „Aber – haben Sie einmal daran gedacht, nach Lord Coombe zu schicken, Ma'am?"

Der gerissene Film von Feathers Gedanken blieb an etwas hängen, das eine Form von Wirklichkeit hatte. Die Köchin sah, daß ihr Zittern langsam nachließ.

„Coombe", hauchte Feather matt mehr zu sich selbst als zur Köchin. „Coombe."

„Seine Lordschaft stand auf freundschaftlichem Fuß mit Mr. Lawless, und er schien gern zu – gern ins Haus zu kommen", fügte die Köchin hinzu. „Wenn Sie sich hinlegen, bringe ich Ihnen eine Tasse Tee, Ma'am – wenn auch keine Fleischbrühe."

Feather wankte wieder zu ihrem Bett und ließ sich darauf fallen – flach wie ein dünner kleiner Pfannkuchen in herabhängenden Falten aus feinem schwarzen Stoff.

„Ich kann Ihnen keine Sahne bringen", sagte die Köchin, als sie das Zimmer verließ. „Louisa hat nur noch Kondensmilch – seit gestern – für Miss Robin."

„Oh-h!" stöhnte Feather – nicht vor Entsetzen über den Tee ohne Sahne, obwohl das schlimm genug war, sondern weil es das erste Mal seit dem Zusammenbruch ihrer Welt war, daß ihr die zusätzliche Plage namens Robin in den Sinn kam.

4. Die Nacht

Wenn man seine Vorstellungskraft dafür aufwenden will, sich auszumalen, was hinter der nichtssagenden Fassade eines Reihenhauses in einer großen Stadt vor sich geht, kann die Phantasie Blüten treiben.

Ziegelsteine, Mörtel, Fenster, Türen und Stufen, die zur Schwelle führen – das sieht man von außen. Vielleicht geschieht in den vier Wänden nichts Besonderes – oder vielleicht verbergen sich dahinter Tragödien, Verbrechen und schreckliches Leid. Jeder kann sich ausmalen, was er will – überempfindliche Menschen und solche mit zuviel Phantasie sollten es zu ihrem eigenen Besten bleibenlassen. In den meisten Fällen würde sich nichts ändern, nicht einmal dann, wenn ein Polizist an die Tür hämmern und Einlaß begehren würde. Der Streifen von einem Haus, in dem Feather wohnte, sah von außen dank seiner letzten Renovierung noch recht frisch aus. Es war cremefarben gestrichen und hatte weiße Fensterläden und grüne Blumenkästen mit herabhängendem Immergrün, rosa Geranien, dunkelblauen Lobelien und Farnkraut. Passanten warfen oft einen flüchtigen Blick darauf und hielten es für ein hübsches kleines Haus, dessen Winzigkeit den Betrachter amüsierte. Es sah aus wie ein neues Puppenhaus.

Wer es am Ende dieses besonderen Tages sah, hatte keinen Grund zu befürchten, daß hinter der cremefarbenen Fassade irgend etwas Ungewöhnliches geschah. Das Messing an der Vordertür war poliert, die Blumenkästen waren gegossen, und aus dem Haus drangen keine Hilferufe. Das Haus war still – von innen und von außen. Innen war es sogar noch stiller als sonst. Die Diener hatten ihren Weggang schrittweise und ungestört vorbereitet. Es hatte wochenlange gedämpfte Diskussionen über das Thema gegeben – schon vor Robert Gareth-Lawless' Krankheit. Der intelligente junge Diener Edward verfügte über Mittel und Wege, um an Informationen zu gelangen, und kam sich vor wie ein Privatdetektiv. Er hatte rechtzeitig alles erfahren, was es zu erfahren gab. Bei seinen Nachforschungen war ihm klargeworden, daß dies keiner der Fälle war, bei denen sich Abwarten lohnte. Es bestanden keine Aussichten – gar keine. Es würde alles noch schlimmer werden und damit enden, daß sie alle nicht nur ihre ausstehenden Löhne verlieren, sondern ein entehrtes Haus verlassen müßten, dessen Besitzer auf die Straße geworfen und deren Hab und Gut über ihren Kopf hinweg verkauft würde. Am besten ging man, bevor alles zusammenbrach und es Unannehmlichkeiten gab. Und es *würde* Unannehmlichkeiten geben, denn es ließ sich nicht leugnen, daß die Geschäftsleute hereingelegt worden waren. Mrs. Gareth-Lawless war nur eine von vielen hübschen Töchtern, deren Vater ein armer Landarzt auf Jersey war. Ihn hatte „der Schlag getroffen", und seine Witwe würde mittellos zurückbleiben, wenn er starb. Dieser Tatsache mußte Mrs. Lawless ins Gesicht sehen. Über Lord Lawdor hatte Edward aus zuverlässiger Quelle erfahren, daß er nie eine hohe Meinung von seinem Neffen gehabt und gesagt hatte, er sei ein Dummkopf, weil er geheiratet hatte. Er wollte absolut nichts mit ihm zu tun haben. Er hatte sechs Söhne und nun auch noch eine Tochter, und große Landsitze waren nicht mehr das, was sie einmal gewesen waren – jeder wußte das. Der Köchin, Edward, Emma und Louisa blieb nur eins übrig – nämlich, sich ohne Szenen und Tränen davonzumachen.

„Sie findet schon jemanden, der sich um sie kümmert", schloß Edward. „Irgendwer wird sie aufnehmen, weil sie ihm leidtut. Aber wir sind keine Witwen und Waisen. Niemand wird uns bedauern oder sich darum scheren, in welchem Schlamassel wir stecken. Je länger wir bleiben, desto länger werden wir nicht bezahlt." Er war kein besonders verdorbener oder zynischer junger Mann, aber am Ende seiner Rede lachte er ein wenig. „Da ist ja noch der Marquis", fügte er hinzu. „Er geht hier schon so lange ein und aus, daß es reichlich Gerede gab. Jetzt ist er an der Reihe, sich um sie zu kümmern."

Nachdem sie ihren Tee ohne Sahne getrunken hatte, war Feather, ermüdet von der großen Aufregung, eingeschlafen. Es war typisch für sie, daß sie, kurz bevor ihr die Augen zufielen, nicht mehr daran glaubte, daß die Diener wirklich das Haus verlassen würden. Es schien zu absurd. Sie hatte keinen Verstand, der ihr sagte, daß es für Diener, die weder Lohn noch Essen bekamen, keinen Grund zum Bleiben gab. Die anregende Wirkung des Tees brachte sie auch auf die schadenfrohe Idee, daß sie ihnen keine Referenzen geben würde, wenn sie „sich schlecht benahmen". Ihr kam nicht der Gedanke, daß Referenzen aus einem Kartenhaus, das sang- und klanglos eingestürzt war und nur noch einen düsteren Bankrott repräsentierte, keinen Wert hatten. So schlief sie ein.

Als sie erwachte, brannten die Straßenlaternen, und eine davon schien in ihr Schlafzimmer. Das Licht fiel auf den kleinen Tisch, an dem sie gesessen hatte, und das erste, was sie sah, war der Stapel kleiner Rechnungsbücher. Das Licht schien auch grell auf den gläsernen Knauf der Tür, die zu Roberts Zimmer führte.

Sie schauderte und sah schnell beiseite. Die Nähe von Roberts Zimmer versetzte sie in Angst und Schrecken. Wenn es einen anderen Bereich des Hauses gegeben hätte, in dem sie hätte schlafen können, wäre sie dorthin geflüchtet, sobald Robert krank geworden war. Aber das Haus war zu klein, um „Bereiche“ zu haben. Die winzigen Salons türmten sich über dem Eßzimmer auf, die „Schlafzimmer der Herrschaft“ lagen darüber, und ganz oben befanden sich die Kinderzimmer und Dachkammern, wo Robin und die Diener schliefen. Also war sie gezwungen gewesen, zu bleiben und alles zu ertragen. Robs Zimmer waren immer voll gewesen – von eleganten Stiefeln, Herrenkleidung und Zigarrengeruch. Er war immer in Bewegung gewesen, hatte gepfiffen, gelacht, geflucht und gemurrt. Sie waren beide keine Hitzköpfe gewesen und hatten sich deshalb auch nicht gestritten. Sie hatten sich beim Ankleiden durch die offene Tür zwischen ihren Zimmern unterhalten und sich raffinierte Tricks einfallen lassen, die aus Geldnot heraushalfen, sie hatten getratscht und sich über Leute lustiggemacht. Und nun war die Tür verschlossen und das Zimmer ein Ort des Schreckens. Sie konnte nie daran denken, ohne die starre reglose Gestalt auf dem Bett zu sehen, den verkniffenen Mund und die steife, weiße Nase, schmal und spitz, die vorher nie so ausgesehen hatte. Aus irgendeinem Grund war die Erinnerung an die unnatürliche Form der steifen, weißen Nase besonders schlimm. Sie konnte es nicht ertragen! Sie ertappte sich dabei, daß sie daran dachte, als sie das Licht auf dem Türknauf glänzen sah, und sie erhob sich, ging auf und ab und versuchte, es zu vergessen.

Dann ging sie ans Fenster und sah auf die Straße hinunter. Wahrscheinlich hatte sie ein leises Geräusch gehört, obwohl es ihr nicht deutlich bewußt war.

Sie mußte jedoch etwas gehört haben. Zwei Kutschen standen vor der Haustür, und der Kutscher und Edward waren dabei, Gepäck zu verladen. Es waren Koffer von Dienern, und die Köchin saß schon in dem ersten Wagen, der mit Paketen und allem möglichen vollgestopft war. Ungerührt davon, daß die Hausherrin zusah, stieg auch Emma, das erste Zimmermädchen, ein. Sie trug eine behäbig aussehende Schachtel und war eine behäbige Person. Die erste Kutsche fuhr ab, sobald die Tür geschlossen war und der Kutscher auf seinem Sitz Platz genommen hatte. Louisa sah ohne Häubchen und Schürze völlig unprofessionell aus – sie trug ein maßgeschneidertes marineblaues Kostüm und einen Hut mit Feder, als sie, gefolgt von Edward, die zweite bestieg. Sie sah aus, als sei sie gutsituiert und wolle sich ins Privatleben zurückziehen. Die zweite Kutsche folgte der ersten, und Feather sah ihnen atemlos nach, bis sie hinter der Straßenecke verschwanden.

Als sie ganz außer Sichtweite waren, wandte sie sich vom Fenster ab. Die Farbe war ihr aus dem Gesicht gewichen, und ihre Augen waren so weit aufgerissen und ihr Gesicht so schreckverzerrt, daß sogar ihre Schönheit dahin war.

„Sie sind gegangen – alle!“ keuchte sie. Sie hielt einen Moment lang inne, und ihre Brust hob und senkte sich. Dann fügte sie noch atemloser hinzu: „Es ist niemand mehr im Haus. Es ist – leer!“

Das geschah hinter der cremefarbenen Fassade, den weißen Fenstern und den grünen Blumenkästen in dem Streifen von einem Haus an jenem Abend, während Autos und Kutschen an ihm vorbeifuhren, deren Besitzer auf Parties oder ins Theater gehen wollten, und an dem später der Polizist langsam auf seinem Rundgang vorbeikam.

In der kleine Halle fiel ein dämmeriges Licht in eine entlegene Ecke. Dort hingen an zwei Haken über einem hübschen Stuhl ein Hut der neuesten Mode und ein eleganter Abendanzug. Beides hatte Robert Gareth-Lawless gehört, der tot war und solche Dinge nicht mehr brauchte. Das gleiche Dämmerlicht fiel auf die steile schmale Treppe mit dem weißen Geländer, die zu unheimlichen kleinen schattigen Ecken führte. Die winzigen Salons wurden nur von der Straßenlaterne beleuchtet und schienen auf eine Erklärung dafür zu warten, warum es so dämmerig war, warum niemand auf den Stühlen saß und warum eine so unnatürliche Stille herrschte.

Es war Grabesstille, die aber dann und wann von einem halb erstickten Schrei unterbrochen wurde, gefolgt von einem Stöhnen, das durch die Zimmerdecke drang.

Feather war zunächst im Zimmer auf und ab getigert, wie sie es schon am Nachmittag getan hatte. Danach hatte sie eine Art hysterischen Anfall bekommen, sich bäuchlings auf den Teppich geworfen und sich die Haare gerauft, bis sie völlig zerzaust waren. Man konnte sie nicht verurteilen – sie war eine jener Existenzen, für die es keine Erklärung gibt. Die Zeiten waren vorbei, in denen pflichtbewußte Menschen die Verantwortung für ein Geschöpf trugen, das offenbar ohne Verstand, Seele oder Mut geboren worden war. Wer gerecht sein will, urteile nicht zu schnell. Bisher war Feather noch nie Mut abverlangt worden. Sie hatte kein bißchen davon und verspürte jetzt nur Panik und Widerwillen. Sie hatte keine Zeit, Robert nachzuweinen, sie war zu beschäftigt mit sich selbst. Robert war tot – sie lebte – hier – in einem leeren Haus ohne Geld und ohne Diener. Ihr wurde auf einmal schrecklich klar, daß sie keinen einzigen Menschen kannte, von dem sie etwas zu erwarten hatte.

Niemand hatte genug Geld, so reich er auch war. Je reicher die Leute waren, desto mehr Geld brauchten sie. Als ihr dieser Gedanke kam, raufte sie sich die Haare. Die hübschen und geistreichen Frauen und die liebenswürdigen, mehr oder weniger gutaussehenden Männer, die in ihren Salons geplaudert, gelacht und geflirtet hatten, plauderten, lachten und flirteten genau in diesem Moment in anderen Häusern – oder sie waren im Theater und applaudierten irgendeinem Schauspieler, der gerade populär war. Genau in diesem Moment – während sie im Dunkeln auf dem Teppich lag und jedes kleine Zimmer des Hauses Schrecken hinter seinen geschlossenen Türen verbarg – vor allem Roberts Zimmer, das sich gleich neben ihrem befand und in dem immer noch die starre, harte Gestalt regungslos auf dem Bett zu liegen schien. Als sie sich dies in Erinnerung rief, zerriß ein ersticker hysterischer Schrei die unnatürliche Stille, und ein Stöhnen durchdrang das Haus. Halbwegs erwartete sie, der Türknauf werde sich drehen und etwas Steifes und Kaltes würde versuchen hereinzukommen.

So vergingen die Stunden hinter der cremefarbenen Fassade und den weißen Fenstern und den bunten Blumenkästen. Und die Straße wurde immer stiller – zuletzt so still, daß die schweren, gleichmäßigen Schritte des Polizisten, der auf seinem Rundgang am Haus vorbeikam, laut klangen und beinahe widerzuhallen schienen.

Die Vorstellung, daß sie etwas tun mußte, überstieg ihren Horizont. Sogar, als ihr dämmerte, daß sie sich so schwach fühlte, weil ihr Magen leer war, wagte sie nicht einmal daran zu denken, nach unten zu gehen und nachzusehen, ob etwas zu essen da war. Was wußte sie schon über „unten“? Sie war nie dort gewesen und hatte sich nie um Louisas Klagen gekümmert, daß die Küche und die Dienstbotenhalle klein und dunkel und ungemütlich seien und es dort Kakerlaken gab. Sie hatte sich mit der einfachen Philosophie zufriedengegeben, daß Londoner Dienstboten an diese Dinge gewöhnt waren, und solange sie ihre Arbeit verrichteten, spielte es keine Rolle. Aber in dieser schrecklichen Stille nach unten zu gehen, das Gas aufzudrehen und sich der Kellertreppe zu stellen, während die Kakerlaken davonrannten – das war noch unmöglicher, als zu verhungern. Sie setzte sich auf den Boden, ihr Haar fiel wirr über die Schultern, und ihr dünnes schwarzes Kleid war zerknittert.

„Ich würde beinahe *alles* für eine Tasse Kaffee geben“, protestierte sie schwach. „Und es hat keinen Sinn, zu läuten!“

Ihre Mutter hätte kommen zu ihr kommen sollen, ob ihr Vater nun krank war oder nicht. Er war nicht tot. Robert war tot, und ihre Mutter hätte zu ihr kommen sollen, damit sie nicht ganz allein war und *etwas* für sie getan wurde. Es war wahrscheinlich dieser Gedanke an ihre Mutter, der die Erinnerung an ihren Hochzeitstag und ein bestimmtes Hochzeitsgeschenk wachrief das sie bekommen hatte. Es war eine hübsche silberne Reiseflasche, die jetzt in ihrer Kleidertasche steckte, und es mußte noch etwas Cognac darin sein. Sie stand auf und holte die Tasche. Cognac belebte einerseits und machte andererseits schläfrig, und wenn sie bis zum Morgen schlief, würde das Haus bei Tageslicht nicht mehr so angsteinflößend sein – und es konnte etwas passieren. Die kleine Flasche war beinahe voll. Weder sie noch Robert hatten sich viel aus Cognac gemacht. Sie goß etwas in ein Glas mit Wasser und trank es.

Sie war Spirituosen nicht gewohnt. Der Cognac erwärmte sie, und in ein paar Minuten vergaß sie, daß sie hungrig gewesen war, und sie merkte, daß sie nicht mehr solche Angst hatte. Es war so eine Erleichterung, keine Angst zu haben, es war, als würde ein Schmerz aufhören. Sie nahm sogar ein oder zwei der Rechnungsbücher und sah sich die Gesamtsummen an. Wenn man Rechnungen nicht bezahlen konnte, konnte man es eben nicht, und heutzutage kam niemand mehr in Schuldhaft. Außerdem würde man nicht sie ins Gefängnis stecken – sondern Rob – und Rob war tot. Etwas würde passieren – etwas.

Als sie anfing, ihr Haar für die Nacht zurechtzumachen, fiel ihr ein, was die Köchin über Lord Coombe gesagt hatte. Sie hatte geweint, bis sie nicht mehr so hübsch aussah wie sonst, aber danach hatte sie ihre Augen mit kaltem Rosenwasser gewaschen, und nun waren sie nur noch leicht gerötet und hatten keine so tiefen Schatten mehr. Und ihr feines aschblondes Haar war wunderschön, wenn es ihr in weichen, losen Strähnen über die Schultern hing. Sie sah aus wie ein Schulmädchen von fünfzehn. Ein spitzenbesetztes Nachthemd war das vorteilhafteste Kleidungsstück überhaupt. Ein Jammer, daß man es nicht zu Partys anziehen konnte. Es war nichts Unanständiges dabei. Millicent Hardwicke war in einem von ihren fotografiert worden, und niemand hatte geahnt, was es war. Ja, sie würde Coombe eine kurze Nachricht schicken. Sie wußte, daß Madame Hélène ihr die schöne Trauerkleidung nur gegeben hatte, weil –. Ihre Kreationen waren einzigartig – dünn, seidig, schwarz, flatternd oder enganliegend. Sie war an dem Morgen, als sie Helene den Auftrag gegeben hatte, recht glücklich gewesen. Morgen, wenn sie sich ausgeschlafen hatte und heller Tag war, würde sie in der Lage sein, zu überlegen, was sie Lord Coombe schreiben sollte. Sie würde etwas vorsichtig sein müssen, weil er sich nicht gern langweilen ließ. Tod und Witwen würde ihn vielleicht langweilen – ein bißchen – zunächst. Sie hatte ihn einmal sagen hören, daß er keine Wohltätigkeitsorganisation sei. Es hatte keinen Sinn, ihn abzuschrecken. Wenn er weiterhin zu ihr ins Haus kam und sehr vertraut mit ihr zu sein schien, konnte man mit den Geschäftsleuten fertigwerden.

Sie fühlte sich längst nicht mehr so hilflos, und als sie bettfertig war, trank sie noch etwas Cognac. Ihre Augenlider waren nicht mehr gerötet, dafür lag jetzt ein zartes Rosa auf ihren Wangen. Als sie zwischen die kühlen Laken schlüpfte und sich auf ihr Kissen legte, fühlte sie sich wunderbar getröstet. Wie herrlich war es, einzuschlafen!

Und dann wurde sie gestört – aufgeschreckt aus dem göttlichen Schlummer, der sie langsam überkam – von einem schrillen, gedehnten, klagenden Schrei!

Es kam aus dem Nachtzimmer, und im Augenblick schien es ihr fast noch schlimmer als alles andere, was an diesem Tag passiert war. Es brachte alles auf so schreckliche Art zurück. Natürlich hatte sie Robin wieder vergessen – und es *war* Robin! Und Louisa war mit Edward weggegangen. Vielleicht hatte sie das Kind diskret ins Bett gebracht, bevor sie gegangen war. Und nun war Robin aufgewacht und schrie. Feather hatte gehört, daß sie ein temperamentvolles Kind sei, aber irgendwie – mit welchen Methoden auch immer – hatte Louisa es bewerkstelligt, daß sie nicht lästig war.

Das Geschrei entsetzte Feather so, daß sie sich mit einem Ruck im Bett aufsetzte. Der schrille Klang, der die vollkommene Stille in dem leeren Haus zerriß, brachte all ihre Schrecken zurück und ließ ihr Herz rasen.

„Ich – ich gehe nicht zu ihr!“ protestierte sie mit klappernden Zähnen. „Ich gehe nicht hin! *Ich gehe nicht!*“

Sie hatte sich seit der Geburt nie um das Kind gekümmert, sie wußte nicht, was zu tun war, sie hatte es nicht wissen wollen. Um jetzt zu ihr zu gehen, wäre sie gezwungen, in die Dunkelheit hinauszugehen – der Gasbrenner, den sie würde anzünden müssen, war nahe an der Tür von Roberts Zimmer – *dem* Zimmer! Wenn sie nicht vor Aufregung starb, während sie versuchte, es anzuzünden, würde sie beinahe im Dunkeln die krumme kleine Treppe erklimmen müssen, die zu den Kinderzimmern führte. Und das gräßliche Geschrei des kleinen Geschöpfs würde die ganze Zeit weitergehen und die schwarze Finsternis und die Totenstille unten im Haus noch schrecklicher machen, als sie ohnehin schon waren.

„Ich – ich könnte nicht – selbst, wenn ich wollte!“ sagte sie bebend. „Ich wage es nicht! Ich wage es nicht! Ich würde es nie tun – nicht einmal für eine Million Pfund!“ Und sie warf sich schaudernd wieder hin und vergrub sich unter Kissen und Decken, die sie sich über den Kopf zog, um den Lärm auszusperren.

Die Schreie klangen immer entschlossener und schriller, und das stille Haus hörte sie und machte eine Menge daraus, aber Feather nahm sie unter ihrem weichen Schutzschild nur gedämpft wahr. Sie protestierte keuchend: „Ich wüßte nicht, was zu tun ist, wenn ich hinginge. Wenn niemand kommt, wird sie sich in den Schlaf weinen. Es ist – es ist nur kindlicher Trotz. Oh-h! Was für ein schreckliches Jammern! Es – es klingt wie eine – eine verlorene Seele!“ Aber sie rührte sich nicht aus dem Bett. Sie verkroch sich nur tiefer unter der Bettdecke und drückte das Kopfkissen noch fester gegen ihre Ohren. Manchmal klang es wirklich wie eine verlorene Seele. Welche Panik ein Baby überkommt, das allein im Dunkeln weint, wird niemand je erfahren, und vielleicht muß man den Göttern – welche es auch immer geben mag – dankbar sein, daß das Baby selbst sich später nicht daran erinnert. Das entsetzliche Gefühl plötzlicher Schutzlosigkeit, wenn das Leben nur durch Schutz existiert, und die jämmerliche Panik inmitten schwarzer Unbarmherzigkeit, können unartikulierte Schreie, seien sie auch noch so wild und schrill, weder erklären noch ausdrücken.

Robin kannte nur Louisa, Wärme, Essen, Schlafen und Wachsein. Oder wenn sie mehr kannte, wußte sie noch nicht, daß sie es tat. Sie hatte das Alter erreicht, in dem sie meistens nachts durchschlief. Vielleicht hätte sie ihre Mutter bis zum Anbruch des Tages nicht gestört, aber Louisa hatte ihr in weiser Voraussicht einen Schlummertrunk für Kinder gegeben. Er war ihr nicht bekommen und hatte sie aufgeweckt. Sie fühlte sich schlecht und war umgeben von Dunkelheit. Ein einziger Schrei, und Louisa wäre gekommen, verschlafen und ziemlich schlechter Laune, aber sie hätte gewußt, was zu tun war. In dieser sonderbaren Nacht zeigte ihr Weinen keine Wirkung.

Niemand kam. Das Elend ging weiter – die Schwärze blieb schwarz. Aus dem Schreien wurde ein Kreischen – aber nichts geschah, und das Kreischen entwickelte sich zu langanhaltendem Gebrüll. Keine Louisa, kein Licht, keine Milch. Die Schwärze umzingelte sie und wurde zu etwas, auf das man mit wilden kleinen Fäusten einschlagen mußte. Kein Lichtschein – kein Rascheln – kein Ton! Dann kamen die Schreie der verlorenen Seele – allein – allein – in einer schwarzen Welt der Leere, in der es nicht einmal eine andere verlorene Seele gab. Und dann die Panik, von der es keine Schilderungen gibt und nie geben wird, denn wenn der Betroffene nicht in krampfhaften Zuckungen stirbt, wird er oder sie erwachsen und vergißt die formlose Vergangenheit – wenn nicht die unerklärlichen Alpträume, aus denen man zitternd und schweißgebadet erwacht, eine Wiederholung des lang verschütteten Gefühls sind.

Was das Kind Robin in der Dunkelheit nicht wußte, konnte das stille Haus vielleicht seltsamerweise wissen. Aber die Schreie wurden schließlich matter, und Schluchzer folgten – schreckliche kleine Schluchzer, die die kleine Brust hoben und senkten und den Körper des Babys schüttelten. Die Schluchzer eines Babys sind unbeschreiblich – unglaublich. Langsamer und langsamer wurden die von Robin – mit Keuchen und Schlucken dazwischen –, und als ein unkindlicher, an Betäubung grenzender Schlaf kam, ging das bittere, hoffnungslose, resignierte kleine Schluchzen weiter.

Aber Feathers Kopf war immer noch unter dem weichen Schutzschild ihres Kissens vergraben.

5. Der nächste Morgen

Der nächste Morgen war für Londoner Verhältnisse ungewöhnlich hell, und die Sonne fand ihren Weg in Feathers Schlafzimmer. Ihr rosa Schein hatte etwas Tröstliches. Sie hatte ihr luxuriöses Schlafzimmer immer gemocht und sich beim Aufwachen gefühlt, wie sich vielleicht eine Katze fühlt, die sich auf einem Kissen reckt und auf die eine Schüssel Sahne wartet.

Aber heute morgen hatte sie beim Aufwachen kein Gefühl von Helligkeit oder Luxus. Sie hatte zwar geschlafen, aber ein- oder zweimal war das Kissen verrutscht, und dann war sie gestört worden – durch die fernen Klagelaute eines kleinen Tieres, die sie veranlaßt hatten, sich das Kissen automatisch und beinahe unbewußt wieder über den Kopf zu ziehen. Es war aber in langen Abständen passiert, denn die Natur will es, daß ein erschöpftes Baby einschläft, wenn es nicht mehr kann. Robin hatte wahrscheinlich genauso viel geschlafen wie ihre Mutter.

Feather starrte in das rosa Morgenlicht, das sie umgab, und begann, halbherzig Pläne zu machen. „Sie schläft jetzt", murmelte sie. „Ich hoffe, daß sie noch lange nicht aufwacht. Ich fühle mich ganz schwach. Ich muß etwas zu essen finden – und wenn es nur Kekse sind." Dann legte sie sich hin und versuchte sich daran zu erinnern, was die Köchin gesagt hatte – daß sie nicht verhungern würde. „Sie hat gesagt, daß noch ein paar Sachen in der Speisekammer sind. Vielleicht ist etwas Kondensmilch da. Wie rührt man sie richtig an? Wenn sie weint, kann ich ihr welche geben. Jetzt bei Tageslicht ist es nicht mehr so furchtbar."

Sie fühlte sich wacklig auf den Beinen, als sie aufstand. Sie hatte in ihrer Jugend keine Zofe gehabt, also konnte sie sich allein anziehen, so sehr es ihr auch zuwider war. Nachdem sie begonnen hatte, erwachte unwillkürlich ihr Interesse, denn das Kleid, das sie am Tag zuvor getragen hatte, war zerknittert, und sie zog ein neues an, das sie noch nie angehabt hatte. Es war auch dünn und weich, und Schwarz stand ihr erstaunlich gut. Sie würde dieses Kleid tragen, wenn Lord Coombe kam, nachdem sie ihm geschrieben hatte. Es war dumm von ihr, ihm nicht eher geschrieben zu haben, obwohl sie wußte, daß er nach dem Begräbnis die Stadt verlassen hatte. Briefe wurden ihm nachgeschickt.

„Im Eßzimmer wird es jetzt hell sein“, sagte sie, um sich selber Mut zu machen. „Und Tonson hat einmal gesagt, daß die Speisekammer und die Küche die einzigen Zimmer unten sind, in die die Sonne hineinkommt – und das auch nur für eine Stunde am frühen Morgen. Ich muß so schnell wie möglich hin.“

Nachdem sie sich so angezogen hatte, daß der Anblick ihre Stimmung etwas hob, öffnete sie die Schlafzimmertür und wagte sich an die Erkundung des verlassenen Hauses. Sie hatte eine schreckliche Vorstellung vom Ausmaß des Unvermeidlichen. Sie ging die schmalen Treppen hinunter und warf einen furchtsamen Blick in die leeren Salons, die sie anzustarren schienen, als sie an ihnen vorbeiging. Die Sonne schien ins Wohnzimmer, und als sie den Eckschrank öffnete, fand sie etwas Wein in einem Dekanter, ein paar Kekse und sogar ein paar Nüsse, Rosinen und Orangen. Sie stellte sie auf den Tisch, setzte sich hin, aß etwas davon und begann, sich etwas weniger wacklig auf den Beinen zu fühlen.

Wenn sie mehr Zeit zum Nachdenken gehabt hätte, hätte sie ich vielleicht überlegt, was sie an Lord Coombe schreiben würde. Sie war keine gewandte Schreiberin, und es bedurfte der Überlegung. Aber gerade, als ihr die angenehme Wärme der Sonne bewußt wurde, die durch das Fenster auf ihre Schultern schien, fiel sie vor Schreck beinahe vom Stuhl. Sie hörte wieder das ferne Jammern, das klang wie das schwache Miauen einer kleinen Katze.

„Ausgerechnet jetzt – jetzt, da ich mich etwas beruhigt habe – und versuche nachzudenken – fängt sie wieder an!“ rief sie. „Es ist schlimmer als alles andere!“ Große, klaren Tränen liefen ihr über das Gesicht und tropften auf den polierten Tisch. „Ich nehme an, daß sie verhungert, wenn ich ihr nichts zu essen gebe – und dann wird man mir die Schuld geben. Die Leute werden schrecklich zu mir sein. Ich habe selber nichts zu essen!“

Sie mußte unbedingt dem Geschrei ein Ende machen, bevor sie an Coombe schreiben konnte. Sie sah sich gezwungen, nach unten in die Speisekammer zu gehen und nach Kondensmilch zu suchen. Das Geschöpf hatte noch keine Zähne, aber vielleicht konnte sie einen Keks oder ein paar Rosinen hinunterbringen. Wenn man ihr etwas Portwein einflößte, würde sie davon schläfrig werden. Die Sonne stattete der Küche und der Speisekammer gerade ihren kurzen Morgenbesuch ab, als Feather eintrat, aber ein paar Kakerlaken huschten vor ihr davon, und sie stieß einen kleinen hysterischen Schrei aus. Aber es war Kondensmilch da und etwas warmes Wasser in einem Kessel, weil das Feuer noch nicht ganz ausgegangen war. Sie mischte ein unzulängliches Gebräu und füllte eine Flasche, die nicht unten hätte sein sollen, aber Louisa hatte sie mitgebracht und dort stehengelassen – ein Überbleibsel ihrer zärtlichen Momente mit Edward.

Als Feather die Flasche, ein paar Kekse und Streifen von kaltem Schinken auf einem Tablett plazierte, weil sie nicht alles auf einmal tragen konnte, schluchzte sie vor Wut und Verzweiflung beinahe auf. „Ich komme mir vor wie eine Dienerin – ich trage ein Tablett nach oben", jammerte sie. „Ich – ich könnte Edward sein – oder Louisa."

Und das Gefühl des Elends wurde noch schlimmer, als sie im Eßzimmer den Portwein, Nüsse, Rosinen und Makronen hinzufügte, die vielleicht als Kindernahrung geeignet waren und beim Einschlafen halfen. Sie war natürlich nicht sicher – aber sie wußte, daß kleine Kinder an Dingen lutschten und Süßes mochten.

Ein Baby, das sich in den Schlaf geweint hat und das aufwacht, um sich wieder in den Schlaf zu weinen, ist für einen widerwilligen Betrachter keine Augenweide. Als Feather ihr Tablett in das Nachtzimmer brachte und an das Gitterbett trat, in dem ihr Nachwuchs lag, fand sie den Anblick des Kindes schrecklich. Robins Gesicht war verzerrt und die Augen zugeschwollen. Feather zitterte am ganzen Körper, als sie ihr die Flasche in den Mund steckte und sah, wie die kleinen Hände gierig zupackten. Robin war alt genug, um etwas mit den Händen zu packen, und sie umklammerte die Flasche und sog wütend und hungrig – obwohl sie ein- oder zweimal innehalten mußte, um das erstickte Überbleibsel eines Schreis loszuwerden.

Feather kannte ihr Kind nur als zartes und duftiges Wesen in Louisas Armen oder in seinem Kinderwagen. Da war es ein außerordentlich lebhaftes Kind mit glänzenden Augen gewesen, das die Blicke von Passanten auf sich zog.

„Wer soll sie baden?" jammerte Feather. „Wer zieht ihr neue Sachen an? Jemand muß es tun! Könnte eine Frau für einen Tag kommen und es tun? Die Köchin sagte, ich könnte eine Frau finden, die tagsüber kommt."

Und dann fiel ihr ein, daß man Diener über Agenturen bekam. Und wo waren die Agenturen? Und sogar eine Frau, die tagsüber kam, würde Lohn und Verpflegung erwarten.

Und dann klingelte es an der Haustür.

Was sollte sie tun – was sollte sie tun? Nach unten gehen und die Tür öffnen? Dann würde es jeder erfahren. Den Besucher klingeln lassen, bis er genug hatte und wieder ging? Sie saß wirklich in der Klemme, obwohl Robin aufgehört hatte zu weinen, als sie die Flasche umklammerte und gierig trank. Sie sollen verschwinden – verschwinden! Und dann schoß ihr der wilde Gedanke durch den Kopf, daß es etwas Erlösendes sein konnte – das Etwas, das geschehen mußte, wenn die Dinge am schlimmsten waren! Und wenn das Etwas nun kam und ein leeres Haus vorfand! Sie ging die Treppe nicht hinunter, sie rannte. Ihr Herz raste, bis sie atemlos die Tür erreichte, sie öffnete und keuchend auf der Schwelle stand.

Die Leute, die draußen warteten, waren Fremde. Sie sahen anständig aus und waren recht jung – ein Mann und eine Frau, beide perfekt gekleidet. Der Mann nahm ein Stück Papier aus seiner Brieftasche und überreichte es ihr liebenwürdig und gleichsam entschuldigend.

„Ich hoffe, wir kommen nicht so früh, daß wir Sie gestört haben", sagte er. „Wir haben bis elf gewartet, aber wir müssen den Zug um halb zwölf erreichen. Es ist ein Auftrag zur Hausbesichtigung von Carson & Bayle." Er fügte dies hinzu, weil Feather auf das Blatt Papier starrte.

Carson & Bayle war die Agentur, bei der sie das Haus gemietet hatten. Und zwei Tage, bevor Robert krank geworden war, hatte er Carson & Bayles Gerichtsvollzieher auf der Schwelle angetroffen und ihm Flüche entgegengeschleudert. Sie würden sie auf die Straße setzen!

Der junge Mann und die Frau starrten das wunderhübsche Geschöpfe in der eleganten Trauerkleidung an und waren furchtbar verlegen. Sie war offenkundig die Witwe, von der Carson gesprochen hatte. Aber warum hatte sie selbst die Tür geöffnet? Und warum sah sie so aus, als würde sie nichts begreifen? In dem jungen Mann regte sich Empörung gegen Carson & Bayle.

„Ich bitte um Verzeihung! Es tut mir so leid! Ich fürchte, wir hätten nicht kommen sollen", sagte er. „Agenten sollten es besser wissen. Man hat uns gesagt, Sie würden das Haus sofort aufgeben, und wir haben befürchtet, jemand würde uns zuvorkommen."

Feather hielt den „Auftrag zur Hausbesichtigung" in der Hand und starrte sie hilflos an. „Es – sind keine – keine Diener da, die es Ihnen zeigen könnten", sagte sie. „Wenn Sie warten könnten – ein paar Tage – vielleicht – "

Sie war so schön, und Madame Hélènes hauchdünne schwarze Kreation war an sich schon solch ein Appell, daß die liebenswerten jungen Fremden sofort aufgaben.

„Oh, sicher – sicher! Verzeihen Sie uns! Carson und Bayle hätte nicht – ! Es tut uns so leid. Guten Morgen, *guten* Morgen!" brachten sie mit resignierter Höflichkeit hervor und hasteten davon.

Feather schloß die Tür, sobald sie den Rückzug angetreten hatten, und stand zitternd da. Ich soll aus dem Haus geworfen werden! Ich werde auf der Straße leben müssen! dachte sie. Wo soll ich meine Kleider unterbringen, wenn ich auf der Straße lebe!

Sogar ihr war klar, daß das Unsinn war. Natürlich hatte man, wenn einem alles genommen und verkauft wurde, gar keine Kleider mehr, und Schränke und Schubladen und Ankleidezimmer waren nicht mehr nötig.

Die Erkenntnis, daß kaum etwas im Haus bezahlt worden war, überkam sie wie ein Schock. Sie wankte nach oben in den ersten Salon, in dem ein alberner, hübscher Boulle-Schreibtisch stand.

Sie fühlte sich noch betäubter, als sie auf den Stuhl davor sank und ein Blatt Papier nahm. Sie konnte ihre Gedanken nicht sammeln und sich nicht vorstellen, was sie in ihrem Brief an Coombe schreiben sollte. Eigentlich schien sie gar keine Gedanken zu haben. Sie konnte sich nur an die Dinge erinnern, die geschehen waren, und stellte fest, daß sie nichts anderes schreiben konnte. Es schien nichts anderes auf der Welt zu geben.

„Lieber Lord Coombe“, erschien in zittrigen Buchstaben auf der Seite, „das ganze Haus ist leer. Die Diener sind gegangen. Ich habe kein Geld. Und es ist nichts zu essen da. Und ich soll auf die Straße gesetzt werden – und das Baby weint, weil es Hunger hat.“

An dieser Stelle brach sie ab, weil es nicht das war, was sie schreiben sollte. Und als sie innehielt und auf die Worte starrte, begann sie zu weinen – ungefähr so, wie Robin im Dunkeln geweint hatte, als sie sie nicht hatte hören wollen und nicht zu ihr gegangen war. Es war der Brief einer Bettlerin – einer Bettlerin! –, in dem stand, daß sie kein Geld und nichts zu essen hatte – und wegen unbezahlter Miete aus dem Haus geworfen werden sollte. Und daß das Baby weinte, weil es solchen Hunger hatte!

„Es ist ein Bettelbrief – ein Bettelbrief“, schrie sie in das leere Zimmer. „Und es ist wa-ahr!“ Robins Geheul war nicht hoffnungsloser gewesen als ihres, als sie den Kopf auf den Boulle-Tisch sinken ließ.

Ihr war aber nicht einmal vergönnt, ihn lange dort liegenzulassen, denn im nächsten Moment wurde sie durch erneut aufgeschreckt – es klingelte an der Haustür, und jemand klopfte zweimal mit dem Messingtürklopfer..

Nur weil sie nicht wußte, was sie sonst tun sollte und völlig den Kopf verloren hatte, stand sie auf und schleppte sich wieder die Treppe hinunter.

Als sie die Tür öffnete, stand Lord Coombe – die Verkörperung von Eleganz und Perfektion – auf der Schwelle.

6. Der Rettungsanker

Falls er vorgehabt hatte, etwas zu sagen, änderte er seine Meinung, nachdem er sie gesehen hatte. Er kam einfach herein und machte die Tür hinter sich zu. Seltsame Erfahrungen, die das Leben ihm beschert hatte, hatten seiner angeborenen Beobachtungsgabe den letzten Schliff gegeben – und eine besondere Tatkraft.

Wenn sie ein anderer Typ gewesen wäre, hätte er ihr und sich eine Szene erspart und das Gespräch geschickt auf einer normalen Ebene geführt. Aber wenn eine sehr hübsche Frau, mit deren Angelegenheiten man nicht das geringste zu tun hat und deren hübsches Zuhause ein Mittelpunkt gesellschaftlichen Lebens ist, plötzlich die Haustür öffnet, ohne zu erklären, warum kein Diener da ist und offenkundig kurz vor der Hysterie steht, ist Geistesgegenwart nötig.

Aber Feather ließ ihm nicht einmal Zeit zum Luftholen. Sie war nicht mehr nur kurz davor, hysterisch zu werden, sondern sie war es schon. Und hier war er. Oh, hier war er! Sie fiel tatsächlich auf die Knie und klammerte sich an seine makellose Erscheinung.

„Oh, Lord Coombe! Lord Coombe! Lord Coombe!“ Sie sagte es dreimal, weil er für sie der einzige Rettungsanker war.

Er schüttelte sie nicht heftig ab, löste sich aber bestimmt aus ihrer Umklammerung. „Sie dürfen nicht auf die Knie fallen, Mrs. Lawless“, sagte er. „Wollen wir ins Wohnzimmer gehen?“

„Ich – war gerade dabei, Ihnen zu schreiben. Ich bin am Verhungern – aber es schien so albern, als ich es geschrieben habe. Und es stimmt!“ Ihre gebrochenen Worte klangen genauso sinnlos, wie sie ausgesehen hatten, als sie sie geschrieben hatte.

„Würden Sie bitte ins Wohnzimmer kommen und mir genau sagen, was Sie meinen“, sagte er und brachte sie dazu, ihn loszulassen und aufrecht zu stehen.

Im Laufe der Jahre hatte er sich von so vielen Schwächen und Gefühlsausbrüchen entfernt, daß er sich unverwundbar fühlte. Er war nicht mehr jung und wußte genug von unangenehmen Folgen, um sich von Dingen fernzuhalten, die harmlos wirkten, aber sehr lästig werden konnten. Aber als er Mrs. Gareth-Lawless folgte und sah, wie sie die Treppe hinaufstolperte wie ein bestraftes Kind, war ihm klar, daß er in großer Gefahr schwebte, sie zu bedauern, wie er niemanden bedauern wollte. Das Mitleid empfand er auch unabhängig von dem Gefühl, daß es schrecklich war, daß ein so hübsches, oberflächliches und zerbrechliches Geschöpf unter die Räder des Lebens gekommen war.

Er wußte, worüber er mit ihr reden wollte, aber er hatte keine klare Vorstellung von ihrer Lage. Natürlich hatten die meisten Leute geahnt, daß sie und ihr Mann über ihre Verhältnisse gelebt hatten und Schulden und Mahnungen gewohnt waren, aber wenn ein schönes Wesen sich vor einem auf die Knie warf und von „Verhungern" sprach – noch dazu in dieser besonderen Straße in Mayfair –, fragte man sich, was einen erwartete. Feather wußte nicht – ebensowenig wie irgend jemand anders –, daß es einen besonderen Grund gab, warum er ihr gegenüber so nachsichtig gewesen war – warum er schließlich zu den häufigen Besuchern des schmalen Hauses gehört hatte – und warum er sie oft zu beobachten schien, manchmal mit einem Ausdruck von echtem Interesse, manchmal mit einem Ausdruck von Ärger und manchmal völlig ohne jeden Ausdruck. Aber es gab diesen Grund, und nur der allein hatte ihn dazu veranlaßt, auf ihrer Schwelle zu erscheinen – und ihn davon abgehalten, sich entschiedener aus der lächerlichen Umklammerung freizumachen, bei der er sich gefühlt hatte wie jemand, der die Rolle eines herzlosen Elternteils in einem Rührstück spielt.

In der vertrauten Umgebung ihres Wohnzimmers bot sie mit ihrem aschblonden Haar und dem schwarzen Seidenkleid einen hinreißenden Anblick, und er gestand sich offen ein, daß sie etwas an sich hatte, das die Sichtweise der meisten Männer geändert hätte.

Und Feather? Als sie ihn in der vertrauten Umgebung sah, den Klang seiner Stimme hörte, die Art registrierte, wie er sich auf einen Stuhl setzte und wahrnahm, daß seine Kleidung einen etwas gedämpften Farbton hatte, erinnerte es sie so sehr an die Tage, die nun für immer vorbei zu sein schienen, daß sie wieder anfing zu weinen.

Er vermied es diskret, melodramatische Töne anzuschlagen. „Das dürfen Sie nicht tun, Mrs. Lawless", sagte er, „sonst breche ich noch selbst in Tränen aus. Ich bin ein sensibles Geschöpf."

„Oh, *bitte* sagen Sie ‚Feather' statt ‚Mrs. Lawless'", bat sie. „Sie haben manchmal ‚Feather' gesagt."

„Ich sage es jetzt", antwortete er, „wenn Sie nicht weinen. Es ist ein schöner Name."

„Ich habe das Gefühl, daß ich ihn nie wieder hören werde", schauderte sie und versuchte, sich die Augen zu trocknen. „Es ist vorbei!"

„Was ist vorbei?“

„Das hier –!“ Sie warf einen hoffnungslosen Blick auf die beiden winzigen Zimmer, die vor Firlefanz überquollen. „Die Partys und der Spaß – und alles auf der Welt! Ich habe heute nur ein paar Kekse und Rosinen gegessen – und der Vermieter wird mich hinauswerfen.“

Es klang beinahe zu absurd, um die nackte Wahrheit zu sein. Und dennoch –! Nach einem zweiten Blick auf sie wiederholte er, was er unten schon gesagt hatte. „Würden Sie mir bitte genau sagen, was Sie meinen?“

Dann saß er still da und hörte zu, während sie ihm ihr Herz ausschüttete. Und während er zuhörte, wurde ihm die Situation sehr bewußt – sie saßen in dem Streifen von einem Haus mit der cremefarbenen Fassade – die Hausherrin auf einer Seite und der Millionär mit seiner Pracht auf der anderen, und das machte es noch grausamer.

Es war nicht nötig, die Geschichte auszuschmücken. Jede Übertreibung von Feather hätte nur von den nackten Tatsachen abgelenkt. Es war auch so schrecklich genug. Der Anblick der kreidebleichen Feather, die von solcher Panik ergriffen war, daß sie all ihre Würde vergaß, sagte eigentlich schon alles, ohne daß sie nachhalf. Es war ein echtes Drama, das wurde klar, obwohl sie immer wieder abschweifte und Dinge erzählte, die keinen Zusammenhang hatten. Kaum jemand hätte ihr folgen können. Coombe beobachtete sie genau, als sie erzählte. Der Hintergrund ihrer Panik waren nicht die Einsamkeit und das gebrochene Herz einer jungen Witwe. Sie war ihr eigener Hintergrund und auch ihr eigener Vordergrund. Der einst kräftige Körper, der zusammengesunken auf dem Bett in dem Zimmer gelegen hatte, das für sie ein Sinnbild des Schreckens geworden war, das starre weiße Gesicht, dessen gutes Aussehen zu etwas geworden war, an das sie sich nicht erinnern wollte ... Ihre Verzweiflung rührte allein daher, daß Robert sie schmählich im Stich gelassen hatte, indem er gestorben war und ihr außer unbezahlten Rechnungen nichts hinterlassen hatte. Diese Wahrheit war besonders erbärmlich. Sie erzählte immer mehr Einzelheiten. Die Rechnungen häuften sich, seit sie ihr Leben in dem schmalen Haus begonnen hatten, sie hatten Geschäftsleute an der Nase herumgeführt, Versprechungen gemacht und sich dabei raffinierter Tricks, absichtlicher Mißverständnisse und Lügen bedient. Keiner der beiden hatte deswegen irgendwelche Bedenken gehabt, sie hatten sogar darüber gelacht. Coombe sah alles – auch, daß Feather nicht bewußt war, wieviel sie ihm preisgab. Er erkannte den wachsenden Druck und den Groll über Tricks, die sich selbst verrieten, und die wachsende Entschlossenheit der Gläubiger, die Sache auf die einzige Art zu beenden, auf die sie beendet werden konnte. Es war schon vor Roberts Krankheit soweit gekommen, und Feather selbst hatte hitzige Diskussionen gehört und drohende Briefe gesehen, aber sie hatte nicht geglaubt, daß sie ernst gemeint waren. Es war so lange so gegangen, daß sie gedacht hatte, es würde noch lange so weitergehen. Es hatte allerdings ernsthafte Drohungen wegen der Miete und der unbezahlten Möbel gegeben. Roberts Lösungsvorschlag hatte gelautet, daß er vielleicht „Lawdor etwas abknöpfen könnte, der nicht gern jemanden in der Verwandtschaft hätte, der auf die Straße gesetzt wurde"!

„Er hätte etwas tun sollen", jammerte Feather. „Robert wäre selbst Lord Lawdor geworden, wenn sein Onkel gestorben wäre, bevor er all diese widerlichen Kinder hatte."

Ihr war nicht bewußt, daß Coombe sich ihr gegenüber oft Bemerkungen verkniff – sich aber manchmal erlaubte, sie sich *nicht* zu verkneifen. Jetzt gestattete er sich einen schlichten Kommentar. „Aber er ist kerngesund und hat die Kinder. Sechs kräftige Jungen und ein kräftiges Mädchen. Familiensinn ist offenbar aus der Mode gekommen."

Und sie fuhr fort, während sie in dem garnelenrosa Schlafzimmer saßen, während der Diener vor der Tür „nicht wußte", wo Tonson geblieben war. Für einen Moment nahm er einen Duft war, den wahrscheinlich die Vorhänge und die Kleider verströmten. Er sah die Köchin, die die Rechnungsbücher auf den kleinen Tisch legte, er hörte sie, und er verstand sie auch. Und Feather, die am Fenster stand und atemlos zuschaute, die beiden Kutschen mit den Koffern der Diener auf dem Dach, die Diener in anständigen Sachen, aber nicht in Arbeitskleidung, die still und ohne Schuldgefühle davongingen – er sah sie vor sich, er verstand sie und wußte genau, warum sie keine Gewissensbisse gehabt hatten. Warum sollten sie auch?

Als Feather zu dem Punkt kam, an dem es nötig wurde, Robin zu erwähnen, erinnerte sie sich glücklicherweise an Alices frühere Warnungen und hatte – ganz plötzlich – das Gefühl, daß gewisse Details besser ungesagt blieben.

„Sie hat zuerst ein bißchen geweint", sagte sie, „aber dann ist sie eingeschlafen. Ich war froh, daß sie schlief, denn ich hatte Angst, im Dunkeln zu ihr zu gehen."

„War sie im Dunkeln?"

„Ich glaube ja. Vielleicht hat Louisa sie dazu erzogen, ohne Licht zu schlafen. Es war kein Licht an, als ich ihr heute morgen etwas Kondensmilch gegeben habe. Ich konnte ihr nur K-Kond-densmilch geben."

Sie vergoß Tränen und schluckte, als sie ihren Weg nach unten und die Kakerlaken beschrieb, die vor ihr in ihre Verstecke geflohen waren. „Ich brauche ein Kindermädchen! Ich *brauche* eins!" Sie schniefte beinahe. „Jemand muß ihr neue Sachen anziehen und sie baden!"

„Können Sie das nicht selbst?" sagte Coombe.

„Ich!“ Sie ließ ihr Taschentuch fallen. „Wie – wie sollte ich es können?“

„Ich weiß nicht“, antwortete er und hob das Taschentuch mit einer graziösen, gleichgültigen Handbewegung auf.

Robin war für Feather der Tropfen, der das Faß zum Überlaufen brachte.

Er fürchtete, sie sei drauf und dran, sich wieder auf ihn zu stürzen. Sie packte seinen Arm, und der Blick ihrer vergißmeinnichtblauen Augen war wild. „Sehen Sie nicht, wie es mir geht! Daß nichts und niemand da ist – *sehen* Sie es nicht?“

„Doch, ich sehe es“, antwortete er. „Sie haben ganz recht. Es ist nichts *und* niemand da. Ich war selbst bei Lawdor.“

„Sie haben mit ihm *gesprochen*?“

„Gestern. Deshalb bin ich hergekommen. Er will Sie nicht sehen und auch keine Briefe von Ihnen bekommen. Er sagte, er sei klug genug, sich nicht auf so etwas einzulassen. Es mag sein, daß Familiensinn nicht mehr so *en vogue* ist wie früher, aber denken Sie bitte daran, daß Ihr Mann ihn vor Jahren sehr geärgert hat. Auch England ist nicht mehr so groß, wie es einmal war – und der Mann hat Familie. Er gesteht Ihnen hundert pro Jahr zu, aber das ist die Grenze.“

„Hundert pro Jahr!“ hauchte Feather. Von ihren schmalen Schultern hingen durchsichtige, flatternde schwarze Ärmel herab. Sie hob einen davon und hielt ihn hoch wie den Flügel einer Motte. „Das hat vierzig Pfund gekostet“, sagte sie, und ihre Stimme klang ganz matt und leise. „Ein gutes Kindermädchen würde auch vierzig kosten! Eine Köchin – und ein Diener und ein Zimmermädchen – und ein Kutscher – und der Brougham – ich weiß nicht, wieviel sie kosten würden. Oh-h!“

Sie fiel vornüber auf ihr Sofa und lag mit dem Gesicht nach unten auf einem Kissen – schmal, wohlgestalt und überwältigt von Verzweiflung.

Die Botschaft war, daß sie sich in seine Hände gab. Er spürte es und sah es und dachte nach. Sie hatte keine Vorschläge zu machen, keine Reserven. Sie war völlig hilflos.

„Es ist eine unglaubliche Situation“, sagte er in einem Ton, als würde er laut denken, „aber es ist leider die Wirklichkeit. In einer Straße in Mayfair können eine Frau und ein Kind – “ Er zögerte eine Sekunde, und ein gejammertes Wort kam aus dem Kissen hervor: „Verhungern!“

Er rückte etwas hin und her und fuhr fort. „Da die Rechnungen nicht bezahlt wurden, werden die Leute aus den Geschäften keine Lebensmittel mehr schicken. Diener werden nicht in einem Haus bleiben, in dem sie nichts zu essen und keinen Lohn bekommen. Kein Hausbesitzer wird zulassen, daß jemand sein Eigentum mit Beschlag belegt, ohne die Miete zu bezahlen. Es klingt vielleicht unmenschlich – aber es ist nur menschlich.“

Das Kissen, in dem Feather ihr Gesicht vergraben hatte, verströmte noch einen schwachen Geruch von Roberts Zigarrenrauch, und dieser Duft rief ihr Dinge ins Gedächtnis, die er leidenschaftslos über Lord Coombe und andere Männer gesagt hatte. Er war kein Moralapostel gewesen. Sie sah sich wieder auf dem Boden vor ihrem Schlafzimmer und fühlte die Dunkelheit und Stille, in der sie nicht gewagt hatte, zu Robin zu gehen. Nicht noch so eine Nacht! Nein! Nein!

„Sie müssen nach Jersey zu Ihren Eltern“, sagte Coombe. „Dort reichen einhundert pro Jahr.“

Sie setzte sich auf und hatte plötzlich etwas an sich, das er nie zuvor bei ihr gesehen hatte. Es war tatsächlich Entschlossenheit. „Ich habe von armen Mädchen gehört“, sagte sie, „die der Hunger dazu getrieben hat, auf – auf die Straße zu gehen. Ich – ich würde *überall* eher hingehen als dorthin zurück.“

„Überall!“ wiederholte er, und sein Verhalten zeigte – oder zeigte vielmehr nicht, was er bei ihr erkannte.

„Überall!“ jammerte sie, und dann tat sie das, was er ein paar Minuten eher erwartet hatte – sie warf sich ihm zu Füßen und umklammerte seine Knie. Sie hing an ihm, sie schluchzte, ihr schönes Haar löste sich auf und fiel ihr wirr, aber anmutig über die Schultern. „Oh, Lord Coombe! Oh, Lord Coombe! Oh, Lord Coombe!“ weinte sie wie zuvor in der Halle.

Er stand auf und versuchte sich aus der Umklammerung zu lösen, wie er es vorhin getan hatte – diesmal mit weniger Erfolg, weil sie ihn nicht loslassen wollte. Er hatte die allergrößte Abneigung gegen Szenen. „Mrs. Lawless – Feather – ich bitte Sie, stehen Sie auf“, sagte er.

Aber sie hatte den Punkt erreicht, an dem es sie nicht mehr kümmerte, was geschah, solange sie ihn festhalten konnte. Er war ein Gentleman – er hatte alles auf der Welt. Was machte es schon?

„Ich habe niemanden außer Ihnen und – und Sie schienen mich immer zu mögen. Ich würde alles tun – was *jeder* will, wenn er sich nur um mich kümmert. Ich mochte Sie immer sehr – und Sie fanden mich amüsant – nicht wahr? Sie sind doch gern hergekommen.“

Ihre zarte, derangierte Schönheit hatte etwas Schmerzliches an sich, und trotz seiner Teilnahmslosigkeit kam ihm mit einem Schaudern zu Bewußtsein, daß es stimmte – sie würde wirklich alles für einen Mann tun, der sich um sie kümmerte. Es hatte eine Wirkung auf ihn, die nichts anderes hätte erzielen können. Vor seinem inneren Auge erschien auch eine phantastische ironische Vision von Josef und der Frau des Potifar. Er sah sich selbst als Josef, und diese Vorstellung war schmerzlich und lächerlich zugleich.

Dann wachte Robin auf und schrie wieder. Ihre Stimme hatte durch langen Schlaf neue Kraft gewonnen – und dadurch, daß es ihr nun noch schlechter ging. Man hörte sie im ganzen Haus. Was dieser Klang bewirkte, konnte er sich erst viel später erklären. Aber er bewirkte etwas.

„Hören Sie nur!“ keuchte Feather. „Sie fängt wieder an! Und es ist niemand da, der zu ihr gehen kann!“

„Stehen Sie auf, Mrs. Lawless“, sagte er. „Verstehe ich Sie richtig – Sie möchten, daß ich diese Angelegenheit für Sie regele?“

„Meinen Sie – wirklich!“ brachte sie hervor. „Werden Sie – werden Sie – ?“

Ihre Augen, die zu ihm aufblickten, sahen aus wie die eines jungen Engels. Kristallklare Tropfen rollten ihre Wangen hinunter wie die Tränen eines Kindes. Sie faltete die Hände wie zu einem Gebet. Er stand einen Moment lang völlig regungslos da, seine Gedanken schweiften in weite Ferne, und er vergaß, wo er war. Und deshalb ließ die dumme kleine Gans auch den letzten Rest Diskretion fahren.

„Sind Sie ein – ein Mann zum Heiraten?“ fragte sie dumm – beinahe flüsternd.

Er fand seine Fassung wieder. „Nein“, sagte er mit einer Entschlossenheit, die so schneidend war wie das Messer eines Chirurgen.

Seine kurzangebundene Art flößte ihr neuen Schrecken ein. „Ich – ich weiß!“ wimmerte sie. „Ich habe nur gesagt – wenn Sie es wären!“

„Wenn ich es wäre, würde es – in diesem Fall – keinen Unterschied machen.“ Er erkannte, mit was für einem Spatzenhirn er es zu tun hatte und daß er ihr kein Schlupfloch lassen durfte. „Es darf keine Mißverständnisse geben.“

In ihrer Panik sah sie ihn einen Moment lang klarer als je zuvor, und sie fürchtete, daß sie einen verhängnisvollen Fehler gemacht hatte. „Es wird keine geben“, keuchte sie. „Ich wußte es immer. Es wird überhaupt keine geben.“

„Wissen Sie, was Sie mich fragen?“ fragte er.

„Ja, ja – ich bin kein kleines Mädchen mehr. Ich war verheiratet. Ich gehe nicht nach Hause zurück. Ich kann nicht verhungern oder in einer Bruchbude hausen. *Jemand* muß mich retten!“

„Wissen Sie, was die Leute sagen werden?“ Seine ruhige Stimme wurde etwas leiser.

„Sie werden es mir nicht ins Gesicht sagen.“ Es klang wild. „Es kümmert niemanden – wirklich.“

Er sah nicht mehr ganz so ernst aus. Er lächelte auf die etwas teilnahmslose Art, die seine Umgebung so gut kannte. „Nein – es kümmert niemanden wirklich“, antwortete er. „Ich wollte nur wissen, ob es *Sie* kümmert. Sie schmeicheln mir damit, daß es nicht der Fall ist.“ Er wußte, daß er nur den Arm auszustrecken brauchte, und sie würde sich an seine Brust sinken lassen und dort weinen, aber ihm war in diesem Moment nicht danach. Er legte ihr nur leicht die Hand auf den Arm. „Setzen wir uns und reden wir darüber“, schlug er vor.

Bevor er sich setzen konnte, hielt draußen vor der Tür ein Hansom. Coombe ging zum Fenster und sah einen stämmigen Herrn, der nach einem Geschäftsmann aussah, und einen Begleiter aussteigen. Es folgte ein lautes, gebieterisches Klingeln und ein ebenso befehlendes Klopfen des Türklopfers. Beides wiederholte sich. Feather war ans Fenster gerannt und sah den stämmigen Herrn. Sie packte Coome am Ärmel.

„Das ist der Agent, der uns das Haus vermittelt hat. Wir haben immer gesagt, wir seien nicht zu Hause. Es ist entweder Carson oder Bayle. Ich weiß nicht, wer von beiden es ist.“

Coombe ging zur Treppe.

„Sie können nicht die Tür öffnen!“ kreischte sie.

„Er ist zweifellos darauf vorbereitet, sie selber zu öffnen“, antwortete er und ging gemächlich die schmale Treppe hinunter.

So war es. Als Coombe in der Halle stand, wurde schon ein Schlüssel ins Schlüsselloch gesteckt und umgedreht. Die Tür ging auf, und herein kam Carson – oder Bayle – mit einem Ausdruck zorniger Entschlossenheit, gefolgt von seinem jungen Kollegen.

Die Erscheinung des Oberhauptes des Hauses Coombe wurde immer als subtil, aber eindrucksvoll beschrieben. Mehrere Jahrhunderte Familientradition hatten dazu geführt, daß gewisse Dinge gar nicht mehr gesagt werden mußten. Ein Mann, der es nie nötig hatte, sich zu erklären oder zu entschuldigen, ist unvermeidlich eine Erscheinung ohne einen Hauch Unsicherheit. Diese Erscheinung erwartete nur Erklärungen von anderen.

Carson – oder Bayle – hatte zweifellos erwartet, ein verängstigtes Dienstmädchen zu sehen, das fadenscheinige Ausreden stammelte. Jetzt stand er vor einem hochgewachsenen, schmalen Mann, den man – selbst wenn er ganz anders gekleidet gewesen wäre – nicht mißverstehen konnte. Er stand da und erwartete so offenkundig eine Entschuldigung, daß Carson – oder Bayle – nicht nur kein drohendes Gebrüll anstimmte, sondern sogar ins Stottern kam. Es hätte Coombe sehr geärgert, wenn er gewußt hätte, daß jemand den Mann in Sandown auf ihn – und einen gewissen Mantel – aufmerksam gemacht hatte und daß der Mann ihn – an dem Mantel – vage erkannt hatte.

„Ich – ich bitte um Verzeihung“, fing er an.

„Ganz recht“, sagte Coombe.

„Zwei Interessenten waren heute morgen hier, um sich das Haus anzusehen. Wir hatten sie dazu beauftragt. Sie wurden weggeschickt, My Lord – und wollen nicht wiederkommen. Die Miete wurde seit dem ersten halben

Jahr nicht mehr bezahlt. Es gibt niemanden mehr, der auch nur noch *so tun* könnte, als würde sie irgendwann bezahlt werden. Es mußten Schritte unternommen werden."

„Ganz recht", sagte Coombe. „Unternehmen Sie bitte Schritte ins Eßzimmer."

Er führte das Gespann hinein und wies ihnen Stühle an, aber der Agent und sein Begleiter waren zu unruhig, um sich zu setzen.

Coombe stand einfach da und erklärte sich. „Ich verstehe vollkommen", sagte er. „Es ist Ihr gutes Recht, so zu handeln. Mrs. Gareth-Lawless ist natürlich nicht in der Lage, die Sache selbst zu regeln. Vorläufig werde ich mich – als Freund ihres verstorbenen Mannes – um ihre Angelegenheiten kümmern. Ich bin Lord Coombe. Sie will das Haus nicht aufgeben. Schicken Sie keine möglichen Nachmieter mehr her. Kommen Sie in einer Stunde nach Coombe Haus, und ich gebe Ihnen einen Scheck."

Es kamen ein paar unbeholfene Entschuldigungen, dann ging die Haustür auf und zu, der Hansom ratterte davon, und Coombe ging wieder ins Wohnzimmer. Robin brüllte immer noch.

„Sie will mehr Kondensmilch", sagte er. „Haben Sie keine Angst. Gehen Sie und geben Sie ihr welche. Ich kenne eine ältere Frau, die gut mit Kindern umgehen kann. Sie war früher Kindermädchen. Ich schicke sie sofort zu Ihnen. Geben Sie mir bitte die Rechnungsbücher. Meine Haushälterin wird einige Diener zu Ihnen schicken. Die Geschäftsleute werden kommen, um Bestellungen entgegenzunehmen."

Feather starrte ihn an. „W-werden sie?" stammelte sie. „W-wird alles – ?"

„Ja – alles", antwortete er. „Haben Sie keine Angst. Gehen Sie nach oben und versuchen Sie, sie zu beruhigen. Ich habe noch nie ein Geschöpf mit solcher Inbrunst brüllen hören."

Sie wandte sich ab und ging wie eine Schlafwandlerin zur Treppe. Sie hatte eine schreckliche Krise durchlebt und war benommen. Sie hatte ihn nie auch nur eine Sekunde verstanden und verstand ihn auch jetzt nicht – aber sie verstand ohnehin niemanden, und die ganze Situation war ihr neu. Wenn sie nicht mit dem Rücken zur Wand gestanden hätte, hätte sie sich so ehrenwert gegeben wie immer.

Coombe rief einen Hansom und fuhr nach Hause. Er dachte über vieles nach und sah noch teilnahmsloser aus als sonst. Er hatte den Gesichtsausdruck des kleinen dicken Mannes beim Einsteigen in die Kutsche gesehen, und nun machte er sich die Gedanken eines Geschäftsmannes. Was hätte der andere Geschäftsmann wohl alles zu sagen unterlassen, wenn er – Coombe – erklärt hätte, daß er in diesem Fall gänzlich ehrenwert handelte?

7. Robin

Von diesem Zeitpunkt an bot der Streifen von einem Haus wieder den Anblick, den die Bewohner der schmalen modernen Straße und die Passanten gewohnt waren. Die Leute, die erwartet hatten, bald auffällige Schilder mit der Aufschrift „Zu versteigern. Elegante moderne Einrichtung“ zu sehen, waren verwirrt und überrascht, daß keine solchen Ankündigungen erschienen – nicht einmal unauffällige. Auch fuhren – nicht einmal Wochen später – keine riesigen Fahrzeuge vor, die als letzten Gruß ein „Zu vermieten“ in den Vorderfenstern hinterließen.

Im Gegenteil, der Florist kam und füllte die Blumenkästen mit einem prächtigen Arrangement frischer Blumen, man sah neue und noch korrektere Diener die Treppe hinauf- und hinuntergehen, ein junger Diener, ebenso pfiffig wie früher Edward, öffnete die Haustür und begleitete Mrs. Gareth-Lawless zu ihrem perfekten kleinen Brougham. Die Lebensmittelhändler erschienen jeden Tag und benahmen sich respektvoll, ja beinahe unterwürfig. Offenbar hatte sich der Haushalt nach Mr. Gareth-Lawless' Tod nicht aufgelöst.

Nachdem diese Tatsache bekanntgeworden war, erschienen die früheren Besucher nach und nach wieder und benahmen sich, als seien sie nie wirklich fortgewesen. Es hatte genug naheliegende Gründe gegeben, sich von einem Haus der Trauer und einer untröstlichen Witwe fernzuhalten. Sie in ihrem Kummer zu stören, wäre aufdringlich gewesen. Wie Feather selbst begriffen hatte, gehörte ihr Freundeskreis nicht zu den Leuten, die sich leicht an völlig veränderte Umstände anpassen konnten. Wenn man auf einem straffen Seil tanzt und das Seil plötzlich weggezogen wird, wo ist man dann? Man kann nicht weitertanzen, bevor das Seil wieder gespannt wird.

Das neue Seil war offenbar vollkommen sicher, und so dauerte es nicht lange, bis der Tanz von neuem begann. Feathers Trauerkleidung, die jeden Monat heller wurde, war die Freude aller Betrachter. Madame Hélène sah in ihr einen Stern, dessen Leuchten immer sichtbarer wird, weil sich die Wolken nach und nach auflösen. Ihr Umfeld beobachtete den Prozeß mit heimlicher Belustigung.

„Die Sachen, die sie trägt, sind unbezahlbar“, sagte man freundlich in ihrem eigenen Wohnzimmer. „Woher bekommt sie sie? Ob Lawdor die Rechnungen bezahlt?“

„Sie bekommt sie von Hélène“, sagte ein großer, dünner junger Mann mit gutaussehendem schmalen Gesicht und dunklen Augen, die durch einen Kneifer blickten. „Aber ich kann mir nicht vorstellen, daß Lawdor die Rechnungen bezahlt.“

An Orten, wo das Amüsement Lebensinhalt ist, befaßt man sich nicht aus Spaß mit Fragen des Geschmacks. Man konnte ohne Zögern in jedermanns Wohnzimmer alles sagen, was einem einfiel, solange es amüsant genug war, um jemanden – wenn nicht alle – zum Lachen zu bringen. Feather hatte früher die Leute auf die gleiche Art zum Lachen gebracht. Diejenigen, die sie am meisten bewunderte, machten immer freche kleine Bemerkungen, und die Jahre der Abgeschiedenheit auf Jersey hatten in ihrem Fall zu einer regelrechten Torschlußpanik geführt – sie wollte unbedingt Schritt halten. Ihre Bemühungen waren meistens von Erfolg gekrönt, denn die Natur hatte ihr die Ausstrahlung eines albernen hübschen Kindes gegeben, das nicht ahnt, wie weit es geht. Oft schlug ihr schallendes Gelächter entgegen, und das erste Mal, daß sie für einen Moment an sich gezweifelt hatte, war in einem Augenblick gewesen, als sie einen flüchtigen Blick auf Coombe geworfen hatte. Er hatte sie mit einem Ausdruck angestarrt, den sie – nur eine Sekunde lang – als Entsetzen gedeutet hätte, wenn sie nicht so sicher gewesen wäre, daß das nicht sein konnte und daß es natürlich etwas anderes sein mußte – eines der Dinge an ihm, die niemand je verstand.

Als die dunklen Nebelschwaden ganz verschwunden waren, verließ Feather sich auf das straffe Seil, das sicher ewig halten würde. Auf ihren überfüllten kleinen Gesellschaften und den größeren anderer Leute konnte ihr nicht gänzlich verborgen bleiben, daß sogar Leute, die sie recht gern mochten, untereinander mehr oder weniger geistreiche Bemerkungen über ihre verbesserte finanzielle Situation machten. Sie hatten sich enorm verbessert. Rechnungen wurden bezahlt, Händler waren höflich, Diener respektvoll, sie mußte keine Ausreden und Lügen erfinden. Sie und Robert waren trübseligen, kritischen Leuten immer aus dem Weg gegangen und hatten daher keinen engen Kontakt zu den Spitzfindigen gehabt, die sich vielleicht von ihr abgewandt hätten, weil sie diese Verhältnisse mißbilligten. So gab es keine Lücken in ihrem Kreis. Diejenigen, die die Gewohnheit gehabt hatten, sich in ihrem Haus zu amüsieren, kamen ebenso bereitwillig wie früher.

Es war jedoch eine Tatsache, daß es eine Erinnerung gab, die sie nie ganz loswurde – das war eigentlich seltsam, wenn man bedachte, wie wenig Eindruck die meisten Erlebnisse auf sie machten. Auch als sie versuchte, es so weit wie möglich in den Hintergrund ihres Bewußtseins zu schieben, gelang es dieser Sache immer wieder, sich in den Vordergrund zu drängen. Es war die Erinnerung an das verlassene Haus, dessen Leere sie bis ins Mark erschüttert hatte, nachdem sie durch das Schlafzimmerfenster die Diener hatte wegfahren sehen. Es war auch die Erinnerung an die Stunden danach – die Nacht, in der niemand dagewesen war – niemand die Treppe hinauf- oder hinuntergekommen war – als alles dunkel und hohl gewesen war – bis auf das Nachtzimmer, in dem Robin geschrien hatte, und ihr eigenes Zimmer, in dem sie selbst sich unter der Bettdecke verkrochen und das Kissen über den Kopf gezogen hatte. Das Bild ließ sich nicht auslöschen, aber es verstärkte nur ihr Gefühl der Erleichterung, weil sie nicht unter die Räder gekommen war.

„Manchmal“, sagte sie ungekünstelt zu Coombe, „wenn ich im Park spazierenfahre und alle Leute unterwegs sind und die Kleider aussehen wie die Blumenbeete, denke ich daran – weil der Gegensatz mir Freude macht.“

Die ältere Frau, die in ihren jungen Jahren Kindermädchen gewesen war und die Lord Coombe geschickt hatte, um Louisa zu ersetzen, war nicht lange geblieben. Sie war nicht jung und hübsch genug für ein Haus auf der richtigen Seite in der richtigen Straße, und Feather fand eine junge Frau, die genauso aussah, wie sie aussehen sollte, wenn sie den Kinderwagen rund um den Platz schob.

Der Platz, der an die richtige Straße grenzte, und die Gärten in seiner Mitte, zu denen nur bevorrechtigte Leute Zutritt und einen eigenen Schlüssel hatten, die Küche im Keller, die Dienstbotenhalle und die beiden Kinderzimmer im Obergeschoß stellten für die kleine Robin ein paar Jahre lang die ganze Welt dar. Als sie alt genug war, um auf der Straße zu gehen, wurde sie an der Hand die Wege entlanggeführt, auf denen man sie täglich in ihrem Kinderwagen geschoben hatte. Ihre erste Erinnerung war, daß sie auf einem Kiesweg in den Square Gardens stand und ein paar zankende Spatzen beobachtete, während Andrews, ihr Kindermädchen, mit einem anderen Kindermädchen auf einer Bank saß und sich leise unterhielt. Sie redeten auf eine Art miteinander, die Robin immer mit Dienstboten in Verbindung brachte und die sie für die natürliche Ausdrucksweise dieser Spezies hielt – so wie sie auch das Miauen von Katzen und das Bellen von Hunden hinnahm. Als sie älter wurde, begriff sie, daß die Dienstboten Dinge sagten, die sie nicht hören sollte.

Sie beobachtete gern die Spatzen in den Gärten – und auch sonst überall. Sie waren die einzigen Freunde für sie, obwohl sie noch nicht alt genug war, sie Freunde zu nennen oder zu wissen, was „Freunde“ bedeutete. Andrews hatte ihr mit ihren eigenen Methoden beigebracht, daß sie besser nicht weinte oder irgendeinen Protest hören ließ, wenn man sie in ihrem häßlichen kleinen Kinderzimmer alleinließ. Nach Andrews' Meinung gehörte es nicht zu ihren Pflichten, in einem Zimmer im Obergeschoß zu sitzen und sich zu Tode zu langweilen, wenn unten interessantere Unterhaltung zu erwarten war. Die Köchin war eine Frau mit weitreichenden Erfahrungen, das Hausmädchen eine junge Person, die in fröhlichen Landhäusern gelebt hatte, und der Diener ein junger Mann von Geist und Humor war. Also verbrachte Robin zusammengerechnet viele Stunden des Tages ganz allein. Die Isolation wäre vielleicht schlimmer für sie gewesen, wenn sie ein anderes Leben gekannt hätte als das eines Kindes, an dem niemand einen Funken Interesse hatte und bei dem „Artigsein" nur bedeutete, Vernachlässigung klaglos hinzunehmen und nie irgendwelche Aufmerksamkeit zu beanspruchen. Wie ein Vogel, der im Käfig geboren wird und ihn vielleicht für die Welt hält, lebte Robin in ihrem Kinderzimmer, kannte jeden Winkel davon und verabscheute es zutiefst, ohne daß es ihr bewußt war. Sie wurde ins Bett gebracht und herausgeholt, sie wurde dort gefüttert und angezogen, und einmal am Tag – oder vielleicht zweimal, wenn Andrews es so wollte – wurde sie nach unten auf die Straße gebracht. Das war alles. Und deshalb mochte sie die Spatzen so sehr.

Und es ist interessant, Spatzen zu beobachten, wenn man in einem Kinderzimmer lebt, in dem nichts passiert und das außerdem so hoch oben liegt, das man die Leute in der Welt unten kaum sehen kann. Obendrein schien es draußen fast immer zu regnen. Robin sah zu, wie sie auf den Dächern auf der anderen Straßenseite herumhüpften. Sie plusterten ihr Gefieder auf, sie schnappten sich Strohhalme und brachten sie weg. Sie dachte, daß sie eigene Häuser zwischen Schornsteinen bauten – an Stellen, die sie nicht sehen konnte. Sie wäre gern selbst auf dem Dach eines Hauses herumgehüpft, wenn sie keine Angst gehabt hätte, herunterzufallen. Sie mochte das Tschilpen und Zwitschern der Vögel, weil es klang wie Reden und Lachen – wie das Reden und Lachen, von dem sie manchmal aufwachte, wenn die Dame unten eine Party feierte. Sie fragte sich oft, was die Leute machten, denn es hörte sich an, als täten sie es sehr gern.

Wenn es manchmal zwei oder drei Tage regnete, hatte sie ein Gefühl, das sie zum Weinen brachte – aber nicht laut. Sie hatte einmal eine Woche lang einen blauen Fleck am Arm gehabt, nachdem Andrews sie gekniffen hatte, weil sie so laut geweint hatte, daß man es hörte. Es war ihr vorgekommen, als habe Andrews sie mindestens fünf Minuten malträtiert und ihr dabei mit ihrer großen Hand den Mund zugehalten.

„Merk dir das!" hatte sie gesagt, als sie fertig und Robin beinahe erstickt war.

Andrews sorgte besonders dafür, daß niemand nach oben ins Kinderzimmer kam, um nachzusehen, was etwaiges Schreien zu bedeuten hatte, das ohnehin nicht schaurig genug klang, um den Haushalt zu stören. So war es einfach, den Alltag ihres Zöglings so zu organisieren, wie es ihr selbst am besten paßte.

„Man muß ihr nur genug zu essen geben und sie davon abzuhalten, zu quengeln, wenn sie etwas will, das sie nicht bekommt", sagte Andrews zu ihren Freunden unten. „Die da im Wohnzimmer läßt sich nie im Kinderzimmer sehen. Die nicht! Ich weiß, was ich zu tun habe und wie man mit Frauen ihrer Art umgeht. Ich gehe dann und wann zu ihr und bitte sie höflich um Erlaubnis, Sachen von Best's oder Liberty's oder einem anderen guten Geschäft zu kaufen. Sie starrt mich dann immer erst einmal eine Minute lang an, als verstünde sie kaum, worum es geht, und dann sagt sie: ‚O ja, ich nehme an, sie braucht sie.' Und dann kaufe ich die Sachen. Ich sorge dafür, daß sie genauso gut angezogen ist wie jedes Kind in Mayfair. Und sie ist seit ihrem ersten Geburtstag eine Schönheit und sieht wunderbar aus, wenn ich sie die Straße auf und ab schiebe. So können die Leute sehen, daß sie gut versorgt ist und nicht versteckt wird. Niemand kann über ihr Aussehen klagen, und sie ist niemandem lästig. Das ist alles, was von *mir* erwartet wird. Ich bekomme einen guten Lohn, und den bekomme ich regelmäßig. Ich rümpfe nicht die Nase über einen Platz wie diesen, was auch immer die Leute draußen reden. Wen kümmert es heutzutage? Leute von heute sehen nicht mehr alles so eng wie früher. Es heißt, in Königin Victorias Jugend hätten Diener nicht bei Familien gearbeitet, die sich nicht an die zehn Gebote hielten."

„Wer kümmert sich heute noch um Gebote", sagte Jennings, der Diener, der ein Witzbold war. „Ich kenne eins, das gebrochen wurde, bis nur noch Krümel übrigwaren. Wenn *ich* diese Gebotstafel zerschmettert hätte, müßte man sie danach in den Müll werfen. Das ist mit ein oder zwei bestimmten Geboten passiert."

„Nun", bemerkte Mrs. Blayne, die Köchin, „sie mischt sich nicht ein, und er bezahlt die Rechnungen pünktlich. Das finde *ich* viel besser als Gebote. Wenn Sie mir glauben – meine Mutter hat mir erzählt, daß die Damen zur Zeit von Königin Victoria nachgefragt haben, ob kaltes Fleisch übrig sei und was mit dem Bratenfett passierte! Die Zivilisation ist darüber hinaus – mit oder ohne Gebote."

„Er achtet sehr darauf, daß Rechnungen bezahlt werden", sagte Jennings und gab sich als Mann von Welt. „Ich habe einmal gehört, wie sie sich gestritten haben, weil sie ein paar Rechnungen nicht bezahlt hatte. Sie hatte das Geld für irgendeinen Unsinn ausgegeben, und er war auf seine seltsame Art sehr ärgerlich. Zu Recht natürlich. Ich hätte genauso reagiert", und er zupfte seinen Kragen zurecht und reckte den Hals, als wüßte er ganz genau, wie sich ein Marquis fühlt, der zu Recht ärgerlich ist. „Er hat gesagt, wenn die Rechnungen nicht mit dem Geld bezahlt würden, das für sie bestimmt sei, werde er seine Zuwendungen einstellen.“ Jennings gefiel das Wort „einstellen“, und darum wiederholte er es mit besonderer Betonung. „Er werde sie einstellen.“

„Das würde sie erschrecken“, war Andrews’ knappe Bemerkung.

„Das hat es!“ sagte Jennings. „Sie wäre hysterisch geworden, wenn er sie nicht wieder beruhigt hätte. Er kann mit ihr umgehen, ja, das kann Coombe.“

Andrews lachte – ein kurzes, trockenes Lachen. „Wissen Sie, wie das Kind sie nennt?“ sagte sie. „Sie nennt sie ‚die Dame unten‘. Sie ist ganz vernarrt in sie und versucht, einen Blick auf sie zu werfen, wenn wir nach draußen gehen. Ich merke, daß sie immer ihren kleinen Hals reckt, wenn wir an einem Zimmer vorbeikommen, in dem sie sein könnte. Es liegt an ihren schönen Kleidern und an ihrem Lachen. Kinder mögen bunte Farben und fröhliche Klänge.“

„Ich glaube, das Kind weiß nicht einmal, daß sie ihre Mutter ist!“ sagte Mrs. Blayne und öffnete die Ofentür, um einen Blick auf ein paar Brötchen zu werfen.

„Und ich glaube, wenn ich es ihr erzählen würde, wüßte sie nicht, was das Wort bedeutet. Sie hat den Namen von mir!“ Andrews lachte immer noch, als sie es erklärte. „Ich habe ihr immer gesagt, daß *die Dame unten* es hören würde, wenn sie Lärm macht, oder daß ich sie einen Blick auf die Dame unten werfen lasse, wenn sie sehr brav ist. Ich habe gemerkt, daß sie etwas Angst vor ihr hat, obwohl sie sie so sehr mag, deshalb war es eine gute Methode, um sie gefügig zu machen. Ob Sie es glauben oder nicht, eine ganze Weile war mir nicht klar, daß sie gar nicht weiß, daß es Mütter gibt – und als ich es begriffen hatte, wußte ich, daß es keinen Sinn hatte, es zu erklären. Sie hätte es nicht verstanden.“

„Wie soll man auch erklären, was eine Mutter ist?“ warf Jennings ein. „Ich müßte sagen, daß sie die Person ist, die das Recht hat, einen zu ohrfeigen, wenn man nicht tut, was sie sagt.“

„Ich müßte sagen, daß sie die Frau war, die mich fünfzehn Stunden am Tag in der Küche hat schuften lassen“, sagte Mrs. Blayne. „Meine Mutter war Köchin in einem großen Haus, und ich bin bei ihr in die Lehre gegangen.“

„Ich hatte nie eine“, sagte Andrews steif. In Wahrheit hatte sie sich um acht kleine Geschwister gekümmert, während ihre Mutter ihren Rausch ausschlief – wenn sie sich nicht gerade mit ihren Kindern stritt.

Jane, das Hausmädchen, hatte eine nicht unglückliche Kindheit auf dem Land verbracht und hatte ein sanftes Gemüt. „Ich würde sagen, eine Mutter ist die, zu der man gehört und die einen liebhat, auch wenn sie streng ist“, warf sie ein.

„Ihre Mutter hat sie nicht lieb und ist nicht einmal streng mit sich selbst“, sagte Jennings. „Das bringt also nichts.“

„Und sie ohrfeigt sie auch nicht und läßt sie nicht in der Küche arbeiten“, warf Mrs. Blayne ein, „also taugt Ihre Erklärung nichts, Mr. Jennings, und meine auch nicht. Miss Andrews wird eine andere Erklärung finden müssen, wenn es irgendwann nötig werden sollte.“

„Sie kann sie in einem Drury-Lane-Melodram finden“, sagte Jennings mit viel Sinn für Humor. „Sie müssen sich eines Abends hinsetzen, Miss Andrews, und sagen: ‚Mein Kind, der Zeitpunkt ist gekommen, an dem ich dir alles sagen muß.‘“

So wurde unten über Mrs. Gareth-Lawless und ihre Art der Mutterliebe gesprochen. Es blieb eine interessante Tatsache, daß die Dame unten für Robin nur ein strahlend schönes Geschöpf war, das lachend und plappernd wie ein Vogel durch bestimmte Zimmer flatterte und immer hübsche Kleider trug. Jedesmal, wenn man sie sah, hatte sie etwas anderes an. Manchmal erhaschte man durch eine Tür einen Blick auf sie – oder wenn man im richtigen Augenblick das Gesicht an die Fensterscheibe drückte, stieg sie vielleicht gerade unten auf der Straße in ihre schöne kleine Kutsche, und nachdem Jennings deren Tür geschlossen hatte, ordnete sie ihre Kleider mit einem anmutigen Schwung, während sie sich in das dunkelblaue Polster zurücklehnte.

Es ist erschreckend, zu begreifen, daß ein neugeborenes Menschenkind nur wissen kann, was man es gelehrt hat. Der Unterricht kann bewußt oder unbewußt sein, intelligent oder idiotisch, erlesen oder primitiv. Was es von seiner Umgebung lernt, wenn seine Wahrnehmung jeden Tag mehr erwacht, hinterläßt tiefe Spuren in seiner Seele, seinem Gehirn und seinem Körper. Das Gelernte wird für das neugeborene Bewußtsein zum Gesetz – zum Gesetz des Daseins, zum Gesetz des Universums. Wer sich der Verantwortung bewußt ist, empfindet das manchmal als überwältigend und hat das Gefühl – wenn auch nur unbestimmt –, daß es vielleicht richtig wäre, sich die Schuhe auszuziehen und mit vorsichtigen, bedachtsamen Schritten zu gehen, wie es wohlerzogene Menschen sogar dann tun, wenn sie sich einem unbekannten Altar nähern.

Wer sich dieser Tatsache bewußt ist, wundert sich nicht, daß Robin mit sechs Jahren – als sie die Spatzen in den Square Gardens beobachtete – nicht wußte, wie das Gefühl hieß, das ihr solche Freude machte, wenn sie zufällige Blicke auf die Dame unten erhaschte. Durch dieses Gefühl wollte sie sie und alles sehen, was ihr gehörte, es ließ sie angestrengt lauschen, um ihre Stimme hören, es ließ sie sehnsüchtig darauf hoffen, daß Andrews oder die anderen Diener von ihr sprachen – und dennoch schüchterte es sie so ein, daß sie nicht wagte, Fragen zu stellen. Sie hatte einen Platz auf der Treppe entdeckt, die zum Kinderzimmer führte. Von dort aus konnte sie, wenn sie sich an die Balustrade drückte, manchmal sehen, wie die Dame aus ihrem rosa Schlafzimmer kam oder hineinging. Robin saß immer auf einer Stufe und schaute mit klopfendem Herzen durch das Geländer. Manchmal, wenn sie ins Bett gebracht worden war und Andrews sich unten gut unterhielt, wachte Robin auf, weil sie etwas von unten hörte. Dann schlüpfte sie aus dem Bett und kauerte sich auf ihrer besonderen Stufe in hektischer Freude zusammen, wenn sie die Dame herauskommen sah – mit glitzerndem Schmuck im Haar und an den bloßen weißen Armen, ganz eingehüllt in bunte Gewänder, ein Bild aus Farbe und Licht. Sie war ein so strahlendes Geschöpf, daß das Kind oft den Atem anhielt und vor Aufregung schluchzte, und sein Mund zitterte, als würde es anfangen zu weinen. Aber die Kleine wußte nicht, daß das, was sie empfand, Liebe war – ein schlichtes und natürliches Gefühl, mit dem sie keine Erfahrung hatte. Sie wußte nichts über Mütter und somit auch nicht über Liebe, und Andrews hätte es für sentimentalen Unsinn gehalten, ihr etwas darüber zu erzählen.

Wenn die Dame unten ausnahmsweise einmal auf der Schwelle des Tageszimmers erschien, stand Robin – der dann immer eins ihrer besten Kleider angezogen worden war – mit großen Augen da, starrte sie an und beantwortete flüsternd die belanglosen Fragen, die ihr gestellt wurden. Die Dame unten tauchte so selten auf und blieb wie ein Paradiesvogel in der Tür stehen, und auch das nur so kurz, daß nie Zeit für mehr blieb, als nach Luft zu schnappen und die Erscheinung anzustarren. Warum sie kam – wenn sie denn kam –, verstand Robin nicht. Sie gehörte offensichtlich nicht in die kleinen, schäbigen Kinderzimmer, die dank Londons Ruß und Nebel immer schäbiger und schmutziger wurden.

Feather hob immer ihre weiten Röcke an, wenn sie kam. Sie wäre gar nicht gekommen, wenn man sie nicht ein- oder zweimal gefragt hätte, ob das Kind hübsch sei, und es hätte absurd geklungen, wenn sie zugegeben hätte, daß sie es nie sah. „Ich finde, sie ist recht hübsch“, sagte sie unten. „Sie ist rundlich und hat eine gesunde Farbe – beinahe zu gesund, und sie hat auch runde Augen. Sie ist entweder ziemlich dumm, oder sie ist schüchtern –, und das ist beides gleich schlecht. Sie ist ein Kind, das einen anstarrt.“

Wenn Robin bei ihren Ausflügen in die Gärten mit anderen Kindern gespielt hätte, hätte sie zweifellos etwas von der Existenz und dem normalen Verhalten von Müttern erfahren, indem sie einfach nur dem Plappern der anderen Kinder zuhörte. Aber aus irgendeinem Grund kam sie nie mit den Zöglingen anderer Kindermädchen in Kontakt. Sie nahm es für einige Zeit als selbstverständlich hin, daß der Grund dafür ein geheimnisvolles Gesetz war, das Andrews erlassen hatte. Andrews schien auch selbst keine

Bekanntschaften zu machen. Manchmal saß sie auf einer Bank und unterhielt sich ein wenig mit einem anderen Kindermädchen, aber sie saß nur selten zweimal mit derselben Person zusammen. Meistens saß sie allein und häkelte oder nähte, machte ein hochnäsiges Gesicht und rief Robin zu sich zurück, wenn sie sah, daß sie sich langsam einem anderen Kind näherte.

„Es ist meine Regel, Abstand zu halten", sagte sie in der Küche. „Und so auszusehen, als wäre ich diejenige, die die Nase rümpft, wenn Nasen gerümpft werden müssen. Es gibt Leute, die ihre Kinder wegzerren würden, wenn ich Robin erlauben würde, sie anzusprechen. Natürlich nicht alle, aber ich gehe kein Risiko ein. Ich habe schließlich meinen Stolz."

Aber eines Morgens, als Robin ihre Spatzen beobachtete, erschien zu Andrews' Überraschung eine alte Bekannte – ein anderes Kindermädchen mit zwei kleinen Mädchen. Sie waren neun und elf Jahre alt und genügten sich selbst, abgesehen davon, daß sie Robin als Baby betrachteten und keine Notiz von ihr nahmen. Sie begannen mit Seilspringen, und so hatte ihr Kindermädchen Zeit, sich mit Andrews zu unterhalten.

Das Gespräch war so interessant, daß Robin vergessen wurde – so völlig vergessen, daß sie ihren Spatzen nachlaufen durfte und so hinter einem Gebüsch und damit aus Andrews' Sichtweite verschwand, obwohl sie nur ein paar Yard weg war. Die Spatzen waren an diesem Morgen zum Streiten aufgelegt und gingen plötzlich aufeinander los, hackten und flatterten und kreischten. Robin verstand nicht ganz, was sie machten, und sah ihnen fasziniert zu.

Als sie sie beobachtete, hörte sie plötzlich Schritte auf dem Kiesweg, die kurz vor ihr haltmachten. Sie blickte auf, um zu sehen, wer es war. Vor ihr stand ein großer Junge in einem Highland-Kilt mit Bonnet und Sporran, und sie starrte in zwei schöne tiefblaue Augen, blau wie das Wasser eines Sees im Gebirge. Es waren große, glänzende, freundliche Augen, wie sie sie noch nie gesehen hatte. Der Junge kam ihr riesig vor, und er war tatsächlich ungewöhnlich groß und kräftig für sein Alter, aber er war erst acht Jahre alt. Robin bekam Herzklopfen wie in den Augenblicken, in denen sie die Dame unten sah, aber das Klopfen hatte etwas anderes an sich. Es brachte ihren roten Mund zu einem breiten Lächeln, bei dem man all ihre kleinen Zähne sah.

Sie standen da und starrten einander an, und aus irgendeinem seltsamen, seltsamen Grund – der vielleicht gleichzeitig mit dem Menschen erschaffen wurde und immer noch eins der Geheimnisse des Universums ist – fühlten sie sich zueinander hingezogen – kannten einander. Sie begegneten sich unschuldig und instinktiv wie zwei junge Tiere, die sich beschnupperten. Er lächelte mit seinem roten Mund und zeigte seine schönen, gesunden weißen Zähne, wie sie ihre kleinen gezeigt hatte. Dann fing er an, im Kreis zu laufen und Sprünge zu machen – wie ein Shetlandpony, das dadurch sowohl seine freundliche Gesinnung und sein Können zeigt. Er warf seinen lockigen Kopf zurück und lachte, damit sie mitlachte, und sie lachte nicht nur, sondern klatschte in die Hände. Er war das Schönste, was sie je gesehen hatte, und er versuchte offensichtlich, ihr zu gefallen. Das hatte noch nie ein Kind getan, weil Andrews keinem Kind erlaubt hatte, sich mit ihr anzufreunden. Er seinerseits tat nur das, was jeder andere kleine Junge getan hätte – er zeigte seine kindliche Männlichkeit, indem er vor einem kleinen Mädchen prahlte. Aber dieses kleine Mädchen hatte so etwas noch nie erlebt.

Alles war wunderbar elementar. Es passiert nicht oft, aber hier geschah es – zwei Seelen und zwei Körper wurden vom Magneten des Lebens zueinander hingezogen. Nachdem er sich ein oder zwei Minuten präsentiert hatte, kam er zurück zu ihr, erhitzt und außer Atem.

„Mein Pony in Schottland macht das. Es heißt Chieftain. Es ist ein Shetlandpony und nur so groß!" Er zeigte mit der Hand eine Höhe von vierzig Inch an. „Ich heiße Donal. Wie heißt du?"

„Robin", antwortete sie, und ihre Lippen und ihre Stimme zitterten vor Freude. Er war so schön. Sein Haar war hell und lockig, er hatte eine breite weiße Stirn, und er trug einen Hut mit einer Adlerfeder. Zwischen seinem Tartan-Kilt und den hinuntergerollten Strümpfen schauten kräftige Beine hervor. An den silbernen Schnallen, mit denen die Feder und das Plaid an der Schulter befestigt waren, funkelten Edelsteine. Sie wußte nicht, daß er genauso gekleidet war, wie es sich für ein kleines Clan-Oberhaupt gehörte.

Sie begannen zusammen zu spielen, und die unbekannten Schicksalsgöttinnen, die nach Belieben verfahren, sorgten dafür, daß Andrews der spannenden Erzählung ihrer Freundin wie gebannt lauschte und ihre Umgebung vollkommen vergaß. Einmal stand sie wie im Traum auf und ging um die Büsche herum, aber die Schicksalsgöttinnen hatten auch für diesen Fall vorgesorgt. Robin war allein und spielte eifrig mit ein paar Blättern, die sie abgepflückt und aus einem geheimnisvollen Grund auf eine Bank gelegt hatte. Sie sah sehr beschäftigt aus, und Andrews ging zurück zu ihrer Freundin und deren detaillierter Schilderung eines Skandals, der sich auf einem Landsitz abgespielt hatte. Die Zeitungen waren voll davon, weil es vor dem Scheidungsrichter geendet hatte.

Donal war genau in diesem besonderen Moment weggegangen, um ein paar große Blätter von einem Fliederbusch zu pflücken. In den Gärten gab es zahlreiche rußbedeckte Exemplare. Die Blätter, mit denen Robin gerade spielte, hatte er gepflückt, um ihr etwas Wunderbares zu zeigen. Wenn man ein Blatt auf eine Bank legte und das Glück hatte, eine große Nadel zu haben, konnte man schöne Muster in das grüne Blatt stechen – Punkte und Kreise, Striche und winzige Dreiecke. Weder Donal noch Robin hatte eine

Nadel, aber Donal hatte in seinem hinuntergerollten Strumpf einen kleinen Dolch, dessen Spitze anscheinend für jeden interessanten Zweck zu gebrauchen war. Eigentlich machte er die Dekoration allein, aber Robin lehnte an der Bank und sah fasziniert zu. Sie war in ihrem ganzen kurzen Leben noch nie glücklich gewesen. Sie kannte nur das, was sie gewohnt war – sie bekam zu essen, wurde angezogen und gewaschen und an die frische Luft gebracht, aber niemand liebte sie oder beschäftigte sich weiter mit ihr. Sie wußte nicht einmal, daß dieser Kontakt mit einem anderen menschlichen Wesen, die Blicke, die wie Sonnenstrahlen leuchteten, das Ausbrechen in Lachen und die Freude Glück bedeuteten. Für sie hatte dieses Gefühl, das sie so begeisterte, keinen Namen, aber sie wollte, daß es ewig so weiterging und niemand ihm ein Ende machte, weder Andrews noch sonst jemand.

Der Junge Donal war nicht so ahnungslos. Er war immer glücklich gewesen. Er wußte, daß er dieses kleine Mädchen sofort gemocht hatte. Sie war hübsch, obwohl er das Gefühl hatte, daß sie viel jünger war als er, und als sie ihn mit ihren runden, fragenden Augen ansah, wollte er mit ihr reden und Freundschaft schließen. Er hatte nicht viel mit Jungen gespielt und sah nicht hochmütig auf Mädchen herab, die ihn mochten. Und dieses Mädchen mochte ihn, das sah er sofort.

Auf welche Art Kinder – wenn sie anscheinend nicht mehr tun, als einfach nur zu spielen – einander so schnell ihre ganze Lebensgeschichte anvertrauen, ist eine Art Geheimnis. Es geschieht nicht durch lange Gespräche. Vielleicht reichen ein paar Worte, um einem Kind einen Eindruck zu geben. So sicher der abgeschirmte Garten auch war, Andrews konnte ihren Schützling nicht lange unbeaufsichtigt lassen – und dennoch kannten die beiden Kinder einander in- und auswendig, noch bevor Donals Kindermädchen ihn rief und ihn nach Hause brachte.

Robin wußte, daß Donal in Schottland zu Hause war – wo es Hügel und Moore gab, in denen Hirsche lebten. Er lebte dort mit „Mutter“ und war nur zu Besuch in London. Die Person, die er „Mutter“ nannte, war eine Frau, die sich um ihn kümmerte, und er sprach oft von ihr. Robin glaubte nicht, daß sie wie Andrews war, obwohl sie keine Ahnung hatte, warum.

Donal wiederum wußte alles über die Kinderzimmer und die Spatzen, die auf den Dächern gegenüber herumhüpften. Robin beschrieb die Kinderzimmer nicht, aber Donal wußte, daß sie häßlich waren und daß es darin keine Spielsachen und nichts zu tun gab. Er wußte auch instinktiv, daß Andrews ihn nicht mit Robin spielen lassen würde, wenn sie sie zusammen sah, und daß sie deshalb die Zeit ausnutzen mußten. Ihre gegenseitige Zuneigung ließ sie tatsächlich eine raffinierte kindliche Intrige spinnen, damit sie sich am nächsten Tag hinter den Büschen treffen konnten. Donal war sicher, daß er kommen konnte, denn sein Kindermädchen tat immer, was er wollte. Er war jetzt so groß, daß sie eigentlich kein richtiges Kindermädchen mehr war, aber sie war seine Kinderschwester gewesen, als er klein war, und „Mutter“ nahm sie immer mit auf Reisen. Er hatte auch einen Hauslehrer, aber der war in Schottland in ihrem Haus Braemarnie geblieben. Donal würde morgen kommen und nach Robin Ausschau halten, und wenn sie ihn sah, mußte sie Andrews entkommen, damit sie wieder zusammen spielen konnten.

„Ich bringe eins von meinen Bilderbüchern mit“, sagte er großspurig. „Kannst du schon lesen?“

„Nein!“ Robin himmelte ihn an. „Was sind Bilderbücher?“

„Hast du keine?“ platzte er heraus.

„Nein“, sagte Robin. Sie sah auf den Kiesweg und dachte einen Moment an das Tageszimmer und das Nachtzimmer. Dann hob sie den Blick, sah ihm in die leuchtendblauen Augen und sagte schlicht: „Ich habe gar nichts.“

Er erinnerte sich plötzlich an einiges, das seine Mutter ihm über arme Leute erzählt hatte. Vielleicht war sie arm. Konnte sie arm sein, wenn sie ein so hübsches Kleid und einen so schönen Mantel hatte? Es wäre nicht höflich gewesen, nachzufragen. Aber der Gedanke machte sie ihm noch lieber. Ein warmes Gefühl stieg in ihm auf. Wenn er älter gewesen wäre, hätte er begriffen, daß sie seinen männlichen Beschützerinstinkt geweckt hatte.

Die Stimme seines Kindermädchens ertönte wieder aus ihrer Ecke.

„Ich muß zu meinem Kindermädchen“, sagte er und fühlte sich, als sei er gerannt. „Ich komme morgen und bringe zwei Bilderbücher mit.“

Er war ein liebevolles, warmherziges Kind, und für ihn war es ganz natürlich, Sympathie offen zu zeigen. Er legte seine kräftigen achtjährigen Arme um sie, drückte sie fest an sich und küßte sie auf den Mund. Er küßte sie zweimal. Es war der erste Kuß, den Robin bekam. Andrews küßte sie nie, und es gab auch sonst niemanden, der es tat. Auch Robin war ein liebevolles, warmherziges Geschöpf. Wie schön er war – so groß – was für starke Arme er hatte – und wie weich und warm sein Mund sich anfühlte. Sie stand da, starrte ihn mit großen Augen an und lachte ein wenig. Sie fand keine Worte, weil sie nicht wußte, was passiert war.

„Magst du nicht geküßt werden?“ sagte Donal, unsicher, weil sie so entgeistert aussah und ihn nicht wiedergeküßt hatte.

„Geküßt“, wiederholte sie mit einem kurzen, heftigen Atemzug, „ja–a.“

Jetzt wußte sie, was es war. Es war Geküßtwerden. Sie kam näher und sah zu ihm auf, wie eine Blume sich zur Sonne wendet. „Küß mich noch einmal“, sagte sie voller Eifer.

Er küßte sie noch einmal, genauso freimütig und herzhaft wie zuvor, und diesmal küßte sie ihn ebenfalls. Als er schnell weglief, sah sie ihm nach, lächelte mit bebenden Lippen und war selig und fassungslos zugleich.

8. Donal

Als sie wieder zu Andrews ging, nahm sie die gepunkteten Blätter mit. Sie hätte sie nicht zurücklassen können. Woher sie ihre leidenschaftliche, wenn auch stille geistige und körperliche Kraft hatte, war schwer zu sagen. Um ihre Seele und ihr Gefühlsleben hatte sich nie jemand gekümmert, und es war nicht so, daß sie es nicht gebraucht hätte. Ihr Gefühl für die Spatzen bedeutete mehr, als sie in Worte fassen konnte; ihre geheime Verehrung für „die Dame unten" war überwältigend. Ihre sofortige Begeisterung für das erste Paar menschlicher Augen – auch wenn es die eines Kindes waren –, das sie liebevoll angesehen hatte, war grenzenlos. Sie hatte ohne einen Moment des Zögerns ihre kleine Seele verschenkt, ohne daß es ihr bewußt war. Sie war ihr entflogen wie ein Vogel, der aus der Dunkelheit in die Sonne fliegt. Der achtjährige Donal war die Sonne.

Die Neigung zur Geheimniskrämerei war ihr nicht in die Wiege gelegt worden. Aber sie hatte durch die Beobachtung von Andrews, Jennings, Jane und Mrs. Blayne gelernt, daß es Dinge gab, die besser niemand erfuhr. Man ging vorsichtig damit um. Durch die geheime Verständigung zwischen ihr und Donal, aus der eine Kabale geworden war, hatte sie den Wert der Diskretion erkannt. Sie zeigte Andrews die verzierten Blätter nicht, sondern steckte sie in eine kleine Tasche in ihrem Mantel. Sie hatte die machiavellische Absicht, sie herauszuholen, wenn sie in ihr Kinderzimmer gebracht worden war. Andrews hatte es immer eilig, zum Abendessen nach unten zu gehen, und sie würde allein sein und einen Platz finden, an dem sie sie verstecken konnte.

Andrews' Freundin fuhr zusammen, als Robin sich ihnen näherte. Die Wangen und der Mund des Kindes waren rot wie die Blütenblätter von Jacqueminot-Rosen, und ihre Augen leuchteten.

„Mein Gott! So eine Schönheit habe ich noch nie gesehen!" sagte die Frau. „Man bekommt fast einen Schock, wenn man sie zum ersten Mal sieht. Mein Gott!"

Robin wußte nicht, wovon sie sprach, und hörte auch kaum hin. Sie dachte an Donal. Sie dachte auf dem Nachhauseweg an ihn und den ganzen restlichen Tag und bis tief in die Nacht. Als Andrews sie alleinließ, fand sie einen Platz, an dem sie die gepunkteten Blätter verstecken konnte, und bevor sie sie weglegte, tat sie das, was Donal mit ihr gemacht hatte – sie küßte sie. Sie küßte sie mehrmals, weil es Donals Blätter waren und er die Sterne und Streifen auf ihnen gemacht hatte. Es war beinahe so, als küsse sie Donal, aber nicht ganz so schön.

Nachts lag sie lange wach. Sie wollte nicht einschlafen, weil alles so wunderbar war, und sie konnte denken und denken und denken. Sie dachte an Donals Gesicht, seine schönen Augen, seine weiße Stirn mit dem lockigen Haar und der Highland-Mütze. Sein Plaid flatterte, wenn er herumlief und Sprünge machte. Wenn er sie an sich drückte, taten die Knöpfe seiner Jacke ein bißchen weh, weil sie drückten. Wer war „Mutter“? Küßte er sie? Was für schöne Edelsteine schmückten seine Schnallen! Wie herrlich es war, ihn lachen zu hören, und wie gern er lachte! Donal! Donal! Donal! Er spielte gern mit ihr, obwohl sie ein Mädchen und so klein war. Er würde morgen mit ihr spielen. Er hatte rote Wangen, helles Haar und leuchtende Augen. Alles an ihm strahlte. Sie versuchte, *wieder* seine blauen Augen dicht vor sich zu sehen. Als sie die klare Farbe zu sehen begann, schlief sie ein.

Die Mächte, die am ersten Morgen Robins Schritte hinter den Schutz der Büsche gelenkt und eine interessante Gesellschaft Andrews' Weg hatten kreuzen lassen, erwiesen sich am nächsten Tag als noch hilfreicher. Andrews bekam eine solche Erkältung, daß sie im Bett bleiben mußte. Sie wollte aber kein Risiko eingehen, deshalb schickte sie sofort nach ihrer jüngeren Schwester, die gerade keine Stelle hatte und kam, um sie zu vertreten. Sie war eine hübsche junge Frau, die nur wenig Verantwortung tragen wollte und gern Romane las.

„Sie hat gelernt, keinen Ärger zu machen, Anne. Sie wird sich amüsieren, ohne dich zu stören, solange du nur mit ihr draußen bist“, sagte Andrews über Robin.

Anne nahm *Lady Audley's Secret* mit in den Gärten, führte ihren Schützling zu einem bequemen schattigen Platz, den sie genau richtig fand, und setzte sich hin, um einen angenehmen Morgen zu verbringen.

„Jetzt kannst du spielen, während ich lese“, sagte sie zu Robin.

Als sie die Gärten betraten, kamen sie ganz in der Nähe der Pforte an einer Bank vorbei, auf der eine sehr ehrenwert aussehende Frau saß und ein feines Stück Batist umsäumte. Offenbar beaufsichtigte sie die beiden Bilderbücher, die neben ihr auf der Bank lagen. Ein hübscher Junge im Highland-Kilt spielte ein paar Yards entfernt von ihr. Robin fühlte, wie ein warmer Schauer sie überrieselte, und die Freude war so überwältigend, daß sie sich fragte, ob Anne fühlte, wie ihre Hand zitterte. Aber Anne merkte nichts, weil sie zusah, wie eine Dame auf der anderen Straßenseite in eine Kutsche stieg.

Die Herrlichkeit dieses frühen Sommermorgens in den Gärten eines prächtigen, aber rußverschmutzten Londoner Platzes war nicht mit Worten zu beschreiben. Es war auch nichts Irdisches – oder jedenfalls gehörte es nicht zu einer Erde, die alt geworden war. Adam und Eva hätten als Kinder etwas Ähnliches im Garten Eden erleben können. Es war klar und einfach wie Quellwasser und warm wie die Sonne.

Nachdem Anne einmal die Erlaubnis zum „Spielen" erteilt hatte, begab sich Robin schnurstracks hinter die Fliederbüsche. Donal würde kommen, nicht nur, weil er so groß war, daß sein Kindermädchen ihn machen ließ, was er wollte, sondern weil er einfach alles auf der Welt konnte. Donal! Donal! Ihr Herz war das eines Babys, aber es schlug wie das einer Siebzehnjährigen – vor purer Freude. Er strahlte, und er würde lachen und lachen.

Für Donal war es leicht, zu kommen. Er hatte seiner Mutter und seinem Kindermädchen begeistert von dem kleinen Mädchen erzählt, mit dem er sich angefreundet hatte und das keine Bilderbücher besaß. Aber er kam nicht auf direktem Weg zu ihr. Er klemmte seine Bilderbücher unter den Arm, zeigte all seine weißen Zähne in einem vergnügten Grinsen und plante, sie zu überraschen. Er schlich sich an, bis er sie hinter den Bäumen und Büschen fand, und schaute dann plötzlich zwischen den Zweigen eines großen Busches hervor und lachte das offene Lachen, das sie so liebte.

Und als sie sich umdrehte, sah sie direkt in die klaren blauen Augen, an die sie vor dem Einschlafen gedacht hatte. „Donal! Donal!" piepste sie wie ein kleiner Vogel, der nur einen Ton kennt.

Der lila und weiße Flieder stand in voller Blüte, und ein großer Weißdorn duftete süß. Sie sahen nicht die Rußschichten auf den Blüten, sie rochen nur die Süße und saßen unter dem Weißdorn und schnupperten. Die Sonne war herrlich warm, und in der Nähe spielte jemand Klavier. Sie saßen dicht zusammen, so dicht, daß das aufgeschlagene Bilderbuch bei beiden auf dem Schoß liegen konnte und die beiden warmen jungen Körper sich berührten. Manchmal legte Donal den Arm um sie, wenn sie sich über eine Seite beugte. Liebe und Zärtlichkeit waren für ihn nichts Ungewöhnliches, sondern gehörten zu seinem täglichen Leben. Für Robin waren sie ein Wunder. Die Bilder waren herrlich und aufregend zugleich. Donal wußte alles darüber und erzählte ihr Geschichten. Sie hatte das Gefühl, daß nur er so herrliche Dinge erfinden konnte, und kam nicht auf die Idee, daß die Geschichten und die Bilder nicht von ihm waren. Er zeigte ihr Robinson Crusoe und Robin Hood. Der Duft des Flieders und des Weißdorns wirkte berauschend, und sie schütteten sich aus vor Lachen, weil Robin Hood genauso hieß wie Robin, obwohl er ein Mann und sie ein Mädchen war. Sie konnten kaum wieder aufhören zu lachen, und Donal kugelte durch das Gras, so sehr schüttelte es ihn, und Robin mußte noch mehr lachen.

Er hatte ein paar schöne bunte Glasmurmeln in seiner Tasche und zeigte ihr, wie man mit ihnen spielte. Er schenkte ihr zwei der schönsten. Er konnte sie mit bewundernswerter Geschicklichkeit über den Boden schießen. Er konnte auf einem Bein so weit hüpfen, wie er wollte. Er konnte Bücher lesen.

„Magst du mich?“ fragte er einmal, als er eine Pause machte.

Robin kniete im Gras, sah ihm zu und faltete ihre kleinen Hände, als würde sie ein Gebet sprechen. „O ja, ja!“ schmachtete sie. „Ja! Ja!“

„Ich mag dich“, antwortete er, „ich habe meiner Mutter alles von dir erzählt.“ Er kam zu ihr und kniete sich neben sie. „Hast du eine Mutter?“ fragte er.

„Nein.“ Sie schüttelte den Kopf.

„Lebst du bei deiner Tante?“

„Nein, ich lebe bei niemandem.“

Er sah verwirrt aus. „Ist keine Frau bei dir im Haus?“ fragte er.

Ihr Gesicht hellte sich etwas auf, denn sie war erleichtert, daß sie doch etwas zu erzählen hatte. „Doch, *die Dame unten*“, sagte sie. „Sie ist so hübsch – so hübsch.“

„Ist sie – “, er brach ab und schüttelte den Kopf. „Sie kann nicht deine Mutter sein“, korrigierte er sich. *„Das* wüßtest du.“

„Sie hat immer hübsche Kleider an. Manchmal flattern und leuchten sie, und sie trägt kleine Krönchen auf dem Kopf – oder Blumen. Sie lacht“, beschrieb Robin eifrig. „Viele Leute kommen sie besuchen. Sie lachen alle. Manchmal singen sie auch. Und ich liege im Bett und höre zu.“

„Kommt sie manchmal zu dir nach oben ins Kinderzimmer?“ fragte Donal. Er sah ein wenig nachdenklich aus.

„Ja. Sie kommt und steht in der Tür und sagt: ‚Geht es ihr gut, Andrews?‘ Dann lacht sie nicht. Sie – sie *sieht* mich *an.*“ Sie hielt inne, weil sie plötzlich wünschte, sie hätte mehr zu erzählen. Was sie sagte, war offenbar nicht zufriedenstellend. Er schien mehr zu erwarten – aber sie hatte nicht mehr. Ein Gefühl der Leere überkam sie, und ohne daß sie den Grund dafür wußte, hatte sie plötzlich einen Kloß im Hals.

„Steht sie nur in der Tür?“ hakte er nach, als wolle er einen todsicheren Test durchführen. „Setzt sie sich nie hin und nimmt dich auf den Schoß?“

„Nein, nein“, mit gesenkter Stimme. „Sie setzt sich nicht hin. Sie sagt, die Stühle seien schmutzig.“

„Liebt sie dich gar nicht?“ Donal war hartnäckig. „Küßt sie dich nicht?“

Eine Sache wußte sie schon lange – wie sie es erfahren hatte, war ein Geheimnis, aber erfahren hatte sie es. Natürlich wußte niemand, daß sie es wußte, denn wem hätte sie es erzählen sollen? Aber Donal – Donal wollte alles über sie wissen. Wieder spürte sie den Kloß im Hals.

„Sie – sie mag mich nicht!“ Ihre leise Stimme war das Flüstern von jemandem, der eine furchtbare Demütigung gestand. „Sie – *mag* mich nicht!“ Jetzt löste sich der Kloß in einem Schluchzen, und deshalb bedeckte sie die Augen mit dem Arm – ihre runden, traurigen Kinderaugen, mit denen sie in die von Donal geschaut hatte und die sich plötzlich mit Tränen gefüllt hatten.

Donal schlang die Arme um sie stürmisch und drückte seine Knöpfe an ihre zarte Brust. Er umarmte sie fest, er küßte sie, er glühte förmlich. „Sie mag dich *doch.* Sie muß dich mögen. Ich zwinge sie dazu!“ rief er leidenschaftlich. „Sie ist nicht deine Mutter. Wenn sie das wäre, würde sie dich lieben! Sie würde dich *lieben*!“

„L-lieben Mütter einen?“ fragte das Stimmchen schluchzend. „Was ist das – lieben?“ Es war keine vulgäre Neugier. Sie wollte es nur herausfinden.

Er löste seine Umklammerung, hockte sich hin und starrte sie an. „Weißt du das nicht?“

Sie schüttelte den Kopf. „N-nein“, antwortete sie.

Große Jungen wie er spielten eigentlich nicht mit so kleinen Mädchen. Aber aus irgendeinem Grund hatte er sich vom ersten Augenblick an zu ihr hingezogen gefühlt. Sie war nicht wie andere kleine Mädchen. Er spürte es die ganze Zeit, und das gehörte zu dem, was ihn zu ihr hinzog. Ihm war natürlich nicht bewußt, daß ihre offenkundige Bewunderung seiner männlichen Eitelkeit schmeichelte. Sie machte keine albernen Scherze und spielte kein Theater. Sie wußte es wirklich nicht – weil sie anders war.

„Es heißt, daß man jemanden sehr mag. Es ist mehr“, erklärte er. „Meine Mutter liebt *mich.* Ich – ich liebe dich!“ Es klang nachdrücklich. „Ja, ich *liebe* dich. Darum habe ich dich geküßt, als du geweint hast.“

Sie war so überwältigt von ehrfürchtiger Dankbarkeit, daß sie ihn buchstäblich anhimmelte. „Ich liebe dich auch“, antwortete sie. „Ich liebe dich – ich liebe dich!“ Und sie sah ihn mit so einer echten Anbetung an, daß er ihren Kopf in die Hände nahm und ihr noch einen Kuß gab.

Weil er acht und sie sechs Jahre alt war, versiegten ihre Tränen schnell, und sie lachten beide vergnügt, als sie sich wieder ins Gras setzten und über das Thema sprachen.

Er erzählte ihr all die schönen Dinge, die er über Mütter wußten. Die Welt war anscheinend voll ihnen – voll. Man gehörte ihnen von der Zeit an, in der man ein Baby war. Er kannte nicht viele persönlich, weil er immer in Braemarnie gelebt hatte, das in einer ländlichen Gegend in Schottland lag. In der Nähe von seinem Zuhause gab es keine anderen Häuser. Man mußte meilenweit fahren, um ein Haus oder ein Schloß zu finden. Er hatte nicht viel mit anderen Kindern zu tun gehabt, außer mit einigen, die im Pfarrhaus lebten – die des Pastors also. Kinder hatten nicht nur eine Mutter, sondern auch einen Vater. Väter liebten einen nicht ganz so sehr wie Mütter – weil sie Männer waren. Aber auch sie liebten einen. Sein eigener Vater war gestorben, als er noch ein Baby war. Seine Mutter liebte ihn ebenso sehr wie er sie. Sie war schön, aber auf andere Art als *die Dame unten*. Sie lachte nicht viel, aber sie lachte, wenn sie mit ihm spielte. Er war jetzt zu groß, um auf ihrem Schoß zu sitzen. Statt dessen saß er dicht neben ihr auf dem Stuhl, wenn sie ihm vorlas oder Geschichten erzählte. Er tat immer, was seine Mutter ihm sagte. Sie wußte alles auf der Welt, und deshalb wußte sie, was er tun sollte. Auch wenn er ein großer Mann war, würde er tun, was seine Mutter ihm sagte.

Robin lauschte jedem Wort mit verzückter Miene und angehaltenem Atem. Das war die Geschichte der Liebe und des Lebens, und sie hörte sie zum ersten Mal. Es war so neu für sie wie der Kuß. Sie hatte ihre Tage in dem schäbigen Kinderzimmer verbracht, und ihre einzige Gefährtin war eine knochige Frau, die sie gelehrt hatte, nicht zu weinen – mit der effektiven Methode, sie einzuschüchtern, indem sie sie kniff – weil sie wußte, daß es keine Folgen für sie haben würde. Es war nicht oft nötig gewesen. Robin hatte Leute auf der Straße gesehen, aber nur im Vorbeigehen. Sie hatte sie nicht so beobachten können wie die Spatzen. Wenn sie einmal für ein paar Minuten im Souterrain war, empfand sie unbestimmt, daß sie im Weg war und daß Mrs. Blaynes und Andrews' und Jennings' gedämpfte Stimmen und gelegentliche Seitenblicke bedeuteten, daß sie über sie sprachen und sie es nicht hören sollte.

„Ich habe keine Mutter und keinen Vater", erklärte sie Donal ganz schlicht. „Niemand küßt mich."

„Niemand!" sagte Donal und hatte ein merkwürdiges Gefühl. „Hat dich noch nie jemand geküßt – außer mir?"

„Nein", antwortete sie.

Donal lachte – weil Kinder immer lachen, wenn sie nicht wissen, was sie sonst tun sollen. „Hast du deshalb so erschrocken ausgesehen, als ich dir gestern auf Wiedersehen gesagt habe?"

„I-ich wußte nicht, was ein Kuß ist", sagte Robin. Sie lachte auch ein wenig, aber nicht sehr. „Ich hatte keine Angst. Ich mag dich."

„Ich küsse dich so oft du willst", bot er großzügig an. „Ich bin es gewohnt – wegen meiner Mutter. Ich küsse dich jetzt wieder." Und das tat er ohne jede Verlegenheit. Es war eine Art Sonderzulage.

Einmal umrundete Anne mit ihrem Buch in der Hand die Büsche, um nachzusehen, was ihr Schützling machte, und als sie sah, daß sie mit einem gut angezogenen Spielgefährten ein Bilderbuch betrachtete, widmete sie sich wieder *Lady Audley's Secret* und war völlig unbesorgt.

Der Flieder- und der Weißdornbusch verströmten den warmen Duft des Paradieses im Sonnenschein, das Klavierspiel ging weiter, manchmal näher dran, manchmal weiter weg, aber offenbar fand es die Nachbarschaft angenehm.

Manchmal lachten die Kinder sich an, manchmal lachten sie auch über die Bilder, die Donal zeigte, oder über die Geschichten, die er erzählte, oder über seine Witzigkeit.

Die Grenzen von Robins Welt wurden geöffnet. Sie begann zu verstehen, daß es eine andere, größere Welt und herrliche Dinge gab, von denen sie keine Ahnung gehabt hatte. Donal enthüllte es ihr mit allem, was er sagte, sogar dann, wenn ihm nicht bewußt war, daß er ihr etwas erzählte. Als Eva aus Adams Rippe geformt worden war und er ihr Dinge über ihre Umgebung erzählt hatte, die sie wissen mußte, mußten diese neuen Dinge sie fasziniert und mit Bewunderung und tiefer Verehrung erfüllt haben. Dieses zugewachsene Refugium, der Mittelpunkt des rußgeschwärzten, majestätischen Londoner Platzes, war wie der Garten Eden.

Der Garten Eden blieb es für zwei Wochen. Andrews' Erkältung war so ernst, daß ein Arzt kommen mußte, und ihre Schwester Anne erfüllte ihre Pflichten weiter. Das Wetter war sehr schön, und da sie eine eitle junge Frau war, zog sie Robin gern ihre hübschen Kleider an und ging mit ihr spazieren, denn Robin war eine kleine Schönheit und zog Aufmerksamkeit nicht nur auf sich, sondern auch auf ihr Kindermädchen.

Die Morgen, die unter den Bäumen mit Lesen verbracht wurden, waren wunderbar. Jeden Morgen spielten die Kinder zusammen, und jede Nacht lag Robin wach und durchlebte noch einmal die Herrlichkeiten der vergangenen Stunden. Jeden Tag erlebte sie neue Wunder, und ihr junges Gemüt und ihre Seele bekamen Nahrung. In ihrem Gehirn regten sich neue Gedanken und erste Fragen. Schottland, Braemarnie, Donals Mutter, sogar das Pfarrhaus und die Kinder darin bildeten gemeinsam eine neue Welt, die Robin entzückte. In dieser Welt gab es Hügel und Hirsche, Moore mit purpurfarbener Heide und gelber Trespe und Ginster, Vögel bauten ihre Nester unter den Büschen, und Donals Pony kannte den Weg genau und machte keinen falschen Schritt, auch nicht an den gefährlichsten Stellen. Im Pfarrhaus lebten zwei Jungen und zwei Mädchen, und sie hatten einen Vater und eine Mutter.

Diese Dinge waren für Robin ein neuer Himmel und eine neue Welt. Das Zentrum des ganzen Universums war Donal mit seiner Energie und seinem Lachen und seinen Augen, die so lebendig funkelten, daß sie sie immer vor sich sah. Sie wußte nicht, was das Besondere an ihnen war. Es waren *fragende* Augen – und Augen, die gaben. Der Junge war wirklich ein glänzendes Geschöpf. Er war wunderschön und die verkörperte Lebensfreude. Seine Augen wollten alles über andere wissen. „Erzähl mir mehr“, sagten sie. „Erzähl mir mehr! Du sollst mich mögen! Antworte mir! Laß uns einander alles geben, was es auf der Welt gibt.“ Er war immer gesund und glücklich gewesen, war immer gelobt und geliebt worden. Er kannte nichts anderes.

In der ersten Woche, in der die Kinder zusammen spielten, fiel seiner Mutter, die ihn unbedingt verstehen wollte, eine gewisse Nachdenklichkeit an ihm auf, wenn er nicht redete oder spielte. Es wurde ihm zur Gewohnheit, am Fenster zu stehen, oft das Kinn in die Hand gestützt, und hinauszuschauen, wobei er so in Gedanken versunken war, daß er gar nichts sah. Es war keine alte Gewohnheit, sondern eine neue.

„Woran denkst du, Donal?“ fragte sie eines Nachmittags.

Er schien bei diesen Worten aufzuwachen und wandte sich mit seinem gewinnenden Lächeln um. „Ich denke, daß es *komisch* ist“, sagte er. „Es ist komisch, daß ich so ein kleines Mädchen so sehr mag. Sie ist viele Jahre jünger als ich. Aber ich mag sie so gern. Es macht solchen Spaß, ihr Dinge zu erzählen.“ Er ging zum Schreibtisch seiner Mutter und lehnte sich dagegen.

Seine Mutter sah, daß er unbedingt über dieses Kind sprechen wollte. Sie hatte das Gefühl, daß dieses Bedürfnis beinahe etwas unnormal war, weil es so dringend war.

„Sie hat so ein seltsames Haus, finde ich“, erklärte er. „Sie hat ein Kindermädchen und hübsche Kleider und ist selber so hübsch, aber ich glaube nicht, daß sie Spielsachen oder Bücher in ihrem Kinderzimmer hat.“

„Wo ist ihre Mutter?“

„Sie muß tot sein. In ihrem Haus lebt keine Frau außer *der Dame unten*. Die ist sehr hübsch und lacht immer. Aber sie ist nicht ihre Mutter, denn sie mag sie nicht und küßt sie nie. Ich glaube, das ist am allerseltsamsten. Es hat sie noch *nie* jemand geküßt, bis ich es getan habe.“

Seine Mutter hatte einen Hang zu psychologischen Analysen. Sie sah ihm ins Gesicht, und in ihrem Blick lag eine besorgte Frage. „Du hast sie geküßt?“ fragte sie.

„Ja, ich habe sie geküßt. Ich dachte erst, daß sie es nicht mag, aber sie mochte es. Es war nur, weil es vorher noch nie jemand gemacht hatte. Sie mag es sehr gern.“

Er beugte sich über den Tisch und begann, alles zu erzählen. Sein Lächeln wurde immer breiter, und seine Augen glänzten. Seine Mutter war etwas beunruhigt, weil er redete wie ein junger Mann, der verliebt ist und nicht den Mund halten kann, obwohl das noch in weiter Ferne lag und er sich keine Mühe gab, seine Gefühle zu verbergen, was ein junger Mann sicher versucht hätte.

„Sie hat so ein hübsches kleines Gesicht und so einen schönen Mund, und ihre Wangen", und er berührte eine Jacqueminot-Rose in einer Vase, „haben diese Farbe. Heute war ein Rotkehlchen[2] bei den Spatzen und hüpfte ganz nah bei uns herum. Wir haben gelacht, weil ihre Augen genauso schwarz und glänzend sind wie die des Rotkehlchens. Ich wünschte, du würdest mit in die Gärten kommen und sie sehen, Mutter. Ihr gefällt alles, was ich mache."

„Ich muß wirklich einmal mitkommen, Liebling", antwortete sie.

„Mein Kindermädchen findet sie wunderschön", verkündete er. „Sie sagt, ich sei in sie verliebt. Bin ich das, Mutter?"

„Du bist zu jung, um verliebt zu sein", sagte sie. „Und auch, wenn du älter bist, darfst du dich nicht in Leute verlieben, über die du nichts weißt."

Das war ein unbewußter Ausdruck schottischer Vorsicht, und sie begriff sofort, daß die Bemerkung absurd und völlig fehl am Platz war. Aber –! Sie begriff es, weil er aufstand und die Schultern straffte wie ein junger Mann, was bei einem Kind seines Alters seltsam aussah. Vorher war er nicht einmal leicht errötet, jetzt aber zeigte sich ein Hauch Farbe auf seiner hellen Haut.

„Aber ich liebe sie *wirklich*", sagte er. „Das *tue* ich. Ich kann nicht einfach damit aufhören." Und obwohl er es ganz schlicht und einfach sagte und sich in jeder Hinsicht benahm wie ein kleiner Junge, hatte sie wirklich für einen Moment Angst.

2 Im Englischen ist „Robin" ein Rotkehlchen.

9. Mrs. Muir und „die Dame unten“

Am Nachmittag“ desselben Tages stand Coombe in Feathers Wohnzimmer. Er hielt eine Tasse Tee in der Hand und sah aus wie jemand, der nachdenkt. „Ich habe heute zum ersten Mal nach Jahren Mrs. Muir wiedergesehen“, sagte er nach einer Weile Schweigen. „Sie ist mit dem Jungen in London.“

„Ist sie immer noch so schön wie früher?“

„O ja. Ihre Schönheit ist von der Sorte, die nicht verschwindet. Sie liegt in ihrer Haltung – und in einer herrlichen Anmut und Harmonie.“

„Und wie ist der Junge?“

Coombe dachte wieder nach, bevor er antwortete. „Er ist – faszinierend. Körperliche Vollkommenheit sieht man so selten, daß einen beinahe der Schlag trifft, wenn man sie plötzlich vor sich hat.“

„Ist er *so* schön?“

„Die Griechen haben Statuen erschaffen, die aussahen wie er, und das waren oft Darstellungen von Göttern – aber nicht immer. Der Plan der Schöpfung war, daß alle Menschen schön sein sollten, und er ist der Ausdruck dessen.“

Feather tat so, als besticke sie ein Stück feinen Stoffes mit einer rosa Blume, und sie lächelte ein wenig. „Ich weiß nicht, was Sie meinen“, gab sie ohne jede Verlegenheit zu, „aber wenn es je einen solchen Plan gab, wurde er nicht ausgeführt.“ Aus ihrem Lächeln wurde ein kleines Lachen, und sie steckte die Nadel in ihre Handarbeit. „Ich denke gerade an Henry“, fügte sie hinzu.

„Ich auch“, antwortete Coombe nach einer Pause von etwa einer Sekunde.

Henry war sein nächster Verwandter, der – zu Coombes großem Ärger – sein voraussichtlicher Erbe war, und alle waren sich darin einig, daß er ein Widerling war – sowohl im Aussehen als auch im Charakter. Er hatte von frühester Jugend an ein Leben geführt, das selbst Herkules nicht durchgehalten hätte, und war jetzt nur noch ein Schatten seiner selbst. Ein Verwandter kann leicht ein Unglücksfall sein, auf den man keinen Einfluß hat. Das war bei Henry der Fall. Seine Persönlichkeit und seine Erscheinung waren so abstoßend, daß selbst seine Herkunft nicht genug war, um ihn für ehrenwerte Leute akzeptabel zu machen. Aber wenn Coombe kinderlos blieb, würde Henry das Oberhaupt des Hauses werden.

„Wie ist es mit seinem Husten?“ fragte Feather.

„Schrecklich. Er ist ein ausgezehrtes Wrack und hat keinen körperlichen Grund, am Leben zu bleiben.“

Feather machte drei oder vier Stiche. „Weiß Mrs. Muir davon?“ sagte sie.

„Ich bin mir nicht sicher, ob Mrs. Muir von seinem jämmerlichen Zustand weiß“, antwortete er. „Sie ist keine Frau, die Fragen stellt. Natürlich kann sie nicht umhin, zu wissen, daß – wenn er nicht mehr da ist – ihr Sohn seinen Platz in der Erbfolge einnimmt.“

„O ja, das weiß sie natürlich“, warf Feather ein.

Jetzt lächelte Coombe – sehr matt. „Sie haben einen falschen Eindruck von ihr“, sagte er.

„Sie bewundern sie sehr“, Feather warf den Kopf zurück. Die „anmutige Gestalt“ dieser hochgewachsenen Schottin hatte sie hellhörig werden lassen.

„Sie bewundert mich aber nicht“, sagte Coombe. „Sie bildet sich nichts darauf ein, mit mir verwandt zu sein. In tiefstem Herzen will sie nicht, daß ihr Sohn diesen Platz einnimmt.“

„Sie will nicht!“ In Feathers Ausruf schwang nur ein wenig Spott mit, denn zu mehr fehlte ihr der Mut.

„Sie ist in mancher Hinsicht eine echte Schottin aus der frühen viktorianischen Zeit – und in anderer sehr fortschrittlich“, fuhr er fort. „Sie hat sehr klare Vorstellungen davon, wie er aufwachsen soll. Er soll körperlich und geistig so vollkommen werden wie nur irgend möglich, und sie tut alles, was in ihrer Macht steht. Sie glaubt daran. Sie hat das gesagt, was Sie nicht verstanden haben – über den Plan der Schöpfung.“

„Ich nehme an, sie ist religiös“, sagte Feather. „Das sind Schotten ja oft, aber ihre Religion ist meistens nicht so. ‚Plan der Schöpfung‘ ist ein neuer Name für Gott, glaube ich. Ich sollte alles über Gott wissen. Ich habe genug über ihn gehört. Mein Vater war kein Pfarrer, aber er war sehr unglücklich, und das machte ihn so religiös, daß er *beinahe* einer war. Wir wurden alle getauft und und konfirmiert und lernten den Katechismus und all das. Gott ist also eine ziemlich alte Geschichte.“

„Sehr alt – und überall verbreitet – von Grönlands eisbedeckten Bergen bis zu Indiens Korallenstränden“, sagte Coombe. „Es ist eine uralte Suche nach der Wahrheit – egal, ob sie ihren Ausdruck in Metall, Holz oder Stein findet.“

„Nun“, sagte Feather und hielt ihr Stück Stoff hoch, um die rosa Blume kritisch zu begutachten. „Als Tochter eines Beinahe-Pfarrers muß ich sagen: Wenn es etwas gibt, das Gott *nicht* getan hat, dann war es, die Welt mit schönen Menschen und Dingen zu füllen, als sei sie nur da, damit ihre Bewohner glücklich sind. Er hat die Welt geschaffen, um uns – um uns durch Leiden auf die Probe zu stellen und – und so weiter. Es ist eine – eine – wie heißt es? Es fängt mit P an.“

„Prüfung“, schlug Coombe vor und musterte sie mit einem Ausdruck von Interesse. Ihre Art, leichthin ihre lange unbenutzten kleinen Fetzen Orthodoxie hervorzukramen – als fische sie sie aus einem Beutel mit vor langer Zeit aussortierten Resten, die auf den Müll gehörten – sah ihr so ähnlich, daß es ihn für einen Moment beinahe faszinierte.

„Ja. Das ist es – Prüfung“, antwortete sie. „Ich wußte, daß es mit P anfängt. Es bedeutet ‚dornige Pfade‘ und ‚Meere von Blut‘, und wenn man religiös ist, ‚betritt man sie mit blutenden Füßen‘ – oder schwimmt in ihnen, wie es die Leute in den Chorälen tun. Und man kommt aus den Lobpreisungen gar nicht heraus. Natürlich bin ich selber nicht religiös und kann nicht sagen, daß ich es erfreulich finde – aber ich *weiß* es! Jeder schön und vollkommen – natürlich! Das ist nicht Religion – wer das glaubt, ist *nicht* religiös. Meine Güte, denken Sie nur an die Krüppel und Aussätzigen!“

„Und der Gedanke ist, daß Gott sie alle geschaffen hat – um sich die Zeit zu vertreiben?“ fragte er gelassen.

„Ja, warum sonst?“ sagte Feather munter.

„Ich weiß nicht“, sagte er. „Gewisse Dinge, die ich Mrs. Muir sagen hörte, weckten mein Interesse, darüber nachzudenken.“

„Hat sie beim Nachmittagstee mit Ihnen über Gott gesprochen?“ sagte Feather. „Es ist genau das, was eine religiöse Schottin tun würde.“

„Nein, sie hat gar nicht mit mir gesprochen. Vielleicht war das ihr Fehler. Sie hätte mich bekehren können. Sie redet nie mehr mit mir, als die Höflichkeit es erfordert. Und es war nicht beim Tee. Ich habe zufällig bei den Bethunes vorbeigeschaut und fand heraus, daß ein Orientale dort unterrichtet hatte. Mrs. Muir hat mit ihm gesprochen, und ich habe zugehört. Der Mann schien ein Gelehrter und ein großer Denker zu sein, und während sie sich unterhielten, stand eine Gruppe von uns um sie herum und hörte zu und stellte Fragen.“

„Wie witzig!“ sagte Feather.

„Es war überhaupt nicht witzig. Es war erstaunlich ruhig und ernsthaft – und logisch. Diese Logik war das Neue. Ich hatte Vernunft nie mit diesem Bereich in Zusammenhang gebracht.“

„Verstand hat nichts damit zu tun. Man muß Glauben haben. Man muß glauben, was einem gesagt wird, und gar nicht denken. Denken ist schlecht – es sei denn, man denkt das, was einem gepredigt wird." Feather war sogar etwas hochnäsig, als sie ihr Glaubensbekenntnis herunterleierte – aber danach lachte sie. „Aber es *muß* lustig gewesen sein – ein Türke oder Hindu mit einem Turban und etwas, das aussah wie ein Nachmittagskleid, und Mrs. Muir in ihren Kleidern aus Edinburgh reden über Gott."

„Sie liegen völlig falsch." Coombe lächelte nicht, als er das sagte. „Der Orientale war genauso schön wie Donal Muir. Und Mrs. Muir – keine andere Frau in dem Zimmer konnte ihr das Wasser reichen. Vielleicht werden Leute schön, wenn sie denken."

Feather war Coombe gegenüber nur selten kokett. Aber jetzt neigte sie den Kopf und schaute auf ihre Blume hinunter, so daß ihre schönen Wimpern zur Geltung kamen. „Ich denke nie", sagte sie. „Und ich sehe nicht so schlecht aus."

„Nein", sagte er kalt. „Sie sehen nicht schlecht aus. Manchmal sehen Sie aus wie ein junger Engel."

„Wenn Mrs. Muir so ist", sagte sie nach einer kurzen Pause, „würde ich gern wissen, was sie von mir denkt."

„Nein, das würden Sie nicht – und ich auch nicht – wenn sie überhaupt an uns denkt", war seine Antwort. „Aber Sie erinnern sich sicher noch daran, was Sie einmal gesagt haben – daß es Sie nicht kümmert, was die Leute von Ihnen denken."

„Es kümmert mich wirklich nicht. Warum auch? Es kann mir nichts anhaben." Der Anflug eines Schmollens machte ihren Mund bezaubernd. „Aber wenn sie glaubt, gutes Aussehen sei das Ergebnis von Religiosität, würde ich sie gern Robin sehen lassen – dann kann sie sie mit ihrem Sohn vergleichen. Ich habe Robin letzte Woche im Park gesehen, und sie ist eine vollkommene Schönheit."

„Letzte Woche?" sagte Coombe.

„Sie braucht niemanden außer Andrews. Ich würde sie zu Tode langweilen, wenn ich im Kinderzimmer säße und sie anstarrte. Keiner macht das heutzutage. Aber ich würde gern erleben, daß Mrs. Muir die beiden Kinder zusammen sieht!"

„Das wird nicht so einfach zu bewerkstelligen sein, fürchte ich", sagte er.

„Warum nicht?"

Seine Antwort war höflich, aber direkt. „Sie verabscheut mich aus tiefster Seele, wie ich Ihnen gesagt habe. Sie ist nicht stolz auf die Verwandtschaft."

„Sie meinen, sie mag *mich* nicht?"

„Entschuldigen Sie. Ich meine genau das, was ich sage, wenn ich Ihnen erzähle, daß sie ihre eigenen und sehr festen Vorstellungen davon hat, wie ihr Sohn aufwachsen sollte. Die mögen albern sein, aber das braucht Sie nicht zu kümmern."

Feather hob die Hand und lachte tatsächlich. „Wenn Robin ihn in zehn Jahren sieht – dann sehen wir, wie ernst es ihr mit ihren Vorstellungen ist!" Und sie schnipste mit den Fingern.

Mrs. Muirs Abneigung gegen die unvermeidliche Verbindung ihres Sohnes zu dem Mann, dessen Nachfolger er vielleicht sein würde, hatte einen guten Grund. Sie war in einem schottischen Pfarrhaus aufgewachsen, in dem ihr Vater eine allmächtige und beinahe göttliche Autorität gewesen war. Als phantasievolles Kind war sie nicht glücklich gewesen, aber gehorsam. Als junge Frau hatte sie sich verändert durch die Heirat mit einem jungen Mann, der ein Träumer war, ein fortgeschrittener Denker, ein leidenschaftlicher Gelehrter und Liebhaber der Schönheit. Nachdem er sie von ihrer Angst vor der drohenden Verdammnis befreit hatte, waren sie sehr glücklich gewesen. Sie waren jung und liebten das Leben und betrieben ihre Studien zusammen mit Feuereifer. Sie erforschten Glaubensrichtungen und Kulte, manchmal ertappten sie sich dabei, daß sie Unsinn redeten, und manchmal entdeckten sie Pfade der Weisheit, die noch niemand betreten hatte. Sie waren jung genug, um gelegentlich sehr ernst zu sein, und über ihren eigenen Ernst zu lachen, wenn er ihnen bewußt wurde. Helen Muir ließ die ehrfürchtige Düsternis des Lebens im Pfarrhaus weit hinter sich, obwohl sie immer noch mit Respekt daran dachte.

„Ich lebe in einem neuen Gebäude", sagte sie zu ihrem Mann. „Es ist gebaut auf einem Fundament, das wie eine unterirdische Kammer ist. Ich benutze die unterirdische Kammer nicht und gehe auch nicht hinein. Ich will es nicht. Aber dann und wann verschafft sich das Echo – beinahe ist es Lärm – da drinnen Gehör. Manchmal ertappe ich mich dabei, daß ich wider Willen zugehört habe."

Sie war immer sehr besorgt um ihren kleinen Sohn, und als nach dem frühen Tod ihres Mannes ihr die Verantwortung für das Kind und seinen ehrwürdigen, aber nicht großen Landsitz zufiel, war ihr klar, daß sie die Macht hatte, ein Leben zu formen, wie sie es wünschte, soweit es menschenmöglich war. Das reine Blut und die gesunden Neigungen einer langen vornehmen Ahnenreihe zeigten sich in der ungewöhnlichen Schönheit des Jungen. Die jungen Eltern, beide reich mit Phantasie gesegnet, hatten sich von Anfang an viele Gedanken über ihn gemacht. Eine von Muirs größten Interessen war das Studium der menschlichen Entwicklung. Dadurch kam sie auf den furchtlosen Gedanken an einen vollkommenen Menschen, wie der Plan der Schöpfung ihn gewollt hatte. Sie und ihr Mann saßen oft am Bett des Kindes, wenn es schlief, und sahen, wie schön der Junge war.

„Das war gemeint – das ist der Plan für jeden Menschen – wie könnte es in der Schöpfung Stümperei und Nutzlosigkeit geben? Wir selbst sind es, die in unserem Denken und Leben gepfuscht haben und unvollkommen waren. Hier ist er. Sieh ihn dir an. Er wird sich so entwickeln, wie er ist – wenn das Leben ihn nicht verdirbt." Das sagte sein Vater.

Seine Mutter sah ernst auf den kleinen Gott in der Wiege hinunter. „Es ist, als habe irgendeine Macht uns eine Schatulle mit ungeordneten Juwelen in die Hand gedrückt und gesagt: ‚Achte darauf, daß keiner verlorengeht'", murmelte sie. Dann blickte sie auf und lächelte. „Sind wir pathetisch – wegen eines Babys?" sagte sie.

„Vielleicht." Er hatte immer schneller ein Lächeln parat als sie. „Ich habe aber die Vorstellung, daß es genug gibt, das einen pathetisch stimmen kann – nicht zu pathetisch, aber pathetisch genug. Du bist wunderhübsch, schöne Helena! Warum sollte er nicht werden wie du? Wir werden beide nie vergessen, was wir gerade gesagt haben."

In ihren schwärzesten Stunden als junge Witwe erinnerte sie sich oft an diese Worte und hatte das Gefühl, sie seien ein Licht im Dunkeln, als sie den mühsamen Pfad des „Danach" beschritt. Sie lebte mit Donal auf Braemarnie, und sie lebte *für* ihn, ohne ihre Pflichten als Oberhaupt des Haushaltes und Landsitzes und zu vergessen und allen Dingen und Menschen ein guter Nächster zu sein. Sie wachte über jeden Edelstein in seiner Schatulle, groß oder klein. Er war ein Teil ihrer Religion. Manchmal merkte sie, daß die Echos aus der unterirdischen Kammer sie etwas streng sein ließen, aber sie versuchte, sich unter Kontrolle zu halten.

Er war schön und strahlte vor Gesundheit und Lebendigkeit. Er war ein freundliches, fröhliches Geschöpf und voller Lebensfreude, wie ein wildes Moorpony. Er war intelligent genug, aber nicht zu intelligent, und er war mit der ganzen Welt gut Freund. Braemarnie war ein herrlicher alter Landsitz, ein Zuhause, auf dem es sich leben ließ, das Luxus und Freiheit bot und keine Last darstellte. Coombe Court und Coombe Keep waren riesige Schlösser und erforderten gewaltigen Aufwand. Selbst wenn das Oberhaupt des Hauses ein liebenswerter Mann gewesen wäre, auf den man hätte stolz sein können – bei der Nachfolge eines schönen jungen Marquis würde die Meute von der Leine gelassen werden und seine Verfolgung aufnehmen. Sogar der völlig unliebenswürdige „Henry" war seit seiner frühesten Jugend an Versuchungen ausgesetzt. Daß er prompt der ersten erlegen war, brachte nur andere auf den Plan. Helen fand es nicht richtig, daß ein so anderes Geschöpf wie Donal, ein hinreißendes furchtloses Wesen, seinen Hügeln und Mooren und Heide entrissen und gezwungen werden sollte, um den fauligen Geruch von Dingen einzuatmen, von deren Gift er nichts ahnen konnte. Sie war keine unwissende, kindliche junge Frau. Auf ihre vornehme zurückhaltende Art hatte sie viel gelernt, wenn sie sich mit ihrem Mann in London aufhielt und sie gemeinsam fremde Städte erkundeten.

Das war der Grund für ihre Ansichten darüber, wie und in welcher Umgebung ihr Sohn aufwachsen und erzogen werden sollte. Sie hatte keine Fragen zu Coombe selbst gestellt, aber es war auch nicht nötig gewesen. Ein- oder zweimal hatte sie zufällig Feather gesehen. Gegen ihren Willen hatte sie von Henry gehört. Dann und wann ließ er sich auftakeln und erschien für kurze Zeit auf Coombe Court oder The Keep. Seine Besuche waren immer kurz, weil er immer und ohne Ausnahme anfing, sich nach Ablauf von vierundzwanzig Stunden schlecht zu benehmen. Bei seinem letzten Besuch in Coombe House, wo er uneingeladen aufgetaucht war, hatte er sich so betrunken, daß man ihn gerade noch an dem Fauxpas hatte hindern können, eine sehr junge königliche Prinzessin zu küssen. Es gab wirklich einiges gegen Henry einzuwenden.

Helen Muir war *nicht* stolz auf die Verwandtschaft mit Coombe und wußte dank ihrer guten Erziehung auf taktvolle Art und Weise dafür zu sorgen, daß weder sie noch ihr Junge in näheren Kontakt kamen. Donal wußte nichts von seinen Aussichten. Dafür würde noch genug Zeit sein, wenn er älter war, aber vorläufig sollte er keinen Umgang mit seinen Verwandten haben, wenn es sich irgendwie vermeiden ließ.

Sie hatte über sich selbst gelächelt, als das „Echo“ sich gemeldet hatte. Es hatte sie ermahnt, vorsichtig zu sein, nachdem ihr kleiner Sohn sich mit einem fremden Kind angefreundet hatte. Obwohl sie gelächelt hatte, saß sie an diesem Abend sehr still am Fenster, und ihr wurde etwas schwer ums Herz, als sie darüber nachdachte. Es waren wunderbare Jahre, wenn man seinen Kindern alles geben konnte, was sie sich wünschten, sagte sie sich. Es waren göttliche Jahre, in denen sie so sicher waren. Donal erlebte diese Jahre jetzt. Er wußte noch nicht, daß etwas Schönes, das ihn glücklich machte, ihm wieder genommen werden konnte. Er gehörte ihr, und sie gehörte ihm. Es wäre schrecklich, ihm etwas nicht erlauben zu können – in dieser frühen Zeit ohne Schatten!

Sie schaute hinaus in die Frühlingsnacht, deren Sterne über dem Park funkelten. Plötzlich stand sie auf und klingelte nach dem Kindermädchen. „Nanny“, sagte sie, als das alte Kindermädchen kam, „erzählen Sie mir von dem kleinen Mädchen, mit dem Donal in den Square Gardens spielt.“

„Sie ist ein hübsches Ding und sehr fein angezogen, Ma'am“, war die vorsichtige Antwort der Frau, „aber ich freunde mich nicht mit fremden Kindermädchen an und halte nicht viel von ihrem. Es ist eine junge Müßiggängerin, die dasitzt und Romane liest, und wenn Master Donal ein kleiner Taschendieb wäre und die Masern hätte, würde sie das Kind trotzdem mit ihm spielen lassen, soweit ich es beurteilen kann. Die junge Frau sitzt unter einem Baum und liest, und das hübsche kleine Ding kann machen, was es will. Ich behalte die beiden aber im Auge, und sie stellen nichts an. Master Donal liest ihr aus seinen Bilderbüchern vor und setzt sich vor ihr mächtig in Szene, und sie lacht und sieht zu ihm auf, als sei er ein König. Jeder Junge mag es, wenn ein Mädchen zu ihm aufsieht. Es ist schön, die zwei zusammen zu sehen. Die beiden Kleinen sind ganz vernarrt in einander – Liebe auf den ersten Blick!"

„Donal kennt bisher nur sehr wenige Mädchen. Die unscheinbaren kleinen Dinger im Pfarrhaus sind ihm zu langweilig", sagte seine Mutter langsam.

„Diese Kleine ist nicht unscheinbar und auch nicht langweilig", antwortete das Kindermädchen. „Wahrhaftig nicht! Sie ist ein faszinierendes Geschöpf – und so hübsch mit ihren roten Wangen und den schönen lockigen Haaren! Donal starrt sie an, wie ein junger Mann eine Schönheit anstarrt. Ich wünschte, Ma'am, wir wüßten mehr über ihre Herkunft."

„Ich muß sie sehen", sagte Mrs. Muir. „Morgen gehe ich mit in die Gärten."

Deshalb hüpfte Donal am nächsten Tag voller Stolz zu seinem Treffpunkt, und neben ihm her ging eine hochgewachsene Frau, nach der sich die Leute umdrehten. Sie war ebenso schön wie Donal und hatte herrliches Haar. Ihre Augen waren klar, der Blick ruhig. Donal war sichtlich stolz und glücklich, daß sie dabei war, und darum hüpfte er die meiste Zeit und machte nur zwischendurch ein paar gemessene Schritte.

Robin wartete hinter den Fliederbüschen, und ihr Kindermädchen war schon tief in das Geheimnis von Lady Audley versunken.

„Da ist sie!" rief Donal und rannte zu ihr. „Meine Mutter ist mitgekommen. Sie will dich auch sehen!" Und er zog sie an der Hand mit sich. „Das ist Robin, Mutter! Das ist Robin."

Er war außer Atem vor Freude und hielt seine Trophäe fest, als könne sie ihm verlorengehen, bevor er sie präsentiert hatte, und der Blick, mit dem er zu seiner großen Mutter aufsah, war der eines stolzen Besitzers.

Robin hatte gar nicht den Wunsch, wegzulaufen. Für sie war es ganz natürlich, alles anzubeten, das zu Donal gehörte. Und diese große, schöne, wunderbare Frau war eine Mutter. Kein Wunder, daß Donal soviel von ihr sprach. Das Kind konnte nur zu ihr aufsehen, wie Donal es tat. Also standen die beiden Hand in Hand wie Gläubige vor dem Bildnis einer Gottheit.

Andrews' Schwester hatte in ihrer Eitelkeit das kleine Geschöpf zurechtgemacht wie eine Frühlingsblume. Ihre Schönheit versetzte Mrs. Muir beinahe einen Schock. Oh! Kein Wunder – so, wie sie aussah! Sie beugte sich hinunter und küßte sie auf die runde Wange.

„Donal wollte, daß ich seine kleine Freundin sehe“, sagte sie. „Ich will all seine Spielgefährten kennenlernen. Laß uns durch den Garten gehen, dann kannst du mir zeigen, wo ihr spielt, und mir alles davon erzählen.“

Sie nahm die kleine Hand, und sie gingen langsam. Robin war anfangs zu schüchtern zum Reden, aber da Donal kein bißchen schüchtern war, sondern einfach weiter seine Hüpfer machte und seine Mutter so nett erzählte – von den Blumen und dem Gras und den Vögel und dem Pony auf Braemarnie – fing auch Robin an, dann und wann ein wenig zu hüpfen und zu lachen. Die Hand der großen Dame war nicht wie die Hand von Andrews oder Andrews' Schwester. Sie zog und zerrte nicht, sie fühlte sich gut an. Das Gefühl, von dem sie nicht wußte, daß es Glück hieß, stieg wieder in ihr auf. Nur eine Runde um den Garten, dann setzte sich die große Dame auf eine Bank und sah ihnen beim Spielen zu. Es war wunderbar. Sie las nicht und hatte auch keine Handarbeit dabei. Sie saß da und schaute ihnen zu, als gäbe es nichts Interessanteres für sie. Donal rief ihr immer wieder etwas zu und brachte sie zum Lächeln. Er lief hin und wieder zu ihr, weil er Fragen hatte und ihr erzählen wollte, was für Spiele sie sich ausdachten. Wenn sie Blätter sammelten, in die sie Sterne und Kreise stechen wollten, legten sie die Blätter auf die Bank, auf der Mrs. Muir saß, und sie half ihnen mit neuen Mustern. Mehrmals blieb Robin mitten im Spiel stehen und stand einen Moment mit verwirrter Miene da. Das lag daran, daß sie sich nicht wie Robin fühlte. Zwei Menschen – ein Junge und eine Dame – ließen sie spielen und mit sich reden, als ob sie sie mochten und Zeit hätten!

Tatsächlich beobachtete Mrs. Muir Robin aufmerksamer als Donal. Sie ließ sie kaum aus den Augen. Was für ein lebendiges kleines Ding! Kein Wunder! Kein Wunder! Und wenn sie älter wurde, würde sie mit jedem Jahr noch lebhafter und anziehender werden. Und Donal war wie sie – mit seiner Kraft, seiner Schönheit und seinem Wunsch, glücklich zu sein und andere glücklich zu machen. Wie konnte man – auf taktvolle Weise – herausfinden, warum sie wirkte, als gehöre sie zu niemandem? Donal war ein zuverlässiger kleiner Kerl. Er hatte Beweise für die seltsamen Dinge, die er über sie erzählt hatte. Keine Mutter – keine Spielsachen oder Bücher – niemand hatte sie je geküßt! Und wer war „die Dame unten“?

Eine Victoria-Kutsche fuhr an den Gärten vorbei. Sie fuhr langsam, denn die beiden Damen, die darin saßen, wollten sehen, wie die Knospen der Hyazinthen und Tulpen aufbrachen. Plötzlich sprach eine der beiden – eine dezent gekleidete Erscheinung, die in ihrem Frühlingskostüm selbst aussah wie eine Hyazinthe – den Kutscher an.

„Halten Sie hier an!“ sagte sie. „Ich möchte aussteigen.“

Als die Kutsche nahe an einer Pforte hielt, machte sie eine leichte Handbewegung.

„Was sagst du dazu, Starling“, lachte sie. „Die Frau, über die wir gerade reden, sitzt dort drüben in den Gärten. Ich erkenne sie genau, obwohl ich nur ihr Porträt in der Academy gesehen habe, und das ist Jahre her. Ja, da ist sie – Mrs. Muir.“ Sie klatschte in die Hände, und aus ihrem Lachen wurde ein begeistertes Kichern. „Und meine Robin spielt vor ihr im Gras – mit einem Jungen! Was für ein Witz! Es muß *der* Junge sein! Und ich wollte die beiden zusammen sehen. Coombe sagte, es sei unmöglich. Und noch mehr wünsche ich mir, mit *ihr* zu sprechen. Laß uns aussteigen.“

Sie stiegen aus. Helen Muir hielt Robin an der Hand hielt, und als sie sie einen Moment aus den Augen ließ, sah sie zwei Frauen, die offensichtlich mit einer bestimmten Absicht auf sie zukamen. Jedenfalls hatte eine der beiden etwas vor. Es war die, deren Frühjahrskostüm aussah, als sei es aus Hyazinthenblättern.

Robin folgte Mrs. Muirs Blick. Sie fuhr etwas zusammen und lehnte sich an Mrs. Muirs Knie, ihre Augen weiteten sich und strahlten vor Anbetung. „Das ist“, flüsterte sie aufgeregt – oder eigentlich war es mehr ein Keuchen, *„die Dame unten*!“

Feather schwebte zu der Bank und blieb lächelnd stehen. „Wo ist dein Kindermädchen, Robin?“ fragte sie.

Robin war immer fasziniert von ihrem Anblick und stellte sich natürlich nicht sehr geschickt an. „Sie sitzt unter dem Baum und liest“, antwortete sie bebend.

„Sie ist nur ein paar Yards entfernt“, sagte Mrs. Muir. „Sie weiß, daß Robin mit meinem Sohn spielt und ich auf die beiden aufpasse. Robin ist Ihre kleine Tochter?“ Es klang liebenswürdig.

„Ja. Es ist sehr gütig von Ihnen, sie mit Ihrem Sohn spielen zu lassen. Lassen Sie sich nicht von ihr stören. Ich bin Mrs. Gareth-Lawless.“

Es entstand eine kleine Stille – eine peinliche kleine Stille.

„Ich habe Sie sofort erkannt, Mrs. Muir“, sagte Feather unbefangen und mit strahlendem Lächeln, „ich habe Ihr Porträt im Grosvenor gesehen.“

„Ja“, sagte Mrs. Muir milde. Sie war aufgestanden, und man sah, wie groß sie war – die „anmutige Gestalt“ kam perfekt zur Geltung, und sie sah Feather gelassen an.

Das Hyazinthenblattkleid weckte Donals Aufmerksamkeit, und er kam näher.

Robin klammerte sich unbewußt an sein Plaid und flüsterte etwas.

„Ist das Donal?“ sagte Feather.

„Entschuldigung, sind *Sie* ‚die Dame unten‘?“ warf Donal höflich ein, weil er es unbedingt wissen wollte.

Aus Feathers hübschem Lächeln wurde das allerhübscheste offene Lachen. Ihre Dienerin hatte ihr Andrews’ Geschichte von dem Namen erzählt. „Ja, ich glaube, sie nennt mich so. Ein schöner Name für eine Mutter, nicht wahr?“

Donal machte einen Schritt nach vorn. „*Sind* Sie ihre Mutter?“ fragte er eifrig.

„Natürlich!“

Donal wurde ganz rot vor Aufregung. „Sie *weiß* es nicht“, sagte er. Er wandte sich an Robin. „Sie ist deine Mutter! Und du dachtest, du hättest keine! Sie ist deine Mutter!“

„Aber ich bin auch ‚die Dame unten‘.“ Feather war aufs höchste belustigt. Sie war nicht feinfühlig genug, um zu wissen, warum sie eine boshafte Befriedigung empfand, als sie die Schottin so still dastehen sah. Es verleitete sie zu unangemessener Direktheit. „Ich wollte so gern Ihren Sohn sehen“, sagte sie.

„Ja“, Mrs. Muirs Stimme klang immer noch milde.

„Wegen Coombe, wissen Sie. Wir sind alte Freunde. Wie ulkig, daß die beiden Kleinen sich auch angefreundet haben. Ich wußte es nicht. Ich freue mich so, daß ich Sie entdeckt habe und daß ich Ihr Porträt gesehen habe. *Guten* Morgen. Auf Wiedersehen, Kinder.“

Sie stolzierte mit leichten Schritten davon, und alle sahen ihr nach. Sie las ihre Freundin Starling auf, die nicht das Gefühl gehabt hatte, beteiligt zu sein oder gebraucht zu werden und stehengeblieben war, um sich die Osterglocken anzusehen. Die Kinder beobachteten sie, als sie in ihrer Kutsche wegfuhr und die Chiffonrüschen ihres blumenartigen Sonnenschirms in der Luft flatterten.

Mrs. Muir hatte sich wieder hingesetzt, und Donal und Robin lehnten sich an sie. Sie sahen, daß sie nicht mehr lachte, aber sie wußten nicht, daß aus ihrem Blick etwas wie Traurigkeit sprach.

„Sie ist ihre Mutter!“ rief Donal. „Und sie ist wunderschön. Aber sie ist – ihre *Mutter*!“ Und seine Stimme drückte die gleiche Verwirrung aus wie sein Gesicht.

Robins kleine Hand faßte Mrs. Muir vorsichtig an. „*Ist* – sie es?“ fragte sie unsicher.

Helen Muir nahm sie in die Arme und drückte sie an sich. Sie küßte sie. „Ja, sie ist es, mein Lämmchen“, sagte sie. „Sie ist deine Mutter.“

Ihr war klar, was sie um Donals willen tun mußte. Es war das einzig Vernünftige. Aber in diesem Alter *war* das Kind ein Lamm, und sie konnte nicht anders, als es für einen Moment an sich zu drücken. Der kleine Körper war weich und warm, und die seidigen Locken dufteten.

10. Verlassen

Donal redete viel, als er nach Hause lief. Feather beschäftigte ihn sehr. Warum hatte sie Robin nicht erzählt, daß sie ihre Mutter war? Warum zeigte sie ihr nie Bilder im Kinderzimmer und nahm sie auf den Schoß? Robin war noch klein genug, um auf den Schoß genommen zu werden! Sagten manche Mütter ihren Kindern nie, daß sie ihre Mutter waren, und fanden die Kinder es nie heraus? Dafür wollte er eine Erklärung hören. Er nahm die behandschuhte Hand seiner Mutter und hielt sie ein wenig gebieterisch.

„Ich bin froh, daß ich weiß, daß du meine Mutter bist", sagte er, „ich wußte es immer."

Er fand nicht, daß die Sache eindeutig erklärt wurde, jedenfalls nicht so, wie ihm andere Dinge erklärt wurden. Aber er war nicht wirklich beunruhigt. Ihm war eingefallen, daß er noch ein Buch hatte, das er Robin morgen zeigen konnte, und daran dachte er. Er hatte auch noch ein Spiel in einer kleinen Schachtel, die man leicht unter dem Arm tragen konnte. Seine Mutter war „in Gedanken versunken", das kannte er von ihr. Das war sie manchmal, und er verhielt sich bei solchen Gelegenheiten immer so ruhig wie nur möglich.

Als er eingeschlafen war, ließ Helen das Kindermädchen kommen.

„Sie sind müde, Ma'am", sagte die Frau, als sie sie sah, „ich fürchte, Sie haben Kopfschmerzen."

„Ich habe heute Nachmittag viel nachgedacht", antwortete ihre Herrin. „Sie hatten recht, was das Kindermädchen betrifft. Das kleine Mädchen hätte mit jedem Jungen spielen können, auch wenn er ganz anders gewesen wäre als Donal."

„Ja, Ma'am." Und weil sie ihre Herrin liebte und ihr Gesicht und ihre Stimme kannte, beobachtete das Kindermädchen Helen genau.

„Sie werden genauso – erschrocken – sein, wie ich es war. Durch einen Zufall ist die Mutter des Kindes vorbeigefahren und hat uns gesehen und ist ausgestiegen, um mit mir zu reden. Es war Mrs. Gareth-Lawless."

Die Kinderfrau fuhr tatsächlich zusammen, sie errötete und sprach in scharfem Ton. „Und sie ist gekommen, um mit Ihnen zu reden, Ma'am?"

„Die Dinge haben sich geändert und ändern sich täglich", sagte Mrs. Muir. „Die Gesellschaft ist keineswegs unveränderlich. Sie hat einen eigenen Kreis um sich – und sie ist sehr hübsch und offenbar gut versorgt. Unbekümmerte Leute, die nach Erklärungen suchen, nehmen an, daß ihr Mann mit Lord Lawdor verwandt war."

„Und der ist ein pfiffiger Schotte, der jedes Jahr ein neues Kind hat. Jawohl", sagte das Kindermädchen grimmig.

Mrs. Muir krampfte die Hände ineinander, die auf dem Tisch lagen. „Damit will ich nichts zu tun haben", sagte sie mit ihrer ruhigen Stimme. „Sie führt ihr Leben und nicht meins. Wörter verwehen wie der Wind." Sie hielt einen Moment inne und fuhr dann fort: „Wir müssen mit dem nächsten Zug nach Schottland."

„Was wird er tun?" Die Worte entfuhren der Frau, als habe sie sie gar nicht sagen wollen. Sie atmete heftig durch. „Er ist ein so empfindsames Kind – so empfindsam!"

„Er wird stärker sein, wenn er ein junger Mann ist, Nanny!" Es klang verzweifelt. „Gerade darum muß ich *jetzt* handeln. Es gibt keinen Mittelweg. Ich will nicht hart sein. Oh, bin ich hart – bin ich hart?" rief sie beinahe flehentlich.

„Nein, Ma'am, das sind Sie nicht. Er ist Ihr Fleisch und Blut." Die Kinderfrau hatte ihre Herrin noch nie so außer sich gesehen.

Helen Muir rang die Hände. „Er ist mein Herz und meine Seele", sagte sie, „mein Ein und Alles! Und es wird ihm so wehtun, und ich kann es ihm nicht erklären, weil er zu jung ist, um es zu begreifen. Er ist noch ein kleiner Junge, der mitkommen muß. Und er kann nichts dagegen tun. Es ist – ungerecht!"

Die Kinderfrau neigte dazu, noch schottischer zu klingen, wenn sie bewegt war. Aber sie schaffte es immer noch, grimmig auszusehen. „Er kann nichts dagegen tun", sagte sie, „und schlimmer noch – *Sie* können es auch nicht."

Einen Augenblick herrschte Stille, dann sagte Mrs. Muir: „Ich muß gehen und packen." Und sie verließ das Zimmer.

Donal schlief immer wie ein junges Reh im Farnkraut, und in dieser Nacht schlummerte er besonders selig. Ein weiterer herrlicher Tag war vergangen, und seine Mutter hatte Robin gemocht und ihr einen Kuß gegeben. Die Welt war in Ordnung. Solange er wachgelegen hatte – was nicht lange gedauert hatte – hatte er sich alle möglichen schönen Dinge ausgemalt. Er dachte an Robin, die es irgendwie nach Braemarnie verschlagen hatte und die dort sehr schnell wuchs und groß genug für Spiele aller Art war. Sie lernte auf Chieftain zu reiten, sogar im Galopp. Seine Mutter würde noch ein Pony kaufen, und sie könnten zusammen reiten. Robin würde lachen, und ihr Haar würde wehen, wenn sie schnell ritten. Sie würde sehen, wie schnell er reiten konnte – und wie er mit Chieftain über Hindernisse sprang. Sie würden Picknicks machen – und Damwild sehen und Rehkitze sehen. Sie würde ihn immer mit ihrem freundlichen Blick und dem kleinen Lächeln ansehen, das in einer Sekunde kam und ging. Sie war ganz anders als die kleinen Töchter des Geistlichen im Pfarrhaus. Er mochte sie – er mochte sie!

Er wurde wach, als in seinem Zimmer Licht gemacht wurde und Schritte zu hören waren. Er setzte sich schnell auf und sah, daß seine Mutter an seinem Bett stand und seine Kinderfrau eine Reisetasche packte. Es kam ihr vor, als sähe seine Mutter größer aus als gestern – und beinahe dünn – und sie blickte besorgt und – unsicher.

„Wir haben dich so lange wie möglich schlafen lassen, Donal“, sagte sie. „Du mußt jetzt schnell aufstehen und frühstücken. Es ist etwas passiert. Wir müssen mit dem nächsten Zug nach Schottland zurück. Wir dürfen keine Minute verlieren.“

Zuerst sagte er nur: „Zurück!“

„Ja, Liebling. Steh auf.“

„Nach Braemarnie?“

„Ja, mein Junge!“

Ihm wurde heiß und kalt. „Weg! Weg!“ sagte er matt.

„Ja. Steh auf, Liebling.“

Er war, wie sie gesagt hatte, noch ein kleiner Junge und gewohnt zu tun, was man ihm sagte. Er war außerdem ein robuster kleiner Schotte und hatte seinen Stolz. Es war ein Teil seiner Erziehung gewesen, keine aufsässigen Szenen zu machen, also stand er auf und begann sich anzuziehen. Aber seine Mutter sah, daß seine Hände zitterten.

„Dann sehe ich Robin nicht mehr“, sagte er, und seine Stimme klang sonderbar. „Sie wird mich nicht finden, wenn sie hinter die Fliederbüsche geht. Sie weiß nicht, warum ich nicht komme.“

Er schluckte sehr schwer und war ein paar Minuten ganz still, obwohl er nicht im Anziehen innehielt. Seine Mutter fand die ganze Sache schrecklich. Er verhielt sich schon jetzt beinahe wie ein junger Mann. Sie wußte nicht, wie sie es ertragen sollte. Sie sprach in einem Ton, der beinahe demütig klang.

„Wenn wir wüßten, wo sie wohnt, könntest du – ihr einen kleinen Brief schreiben und es ihr erklären. Aber wir haben ihre Adresse nicht.“

Er antwortete sehr leise. „So ist es. Und sie ist noch klein – sie wird es nicht verstehen. Sie ist sehr klein – wirklich.“ An dem Klang seiner Stimme war zu hören, daß er sich als Robins Beschützer fühlte. „Vielleicht – weint sie.“

Helen sah ihn bekümmert an. Er knöpfte sich die Schuhe zu. Sie suchte nach Worten, aber als sie sie aussprach, klangen sie nicht richtig. „Sie wird natürlich enttäuscht sein, aber sie ist so klein, daß es ihr nicht so viel ausmachen wird wie einem größeren Mädchen. Sie wird darüber hinwegkommen, Liebling. So kleine Mädchen vergessen schnell.“ Oh, wie gefühllos und dumm es sich anhörte – wie gefühllos und dumm, es zu diesem tapferen kleine Kerl zu sagen, für den es das größte Unglück der Welt war!

Die klaren blauen Augen, in denen Robin geschwelgt hatte, sahen zu ihr auf. In ihrem Blick lag etwas beinahe Zorniges – etwas wie ohnmächtiger Haß auf irgend etwas. „Das wird sie nicht“, sagte er, und sie hörte, daß er tatsächlich mit den Zähnen knirschte.

Er sah nicht aus wie Donal, als er angezogen war und am Frühstückstisch saß. Er aß nicht viel von seinem Porridge, aber sie sah, daß er mit Entschlossenheit *etwas* davon aß. Ihr war, als habe sie ihn noch nie gesehen – und dabei sah er mit seinem hellen Haar, den roten Wangen und den stämmigen Knien unter dem Kilt aus wie der kleine Junge, als den sie ihn kannte. Seine funkelnden blauen Augen machten den Unterschied.

Er tat alles, was sie ihm sagte. Als der Zug aus dem großen Bahnhof rauschte, saß er in einer Ecke, starrte aus dem Fenster und drehte ihr den Rücken zu. Er schaute zu, wie die Landschaft vorbeiflog, und sie sah die Röte, die ihm immer wieder in die Wangen stieg. Er biß sich auf die Lippen und hustete zwei- oder dreimal. Sie wußte, daß er lieber sterben würde, als zu weinen, aber sie wünschte, er würde sich einmal dazu herablassen, als die Felder und Hecken vorbeiflogen. Der Zug brachte ihn weg! Weg!

Ihr blieb fast das Herz stehen, als sie daran dachte. Plötzlich drehte er sich zu ihr um, seine blauen Augen funkelten, und seine Wangen waren gerötet. Was sie sah, war Wut – die ohnmächtige Wut eines Kindes. Als er auf dem Boden saß und seine Schuhe zuknöpfte, stieß er hervor: „Sie hat niemanden außer mir!“ sagte er. „Niemand außer mir hat sie je geküßt. Sie wußte es nicht!“ Zu ihrer Entgeisterung ballte er die Fäuste und schüttelte sie. „Es bringt mich um!“ tobte er.

Sie konnte sich nicht zurückhalten. Sie streckte die Arme nach ihm aus und wollte ihn an sich ziehen. „Nein! Nein! Donal!“ rief sie. „Liebling! Nein – nein!“

Aber der seltsame unkindliche Ausbruch hatte kaum begonnen, als er auch schon wieder vorbei war. Ihm fiel ein, daß er ein Junge war, und schämte sich. Er hatte noch nie so mit jemandem gesprochen! Es war fast so schlimm, wie in Tränen auszubrechen! Die Flut verebbte wieder, und er entwand sich verlegen ihren Armen. Er sagte kein Wort mehr, saß in seiner Ecke und drehte der Welt den Rücken zu.

Daß *die Dame unten*, die so gern lachte und so viele Menschen kannte, die auch immer lachten, vielleicht im Scherz behauptete, ihre Mutter zu sein, war für Robin eine mögliche Erklärung für das Rätsel. Die Dame hatte gelacht, als sie es sagte – die Leute lachten ja so oft über Kinder. Vielleicht hatte sie nur einen Witz gemacht, wie ihn sich Erwachsene ab und zu erlaubten. Selbst Donal hatte nicht vollkommen überzeugt gewirkt, obwohl seine Mutter gesagt hatte, daß *die Dame unten* wirklich ihre Mutter war – irgendwie hatten sie sofort das Thema gewechselt. Mrs. Muir hatte gleich darauf angefangen, ihnen eine Geschichte zu erzählen. Robin ahnte nicht, daß Mrs. Muir nur von einer Frage hatte ablenken wollen, die zu Diskussionen geführt hätte und zu Erklärungen, die sie nicht geben konnte. Es war unmöglich, einem Kind so etwas zu erklären. Sie war selbst ratlos angesichts der Situation, und deshalb bestand ihr einziger Ausweg darin, die beiden auf andere Gedanken zu bringen. Es war ihr so gut gelungen, daß Robin sich auf dem Nachhauseweg an diese Episode so erinnerte, wie sie sich an andere kurze Episoden erinnerte, in denen eine wunderschöne Gestalt auf der Schwelle der Kinderzimmertür erschien und Andrews gleichgültige Fragen stellte, ohne hereinzukommen und zu riskieren, daß ihre langen Kleider vom Londoner Schmutz besudelt wurden. Das Kind war auch viel zu erfüllt von dem echten Glück, das es mit Donal und dessen Mutter erlebt hatte, um sich den Kopf über eine rätselhafte Erscheinung zu zerbrechen.

Robin hatte genau wie Donal selig geschlafen. Sie hatte süß geträumt – daß sie in den Gärten gespielt hatte und sie und Donal immer wieder zu seiner Mutter rannten, um sie etwas zu fragen oder von ihren Spielen zu erzählen. Sie hatte aus alter Gewohnheit zum Himmel hinaufgeschaut – und in die Augen von Donals Mutter gesehen. In ihrem Blick lag etwas, das Robin gern wiedersehen wollte. Dann kam ein seltsamer Traum von *der Dame unten*. Sie tanzte auf sie zu, trug ein Kleid aus Hyazinthen und hatte die Arme voller Osterglocken. Sie tanzte vor Donals Mutter – tanzte und lachte, als fände sie alles lustig. Sie warf ihnen ein paar Osterglocken zu und tanzte davon. Die Osterglocken lagen auf dem Kiesweg, und alle sahen sie an, aber niemand hob sie auf. Danach träumte Robin, daß Mrs. Muir sie plötzlich auf den Arm nahm und ihr einen Kuß gab. Sie war froh, und ihr war warm – innen und außen.

Sie wachte auf und lächelte zu der schmuddeligen Decke des schmuddeligen Zimmers empor. In ihrer Welt gab es nur einen dunklen Punkt – die

Furcht, daß Andrews zu schnell gesund werden würde. Sie lag nicht mehr im Bett, sondern saß mit einer Näharbeit vor dem kleinen Feuer in dem winzigen Kamin des Dienstbotenzimmers. Der Arzt wollte sie noch nicht aus dem Haus gehen lassen, deshalb hatte Anne ihren Posten noch inne. Robin kannte Annes Gewohnheiten mittlerweile gut genug, um sich darauf zu verlassen, daß sie nur auf der Bank saß und las und keine unangemessene Neugier an den Tag legte.

Von ihrem Bett aus konnte Robin sehen, daß der Himmel blau war. Das hieß, daß sie nach draußen gehen würde. Sie lag mucksmäuschenstill da und dachte an die Freuden, die auf sie warteten, bis Anne kam, sie anzog und ihr Frühstück servierte.

„Du ziehst heute dein rosa Kleid an“, sagte das Mädchen. „Mir gefallen der Hut und die Söckchen, die dazupassen.“ Anne war anders als Andrews, die nicht gesprächig war. Sie machte eine Bemerkung, nachdem sie die weißen Schuhe geschnürt hatte. „Du hast hübsche aristokratische kleine Beine“, sagte sie freundlich. „Ich mag es, wenn meine Kinder schöne Beinchen haben.“

Robin freute sich über das Lob, aber sie hoffte, daß Anne schnell fertig werden würde. Manchmal brauchte sie recht lange. Aber Robin wußte, daß ihr nichts anderes übrigblieb, als mucksmäuschenstill zu sein – oder sogar noch stiller, wenn das möglich war – und niemanden bei seinen Plänen zu stören, denn dann erregte man Aufmerksamkeit und verursachte Verspätungen. So stand sie gehorsam da und beobachtete die Spatzen, bis Anne sie rief.

Auf der Straße waren ihre Schritte so leicht, als sei sie ein Rosenblatt, das vom Frühlingswind mitgewirbelt wird. Unter der breiten Krempe ihres Hutes sah ihr Gesicht so glücklich aus, daß sich mehr als ein Passant nach ihr umdrehte.

„Du solltest Rose heißen“, kicherte Anne unwillkürlich, als sie das Kind anschaute, weil jemand es angestarrt hatte. Sie hatte es nicht sagen wollen, aber die Worte waren ihr von allein über die Lippen gekommen.

Es war Anfang Juni, und so waren sogar der Londoner Himmel und die Luft herrlich. Es duftete. Das Grün der Bäume in den Gärten war hell und frisch, und in den kreis- und sternenförmigen Beeten wuchsen immer mehr Blumen. Es war kein Wunder, daß einem leicht ums Herz war und man zurücklächelte, wenn Kindermädchen und Gouvernanten einen ansahen. Robin zog die Blicke auf sich, als sie plötzlich erschien wie eine Sommerblume im Frühlingsgarten.

Das Kindermädchen saß nicht auf der Bank bei der Pforte, und Donal war auch nicht zu sehen. Aber er war sicher irgendwo, nur nicht in Sichtweite, und falls er spät dran war, würde er bald kommen, auch wenn seine

Mutter nicht mitkam – aber Robin konnte sich nicht vorstellen, daß sie nicht mitkommen würde. Ein Kind glaubt, daß sowohl Seligkeit als auch Verzweiflung ewig dauern.

Anne setzte sich hin und schlug ihr Buch auf. Sie war an einer spannenden Stelle und freute sich auf einen angenehmen Morgen.

Robin hüpfte ein paar Minuten ziellos herum. Donal hatte ihr gezeigt, wie man hüpft, und sie hielt es für eine großartige Leistung. Anne, die an die seidigen, goldblonden, wenn auch frevelhaften Locken von Lady Audley dachte, merkte nicht, daß sie um die Biegung des Kieswegs herumhüpfte und hinter den Fliederbüschen verschwand.

Als sie sicher in ihrem Märchenland angekommen war, blieb die Kleine stehen und sah sich um. Es war kein Junge im Kilt zu sehen, aber er würde bald kommen – mit wehendem Plaid und der Highland-Mütze mit Adlerfeder. Er würde bald kommen. Vielleicht würde er rennen – und seine Mutter würde langsamer folgen und lächeln. Robin wartete und hielt Ausschau.

Sie war gewohnt zu warten, aber sie hatte noch nie nach jemandem Ausschau gehalten. Es hatte nie jemanden oder etwas gegeben, nach dem sie Ausschau hätte halten können. Die neue Erfahrung war zuerst sehr aufregend. Wie lange war „zuerst"? Sie wußte es nicht. Sie stand – und stand – und stand – und sah jeden an, der durch die Pforte kam. Niemand sah auch nur im entferntesten aus wie Donal oder seine Mutter oder sein Kindermädchen. Es kamen andere Kindermädchen und Hauslehrerinnen und ein oder zwei junge Damen, die vorbeischlenderten. Es waren nie viele Leute in den Gärten – nur solche, die einen Schlüssel hatten. Sie wußte nichts über Zeit, aber sie wußte, daß er an anderen Morgen früher gekommen war.

Die kleine Gestalt in Rosa stand so lange still, daß sie wie erstarrt aussah und ein Kindermädchen in der Ferne zu einem anderen sagte: „Worauf wartet das Kind dort?"

Sie wußte nicht, wieviel Zeit vergangen war, als sie aus irgendeinem Grund auf ihre Füße hinunterschaute. Der Grund dafür war, daß sie so lange regungslos dagestanden hatte, daß ihre Füße angefangen hatten wehzutun, und der Schmerz weckte ihre Aufmerksamkeit. Sie änderte ihre Haltung ein wenig und richtete den Blick wieder auf die Pforte. Er würde bald kommen. Er würde rennen und lachen. Donal! Donal! Sie lachte, aber es war ein leises und zittriges Lachen.

„*Worauf* wartet das Kind? Ich würde es wirklich gern wissen", sagte das andere Kindermädchen wieder neugierig.

Wenn Robin achtzehn Jahre alt gewesen wäre, hätte sie sich gesagt, daß sie stundenlang gewartet hatte. Sie hätte tausendmal auf eine kleine Uhr gesehen, sie wäre auf und ab gegangen und hätte die Pforte keine Minute aus den Augen gelassen. Jedes Läuten der Kirchenglocke ein paar Straßen weiter hätte ihr das junge Herz bis zum Hals schlagen lassen.

Aber ein Kind hat keine Uhr und keine Worte, mit denen es Hoffnungen und Ängste und Gründe beschreiben kann, Argumente, mit denen man wachsende Beklemmung wegdiskutieren kann – Beschönigungen, Ausreden. Robin konnte nur warten – während langsam eine dunkle Woge auf sie zurollte, eine Woge von etwas, für das sie keinen Namen wußte. Die Flut kam und umzingelte sie. Donal! Donal! Donal!

Wer weiß – vielleicht kam ein Widerhall des Schreckens zurück, mit dem sie in der Nacht gekämpft hatte, als sie allein im Dunkeln in der Wiege gelegen und geschrien und Feather sich das Kissen über den Kopf gezogen hatte. War es die gleiche Panik wie damals? Sie stand noch nicht den ganzen Morgen da und wartete, aber es kam ihr so vor, und sie rechnete jeden Augenblick damit, daß Anne kommen und sie nach Hause bringen würde. Er war nicht gekommen – nicht gerannt – hatte nicht gelacht – mit seinem wehenden Plaid und der Feder! Es kam der Moment, in dem ihre angestrengten Augen nicht mehr klar zu sehen schienen! Ein dicker Kloß stieg ihr in die Kehle. So war es auch an dem Tag gewesen, als sie vor Einsamkeit angefangen hatte zu weinen und Andrews sie gekniffen hatte. Panik überkam sie, und sie flüchtete sich kopflos in ein dichtes Gebüsch, wo es keinen Weg mehr gab und wohin selbst Donal nie vorgedrungen war.

„Das Kind ist weg“, bemerkte das Kindermädchen. „Ich würde gern herausfinden, worauf sie gewartet hat.“

Die Büsche gehörten zu den Pflanzen, die den Garten umgaben. Den Kindern, die hier im Gras und auf den Wegen spielten, erschienen sie wie ein Wald. Deshalb hatte Robin hier Hals über Kopf Schutz gesucht. Niemand würde kommen – niemand würde sie sehen – niemand würde sie hören – hier war es beinahe dunkel. Beraubt, gebrochen und verraten, bahnte das kleine Ding sich seinen Weg in den Schatten, warf sich auf den feuchten Boden und wälzte sich wild hin und her. Sie hätte nicht sagen können, was sie tat oder warum sie alles aufgegeben hatte, als sei eine Woge über sie hinweggeschwappt. Plötzlich wußte sie, daß ihre neue Welt verschwunden war – und zwar für immer. Sie war gekommen und gegangen. Ebenso wie Robin sicher gewesen war, daß ihre Freude für immer sein würde, war sie jetzt sicher, daß es für immer vorbei war. Nur jemand, der an übersinnliche Kräfte glaubt, würde auf die Idee kommen, daß zwischen ihr und ihrem Freund, der seine jungen Schultern straffte und sich der Welt stellte, als der Zug vorbeiraste, eine Gedankenübertragung stattgefunden hatte. Es war vorbei. Er würde nicht zurückkommen. Er war *fort*!

Von Anne war nichts zu hören. Robin lag verborgen im Schatten unter den Büschen, und der Lärm der Straße übertönte ihre kleinen Schreie.

Alles, was Robin nie getan hatte, tat sie jetzt. Sie schlug mit den Fäusten auf die feuchte Erde und trat mit ihren Füßen darauf ein. Sie weinte, sie schluchzte, der Kloß in ihrer Kehle erstickte sie beinahe – sie wand sich, ohne daß es ihr bewußt war. Ihre Tränen flossen reichlich. Sie rief nicht „Donal! Donal!“, weil er nirgendwo war – nirgendwo. Wenn Andrews sie gesehen hätte, hätte sie gesagt, daß sie „einen Koller“ hatte, aber das stimmte nicht. Für sie war eine Welt zusammengebrochen.

Nach einer Weile, die ihr wie eine Ewigkeit vorkam, krabbelte sie unter den Büschen hervor und hob ihren schönen breitkrempigen Hut mit ihrer schmutzigen Hand auf. Der Hut war nicht mehr hübsch. Sie hatte darauf gelegen, und er war plattgedrückt und zerknautscht. Sie schlich leise um die Kurve zurück zu Anne.

Anne sprang auf, als sie sie sah. Die Rose war ein jämmerliches Ding – vom Sturm geknickt und zu Boden geweht. Das Gesicht des Kindes war geschwollen und fleckig, das Haar zerzaust und feucht, und sie hatte dunkle Flecken Erde auf dem Kleid, dem Hut, den Händen und den weißen Wangen, ihre weißen Schuhe waren auch mit Erde bedeckt, und die Füße in den rosa Söckchen schlurften langsam und schwer vorwärts.

„Meine Güte!“ Die junge Frau kreischte beinahe. „Was ist passiert! Wo warst du? Oh, du lieber Himmel! Gott steh mir bei!“

Robin schnappte nach Luft, sagte aber kein Wort.

„Du bist in ein Blumenbeet gefallen, das gerade gegossen wurde!“ sagte Anne fast weinend. „So muß es gewesen sein. Nirgendwo sonst ist es hier so dreckig!“

Und als sie ihren Schützling nach Hause brachte, erzählte sie Andrews diese Geschichte. Aus Robin war nichts herauszubekommen, und sie brauchte eine Erklärung.

Die Wahrheit, von der sie nichts wußte, war die Geschichte der Verzweiflung eines Kindes angesichts einer der ersten großen Enttäuschungen im Leben. Der Kummer würde allmählich vergehen, wie alles verging außer den ewigen Hügeln – aber es blieb für immer in ihrem Gedächtnis.

11. Abscheu

Das Kind war immer gesund, Ma'am." Andrews stand – ein Bild vollkommener Korrektheit – im Schlafzimmer ihrer Herrin. Feather lag im Bett und hatte ihr Frühstück auf einem hübschen praktischen kleinen Tisch vor sich. „Ich war immer stolz darauf. Aber jetzt muß ich leider sagen, daß es ihr nicht gutgeht."

„Nun, ich nehme an, es ist ganz natürlich, daß es irgendwann anfängt", bemerkte Feather. „Irgendwann fängt es ja immer an. Ich erinnere mich, daß wir als Kinder auch Krankheiten hatten. Was sagt der Arzt? Ich hoffe, es sind nicht die Masern – oder der Beginn von etwas Schlimmerem?"

„Nein, Ma'am. Es ist keine gewöhnliche Kinderkrankheit. Damit wäre ich fertiggeworden. Es gibt heutzutage gute private Pflegeheime. Dort werden sie gut versorgt, und die Familie hat keinen Ärger mit Ansteckung und Quarantäne. Ich weiß, was Sie erwartet hätten, Ma'am."

„Sie kennen Ihre Aufgaben, Andrews", war Feathers liebenswürdiger Kommentar.

„Vielen Dank, Ma'am", sagte Andrews. „Mit Infektionen wird man leicht fertig, wenn man das Kind schnell wegbringt. Aber der Arzt sagte, ich müsse mich Ihnen sprechen, weil vielleicht ein Ortswechsel nötig sei."

„Sie könnten sie nach Ramsgate oder an einen anderen Ort mit gesunder Luft bringen", sagte Feather. „Aber was hat er *gesagt*?"

„Er wirkte verwirrt, Ma'am. Das hat mich so gewundert. Ich habe ihm erzählt, daß sie nicht mehr ißt und – ihrem Aussehen am Morgen nach zu urteilen – die ganze Nacht wachliegt und weint – und dünn und blaß geworden ist. Er hat sie gründlich untersucht, ein merkwürdiges Gesicht gemacht und gesagt: ‚Das Kind hatte doch nicht irgendeinen *Schock* gehabt, oder? Es sieht aus wie das, was wir einen Schock nennen würden – wenn sie älter wäre."

Feather lachte. „Wie könnte so ein kleines Ding einen Schock erlitten haben?"

„Das dachte ich auch, Ma'am", antwortete Andrews. „Ein Kind, das einen geregelten Tagesablauf hat, zu essen bekommt und gewaschen wird und schläft und nach draußen geht und für sich in den Gärten spielt, natürlich unter Aufsicht, kann eigentlich kaum einen Schock bekommen. Das habe ich ihm gesagt, und er saß schweigend da und sah sie aufmerksam an, und dann sagte er sehr langsam: ‚Manchmal erleiden Kinder einen Schock, wenn sie beim Spielen hingefallen sind. Erinnern Sie sich vielleicht, daß sie einmal hingefallen ist und sehr geweint hat?"

„Aber das war natürlich nicht der Fall", sagte Feather.

„Nein, Ma'am, das war es nicht. Ich behalte sie genau im Auge und würde ihr keine wilden Spiele oder zu schnelles Herumlaufen erlauben. Ich lasse sie nicht mit anderen Kindern spielen. Und sie ist keins von diesen tolpatschigen Kindern, die dauernd hinfallen. Ich habe ihm gesagt, daß nur ein Sturz von ihr bekannt ist – in ein weiches Blumenbeet, das gerade gegossen worden war, dem Aussehen ihrer Kleider nach zu urteilen. Sie hat geweint, weil sie nicht an so etwas gewöhnt ist, und ich denke, daß sie Angst hatte. Aber sie hatte keinen einzigen Kratzer. Selbst das wäre nicht passiert, wenn ich dabeigewesen wäre. Es war, als ich krank war und meine Schwester Anne mich vertreten hat. Anne dachte zuerst, daß sie mit einem kleinen Jungen gespielt habe, mit dem sie sich angefreundet hatte – aber dann kam heraus, daß der Junge an jenem Morgen nicht gekommen war – "

„Ein Junge!"

Andrew war aufmerksam genug, um einen neuen, interessierten Ton wahrzunehmen.

„Was für ein Junge?"

„Sie hätte nicht mit einem anderen Kind gespielt, wenn ich dagewesen wäre", sagte Andrews. „Ich habe Anne deswegen auch gehörig die Meinung gesagt. Aber sie sagte, es sei ein vornehm aussehender kleiner Junge gewesen – "

„Trug er eine Highland-Tracht?" unterbrach Feather.

„Ja, Ma'am. Anne entschuldigte sich damit, daß sie dachte, Sie müßten etwas über ihn wissen. Sie sagte, sie habe Sie in die Gärten kommen und sehr freundlich mit seiner Mutter reden sehen. Das war an dem Tag, bevor Robin hingefallen ist und ihr rosa Kleid und ihre anderen Sachen ruiniert hat. Aber das geschah nicht durch Herumtoben mit dem Jungen – weil er an dem Morgen nicht da war, wie ich schon sagte, und seitdem nicht wieder da war."

Andrews hatte Grund, einen Moment lang verwirrt zu sein, weil sich die Miene ihrer Herrin bei diesen Worte veränderte. War das, was sie sah, ein Aufblitzen von Ärger und Schadenfreude?

„Und seitdem war er nicht wieder da, nicht wahr?" sagte Mrs. Gareth-Lawless mit einem kleinen Lachen.

„Kein einziges Mal, Ma'am", antwortete Andrews. „Und Anne findet es seltsam, daß das Kind auch nie mehr Ausschau nach ihm zu halten schien. Als hätte sie das Interesse verloren. Sie ist nur noch ermattet und versucht gar nicht mehr zu spielen."

„Wieviel hat sie mit ihm gespielt?"

„Nun, er war so ein hübscher kleiner Kerl und hatte so eine respektable, ältere, schottisch aussehende Frau als Kindermädchen, daß Anne meinte, es hätte keine Einwände dagegen geben können, daß die beiden zusammen spielen. Sie sagt, daß sie so ruhig und artig waren, wie Kinder sein sollten." Andrews fand es angebracht, sich weiter zu rechtfertigen, indem sie wiederholte: „Sie meinte, es hätte keine Einwände geben können."

„Die konnte es wirklich nicht geben", bemerkte Mrs. Gareth-Lawless. „Ich kenne den Jungen. Er ist mit Lord Coombe verwandt."

„Ja, Ma'am", sagte Andrews mit ausdrucksloser Höflichkeit, „Anne sagte, er sei ein großes, hübsches Kind."

Feather nahm ein Bündel Weintrauben von ihrem Tablett, pflückte eine Traube ab und fing plötzlich an zu lachen. „Lieber Himmel, Andrews!" sagte sie. „Er war der ‚Schock'! Wie absolut lächerlich! Robin hatte davor noch nie mit einem Jungen gespielt und hat sich in ihn verliebt. Das kleine Ding vergeht tatsächlich vor Sehnsucht nach ihm." Sie ließ die Trauben fallen und überließ sich einem Lachanfall. „Er wurde weggebracht und ist verschwunden. Vielleicht ist sie in Ohnmacht gefallen, in das nasse Beet gefallen und hat dabei ihr Kleid verdorben, als ihr klar wurde, daß er nicht kommen würde."

„Es ist tatsächlich an jenem Morgen passiert", räumte Andrews ein und lächelte ebenfalls ein wenig.

„Es scheint wirklich komisch. Aber ab und zu fühlen sich Kinder auf eine seltsame Art zueinander hingezogen. Ich habe erlebt, daß es sie schrecklich aufregt, wenn man sie trennt."

„Das müssen Sie dem Arzt sagen", lachte Feather. „Dann sieht er, daß es keinen Grund zur Sorge gibt. Sie wird in einer Woche darüber hinweg sein."

„Es ist schon fünf Wochen her, daß es passierte, Ma'am", bemerkte Andrews mit nur einem Hauch von Ernst.

„Fünf! Ach ja, tatsächlich! Ich erinnere mich an den Tag, an dem ich mit Mrs. Muir gesprochen habe. Wenn sie so ein Kind ist, halten Sie sie besser von Jungen fern. Wie albern! Wie Lord Coombe – wie die Leute lachen werden, wenn ich es ihnen erzähle!"

Sie hielt einen Moment inne, denn in diesem Moment war sie nicht ganz sicher, daß Coombe wirklich lachen würde. Sie war oft der Meinung, daß er nicht über Dinge lachte, wenn er es tun sollte. Aber sie war für einen kurzen Augenblick wütend gewesen, als sie begriffen hatte, daß der Junge tatsächlich weggebracht worden war. Sie erinnerte sich an die schönen klaren Augen, die sie angesehen hatten. Die Frau hatte also beschlossen, daß sie nichts mit ihr zu tun haben wollte – nicht einmal mit ihrem Kind.

Aber die Geschichte, daß Robin Liebeskummer hatte wegen eines kleinen Jungen, dessen Mama ihn weggezerrt hatte, wie man jemanden aus einem brennenden Haus schleift, war viel zu amüsant, als daß sie sie nicht denjenigen erzählt hätte, die sie auch köstlich finden würden.

Ein oder zwei Tage später gab sie ein Essen für genau die wenigen Auserwählten, und da erzählte sie es. Es war ein sehr kleines Abendessen – nur für vier Personen. Einer war der lange, dünne junge Mann mit dem gutaussehenden schmalen Gesicht und den dunklen Augen, die durch einen Kneifer starrten – der, der gesagt hatte, daß Mrs. Gareth-Lawless „ihre phantastischen Kleider von Hélène bekam", sich aber nicht vorstellen konnte, daß Lawdor die Rechnungen bezahlte. Er hieß Harrowby.

Eine weitere war „die Starling", die eigentlich Miss March hieß und ein paar Jahre zuvor die Anführerin der Mädchen gewesen war, die ihre Verwandten schockiert hatten, indem sie das geworden waren, was man damals „emanzipiert" genannt hatte. Es hatte sich darin geäußert, daß sie eigene Schlüssel haben und eigene Wohnungen beziehen wollten. Die Verwandten hatten sich erstaunlicherweise im Laufe der Zeit damit abgefunden, und die moderne Emanzipation hatte Schlüssel und eigene Wohnungen so weit hinter sich gelassen, daß sie schon beinahe altmodisch wirkten. Aber Clara March war mit der Zeit gegangen.

Der dritte Gast war ein umschwärmter junger Schauspieler mit tiefer, belegter Stimme, die – unterstützt von seinen Mandelaugen und seinem empfindsamen Gesicht – selbst den abgedroschensten Text leidenschaftlich und sehnsüchtig klingen ließ. Dabei war er gar nicht leidenschaftlich – er genoß nur seine Vergnügungen und Annehmlichkeiten, was dazu führen würde, daß er dicklich wurde. Aber gegenwärtig war seine Figur noch perfekt – genau richtig für die Uniformen königlicher Figuren aus Ruritanien und anderen Orten dieser Art – und der Name, der in den Programmheften stand, war Gerald Vesey.

Feathers Haus gefiel ihm, und sie wiederum ließ sich gern von der belegten Stimme ansprechen und von den Mandelaugen anstarren, als ob unüberwindliche Hindernisse dafür sorgten, daß gewisse aufregende Dinge nicht gesagt wurden. Sie wußte, daß das nicht stimmte, und trotzdem gefiel ihr die Vorstellung. Außerdem bewunderte und verstand er ihre Kleider.

Als im Wohnzimmer der Kaffee serviert wurde, erschien Coombe. Er hatte nicht von dem kleinen Abendessen gewußt und tauchte genau in dem Moment auf, als Feather gerade mit ihrer Geschichte beginnen wollte.

„Sie kommen gerade rechtzeitig“, begrüßte sie ihn. „Ich wollte meinen Gästen etwas erzählen, um sie zum Lachen zu bringen.“

„Wird es auch mich zum Lachen bringen?“ fragte er.

„Das sollte es! Robin ist verliebt. Sie ist fünf Jahre alt und wurde verlassen – und Andrews hat mir erzählt, daß sie nicht mehr essen oder schlafen kann. Der Arzt sagt, sie habe einen Schock erlitten.“

Coombe stimmte nicht in das Lachen ein, aber als er seine Tasse Kaffee nahm, sah er interessiert aus.

Harrowby war auch interessiert. Seine dunklen Augen funkelten buchstäblich. „Ich nehme an, daß sie jetzt im Bett ist“, sagte er. „Wenn es nicht so spät wäre, würde ich Sie bitten, sie nach unten zu bringen, damit wir sie uns ansehen können. Ich habe ein psychologisches Interesse daran.“

„Ich bin auch psychologisch“, sagte Starling. „Aber Feather – ist das dein Ernst?“

„Es ist Andrews’ Ernst“, antwortete Feather. „Sie könnte mit den Masern fertigwerden, aber sie wollte nicht für den Schock verantwortlich sein. Aber sie wußte nichts von der Liebesgeschichte. Das habe ich herausgefunden – ganz zufällig. Erinnerst du dich an den Tag, an dem wir aus der Kutsche gestiegen und in die Gärten gegangen sind, Starling?“

„Als Sie mit Mrs. Muir gesprochen haben?“

Coombe wandte sich ihnen zu.

Feather nickte, mit einer etwas gewichtigen Miene. „Es war ihr Sohn“, sagte sie, und dann lachte sie und nickte Coombe zu. „Er war genauso hübsch, wie Sie gesagt haben. Kein Wunder, daß die arme Robin umgekippt ist. Er sollte in Ketten gelegt werden, wenn er groß ist.“

„Robin aber auch“, warf Starling auf ihre brüske, burschikose Art ein.

„Aber Robin ist nur ein Mädchen und nicht voreingenommen“, lachte Feather. In dem Blick, den sie Coombe zuwarf, lag eine kindliche Bosheit. „Da seine Mutter weiß, daß sie Miss Gareth-Lawless ist, darf er nicht mehr in den Gärten spielen. Hat sie ihn wieder nach Schottland gebracht?“

„Sie ist nach Schottland zurückgekehrt“, antwortete Coombe, „und natürlich hat sie den Jungen nicht zurückgelassen.“

„*Sie* haben ein Kind von fünf Jahren?“ fragte Vesey Feather mit seiner leisen Stimme. „Sie?“

„Es kommt sogar *mir* absurd vor“, sagte Feather. „Ich glaube nie so ganz, daß es sie gibt.“

„Ich glaube es auch nicht“, sagte Vesey. „Das ist unmöglich.“

„Robin ist ein interessanter Name“, ließ sich Harrowby vernehmen. „Ist es wirklich zu spät dafür, daß wir sie anschauen? Wenn sie so eine Schönheit ist, wie Starling andeutet, sollte man sie sich ansehen.“

Feather griff tatsächlich nach der Klingel beim Kamin. Eine plötzliche Laune bewegte sie dazu. Die Liebesgeschichte war nicht so gut angekommen, wie sie erwartet hatte. Und schließlich war das Kind hübsch genug, um präsentiert zu werden. Sie wußte nicht viel über den Tagesablauf ihrer Tochter, aber wenn sie schlief, konnte man sie wecken.

„Sagen Sie Andrews", sagte sie zu dem Diener, als er erschien, „daß sie Miss Robin nach unten bringen soll."

„Sie geht normalerweise um sieben ins Bett, glaube ich", bemerkte Coombe, „aber ich bin natürlich keine maßgebende Autorität."

Robin schlief nicht, obwohl sie schon lange im Bett lag. Weil sie die Augen geschlossen hielt, hatte Andrews ungeniert ein Gespräch mit ihrer Schwester Anne geführt, die zu Besuch gekommen war. Robin hatte alles mitangehört. Sie war aufmerksam geworden, weil sie über den Tag gesprochen hatten, an dem sie ihr rosa Kleid verdorben hatte, und sie waren auch in bezug auf andere Dinge sehr offen gewesen.

„So sicher du gesehen hast, wie sie am Tag zuvor mit der Mutter des Jungen gesprochen hat, so sicher hat seine Mutter ihn am nächsten Tag nach Schottland zurückgebracht", sagte Andrews. „Sie ist sehr speziell. Lord Coombe ist der Grund. Sie will nicht, daß ihr Junge ihn sieht oder mit ihm spricht, wenn es sich irgendwie vermeiden läßt. Sie will es nicht zulassen – und als sie herausgefunden hat – "

„Ist Lord Coombe so schlecht, wie behauptet wird?" warf Anne atemlos ein. „Er muß ein übler Zeitgenosse sein, wenn ein achtjähriger Junge außer seiner Sicht- und Hörweite gehalten werden muß!"

Also war Lord Coombe irgendwie daran schuld. Er hatte Donals Mutter dazu gebracht, Donal wegzuholen. Lord Coombe war es. Wer war Lord Coombe? Weil *er* böse war, durfte Donal nicht mit *ihr* spielen. Plötzlich fiel ihr ein, daß sie seinen Namen schon mehrmals gehört hatte, und zwar im Souterrain in der Dienstbotenhalle. Auch wenn sie nicht verstanden hatte, was über ihn gesagt worden war, hatte sie die Atmosphäre zynischer Mißbilligung gespürt. Sie hatten von „ihm" und „ihr" gesprochen, als ob er irgendwie zum Haus gehörte. Einmal war er „hochmütig" aufgetreten, als Jennings ihm im Zorn offen gesagt hatte, was er von dem Charakter und dem Ruf Seiner Lordschaft hielt. Robin hatte den Eindruck gewonnen, daß er ein Mensch war, der abgrundtiefe Verachtung verdiente. Daß dieses Urteil nur dem Temperamentsausbruch eines unverschämten jungen Dieners entsprungen war, hatte sie nicht begriffen, und ihr erster Eindruck kam zurück und bekam eine neue Bedeutung. Er war der Grund – nicht Donal oder Donals Mutter, sondern dieser Mann, der so schlecht war, daß die Diener böse waren, weil er irgendeine Verbindung zum Haus hatte.

„Was seine Schlechtigkeit betrifft“, hörte sie Andrews sagen, „manche Leute können gar nicht genug gegen ihn sagen. Schlechtigkeit ist heutzutage Schlauheit. Für die Mutter des Jungen ist er schlecht genug, daß sie ihren Sohn aus seinem Umfeld entfernt. Sie will nicht, daß ihr Sohn mit einem Kind wie Robin spielt.“

Dann – als sie fassungslos begriff, daß sie nicht geeignet war, mit Jungen zu spielen, deren Mütter sich um sie kümmerten – erschien Jennings, der junge Diener, in der Tür.

„Ist sie wach, Miss Andrews?“ fragte er und amüsierte sich offenbar sehr über Andrews’ entgeisterte Miene.

„Was in aller Welt – ?“ begann Andrews.

„Wenn ja“, Jennings zwinkerte belustigt, „ziehen Sie ihr schöne Sachen an und bringen Sie sie nach unten ins Wohnzimmer, um sie den Gästen zu zeigen. Ich weiß nicht, ob das Lord Coombes Idee war oder nicht. Er ist jedenfalls da.“

Robin riß die Augen auf. Sie vergaß, sie wieder zu schließen. Sie sollte nach unten gehen! Wer wollte sie sehen – wer?

Andrews hatte nach Luft geschnappt. „Das ist etwas ganze Neues!“ rief sie. „So etwas habe ich noch nie im Leben gehört. Sie ist seit über zwei Stunden im Bett. Ich möchte wissen –“

Sie hielt inne, weil ihr Blick auf das Bett gefallen und Robins offenen Augen begegnet war. Sie stand auf und ging durch das Zimmer.

„Du bist wach!“ sagte sie. „Du siehst aus, als hättest du gar nicht geschlafen. Du sollst aufstehen und dein Kleid anziehen. *Die Dame unten* möchte, daß du ins Wohnzimmer kommst.“

Zwei Monate früher wäre das Kind bei dieser Nachricht vor Freude außer sich geraten. Aber jetzt sanken ihre Lebensgeister, weil ihre kleine Seele, die früher nie geweckt worden war, so himmelhochjauchzend und zu Tode betrübt gewesen war. Die Schönheit der Dame unten war nicht mehr so strahlend wie vorher – sie war gedämpft wie das Licht einer Kerze, die bei Sonnenschein brennt. Sie empfand nur eine leise Verwunderung, als sie tat, was Andrews ihr sagte – Verwunderung, weil es so seltsam war, zu einer Zeit aufzustehen und angezogen zu werden, die ihr wie tiefe Nacht vorkam.

„Genau das muß in so einem Haus wie diesem passieren“, brummte Andrews, als sie ihr das Kleid anzog. „Sie fühlen sich berechtigt, alles zu tun, was ihnen in den Sinn kommt. Wahrscheinlich sind sie das auch. Wenn man reich und aristokratisch genug ist, sich alles zu erlauben, warum soll man das nicht ausnutzen? Ich würde es auch so machen.“

Die seidigen Locken fielen dem Kind fast bis zur Taille hinab. Das Kleid, das Andrews auswählte, war märchenhaft.

„Sie *ist* wirklich ein bißchen dünn", sagte das Mädchen Anne. „Aber das bringt ihr kleines Gesicht zur Geltung und läßt ihre Augen größer aussehen."

„Wenn ihre Mutter einen Marquis erwischt, frage ich mich, wen sie sich angelt", sagte Andrews. „Der Kleinen hier steht eine große Zukunft bevor!"

Als das Kind das Wohnzimmer betrat, ließ Andrews sie allein hineingehen und hielt sich selbst im Hintergrund wie eine Hofdame. Das Zimmer war hell erleuchtet und schien von Farben und lachenden Menschen erfüllt zu sein. Es war vollgestopft mit hübschen Sachen, und überall standen Blumen. *Die Dame unten* trug ein enges glänzendes Kleid, das nur von einem glitzernden Träger über ihren schönen bloßen Schultern gehalten wurde, und sprach mit einem großen dünnen Mann. Er stand vor dem Kamin und hatte eine goldene Kaffeetasse in der Hand.

Als das kleine Ding hereinkam, gefolgt von ihrer kerzengeraden Begleiterin, verstummte das Gelächter plötzlich, und alle hielten unwillkürlich den Atem an – alle bis auf den großen dünnen Mann. Er drehte sich gelassen um und stellte seine Kaffeetasse auf das Kaminsims.

„*Das* ist also die Überraschung, die Sie im Ärmel hatten!" sagte Harrowby und rückte seinen Kneifer zurecht.

„Ich habe es Ihnen ja gesagt!" sagte Starling.

„Sie konnten es uns nicht sagen", warf Veseys gedämpfte Stimme milde ein. „Man glaubt es erst, wenn man es sieht. Aber trotzdem", nebenbei zu Feather, „glaube ich es nicht."

„Komm herein, mein einziges Kind!" sagte Feather. „Komm her, Robin. Komm zu deiner Mutter."

Jetzt war der Zeitpunkt gekommen! Robin ging zu ihr und nahm ein winziges Stückchen des schimmernden Kleides in die Hand. „*Bist* du meine Mutter?" sagte sie.

Und dann brachen alle in schallendes Gelächter aus, Feather gemeinsam mit den anderen.

„Sie nennt mich ‚die Dame unten'", sagte sie. „Ich glaube wirklich, daß sie es nicht weiß. Sie ist ein ziemlich dummes kleines Ding."

„Ein erstaunlicher Mangel an Tochterliebe", sagte Lord Coombe.

Er lachte nicht mit den anderen, sondern schaute zu Robin hinunter. Sie fand, daß er häßlich und böse aussah. Vesey und Harrowby waren dagegen schön. Noch bevor sie wußte, wer er war, empfand sie eine Abneigung gegen ihn. Sie sah ihn mißtrauisch von der Seite an, und er merkte es, bevor ihre Mutter seinen Namen sagte, sie an die Hand nahm und sie zu ihm führte.

„Laß dich von Lord Coombe ansehen", sagte sie.

So erfuhr sie, daß er es war – dieser häßliche Kerl – der es getan hatte. Haß stieg in ihrer Seele auf. Er spiegelte sich in dem Blick wieder, mit dem sie zu ihm aufsah, und Coombe merkte es, wie er auch den Seitenblick bemerkt hatte. Er fragte sich, was das zu bedeuten hatte.

„Gib Lord Coombe die Hand“, ordnete Feather an. „Und wenn du einen Knicks machen kannst, mach einen.“ Sie warf einen Blick über die Schulter. „Haben Sie ihr beigebracht zu knicksen, Andrews?“

Aber das hatte Andrews nicht und kochte insgeheim vor Zorn, daß sie zugeben mußte, ein Kindermädchen zu sein, das eine Unterlassungssünde begangen hatte. Nach außen hin bewahrte sie jedoch Ruhe.

„Ich fürchte nein, Ma'am. Ich hole es sofort nach, wenn Sie wünschen.“

Coombe sah den Widerwillen auf dem kleinen Gesicht. Robin hatte die Hand auf den Rücken gelegt – sie, die seit ihrer Geburt noch nie ungehorsam gewesen war! Sie hatte sich entwickelt – sie hatte kleine Stückchen einer neuen Welt durch Donals Augen gesehen.

„Was machst du, du dummes kleines Ding“, wies Feather sie zurecht. „Gib Lord Coombe die Hand!“

Robin schüttelte wild mit dem Kopf. „Nein! Nein! Nein! Nein!“ protestierte sie.

Feather war angewidert. So ein Kind konnte man nicht vorzeigen. „Ungezogenes kleines Ding! Andrews, sorgen Sie dafür, daß sie es tut – oder bringen Sie sie nach oben“, sagte sie.

Coombe nahm seine goldene Kaffeetasse vom Kaminsims. „Sie hat eine Abneigung gegen mich – das war schon so, als sie mich zum ersten Mal gesehen hat“, resümierte er. „Kinder und Tiere hassen nicht ohne Grund. Es gibt eine verborgene Feindseligkeit in meinem Charakter, die der Rest von uns noch nicht entdeckt hat.“ Zu Robin sagte er: „Du mußt mir nicht die Hand geben, wenn du nicht willst. Ich trinke lieber meinen Kaffee aus dieser wunderschönen Tasse.“

Aber in Andrews brodelte es. Sie hatte keine Spur von einem Gewissen, aber sie war stolz wie der Teufel darauf, ihre beruflichen Pflichten perfekt zu erfüllen. Das Kind, für das sie verantwortlich war, ließ sie schlecht aussehen, indem es sich aufführte wie ein kleines Fischweib. Es war mehr, als eine Frau wie Andrews ertragen konnte, aber sie mußte sich beherrschen.

Auf Befehl ihrer Herrin durchquerte sie das Zimmer, beugte sich zu Robin hinunter und flüsterte ihr etwas zu. Sie hatte beabsichtigt, sich nichts anmerken zu lassen, aber als sie den Kopf hob und Coombes Blick begegnete, wurde ihr klar, daß es vielleicht nicht gelungen war. Sie fügte etwas hinzu – in zuckersüßem Ton: „Sei artig, Robin, Liebling, und gib Seiner Lordschaft die Hand.“

Alle Anwesendem in dem kleinen Salon sahen die sonderbare Flamme in den Augen des Kindes – Coombe selbst schoß plötzlich der Gedanke durch den Kopf, daß ihr Gesichtaussdruck der einer eigensinnigen jungen Märtyrerin hätte sein können, die den Scheiterhaufen vor sich sieht.

Robin kreischte: „Andrews wird mich kneifen – Andrews wird mich kneifen! Aber – nein! Nein!“ Und sie hielt immer noch die Hand auf dem Rücken.

„Oh, Robin, du unartiges Kind!“ rief Andrews theatralisch. „Deine arme Andrews – die sich so sehr um dich kümmert!“

„Garstiges kleines Ding!“ rief Feather gereizt. „Bringen Sie sie nach oben, Andrews. Sie soll nicht wieder nach unten kommen.“

Harrowby rückte seinen Kneifer zurecht. Er war etwas nervös und murmelte: „Wenn sie nicht gehen will, wird sie anfangen zu kreischen. Es sieht aus, als sei sie eine kleine Furie.“

Aber sie kreischte nicht, als Andrews sie zur Tür brachte. Der Häßliche mit dem bösen Gesicht war der, der es getan hatte. Er flößte ihr Entsetzen ein. Ihn anzufassen, würde bedeuten, ein wildes Raubtier zu berühren. Das war alles. Sie folgte Andrews ganz friedlich.

„Willst du mir die Hand geben?“ fragte Starling gutmütig, als sie an ihr vorbeiging. „Ich hoffe, daß sie mich nicht ablehnt“, bemerkte sie nebenbei zu Harrowby.

Robin streckte graziös die Hand aus.

„Gib mir die Hand“, schlug Harrowby vor, und sie gehorchte.

„Und meine?“ lächelte Vesey mit seiner freundlichsten Miene.

Sie gab ihm die Hand, und – wahrscheinlich als Reaktion auf die Miene – ein kleines Lächeln huschte über ihr Gesicht. Er sah nicht bösartig aus.

„Ich bleibe außen vor“, bemerkte Coombe, als sich die Tür hinter der kleinen Gestalt geschlossen hatte.

„Ich hasse ungezogene Kinder“, sagte Feather. „Sie sollte Schläge bekommen. Wir wurden geschlagen, wenn wir frech waren.“

„Sie sagte, Andrews würde sie kneifen. Ist Kneifen eine gängige Erziehungsmethode?“

„Das sollte es sein. Sie verdient es.“ Feather war ganz außer sich. „Aber Andrews ist zu gut zu ihr. Sie ist vollkommen und zuverläsig wie ein Uhrwerk. Es hat nie das kleinste bißchen Ärger im Kinderzimmer gegeben. Sie sehen, wie das Kind aussieht – obwohl ihr Gesicht *nicht* mehr so rund ist wie früher.“ Sie lachte unangenehm und zuckte mit ihren weißen bloßen Schultern. „Ich finde es selber ein wenig scheußlich – daß ein Kind dieses Alters abmagert vor Kummer wegen eines Jungen.“

12. Rebellion

Robin hatte nicht protestiert, als sie aus dem Salon gebracht wurde. Aber sie wußte, was Andrews leises Flüstern verhieß und was passieren würde, wenn sie im Kinderzimmer waren. Sie war zu jung, um mehr als Entsetzen zu empfinden – und zu wissen, daß sie sich nicht wehren konnte. Sie konnte sich gegen Andrews ebensowenig wehren wie gegen den Mann, der ihr Donal weggenommen hatte. Sie waren beide groß und mächtig, und sie war nichts. Aber durch die Wunder, die sie erlebt hatte, hatte sich in ihrem bis dahin beinahe reglosen kleinen Wesen etwas getan. Für kurze Zeit hatte sie Glück erlebt und Liebe und Kummer – und an diesem Abend kam die Rebellion gegen einen Feind hinzu.

Andrews führte ein Wesen die schmale Treppe hinauf, das sie noch nie an der Hand gehabt hatte. Sie ahnte nichts von der Veränderung, und mit jeder Stufe wuchs ihr Zorn – der Zorn gekränkter persönlicher Eitelkeit, die bei dieser Frau besonders ausgeprägt war. Als sie im Kinderzimmer waren und die Tür geschlossen war, führte sie Robin in die Mitte des kleinen düsteren Raumes und ließ ihre Hand los.

„Nun, meine Dame", sagte sie. „Ich zahle dir heim, daß du mich im Salon vor allen blamiert hast."

Sie hatte das Kind für ein paar Minuten mit nach unten genommen, bevor sie es nach oben brachte. Sie war in der Küche gewesen, um sich etwas zu holen. Sie legte ihre Sachen auf eine Kommode und wandte sich um.

„Ich erteile dir eine Lektion, die du nicht vergißt", sagte sie.

Dann bekam sie beinahe einen Schock, weil etwas so völlig Unerwartetes geschah. Das Kind war bisher eine Marionette gewesen. Insgeheim hatte Andrews sogar auf ihre Gefügigkeit herabgesehen, obwohl es ihr sehr gelegen gekommen war. Der Ausbruch unten war eine Ausnahme gewesen.

Und nun stand sie vor Andrews – mit geballten Fäusten, das kleine Gesicht verzerrt vor trotziger Wut. „Ich schreie! Ich schreie! Ich *schreie*!" kreischte sie.

Andrews mußte tatsächlich schlucken, aber sie sprang auf und machte einen Satz auf Robin zu. „Du schreist!" Sie traute ihren Ohren kaum. „Du schreist?"

Was dann passierte, war noch merkwürdiger. Robin warf sich zu Boden und krabbelte geschmeidig wie eine Katze unter das Bett – sie versteckte sich in der hintersten Ecke an der Wand. Sie war tatsächlich außer Reichweite, lag auf dem Rücken, trat wild um sich, hämmerte mit den Hacken auf den Boden und kreischte, daß es einem durch Mark und Bein ging. Etwas hatte bei ihr ausgesetzt, genau wie an dem Tag, als sie sich in den Gärten im Gebüsch gewälzt hatte. In ihrem überreizten kleinen Hirn hatte in diesem Moment nur ein einziger Gedanke Raum – wenn sie schon gekniffen wurde, dann sollte es wenigstens einen Grund haben!

Andrews kniete vor dem Bett nieder. Sie hatte einen langen, starken, dünnen Arm, und er schoß unter das Bett und packte zu. Aber er war nicht lang genug, um die Ecke zu erreichen, in der Robin tobte und schrie. Es machte Andrews rasend, daß sie machtlos war und ein kleines Kind von sechs Jahren sie lächerlich machte. Zwei Etagen tiefer neigte sich das Abendessen langsam seinem Ende zu. Vielleicht würde ein schwaches Echo des Geschreis zu hören sein und sie noch mehr blamieren. Sie wußte, daß die Leute lachen und ihre Herrin einen albernen Scherz darüber machen würde, daß sie nicht mit Robin fertig wurde. Sie geriet so in Wut, daß sie kaum noch genug gesunden Verstand hatte, um zu begreifen, daß sie nicht zu weit gehen durfte, wenn sie das Kind erst erwischt hatte. Sie würde sie zu fassen bekommen und es ihr heimzahlen, jawohl! Das würde sie!

„Du kleiner Teufel!“ stieß sie zwischen den Zähnen hervor. „Warte nur, bis ich dich zu fassen kriege!“

Und Robin kreischte und hämmerte noch wilder.

Das Bett war recht niedrig, und jemand, der größer war als ein Kind, fand kaum Platz darunter. Die korrekte und von Natur aus steife Andrews lag auf dem Bauch und versuchte, unter das Bett zu gelangen. Sie kam weit genug, um Robin mit ihrem langen starken Arm und den langen, kräftigen, zupackenden Fingern zu erreichen. Andrews war in einem Zustand, in dem sie sich lieber das Rückgrat gebrochen hätte, als das Geschöpf, das sich ihr widersetzte, ungestraft davonkommen zu lassen. Die starken Finger bekamen einen flatternden Unterrock zu fassen und zogen kräftig daran – im nächsten Moment umklammerten sie einen zappelnden Fuß so fest, daß Robin sich nicht losreißen konnte. Ein heftiger Ruck und rücksichtsloses Zerren, und Robin wurde aus dem schützenden Dunkel in das grelle Gaslicht geschleift. Da lag sie nun als zerzauster kleiner Haufen auf dem Boden des Kinderzimmers.

Andrews keuchte, lockerte ihren Griff aber nicht, als sie sich ohne eine Hauch professioneller Würde aufrappelte. „So!“ stieß sie atemlos hervor. „Jetzt habe ich dich! Jetzt habe ich dich!“

Für Robin sah sie – wie der häßliche Mann unten – aus wie ein böses wildes Tier, dessen bloße Berührung ihr zuwider wäre, selbst wenn sie nicht wehtun würde. Und das Kind wußte, was passieren würde. Sie fühlte, wie sie vom Boden hochgezogen und zwischen Andrews Knie geklemmt wurde, die sich knochig und hart wie Eisen anfühlten. Es gab kein Entkommen.

Andrews saß regungslos auf einem Stuhl. Sie hielt Robin zwischen ihren Eisenknien fest und legte ihr ihre große Hand auf den Mund. Ihre Hand war groß genug, um mehr als nur den Mund zuzuhalten. Nur die aufgerissenen Augen, in denen Panik zu lesen war, waren noch zu sehen.

„Du schreist", sagte sie, „und trittst um dich – du führst dich auf wie eine Wildkatze – du, die du bisher warst wie ein Kätzchen! Das hast du noch nie getan und wirst es auch nie wieder tun! Und wenn es drei Tage dauert – du wirst an mich denken!"

Und dann ließ sie die Hand plötzlich sinken – und ihr Mund blieb offen, als sie dasaß und mit wütendem, verzerrten, bleichen Gesicht zur Tür starrte. Die Tür, die sie bei ihrem Eintritt geschlossen hatte, stand offen.

Der Flur oben war immer so sicher gewesen. Das Kinderzimmer war ihr Reich gewesen, in dem sie unumschränkt herrschte. Keine Menschenseele wäre auf die Idee gekommen, sich einzumischen. So war es. Sie war wirklich *sicher* gewesen.

Aber mitten in ihrem Ringkampf hatte jemand die Tür geöffnet, ohne anzuklopfen. Auf der Schwelle stand – kerzengerade und mit haßerfülltem Blick – Lord Coombe – kein Geringerer als Lord Coombe.

Andrews kannte die Welt und wußte, daß sie verloren hatte. Er war absichtlich nach oben gekommen. Sie wußte, warum er gekommen war. Er war ebenso raffiniert wie bösartig, und er hatte etwas gemerkt, als er sie im Salon angeschaut hatte. Nun hatte er gehört und gesehen, wie sie Robin unter dem Bett hervorgezerrt hatte. Genau dafür war er nach oben gekommen – aus irgendeinem seltsamen, gehässigen Grund, den nur er kannte. Liebend gern hätte sie sich mit Worten Luft gemacht, die sie vor langer Zeit in der Gosse gelernt hatte, aber sie war immer noch klug genug, sie sich zu verkneifen.

„Sie sind eine große Närrin, junge Frau", sagte er. „Sie leben von Ihrem Ruf als Kindermädchen. Eine Szene vor Gericht würde Sie ruinieren. Es gibt eine Gesellschaft, die bei Kindesmißhandlung einschreitet."

Robin, befreit aus dem eisernen Griff, hatte sich hinter einem Stuhl verkrochen. Er war wieder da!

Andrews, die gewohnheitsmäßig reagierte, erhob sich von ihrem Stuhl und stand vor diesem Angehörigen einer Schicht, die eine aufrechte Haltung verlangte. Sie war klug genug, sich nicht zu entschuldigen oder etwas zu erklären. Sie wußte, daß ein öffentlicher Skandal ihr Ruin wäre. Sie hatte sich in einen furchtbaren Schlamassel gebracht. Sie war ertappt – und nun mußte sie die Folgen tragen. Aber daß dieser übel beleumundete Gockel etwas mitbekommen hatte und ihr aus einer Laune heraus gefolgt war, war „zu hoch für sie", wie sie es ausgedrückt hätte.

„Sie wollten sie kneifen – über einen längeren Zeitraum hinweg, nehme ich an", sagte er. „Es hätte tagelang so gehen können. Als sie sagte, daß Sie es tun würden – im Salon – kam mir der Gedanke, nachzusehen. Wie hoch ist Ihr Lohn?"

„Dreißig Pfund im Jahr, My Lord."

„Gehen Sie morgen früh zu Benby, der Sie für Mrs. Gareth-Lawless engagiert hat. Er ist um neun in seinem Büro und wird Ihnen zahlen, was Ihnen zusteht – und noch einen Monatslohn, für den Sie nicht mehr arbeiten müssen."

„Mrs. Gareth-Lawless –", begann Andrews.

„Ich habe mit ihr gesprochen." Das war eine Lüge, die er völlig ungerührt erzählte. Feather tanzte einen neuen Modetanz im Salon. „Sie weiß Bescheid. Packen Sie Ihre Sachen. Jennings wird eine Kutsche rufen."

Es war die absolute Aussichtslosigkeit, irgendetwas zu ihm zu sagen, die ihr den Rest gab. Man konnte ebensogut mit einer Haustür oder einer Straßenlaterne reden. Es würde nicht einmal seine Ohren erreichen. Er hatte kein Gehör für sie – sie war nicht wichtig genug.

„Soll ich sie so zurücklassen – wie sie ist?" fragte sie und wies auf Robin.

„Bringen Sie sie zu Bett, bevor Sie Ihre Sachen packen." Die vollkommene Sicherheit und vornehme Kühle in seiner Stimme, die typisch für seine Herkunft war, taten ihre Wirkung auf ihre gedemütigte und gleichzeitig kochende Seele. Er war genau das, was er war – und was sie nicht war und nie sein würde. „Ich bleibe so lange hier. Dann gehen Sie."

Die Bezeichnung *grand seigneur* kam im Wortschatz der Diener nicht vor, aber wenn Mrs. Blayne und die anderen von ihm sprachen und guter Laune waren, dann versuchten sie unbewußt, diese Eigenschaft zu beschreiben, die in diesen beiden Worten steckt. Er hatte seine eigene Art. Jennings und Mrs. Blayne wußten Bescheid über Männer, die die Rechnungen einer schönen Frau bezahlten und ihr ein Luxusleben ermöglichten. Ab und zu fingen sie ganz gut an, aber im Laufe der Zeit vergaßen sie sich, wurden vertraulich und ließen sich anmerken, daß sie für die Dinge bezahlten und Rechte hatten. Einige von ihnen begannen sich beinahe wie Ehemänner zu verhalten – sie waren ruppig und ärgerten sich über hohe Rechnungen – sogar vor der Dienerschaft. Sie gingen ein und aus oder – nach einer Weile – fingen sie an, wegzubleiben und ließen sich wochenlang nicht blicken.

„Er“ war anders – so anders, daß es seltsam war. Es war wirklich seltsam, daß er nur sehr selten im Haus auftauchte. Wo auch immer sie sich trafen, es war meistens nicht in dem Streifen von einem Haus. Er kam, als sei er ein Gast. Er nahm sich keine Freiheiten heraus. Mrs. Gareth-Lawless wurde gewissenhaft über alles Bericht erstattet. Mr. Benby, der für alles zuständig war, verhielt sich nach außen hin wie ein Geschäftsmann in Mrs. Gareth-Lawless' Diensten. Den Nachsichtigen stand es frei, zu glauben, sie lebe von einem geheimnisvollen privaten Einkommen. Es gab Leute, die versuchten, das zu glauben, aber es gab auch andere, die aus irgendeinem Grund genau wußten, woher ihre Einkünfte stammten. Es gab sogar überkritische Zeitgenossen, die sie nicht kannten oder keine Notiz von ihr nahmen, aber sie hatte einen unterhaltsamen, geistreichen Freundeskreis, der sich weder durch Argwohn oder Glauben davon abhalten ließ, sie zu besuchen. Coombe wahrte den Schein einfach *perfekt*, stellten einige unter sich bewundernd fest. Er zeigte außergewöhnlichen Geschmack. Viele offene Geheimnisse, die die moderne Welt akzeptierte, wurden nicht annähernd so geschickt organisiert.

Andrews wußte, daß er unbeirrt gelogen hatte, als er behauptet hatte, „mit Mrs. Gareth-Lawless gesprochen“ zu haben. Aber er versäumte es nie, so zu tun, als liege die Autorität bei ihr. Daß er persönlich im Kinderzimmer erschien, war außergewöhnlich genug und gab Anlaß zu Spekulationen. Ausgerechnet er, dachte Andrews, der sich im Salon nie anders als ein Besucher verhält, taucht ohne Erklärung in der dritten Etage auf!

Eins wußte sie, und das war am wichtigsten. Hinter der höflichen Fassade war er das Oberhaupt des Ganzen. Und er war jemand, dem man am besten nicht widersprach, wenn man Verstand hatte. Was auch immer die Leute gegen seinen Charakter sagten, er war einer der Großen. Ein Wort von ihm – und sei es noch so leise –, und man war erledigt.

Sie zitterte innerlich vor Furcht, aber sie zog Robin aus und brachte sie ins Bett und räumte alles ordentlich weg.

„Das hier ist das Nachtzimmer, nehme ich an“, sagte Coombe. Er setzte seinen Monokel auf und ließ den Blick durch das ungemütliche kleine Zimmer schweifen. Er unterzog alles einer gründlichen Musterung, und sie fragte sich, was er davon hielt.

„Ja, My Lord. Zum Tageszimmer geht es durch die Tür dort.“

Er ging langsam hinein und betrachtete die wenigen Möbelstücke mit Interesse, immer noch mit dem Monokel im Auge.

Robin war schon im Bett, als er zurückkam. Das Kind, erschöpft von der ungewohnten Szene, die es erlebt hatte, war eingeschlafen. Sie hatte vor lauter Müdigkeit sogar vergessen, daß ihr Feind nebenan war.

„Ich habe das Kind mehrmals beobachtet, wenn Sie mit ihm zusammen waren, ohne daß Sie es gemerkt haben“, sagte Coombe, bevor er nach unten ging. „Sie wurde offenbar gut versorgt, was ihren Körper betrifft. Wenn Sie nicht gehässig wären – wenn Sie sie nur einmal geschlagen hätten, weil Sie die Beherrschung verloren haben, würde ich Ihnen vielleicht noch eine Chance geben haben. Ich weiß nichts über Kinder, aber ich weiß etwas über den Teufel, und wenn ich je den Teufel im Gesicht einer Frau gesehen und in ihrer Stimme gehört habe, dann bei Ihnen, als Sie das kleine Ding unter dem Bett hervorgezerrt haben. Wenn Sie es gewagt hätten, hätten Sie sie umgebracht. Zügeln Sie Ihr Temperament, junge Frau. Benby wird Sie im Auge behalten, wenn Sie eine andere Stelle als Kindermädchen antreten, und ich werde wissen, wo Sie sind.“

„My Lord!“ keuchte Andrews. „Sie würden doch nicht eine Frau beobachten lassen und ihr ihren Broterwerb nehmen – und sie auf die Straße setzen!“

„Doch, das würde ich – ohne einen Hauch von Skrupeln“, antwortete er in dem kultivierten Ton des Gentlemans, „wenn sie zu dem fähig wäre, wozu Sie heute abend fähig waren. Sie sind, schätze ich, etwa vierzig – und das Kind ist, glaube ich, erst sechs.“ Und dann schaute er durch sein Monokel auf sie herunter und fügte etwas hinzu, das sie erschauern ließ, denn gerade seine sanfte Stimme ließ es so schrecklich klingen: „Zum Teufel mit Ihnen! Zum Teufel mit Ihnen!“

„Ich – ich schwöre, daß ich mich nie wieder gehen lasse, My Lord!“ brachte die Frau demütig hervor.

„Das werden Sie sicher nicht. Es würde Sie zuviel kosten“, sagte er.

Dann ging er völlig lautlos die steile, schiefe kleine Treppe hinunter, und Andrews begann, sehr blaß und atemlos, ihre Sachen zu packen.

Robin, das müde kleine Ding, schlief tief und fest.

13 Drei mal sechs

Er hatte nicht die Gewohnheit, länger zu bleiben als andere. Meistens ging er sogar recht früh. Feather konnte sich nicht vorstellen, was der Grund war, aber sie war sicher, daß es einen Grund gab. Sie fand seine Gründe oft verstörend, und es fiel ihr schwer, sich auf sie einzustellen. Wie sollte man auch einen Mann richtig einschätzen, der nicht wirklich zur menschlichen Spezies zu gehören schien?

Die anderen Gäste waren gegangen. Die Möbel in dem leeren Salon standen noch nicht wieder an ihrem Platz, und es sah etwas unordentlich aus, aber Feather hatte einen passenden Platz zwischen den Kissen auf einem Sofa gefunden, nachdem alle gegangen waren und sie mit Coombe allein war. Sie wünschte, er würde sich setzen, aber er blieb stehen – auf seine stille Art, die ihr Unbehagen einflößte.

„Ich weiß, daß Sie mir etwas sagen wollen", unterbrach sie die Stille.

„So ist es. Als ich das Zimmer verlassen habe, bin ich nicht direkt zu meinem Club gefahren, obwohl ich das behauptet hatte. Ich bin nach oben in den dritten Stock gegangen – ins Kinderzimmer."

Feather setzte sich kerzengerade auf. „Sie sind ins Kinderzimmer gegangen!" Wenn das sein Grund zum Bleiben war, was in aller Welt war ihm im dritten Stock begegnet? Und wie untypisch für ihn, sich einzumischen. Hatte er Andrews und Jennings zusammen ertappt? Andrews war doch sicher zu alt! Das schoß ihr durch den Kopf.

„Sie haben Andrews aufgetragen, das Kind zu maßregeln, als es mir nicht die Hand schütteln wollte. Das kleine Geschöpf hat aus irgendeinem Grund eine Abneigung gegen mich. Das hat mein Interesse geweckt, und ich habe sie beobachtet, als Andrews ihr etwas zugeflüstert hat. Die Frau war in ihrer Eitelkeit gekränkt. Mir war klar, daß sie eine Drohung geflüstert hatte. In ihren Augen blitzte ein Funken echter Wildheit auf, obwohl sie es sich nicht anmerken lassen wollte. Robin wurde ganz blaß."

„Andrews hatte völlig recht. Kinder müssen bestraft werden, wenn sie ungezogen sind." Feather fand die Sache albern und langweilig. Was wußte er schon über solche Dinge?

„Das Kind sagte ‚Andrews wird mich kneifen!‘, und ich habe Andrews’ Blick gesehen und gewußt, daß es stimmte – und auch, daß sie es schon früher getan hatte. Ich habe mir die langen, dünnen, kräftigen Finger der Frau angesehen. Es waren grausame Finger. Ich nehme mir üblicherweise keine Freiheiten heraus, aber heute habe ich eine Ausnahme gemacht. Ich habe mich entschuldigt und bin drei Stockwerke hinaufgegangen.“

Feather war noch nie im Leben so überrascht gewesen. Sie sah aus wie ein verstörtes Kind. „Aber – was *kümmert* es Sie?“ fragte sie mit milder Verwunderung.

„Ich weiß nicht“, antwortete er nach einer kurzen Pause. „Ich habe Stimmungsschwankungen. Gewisse Vorstellungen lassen meine Temperatur ansteigen. In dem Moment *hat* es mich gekümmert. So geht es einem manchmal. Andrews’ Katzengesicht und ihre muskulösen Finger – und die zarte Haut des Kindes – ich habe davon eine Gänsehaut bekommen.“

Feather unterbrach ihn beinahe ruppig. „Haben Sie – haben Sie Kinder *gern*?“

„Nein.“ Er war wirklich kurz angebunden. „Ich habe nie an so etwas gedacht – irgend etwas *gern* zu haben.“

„Das habe ich – das dachte ich auch.“ Feather nahm es als ganz natürlich hin.

Coombe fuhr fort: „Als ich nach oben ging, habe ich Schreie gehört und dachte, das Kneifen habe schon begonnen. Ich habe mich beeilt und die Tür geöffnet – und da lag die Frau vor dem Bett auf dem Boden und zerrte das Kind hervor, das sich darunter versteckt hatte. Die Miene der Frau war teuflisch und ihre Stimme ebenfalls. Ich habe ihre Drohungen gehört. Sie ist aufgestanden, hat das Kind hochgezerrt und zwischen die Knie geklemmt. Sie hat ihr den Mund zugehalten, damit sie nicht schreien konnte. Dann hat sie mich gesehen, und der Anblick hat ihr einen Schreck eingejagt, der ihr eine Lehre war.“ Er schloß langsam mit den Worten: „Ich bin sehr weit gegangen und habe mir erlaubt, ihr zu befehlen, ihre Sachen zu packen und das Haus zu verlassen – natürlich“, er machte eine leichte Verbeugung, „habe ich mich dabei auf Sie berufen.“

„Andrews!“ rief Feather fassungslos. „Sie ist – gegangen?“

„Hätten Sie sie behalten?“ fragte er.

„Es stimmt, daß – daß *Kneifen*“, sagte Feather beinahe weinerlich, „richtig *festes* Kneifen nicht – nicht angemessen ist. Aber Andrews war unschätzbar. Jeder sagt, Robin sei besser gekleidet und besser versorgt als jedes andere Kind. Und sie hat nie das kleinste bißchen Lärm gemacht – “

„Niemand würde Lärm machen, der von diesen teuflischen sehnigen Fingern gekniffen wird, sobald er einen Ton von sich gibt. Ja, sie ist gegangen. Ich habe ihr befohlen, das Kind ins Bett zu bringen, bevor sie ihre Sachen gepackt hat. Ich habe sie nicht mit Robin alleingelassen. Ich habe mir die beiden Kinderzimmer angesehen.“

Er hatte sich die Kinderzimmer angesehen! Er – das Oberhaupt des Hauses Coombe, vor dessen treffendem Urteil sie und ihr ganzes modernes, vergnügungssüchtiges Umfeld insgeheim Angst hatten, wenn die Wahrheit herauskam. Auf ihre Art versuchten sie alle halb unbewußt, ihn milde zu stimmen, aber immer ohne die geringste Wirkung. Sie stellte sich vor, wie er durch die häßlichen kleinen Zimmer geschritten und mit dem Kopf fast an die Decke gestoßen war. Er hatte die schäbigen Teppiche und Möbel gesehen, verblichene Wände, allgemeine düstere Schmutzigkeit.

„Es ist kein schöner Ort, um dort seine Tage zu verbringen – diese dritte Etage." Es klang teilnahmslos wie immer. „Wenn sie sechs ist, lebt sie seit sechs Jahren dort – und kennt nichts anderes."

„Alle Londoner Obergeschosse sind so", sagte Feather, „und sie sind alle Kinderzimmer und Unterrichtsräume – wenn Kinder da sind."

Er musterte mit leichtem Lächeln die schmale kindliche Gestalt in dem glänzenden Kleid – den Schal, der von ihren wunderschönen weißen Schultern herabhing – das schmale Kinn, das sie anmutig hob, als sie zu ihm aufblickte.

„Wie würde es *Ihnen* gefallen?" fragte er.

„Aber ich bin kein Kind", protestierte sie liebenswürdig. „Kinder sind – sind anders!"

„Sie sehen aus wie ein Kind", sagte er plötzlich – als ob er einen Augenblick ganz in ihren Anblick versunken gewesen sei. „Manchmal – tut eine Frau das. Aber nicht oft."

Sie strahlte vor Entzücken. „Sie machen mir nicht oft Komplimente", sagte sie. „Das ist ein wunderbares Kompliment. Robin – macht es noch schöner."

„Es ist kein Kompliment", antwortete er und sah sie noch immer abwesend an. „Es ist – eine traurige Wahrheit." Er rieb sich leicht die Augen, als wolle er etwas wegwischen.

Danach sahen beide wieder aus wie vorher und sprachen auch so.

„Ich habe beschlossen, dieses Haus zu kaufen. Es steht zum Verkauf", sagte er beiläufig. „Ich kaufe es für das Kind."

„Für Robin!" sagte Feather hilflos.

„Ja, für Robin."

„Es – es wäre ein Einkommen – was auch immer passiert. Es ist im Herzen von Mayfair", sagte sie, denn in ihrer Überraschung – beinahe Bestürzung – konnte sie an nichts anderes denken. Er wollte es nicht für sie kaufen. Er hielt sie für zu dumm, um es ihr anzuvertrauen. Aber wenn es Robin gehörte – gehörte es auch ihr. Ein Mädchen konnte nicht seine Mutter auf die Straße setzen. In ihrem kleinen Gehirn verbarg sich ein einziger Funken Intelligenz, der zum Leben erwachte, wenn es um sie selbst ging.

„Zwei oder drei Zimmer – keine großen – können hinten angebaut werden“, fuhr er fort. „Ich habe aus einem Fenster geschaut, um zu sehen, ob es geht.“

So schwer er auch zu verstehen war – man konnte immer sicher sein, daß er bei seinen unbegreiflichen Handlungen eine gewisse Vornehmheit bewahrte. Er wurde nie persönlich oder gemein. Ein Anbau für den Streifen von einem Haus! Das *war* wirklich großzügig! Sie war hingerissen.

„Das ist wirklich gütig von Ihnen“, murmelte sie dankbar. „Mehr kann niemand verlangen!“

„Sie haben es nicht verlangt“, war seine Antwort.

„Aber ich werde davon profitieren. Nichts könnte herrlicher sein. Diese Zimmer sind viel zu klein“, sie sah sich um und war vor Eifer leicht errötet, „und mein Schlafzimmer ist furchtbar. Ich muß Robs als Ankleidezimmer nutzen.“

„Die neuen Zimmer sind für Robin“, sagte er.

Seine hervorragende Methode, sich vollkommen von den Aufregungen und Gefühlen anderer zu distanzieren, beseitigte die üblichen Schwierigkeiten, wenn es darum ging, Menschen, die es verdienten, zu enttäuschen – oder ihnen die Wahrheit zu sagen – oder sie zu beschämen. Dieses Vorgehen hatte Andrews völlig aus dem Konzept gebracht. Feather blieb so völlig außen vor, daß ihr die Peinlichkeit der Situation beinahe erspart blieb.

„Wenn man sechs ist“, erklärte er, „ist man bald sieben – neun – zwölf. Dann beginnt die Jugendzeit, und man kann das Mädchen nicht mehr in einem Schrank im Obergeschoß verstecken. Schon vorher braucht sie eine Gouvernante, und selbst ich kann sehen, daß keine ehrenwerte Frau diese Kinderzimmer betreten würde. Ihre Tochter – “

„Oh, nennen Sie sie nicht *so*!“ rief Feather. „Meine Tochter! Es klingt, als wäre sie achtzehn!“ Sie hatte einen leichten Schock bekommen. Sechs Jahre waren seit Bobs Tod vergangen! Eine Tochter! Ein Schulmädchen mit langen Haaren und langen Beinen, das man verstecken mußte. Ein erwachsenes Mädchen, das man mitschleifen mußte. Nie würde sie das tun!

„Dreimal sechs sind achtzehn“, fuhr Coombe fort, „wie uns in unseren frühen Jahren beim Lernen des Einmaleins eingeprägt wurde.“

„Ich habe noch nie erlebt, daß Sie sich so für etwas interessieren“, sagte Feather unsicher. „Steile, schmale, häßliche Treppen zu ihrem Kinderzimmer hinaufzusteigen! Ihr Kindermädchen entlassen!“ Sie hielt einen Moment inne, denn ein sehr häßlicher kleiner Gedanke hatte von ihr Besitz ergriffen. Er entsprang all den vielen phantastischen, halbfertigen, geheimen Ideen der Vergangenheit und brachte sie zu einem etwas hysterischen Lachen. „Wollen Sie dafür sorgen, daß sie gut erzogen wird, damit sie – falls jemand Wichtiges sich in sie verliebt – eine gute Partie machen kann?“

Sie hatte wirklich eine schreckliche Denkweise, sagte er sich – besonders schrecklich war die neumodische Art, mit der sie solche Kleinigkeiten wie Geschmack und Gefühl beiseitewischte. Die Leute machten es heutzutage so. Innerlich lachte er über sich selbst und sein unwillkürliches „heutzutage". Das waren Phrasen für strenge alte Leute. War es nicht sein eigenes Heute und das Ergebnis einer Vergangenheit, die sich selbst für soviel sittsamer gehalten hatte? Hatte es nicht in früheren Tagen auch Skandale gegeben? Wie lange war es her, daß der Prinzregent das Leben in vollen Zügen genossen hatte? Der Unterschied war nur, daß einem „heutzutage" alles so deutlich vor Augen geführt wurde. Aber dieses hübsche Geschöpfe hatte nun einmal eine schreckliche Denkweise – an welchem Tag auch immer.

Später gestand er sich ein, daß er nicht darauf gefaßt gewesen war, daß sie aufspringen und vor ihm stehen würde – beinahe außer sich.

„Sie halten mich für zu dumm, um etwas zu *sehen*", brach es aus ihr heraus. „Aber ich sehe – manchmal weit in die Zukunft. Ich kann es nicht ertragen, aber ich sehe es – ich sehe es! Ich werde eine erwachsene Tochter haben. Sie wird ein Mädchen werden, das jeder ansieht – und jemand – Wichtiges – will sie vielleicht heiraten. Aber – oh!" Es erinnerte ihn an den Tag, an dem sie vor ihm zu Boden gesunken war und seine steifen und widerwilligen Knie umklammert hatte. Es war die gleiche matte Verzweiflung. „Oh, *warum* konnte nicht so jemand *mich* heiraten wollen! Sehen Sie nur", sie sah aus wie eine Fee, als sie ihre nymphenhaften Arme ausbreitete, „wie *hübsch* ich bin!"

Er sah sie einen Moment lang auf die besondere Art an, an die sie sich gewöhnt hatte, weil sie sie – wenn auch mit langen Abständen – immer wieder bemerkte. Er nahm vorsichtig ihre Hand und führte sie zurück zum Sofa.

„Bitte setzen Sie sich wieder", sagte er. „Es ist besser so."

Sie setzte sich und redete keinen Unsinn mehr.

Er seinerseits wechselte das Thema. „Wenn Sie es erlauben, wird sich Benby um den Kauf und den Anbau kümmern", erklärte er. „Die Pläne werden Ihnen vorgelegt. Wir sehen sie uns gemeinsam an, wenn Sie möchten. Robin und ihre Gouvernante bekommen anständige Zimmer. Die beiden Kinderzimmer können so hergerichtet werden, daß sie für menschliche Wesen bewohnbar sind und auch für andere Zwecke genutzt werden können. Das Haus wird sehr verbessert werden."

Es war beinahe drei Uhr morgens, als Feather zu ihrem dösenden Dienstmädchen nach oben ging, denn nachdem er gegangen war, hatte sie eine ganze Weile in dem leeren, unordentlichen kleinen Salon gesessen und vor sich hin gestarrt – auf ein Gemälde von Watteau, auf dem Schafhirtinnen und Bauernburschen auf einer Weide inmitten von vielen niedlichen Lämmern tanzten.

14. Dowson

Als der verlegenen jungen Robin das zögernde Geständnis „Sie – mag mich nicht“ entschlüpft war, konnte sie natürlich keine Worte finden, um zu erklären, woher sie das wußte, aber an der Tatsache selbst hatte sie keinen Zweifel. Das schöne Wesen, das so selten auf der Schwelle zu ihrer Welt erschien, hatte eine bestimmte Art, sie anzusehen – mit einem Hauch kühler Ablehnung in dem immer flüchtigen Blick.

Es war die ungeschminkte Wahrheit, daß Feather sie nicht mochte. Sie war wütend über ihre Ankunft gewesen. Ein Baby „kam nicht in Frage“. Soweit sie überhaupt Vorstellungen von einer Zukunft hatte, dann solche, in denen sie selbst von einem „schicken“ Vergnügen zum nächsten flatterte. Irgendwie würde sie zu mehr Geld kommen, und das brachte großartige Einladungen mit sich – der gesamten Lawdor-Sippe würde „irgend etwas“ passieren, und so würde sie eine Position bekleiden, in der sie selbst sich liebenswürdig zu anderen herablassen konnte. In dieser Vision kamen so „öde“ Dinge wie Kinder nicht vor. Wenn sie deprimiert war, hatte sie sich mit dem Gedanken getröstet, daß sie das Ganze wirklich sehr klug eingefädelt hatte. Natürlich war es heutzutage und in der Stadt leichter, so etwas etwas zu organisieren. Die Kinderzimmer in der dritten Etage, eine gutaussehende junge Frau, die ihre Aufgaben kannte, die sogar wußte, was man für ein Kind kaufen mußte und wo man es kaufen mußte, ohne irgendwem zur Last zu fallen, machten es einem sehr einfach. Andrews war einfach wunderbar gewesen. Niemand konnte einem Vorhaltungen machen, wenn ein Kind gesund und hübsch war und jeder sah, daß es gewissenhaft versorgt wurde, schön gekleidet war und jeden Tag an die frische Luft kam.

Aber dann war der denkwürdige Morgen gekommen, an dem sie ein Kind gesehen hatte, das sich so sehr von einem Dutzend anderer Kinder unterschied, daß sie völlig entgeistert gewesen war, als sie begriff, daß es Robin war. Andrews war an jenem Tag mit ihrem Schützling in den Hyde Park gegangen, und Feather war unterwegs zu einem Laden in Knightsbridge und fuhr durch die Straßen. Als erstes war ihr Blick auf das Haar gefallen, das bis zu den schmalen Hüften reichte – außergewöhnliches

Haar, auf das Andrews stolz war. Dann hatte sie die schlanken, wohlgeformten Beine gesehen und die tänzerische Anmut, mit der sich die kleine Gestalt bewegte. Die elegante Kleidung war ihr natürlich sofort aufgefallen. Als das Kind sich plötzlich umwandte, um nach ein paar kleinen Mädchen in einer Ponykutsche zu sehen, hatten ihre rosige Haut und die Augen ihr einen weiteren Schock versetzt. Sie begriff, daß das Wesen, das sie bisher im Obergschoß ihres Hauses verwahrt hatte, in der Welt unweigerlich auffallen würde. Das Geschöpf war auch groß – für eine Sechsjährige. War sie wirklich sechs? Es schien unglaublich. Noch zehn Jahre, dann war sie sechzehn.

Mrs. Heppel-Bevill hatte eine fünfzehnjährige Tochter, die eine echte Katastrophe war. Sie las alles mögliche und sprach neuerdings von ihrem „Recht, eine Frau zu sein". Emily Heppel-Bevill war erst siebenunddreißig – noch drei Jahre, dann war sie vierzig. Feather hatte den Punkt erreicht, an dem sich ihre Verachtung gegenüber Frauen in den Dreißigern gemildert hatte. Sie hatte sich bei der Feststellung ertappt, daß es – heutzutage – vierzigjährige Frauen gab, die noch nicht völlig verwelkt waren. Aber man konnte nicht leugnen, daß dieses sechsjährige kleine Kind mit dem tanzenden Schritt einem „zu denken gab", und sie wurde beinahe hysterisch dabei. Sie hatte nicht genug Phantasie – und wollte sie auch gar nicht haben –, um sich vorzustellen, daß sie selbst sich verändern konnte. Eine Feather – niemals! Aber ein Geschöpf von sechzehn – achtzehn – mit so geformten Augen – zentimeterlangen Wimpern – meterlangem Haar – das in zehn Jahren neben ihr stehen würde! Es war grausig!

Coombe, der auf seine kühle, gleichgültige Art die krumme, schmale Treppe hinaufstieg und Andrews entließ – sich die Zimmer ansah – die er sozusagen auch entließ – und dann blieb, nachdem alle anderen gegangen waren, zu ihr kam und sich ihr in einer ganz neuen, unnormalen Stimmung präsentierte – das war an sich schon furchtbar. Es war nicht normal, und doch war er immer mehr oder weniger in allen Dingen so gewesen. Trotz allem – allem – war er nie in sie verliebt gewesen. Anfangs hatte sie geglaubt, er sei es – dann hatte sie versucht, ihn dazu zu bringen. Er hatte sie nie im Stich gelassen, hatte alles auf die Weise eines *grand seigneur* getan. Niemand wagte es, unverschämte Bemerkungen über sie zu machen, aber obwohl er ihre Schönheit sah, wie es nur ein solcher Mann konnte, war ihr allmählich bewußt geworden, daß sie nie auch nur den Hauch einer Chance bei ihm gehabt hatte. Sie konnte sich nicht einmal vorstellen, daß er, wenn sie an dem schrecklichen Tag vor sechs Jahren nicht so albern und verängstigt gewesen wäre und nicht den Kopf verloren hätte, sie vielleicht immer mehr bewundert und ihr schließlich einen Heiratsantrag gemacht hätte. Er hatte gesagt, es dürfe keine Mißverständnisse geben. Sie hatte ihn auch nie mißverstanden, aber gerade das machte für sie seine Faszination aus. Sie dachte, es sei das Ergebnis seines besonderen Aussehens, seiner Manieren, seiner wundervollen Kleidung – aber in Wirklichkeit war es die Vielfalt seiner Unerreichbarkeit.

„Ein Mädchen könnte ihn mögen", sagte sie sich in jener Nacht – sie blieb noch lange auf, nachdem er gegangen war. „Ein Mädchen, das – das modern denkt . Moderne Menschen altern nicht mehr so wie früher. Er wird auch mit fünfundfünfzig nicht dick oder kahlköpfig oder zahnlos sein. Die Leute haben gemerkt, daß das nicht mehr nötig ist. Er wird so dünn und aufrecht sein wie heute – und nichts kann seiner Nase etwas anhaben. Er wird zehn Jahre klüger sein, als er jetzt ist. Das Haus für ein Kind in dem Alter zu kaufen – und für sie anzubauen!"

In dem fieberhaften, rastlosen Wirbel des Lebens, das sie nicht anders kannte, hatte sie viel gesehen – beinahe unnatürliche Veränderungen. Die Leute hatten keine Angst mehr davor, ihre Meinungen über Dinge zu ändern, die sie einmal für dauerhaft gehalten hatten. Bindungen waren altmodisch geworden. Ehen gingen in die Brüche, Verliebte wechselten ihre Partner wie beim Tanz eines Reigens. Die Neuordnung der Verhältnisse sorgte für viele witzige Bemerkungen. Manchmal lachten die Leute über sich selbst genauso wie über andere. Die Bewunderer attraktiver Damen reiferen Alters erlebten eine zweite Jugend auf den Debütantinnenbällen hübscher Töchter im frühen Teenageralter, und es endete damit, daß ihre Wahl auf die Tochter fiel statt auf die Mutter. Es hatte natürlich eine Zeit gegeben, in der so ein Umschwenken Verachtung und empörte Diskussionen hervorgerufen hätte, aber belustigte Nachsicht verschwendete nur wenig Zeit mit harten Worten. Feather wußte, daß einige solcher Begegnungen mit glänzenden Eheschließungen geendet hatten. Die bezaubernden Mütter trösteten sich meistens schnell, alle nahmen es mit Humor, und keiner hatte Zeit, Kritik zu üben. Ein Mann, der viel zu verschenken hatte und in seiner Jugend nur an sich gedacht hatte, war oft erst zum Heiraten aufgelegt, wenn ihm die Jahre die bedauerliche Tatsache enthüllt hatten, daß er nicht der Mittelpunkt des Universums war und es auch nie gewesen war – diese bedauerliche Tatsache, die einem in der Blüte der Jugend ungerechterweise verborgen bleibt.

Feather hatte natürlich nur flüchtige Gedanken für dieses Thema. Die dunkle kleine Treppe, die zurückgewiesene und verachtete dritte Etage und Coombe, der völlig distanziert seine Pläne für das Haus verkündet hatte, hatten sie in einen vergifteten Nebel gehüllt, der um sie herumwaberte. Es war lästig, daß dieser Nebel sich nie mehr ganz lichtete, sondern über allem hing – auch über den schönen Dingen. Er verstärkte er ihr Gefühl – oder den Mangel an Gefühl – für Robin. Sie hatte das kleine Ding keineswegs gehaßt – es war nur einfach so, daß sie es nicht gemocht hatte. In den Schwaden des undeutlichen Nebels dämmerte ihr, daß sie sie jetzt noch weniger mochte.

Benby kam, um mit ihr über die Veränderungen im Haus zu sprechen. Er verhielt sich so, als messe er ihren Ansichten Bedeutung bei und würde sich nicht über sie hinwegsetzen. Er hatte die Pläne des Architekten dabei und erklärte sie gründlich. Es waren kluge Pläne darüber, wie man begrenzten Platz am besten ausnutzte. Er lächelte nicht einmal ein wenig, als ihm aufging, daß Mrs. Gareth-Lawless diese sinnvollen Veränderungen als unglaubliche Platzverschwendung betrachtete, weil man den Platz viel besser für ihren eigenen Komfort hätte nutzen können. Sie war niedergeschmettert wegen des Anbaus, mit dem man ihr Eßzimmer hätte vergrößern können, der aber ein Wohnzimmer für Robin und ihre künftige Gouvernante wurde.

„Und das *zusätzlich* zu ihrem Schulzimmer, das man mit dem Wohnzimmer zusammenlegen könnte – statt der neuen Schlafzimmer, die ich so sehr brauche“, sagte sie.

„Das neue Kindermädchen ist eine höchst respektable Person“, erklärte Benby. „Sie hätte die Stelle nicht angenommen, wenn wir ihr nicht versichert hätten, daß Verbesserungen vorgenommen würden. Nach dem Umbau wird die dritte Etage ein geeigneter Ort zum Leben sein.“

Das neue Kindermädchen, Dowson, war vor allem ehrenwert – und das war viel mehr wert als Intelligenz. Benby hatte sie hervorgezaubert, und schon ihre Hauben und Jacken hätten verraten, daß sie aus einer verborgenen Schatzkammer stammte. Sie trug Hauben und Umhänge, keine Hüte und Mäntel.

„In den ruhigen Tagen Ihrer Majestät haben sich Kindermädchen gekleidet wie sie. Ich meine nicht die unruhigen späteren Jahre ihrer Regentschaft – sondern früher – als England im Crystal Palace und der Weltausstellung schwelgte. Sie kann nur das Ergebnis einer Ausgrabung sein“, sagte Coombe über sie.

Sie war so stolz auf ihre Ehrenhaftigkeit, wie Andrews stolz auf ihre Schlauheit gewesen war. Das wäre beinahe ein unüberwindliches Hindernis für ihre Anstellung gewesen. Der Streifen von einem Haus, in dem plaudernde, witzige Leute in prächtiger Kleidung ein- und ausgingen, war nicht der richtige Ort für sie, und Mrs. Gareth-Lawless war auch nicht die Dienstherrin ihrer Träume. Aber ihr Mann hatte einen Unfall gehabt und lag im Krankenhaus, und eine invalide Tochter brauchte Seeluft – und plötzlich, als die Dinge am schlechtesten aussahen, war Benby erschienen – fest entschlossen, ihr einen Lohn zu zahlen, den man ihr nirgendwo sonst bieten würde. Außerdem hatte sie im Laufe ihre Lebens ihre Umgebung aufmerksam beobachtet.

„Die Verhältnisse haben sich geändert“, sagte sie sich nüchtern. „Ich muß meine Ansprüche herunterschrauben und darf nicht zu wählerisch sein.“

Sie akzpetierte die dritte Etage, wie Benby gesagt hatte, denn die Kinderzimmer wurden zusammengelegt, gestrichen und neu tapeziert und waren jetzt ein annehmbarer Wohnort. Oft sah sie das hübsche kleine Mädchen, das man ihr anvertraut hatte, verwirrt an, denn sie wußte viel über Kinder, und dieses hier hatte etwas Seltsames an sich. Sie hatte die Schubladen und Schränke einer gründlichen Musterung gezogen, und dabei war eine Unmenge prächtiger Kleider zum Vorschein gekommen, alle in ausgezeichnetem Zustand. In den schäbigen Löchern, die sich Kinderzimmer nannten, fand sie genug Beweise dafür, daß für das Kind reichlich Geld ausgegeben worden war, damit es aussah wie eine kleine Prinzessin, wenn es der Öffentlichkeit präsentiert wurde. Aber sie fand kein Spielzeug – keine Puppen oder andere Sachen – und nur ein Bilderbuch, auf dessen Deckblatt „Donal“ stand und das offensichtlich jemand anderem gehörte.

Was sie genau getan hätte, wenn sie Zeit gefunden hätte, die Sache gründlich zu überdenken, erfuhr sie nie, denn ein paar Tage nach ihrer Ankunft kam ihr auf der Treppe ein großer, dünner Herr entgegen, als sie mit Robin nach draußen ging. Er blieb stehen und sprach sie an, als wisse er, wer sie war.

„Sie wissen, womit Kinder gern spielen, nicht wahr?“ sagte er.

Sie erwiderte respektvoll, daß sie langjährige Erfahrung mit Kinderwünschen hätte. Sie wußte noch nicht, wer er war, aber etwas an ihm gab ihr das Gefühl, daß man zwar nicht wissen konnte, welchen Rang er habe, aber daß man auf der sicheren Seite war, wenn man ihn hoch einschätzte.

„Bitte gehen Sie in einen Spielwarenladen und wählen Sie etwas für das Kind, was ihm am besten gefällt. Puppen – Spiele – Sie werden das Richtige finden. Schicken Sie die Rechnung nach Coombe House. Ich bin Lord Coombe.“

„Danke, My Lord“, antwortete Dowson mit der Andeutung eines Knickses, „Robin, du mußt Seiner Lordschaft deine kleine Hand geben und danke sagen, weil er so gütig ist. Er hat Dowson aufgetragen, dir ein paar wunderschöne Puppen und Bilderbücher zu kaufen – als Geschenk für dich.“

Robin starrte mit großen Augen zu ihm hinauf. „Er“ war wieder da! Sie ballte die Faust auf dem Rücken.

Lord Coombe lächelte – aber nur ein wenig. „Sie mag mich nicht“, sagte er. „Sie muß mir nicht die Hand geben. Ich ziehe es vor, daß sie es nicht tut, wenn sie nicht will. Guten Morgen, Dowson.“

Für die ernsthafte Dowson war das ein zu leichtfertiger Umgang mit einer so schwerwiegenden Sache wie kindlicher Ungezogenheit. Sie hielt Robin eine lange Strafpredigt. „Kleine Mädchen müssen artig zu gütigen Herren sein, die mit ihrer Mama befreundet sind. Es ist furchtbar, unhöflich zu sein und nicht danke zu sagen", sagte sie.

Aber noch während sie sprach, war ihr vage bewußt, daß ihre Worte dem Kind zu einem Ohr hinein- und zum anderen wieder hinausgingen. Vielleicht war es nur Launenhaftigkeit und würde sich von allein legen. Allerdings – das kleine Ding *hatte* etwas Seltsames an sich. Sie saß oft trübsinnig da und starrte aus dem Fenster und war nicht zum Spielen aufgelegt. Essen wollte sie auch nicht. Dowson bat um Erlaubnis, den Arzt zu rufen, und als er kam, empfahl er Seeluft.

„Natürlich können Sie ein paar Wochen mit ihr wegfahren", sagte Mrs. Gareth-Lawless. Dann lächelte sie ironisch und fügte hinzu: „Aber ich kann Ihnen sagen, woran es liegt. Die kleine Hexe hat sich tatsächlich in einen kleinen Jungen verliebt, dem sie in den Square Gardens begegnet ist, und als seine Mutter ihn aus London weggebracht hat, begann sie Trübsal zu blasen wie ein launisches Mädchen im Teenageralter. Es ist lächerlich, aber es ist das eigentliche Problem."

„Oh!" sagte Dowson. Sie sprach leise und ehrerbietig und mit einem Hauch von Mißbilligung. „Kinder haben fixe Ideen, Ma'am. Sie wird darüber hinwegkommen, wenn wir ihr Ablenkung verschaffen."

Die gute Frau ging in einen der großen Spielwarenläden und kaufte eine wunderschöne Puppe, ein Puppenhaus und mehrere Bilderbücher. Als sie in das Tageszimmer gebracht wurden, schlief Robin tief und fest – sie hatte einen langen Spaziergang hinter sich, den Dowson angeordnet hatte. Später betrachtete Robin die Sachen mit unverhohlener Ablehnung.

„Ist das nicht eine schöne Puppe?" fragte Dowson freundlich. „Und hast du je so ein hübsches Haus gesehen? Der gute Lord Coombe hat dir das alles geschenkt. Sieh dir nur die Bilderbücher an."

Robin legte die Hände auf den Rücken und wollte die Sachen nicht anfassen. Dowson – eine mütterliche Frau mit viel gesundem Menschenverstand – wurde nachdenklich. Sie begann etwas zu ahnen, obwohl sie noch nicht genug über die Verhältnisse im Haus wußte, um aus Kleinigkeiten sichere Schlüsse zu ziehen.

„Komm her, Liebes", sagte sie und zog das kleine Ding auf den Schoß. „Ist es, weil du Lord Coombe nicht magst?" fragte sie.

„Ja", antwortete Robin.

„Aber warum magst du ihn nicht?" sagte Dowson. „Er ist doch so ein netter Herr!"

Aber Robin sagte ihr nicht, warum – auch später nicht. Jahrelang verriet sie keiner Menschenseele, wie dieser Haß in ihr aufgekeimt war. Die Spielsachen blieben zurück, als sie ans Meer fuhr. Dowson wollte sie mehrmals überreden, damit zu spielen, aber sie wollte sie nicht anfassen, also wurden sie weggelegt. Dowson hatte das Gefühl, mit etwas Ungewöhnlichem zu tun haben, und da sie ein gütiger Mensch war, brachte sie Robin ein paar Spielsachen mit, die sie selbst gekauft hatte. Es waren einfache Dinge, aber sie gefielen Robin.

„Haben *Sie* sie mir geschenkt?“ fragte sie.

„Ja, das habe ich, Robin.“

Das Kind zögerte eine ganze Minute, dann ging es auf sie zu. „Ich möchte Ihnen einen Kuß geben!“ sagte sie ernst und vollzog das Ritual ebenso inbrünstig, wie Donal es getan hatte.

„Liebes kleines Ding!“ rief Dowson entgeistert. „Meine Güte!“ Und ihr wurden tatsächlich die Augen feucht, als sie das kleine Ding an sich drückte. „Sie ist das seltsamste Kind, mit dem ich je zu tun hatte“, bemerkte sie unten zu Mrs. Blayne. „Es kam so plötzlich, und es war, als habe sie noch nie zuvor jemanden geküßt. Ich hatte schon den Verdacht, sie habe überhaupt kein Gefühl.“

„Woher sollte sie welches haben? Sie wurde nach der Uhr betreut und angezogen wie eine Puppe, aber sie wurde nicht wie ein Mensch behandelt!“ platzte Mrs. Blayne heraus.

Dann erzählte sie Dowson alles auf höchst lebendige Art und nannte viele Namen und Einzelheiten. Dowson hatte gewisse Dinge nur als unbestimmte Gerüchte gehört, aber nun wußte sie Bescheid und begann klarer zu sehen. Sie hatte vorher noch keine Namen gehört, und die deutliche Erwähnung von Lord Coombe brachte sie auf einen Gedanken.

„Meinen Sie, daß das Kind vielleicht eifersüchtig auf Seine Lordschaft ist?“ schlug sie vor.

„Sie könnte es sein, wenn sie etwas über ihn wüßte – aber sie hat ihn nie gesehen – bis zu dem Abend, an dem sie in den Salon gebracht wurde. Sie hat oben gelebt wie ein kleiner Hund im Zwinger.“

„Nun“, dachte Dowson laut, „es klingt beinahe albern, zu behaupten, ein Kind würde jemanden hassen – aber als sie ihn angesehen hat, habe ich echten Haß in ihren Augen gesehen. Das fand ich merkwürdig.“

15. Die nächsten Jahre

Bevor Robin ans Meer fuhr, um in der frischen Luft an der Küste von Norfolk ihren Appetit wiederzufinden und ihre kleine Tragödie zu vergessen, hatte sie gemerkt, daß ungewohnte Dinge im Haus vor sich gingen. Arbeiter gingen ein und aus, sie brachten Leitern und hatten seltsame Taschen mit Werkzeug darin. Sie hörte Hämmern, das am frühen Morgen begann und den ganzen Tag anhielt. Da Andrews sie gelehrt hatte, keine lästigen Fragen zu stellen, schlich sie nur dann und wann ans Fenster und schaute hinaus. Aber ein paar Tage später fuhr Dowson mit ihr weg.

Als sie nach London zurückkam, ging es nicht die steile dunkle Treppe in den dritten Stock hinauf. Dowson führte sie in mehrere Zimmer, die sie noch nie gesehen hatte. Sie waren hell und luftig und hatten schöne Wände und Möbel. Ein Zimmer hatte sogar ein rundes Fenster mit Pflanzen und einem Kanarienvogel, der in einem Käfig sang.

„Können wir hier bleiben?“ fragte sie Dowson flüsternd.

„Wir werden hier wohnen!“ war die Antwort.

Und das taten sie.

Anfangs zeigte Feather gelegentlich ihren Freunden die neuen Zimmer. Eines Tages vergaß sie sich und platzte heraus: „Das Geschöpf wächst im Luxus auf, und mein Schlafzimmer ist wie ein Kohlenkeller – und meinen Salon sehen Sie ja, wenn Sie das Haus betreten!“

Das sagte sie zu Starling und Harrowby, die sich staunend umgesehen hatten, weil diese neue Entwicklung eine mehr oder weniger interessante Erklärung verlangte. Bei Feathers Ausbruch konnten sie sie nur verständnislos anstarren, und Feather zuckte beleidigt die Achseln.

„Sie wissen, daß ich das nicht veranlaßt habe. Wie könnte ich auch?“ sagte sie. „Es ist eine merkwürdige Laune von Coombe. Natürlich sieht ihm das gar nicht ähnlich. Ich nenne es morbid.“

Danach wußten die Leute Bescheid und sahen darin ein interessantes Gesprächsthema. Die Situation hatte etwas Phantastisches. Coombe war der letzte Mensch auf Erden, der auch nur die leiseste Notiz von der Existenz des Kindes genommen hätte! Man glaubte, daß er sie nie gesehen hatte –

außer in langen Kinderkleidern aus Kattun – bis zu jenem Abend im Salon, als sie ihn angestarrt und die Hand auf den Rücken gelegt hatte. Man hatte sie praktischerweise in irgendeinem Dachboden weggesperrt. Und nun ein Anbau von wunderschönen kleinen Zimmern – gebaut, eingerichtet und geschmückt nur für sie! Ein Miniaturpalast mit Dienern! Coombes Rolle als Einrichter eines Kinderzimmers sorgte für Belustigung, nachdem man bisher allgemein geglaubt hatte, daß nur ein Vulkanausbruch unter seinen Füßen ihn aus seiner kühlen Selbstversunkenheit hätte wecken können, bevor er ein Kind überhaupt wahrnahm.

„Um genau zu sein – niemand von uns weiß wirklich etwas darüber, was in ihm vorgeht“, dachte Harrowby laut. „Er ist zu allen möglichen Dingen fähig, die wir nicht einmal verstünden, wenn er sich dazu herabließe, sie uns zu erzählen – was er nie tun würde. Er hat einen distanzierten, brillanten, zynischen Verstand. Er gibt zu, daß er von einer unmenschlichen Selbstsucht ist. Ich habe keine Ahnung, aber es bringt einen dazu, in seinen Gehirnwindungen zu suchen, um eine halbwegs vernünftige Erklärung zu finden.“

„Warum ‚Gehirnwindungen‘?“ fragte Starling.

Harrowby zuckte leicht mit den Schultern. „Nun, man sucht nicht auf Buchrücken nach Gründen“, sagte er und schüttelte den Kopf. „Coombe? Nein!“

Es trat eine Stille ein, in der jeder sich seine geheimen Gedanken machte.

„Feather kocht vor Wut und sträubt ihr Gefieder“, sagte Starling.

„Feather ist – unverbesserlich“, Harrowby sah sie mit seinen kurzsichtigen Augen neugierig an. „Können Sie sich Feather in der Zukunft vorstellen – wenn Robin zehn Jahre älter ist?“

„Das kann ich“, antwortete Starling.

Die nächsten Jahre waren Jahre des Wandels – Jahre des Wachsens.

Das Leben und seine Vergnügungen gingen stürmisch weiter – überall in London und nirgendwo so rasend schnell wie in dem Streifen von einem Haus, dessen Frontseite immer aussah, als sei sie frisch gestrichen und herausgeputzt – Sommerregen, winterlichem Ruß und Nebel zum Trotz. Die Pflanzen in den Blumenkästen schienen immer zu blühen, weil sie wie von Geisterhand in den frühen Morgenstunden ersetzt wurden, wenn sie es wagten, die Köpfe hängen zu lassen. Mrs. Gareth-Lawless, hieß es, mußte aus einem geheimnisvollen Jungbrunnen getrunken haben, denn sie wurde nur noch hübscher, als sie sich der Dreißig näherte und sie überschritt. So waren Frauen heutzutage. Diese Phrase war immer brauchbar, wahrscheinlich seit der Sintflut. Komische alte Käuze – Männer und Frauen – hatten sie früher verwendet, um – puterrot vor Zorn – bitterböse Bemerkungen zu machen. Jetzt war diese Phrase eine Hilfe und diente zur Besänftigung. „Heutzutage“ wußte man sich besser zu amüsieren, war freier, günstige Gelegenheiten zu ergreifen, nicht mehr so sehr an alte Vorstellungen gebunden, die sich „Glauben“ genannt hatten, alles wirbelte schneller und leichter – man tanzte Two-Step, statt zu marschieren.

Robin brachte gewisse Veränderungen in ihrem Dasein vage mit den Veränderungen in Verbindung, die in der Mode von Ärmeln und Röcken vor sich gingen und drastische Wirkung in der Welt hatten, auf die sie ab und zu einen Blick erhaschte. Manchmal waren Ärmel eng anliegend, dann waren es Puffärmel, die riesengroß wurden und vorsichtig behandelt werden mußten, wenn man einen Mantel anzog, dann wieder fiel ihr üppiger Stoff von der Schulter bis zu den Handgelenken herab und hing dort flatternd herum, bis eine plötzliche Entwicklung des Rockes die Aufmerksamkeit von den Ärmeln ablenkte. Sie gerieten in Vergessenheit, und an ihrer Stelle änderten sich die Röcke. Sie waren manchmal schmal und enganliegend, dann bodenlang und faltig, hier und da tauchte „Fülle“ auf oder verschwand ganz, Schleppen wurden länger oder kürzer oder breiter oder schmaler, Kaschmir, grob gerippte Seide und schwerer Satin waren plötzlich unmodern, und Chiffon wand sich um die Welt und nahm sie in Besitz. Hauben hörten auf zu existieren, und Hüte waren entweder riesig oder winzig, hoch oder flach, hinten oder an der Seite oder vorn, verdeckten beinahe das Gesicht oder brachten es im Gegenteil gut zur Geltung, Federn hingen herab oder standen aufrecht, und ihre Länge richtete sich nach der jeweiligen Mode. Kein Kleidungsstück und keine Person sah einen Monat lang gleich aus. Es war nötig, alles zu verändern, und zwar ebenso schnell, wie sich die Stimmungen und Ideen änderten, denn die wandelten sich mit derselben Geschwindigkeit, mit der die Autos hierhin und dorthin und überallhin rasten, durch die Stadt, durch abgelegene Gegenden, mit einer Hast, von der niemand verschont blieb und die der Welt einen neuen Rhythmus gab.

„Ich kann mich nicht wehmütig nach Postkutschen zurücksehnen“, sagte Lord Coombe. „Dafür bin selbst ich zu spät geboren. Aber als ich noch jung und unschuldig war, schienen Schnellzüge beinahe übernatürlich. Man konnte mit zwei Pferden aufs Land fahren und dabei zwanzig Meilen zurücklegen, aber man konnte nicht am gleichen Tag zurückfahren. Das eigene Umfeld hatte Grenzen, und man hatte nicht mit allen Bekannten gleichermaßen engen Kontakt. Heute ist es möglich, im Auto fünfzig Meilen zum Mittagessen und wieder nach Hause zu fahren, um dann mit Gästen zu

Abend zu essen, die aus den entlegensten Winkeln der Erde kommen. Ozeane werden in sechs Tagen überquert, und die ganz Eifrigen flitzen von einem Kontinent zum anderen. Verabredungen trifft man per Telegramm, wer Herausforderungen nicht scheut, kann eine Einladung zum Abendessen in Amerika vierzehn Tage vorher annehmen. Mit dem Telefon tauscht man Mitteilungen in wenigen Sekunden aus, und niemand hat fünfzehn Minuten Ruhe vor dem gesellschaftlichen Leben. Bekanntschaften und Korrespondenz unterliegen keinen Einschränkungen mehr, weil alle Bewohner des Erdballs durch Motoren und Elektrizität erreichbar und miteinander verbunden sind. In Augenblicken der Müdigkeit sehne ich mich nach den Tagen von Königin Anne."

Während diese Veränderungen vor sich gingen, lebte Robin in ihrer eigenen Welt in ihren Zimmern in dem Streifen von einem Haus. In den ersten Jahren, die sie mit Dowson verbrachte, erfuhr sie allmählich, daß das Leben schöner war, als sie es in der trostlosen Düsternis der Kinderzimmer im dritten Stock kennengelernt hatte. Sie wurde nicht mehr stundenlang alleingelassen und mußte auch nicht mehr mit nach unten, um verständnislos zuzuhören, wie die Dienstboten sich über geheimnisvolle Dinge unterhielten, die irgendwie mit ihr selbst und *der Dame unten* und „ihm" zu tun hatten – sie hatte es gemerkt, weil die Leute die Stimme senkten und ihr Seitenblicke zuwarfen und Andrews plötzlich warnende Geräusche von sich gab. Ihr wurde klar, daß Dowson sie niemals kneifen würde, und ihre Zimmer waren hell und schön.

Nach und nach erschienen auch Spielsachen und Bilderbücher, die sie von Dowson bekam. Daß sie von Dowson waren, erfuhr sie von Dowson selbst.

Sie hatte nie mit der Puppe gespielt, und als Loord Coombe eines Tages zufällig Dowson ohne ihren Schützling auf der Straße antraf, sprach er sie an.

„Ist das kleine Mädchen gesund und glücklich, Dowson?" fragte er.

„Vollkommen gesund, My Lord, und viel glücklicher als früher."

„Haben ihr", er zögerte ein wenig, „die Spielsachen gefallen, die Sie Ihr gekauft haben?"

Dowson zögerte etwas länger als er. Aber da sie eine vernünftige Frau war und die Sache sie neugierig machte, sagte sie die Wahrheit.

„Sie wollte gar nicht mit ihnen spielen, My Lord. Ich konnte sie nicht überreden. Ich weiß nicht, was in dem Kind vorgeht."

„Ich auch nicht – außer, daß es auf einer tiefen Abneigung beruht", sagte Coombe.

Eine kleine Stille trat ein.

„Mögen Sie selbst Spielsachen, Dowson?" fragte er kühl.

„Ja – und ich bin auch gut darin, sie auszusuchen, Eure Lordschaft“, erwiderte Dowson entgegenkommend.

„Dann tun Sie mir den Gefallen und werfen Sie die Puppe und alles andere weg – und kaufen Sie selber Spielzeug auf meine Kosten. Sie können es Miss Robin als eigenes Geschenk präsentieren. Von Ihnen wird sie es annehmen.“

Er ging seiner Wege, und Dowson sah ihm interessiert nach. Wenn sie seine Tochter wäre, dachte sie, wäre ich nicht überrascht. Aber sie ist es nicht – soweit ich weiß. Er hat eine fixe Idee, genau wie Robin, obwohl man es nicht glauben würde, wenn man ihn sieht. Ich wüßte gern, um was es ihm geht.“

Es *war* eine fixe Idee – eine alte, alte fixe Idee – sie reichte beinahe dreißig Jahre zurück – bis in die dunklen Tage der Jugend und Leidenschaft und einer unendlichen Tragödie. Damals hatte er geglaubt, der Schmerz würde nie vergehen, aber er hatte sich im Laufe der Jahre gelegt – und ihn dennoch zu dem gemacht, was er heute war. Er war nicht rührselig deswegen, er lächelte vielmehr matt über sich selbst – wenn auch nie über die Erinnerung –, sobald es wieder in ihm aufstieg und ihn durch seine unbestimmte Macht dazu brachte, seltsame Dinge zu tun, die geradezu rührselig und beinahe exzentrisch wirkten. Aber auch das Kind – das ihn aus irgendeinem unerfindlichen Grund regelrecht verabscheute – hatte Anteil daran. Seine Seele zog sich in weite Ferne zurück, als er wegging, und Piccadilly wurde ein Schatten und ein Traum.

Dowson ging nach Hause und begann, die zurückgewiesene Puppe und die Spielsachen ordentlich in eine Schachtel zu packen. Robin sah dabei zu und fragte: „Bringen Sie sie in den Laden zurück?“

„Nein. Lord Coombe hat mir erlaubt, sie einem kleinen Mädchen zu geben, das sehr arm ist und im Bett liegen muß, weil ihm der Rücken so wehtut. Seine Lordschaft ist so freundlich, dir den Anblick ersparen zu wollen. Er ist zu gütig, um böse auf dich zu sein.“

Das ist nicht wahr! dachte Robin. Er hatte *diese Sache* getan, an die sie sich erinnerte! Das konnte er nicht aus Güte getan haben. Nur aus Schlechtigkeit.

Als Dowson ihr eine neue Puppe und andere herrliche Sachen brachte, umklammerte eine kleine Hand fest ihren Arm, als sie die Schachteln auspackte. Es war Robins Hand, und das kleine Geschöpf sah sie an – fragend, halb bittend und halb wutentbrannt.

„Hat er die Sachen geschickt, Dowson?“

„Sie sind ein Geschenk von mir“, antwortete Dowson freundlich, und Robin sagte wieder: „Ich möchte Ihnen einen Kuß geben. Ich gebe Ihnen einen Kuß.“

Wer sich für psychologische Spekulationen interessiert, könnte auf die Idee kommen, daß an dem Abend, als Robin – die Andrews bis dahin wie eine gefügige Marionette vorgekommen war – plötzlich getobt und geschrien hatte, eine Veränderung in ihrem Gehirn vor sich gegangen war. Von diesem Moment an gehörte ihre Sanftmütigkeit der Vergangenheit an. Dowson hatte kein Baby vorgefunden, sondern ein grüblerisches und dennoch leidenschaftliches kleines Wesen. Sie war weder ungehorsam noch anstrengend, aber Dowson spürte, daß ein heftiges Temperament in ihr steckte. Sie wußte, daß sie immer an Dinge dachte, von denen sie so gut wie nichts erzählte. Nur ein Mensch wie Dowson mit ihrem vernünftigen, mütterlichen Interesse konnte dahinterkommen. Sehr selten stellte das Kind auch einmal eine sonderbare Frage, die etwas Licht ins Dunkel brachte. Es waren Fragen über Mütter und darüber, wie sich Mütter normalerweise verhielten. Gerade durch ihre Unbewußtheit enthüllten sie eine merkwürdige Vergangenheit. Ebenso unbewußt verriet Mrs. Gareth-Lawless selbst viel durch ihr Verhalten. Ihre liebenswürdige Zurückweisung jeglicher Verantwortung, ihre endlosen Vergnügungen, ihr Kommen und Gehen, die Scharen von fröhlichen, beinahe lärmenden Freunden, die bei ihr ein- und ausgingen – all das war aufschlußreich für eine ehrenwerte Frau, die die Welt mit nüchternen Augen sah.

„*Die Dame unten* ist meine Mutter, nicht wahr?“ fragte Robin einmal ernst.

„Ja, mein Liebling“, war Dowsons Antwort.

Robin dachte eine Weile nach, dann fragte sie: „Mütter sind nicht alle gleich, nicht wahr, Dowson?“

„Nein, mein Liebling“, sagte Dowson weise.

Obwohl sie noch nicht sieben war, hatte sich Robins Leben so sehr verändert, daß die Frühlingstage in den Square Gardens ewig her zu sein schienen. Aber sie erinnerte sich an jene ferne aufregende Vergangenheit.

„*Die Dame unten* ist nicht – wie andere Mütter“, sagte sie schließlich. „Donals Mutter hat ihn geliebt. Sie hat ihn bei sich sitzen lassen, wenn er seine Bilderbücher angesehen hat. Sie hat ihm einen Gutenachtkuß gegeben.“

Jennings, der junge Diener, der ein echter Humorist war, hatte natürlich witzige Bemerkungen über Robins Liebesgeschichte gehört und natürlich unten davon erzählt. So hatte Dowson vage Gerüchte gehört, aber taktvoll darauf verzichtet, das Thema gegenüber ihrem Schützling zu erwähnen.

„Wer war Donal?“ sagte sie jetzt, aber es klang ganz gelassen.

Robin wußte nicht, daß es Schmerz lindert, sich jemandem anzuvertrauen. Sie war auch jetzt nicht wirklich vertrauensvoll, aber Dowsons Güte hatte etwas Tröstliches, und sie wußte, daß sie mit ihr reden konnte.

„Er war ein großer Junge“, antwortete sie und sah Dowson ins Gesicht. „Er hat gelacht und ist gerannt und gesprungen. Seine Augen –“ Sie hielt inne, weil ihr die Worte für das fehlten, was sie über diese fröhlichen jungen Augen sagen wollte – die ersten freundlichen Augen, die ihr begegnet waren.

„Er lebt in Schottland“, fing sie wieder an. „Seine Mutter hat ihn geliebt. Er hat mich geküßt. Er ist nicht mehr da. Lord Coombe hat ihn weggeschickt.“

Dowson fuhr zusammen. „Lord Coombe!“ rief sie aus.

Robin rückte dicht an sie heran und bohrte ihr ihre kleine Faust ins Knie, daß es beinahe wehtat. „Er ist schlecht – schlecht – schlecht!“ Und sie aus wie ein kleiner Dämon.

Dowson war eine kluge Frau und begriff sofort, daß sie auf einen verborgenen Vulkan gestoßen war, den man am besten brodeln ließ, bis er sich von selbst beruhigte. Sie wußte aus langjähriger Erfahrung, daß es Fälle gab, in denen man Kinder am besten in Ruhe ließ. Dieses hier würde nicht antworten, wenn man es ausfragte. Es würde nur bockig und wütend werden, und man sollte Kinder nicht unnötig reizen. Dowson hatte natürlich erfahren, daß der Junge ein Verwandter Seiner Lordschaft war und eine strenge schottische Mutter hatte, der der Streifen von einem Haus ein Dorn im Auge war. Seine Lordschaft hatte vielleicht mit der Sache zu tun gehabt – oder vielleicht auch nicht. Aber wenigstens hatte Dowson einen Hinweis bekommen. Und wie sehr das kleine Ding es sich zu Herzen genommen hatte! Als sei sie ein erwachsenes Mädchen, dachte Dowson und fühlte sich unbehaglich.

Ihr Unbehagen wuchs noch etwas, als sie Robin ein paar Tage später dabei überraschte, wie sie in einer Ecke mit einem Bilderbuch auf einem Schemel saß. Sie erkannte es als das, das sie bei ihrer ersten Erkundung der dritten Etage entdeckt hatte. „Donal“ stand darin, und Robin sah sie sich nicht nur das Buch an, sondern noch etwas, das sie in der Hand hatte – etwas, das in ein zerknülltes, schmutziges Stück Papier gewickelt war.

Dowson ging auf sie zu und sah, was das Papier enthielt. Der Inhalt sah aus wie die zerbröselten Überreste vertrockneter Blätter. Das Kind starrte sie mit jämmerlicher Miene an – so jämmerlich, daß Dowson Mitleid hatte.

„Willst du sie behalten?“ fragte sie.

„Ja“, hauchte Robin. „Ja.“

„Ich mache dir einen kleinen Seidenbeutel, in der du sie aufbewahren kannst“, sagte Dowson und fühlte sich selbst elend. Dieses arme kleine Lämmchen mit dem Bilderbuch und den zerbröselten trockenen Blättern – sie sahen aus wie Gewürzrinde.

Sie setzte sich neben sie, und Robin verließ ihren Hocker und kam zu ihr. Sie legte ihr das Bilderbuch in den Schoß und die Krümel auf die aufgeschlagene Seite.

„Donal hat es mitgebracht, er wollte es mir zeigen“, sagte sie mit zitternder Stimme. „Er hat schöne Muster auf die Blätter gemacht – mit seinem Dolch.“ Sie erinnerte sich an vieles – an zuviel auf einmal. Ihre Augen weiteten sich. „Donal! Donal!“ Und plötzlich vergrub sie ihr Gesicht in Dowsons Röcken, und der Sturm brach los. Sie war so ein kleines Ding – konnte kaum in Worte fassen, was sie bewegte – und das waren ihre Toten! Dowson konnte sie nur in die Arme nehmen, sie auf den Schoß ziehen und sie wiegen.

Mein Gott! Mein Gott! rief sie in Gedanken. Und sie ist noch nicht sieben! Was wird sie tun, wenn sie siebzehn ist! Sie ist eine von denen, für die es keine Hilfe gibt!

Es war der Beginn einer echten Zuneigung. Von jetzt an gab Dowson ihr jeden Abend einen Gutenachtkuß, wenn sie sie zudeckte. Sie erzählte ihr Geschichten und brachte ihr Nähen bei und lehrte sie das Alphabet. Auf diskrete Art fand sie einige kleine Spielgefährten in den Gärten. Aber es gab Anlässe, bei denen nicht alles gutging, und es kam vor, daß ein hübsches, freundliches Kind ein paar Tage mit Robin spielte und dann plötzlich seinem Kindermädchen nicht mehr von der Seite weichen durfte. Einmal, als sie ungefähr zehn Jahre alt war, geschah es, daß ein Neuankömmling, eine auffällig und viel zu aufwendig gekleidete Person einen Tag lang mit ihr spielte, ihr am nächsten Morgen demonstrativ die kalte Schulter zeigte.

„Was ist los?“ fragte Robin.

„Oh, ich kann nicht mehr mit dir spielen!“ Das klang sehr von oben herab.

„Warum nicht?“ fragte Robin und klang selbst hochmütig.

„Ich kann nicht – es ist wegen Lord Coombe.“ Die kleine Person wußte wirklich nicht genau, was Lord Coombe mit der Sache zu tun hatte, aber das Getuschel der Dienstboten und geheimnisvolle Phrasen hatten ihr eine Abneigung gegen Seine Lordschaft eingeflößt.

Robin sagte nichts zu Dowson, sondern ging die Gartenwege auf und ab, während ein langsames Feuer in ihr schwelte, das in ihrem jungen Herzen weiterbrennen würde. Sie hatte mittlerweile die Niedlichkeit des kleinen Kindes hinter sich und die Phase erreicht, in der der Körper und die Beine lang und schmal werden und kleine Gesichter ihre kindlichen Rundungen verlieren und schärfere Konturen annehmen.

Dowson überblickte die Situation und hatte erkannt, daß es am besten war, sich in allem, was das Kind betraf, als erstes an Lord Coombe zu wenden. Danach mußte man sich überlegen, wie man es Mrs. Gareth-Lawless präsentierte, aber wenn man zuerst mit ihr sprach, konnte jeder ihrer Vorschläge vergessen oder einfach ignoriert werden.

Dowson wurde immer geschickter beim Abwägen, wann und wo sie Seine Lordschaft treffen konnte – wie zufällig und daher höchst respektvoll. Manchmal fragte sie sich, ob er es ihr absichtlich so leicht machte, ihm zu begegnen. Aber sein Auftreten änderte sich nie – es blieb immer bei der steifen, ausdruckslosen Kühle. Er begegnete dem Kind nie mit Herzlichkeit. Dowson fand ihn gleichzeitig ungezwungen und erhaben. Er hätte Robin kaum weniger Beachtung schenken können. Aber es blieb eine Tatsache, daß man sich an ihn wenden mußte.

Eines Nachmittags schleifte Feather ihn mit ein oder zwei anderen ins Wohnzimmer mit dem runden Fenster, in dem Blumen wuchsen. Robin saß an einem niedrigen Tisch und malte mit einem Bleistift Fragezeichen auf ein Papier, das sie von Dowson bekommen hatte. Dowson hatte ihr diese Aufgabe gegeben, nachdem sie von Jennings gehört hatte, daß Seine Lordschaft und die anderen nachmittäglichen Teetrinker in den „Palast“ kamen, wie Feather es ironisch nannte. Jennings mochte Dowson und erzählte ihr oft Kleinigkeiten, die sie wissen wollte. Lord Coombe würde wahrscheinlich dabeisein, und deshalb hatte Dowson den niedrigen weißen Tisch vor das runde Fenster gestellt und die Fragezeichen vorgeschlagen.

Plötzlich ertönten Stimmen auf dem Flur. Feather brachte neue Gäste mit, die die Zimmer noch nicht gesehen hatten.

„Hier wohnt meine Tochter. Sie residiert viel vornehmer als ich“, sagte sie.

„Steh auf, Robin, und mach deinen Knicks“, flüsterte Dowson.

Robin tat, wie ihr gesagt wurde, und Mrs. Gareth-Lawless hob ihre hübschen Brauen.

„Sehen Sie sich nur ihre Beine an“, sagte sie. „Sie wächst wie *Jack and the Bean Stalk* – obwohl ich glaube, daß nur die Bohnenranke wuchs. Bald stößt sie mit dem Kopf an die Decke. Sehen Sie sich ihre Beine an – wirklich!“

Sie redete immer, als sei das Kind ein lebloses Objekt. Mittlerweile hatte sie es auch geschafft, Robin all die alte kindliche Anbetung auszutreiben, und ein ganz anderes Gefühl hatte deren Platz eingenommen. In diesem Augenblick kochte dieses andere Gefühl in ihr.

„Das sind schöne Beine“, bemerkte ein junger Mann lachend, „aber vielleicht gefällt es ihr nicht, daß wir sie ansehen. Warten wir, bis sie ihre ersten Tänze tanzt.“

Und alle lachten. Das Kind – der Gegenstand ihres leichten Spottes – stand stocksteif da und wußte selber kaum, daß sie sie alle aus tiefster Seele verabscheute.

Coombe ging zu dem kleinen Tisch und warf einen flüchtigen Blick auf die Bleistiftzeichnungen und fragte Dowson beiläufig: „Was macht sie?“

„Sie lernt, Fragezeichen zu machen, My Lord“, antwortete Dowson. „Sie lernt gern. Ich habe ihr Buchstaben und das Buchstabieren kurzer Wörter beigebracht. Sie lernt schnell – und sie ist alt genug, Eure Lordschaft.“

„Lesen und schreiben lernen!“ rief Feather. „Anmaßung nenne ich das. Ich kann nicht lesen und schreiben – geschweige denn buchstabieren. Können Sie buchstabieren, Collie?“ fragte sie den jungen Mann, der Collie hieß. „Können Sie es, Genevieve? Und Sie, Artie?“

„Sie können mich nicht zum Prahlen verleiten“, sagte Collie. „Wer kann das heutzutage noch? Niemand – außer den Angestellten bei Peter Robinson.“

„Lord Coombe – aber das ist seine leidige Überlegenheit“, sagte Feather.

„Er ist beinahe vierzig Jahre älter als die meisten von Ihnen. Das ist der Grund“, bemerkte Coombe. „Betrauern Sie nicht Ihre Jugend und Unschuld.“

Sie rauschten durch die Zimmer und inspizierten alles gründlich. In Wirklichkeit war es eine – mittlerweile wohlbekannte – Tatsache, daß der unerforschliche Coombe sie hatte einrichten lassen, die alle so neugierig machte und ein geheimer Quell für Witze war. Die Gruppe erklomm sogar das Obergeschoß und ging durch die Schlafzimmer, und als sie dabei waren, entschied sich Coombe dafür, mit Dowson zurückzubleiben.

Für einige Augenblicke war seine Miene vollkommen ausdruckslos. Dowson hatte keine Ahnung, ob er mit ihr reden wollte oder nicht. Aber er tat es.

„Sie meinten“, er sah sie kaum an, „daß sie alt genug sei, um eine Gouvernante zu bekommen.“

„Ja, My Lord“, das klang ziemlich atemlos, denn sie beeilte sich zu sprechen, bevor sie wieder das Geräusch der hohen Absätze auf der Treppe hörte. „Und zwar eine Frau, die nicht nur klug, sondern auch gut ist, wenn ich mir die Freiheit erlauben darf. Eine gute, wenn –“

„Wenn eine gute die Stelle annehmen würde?“

Dowson versuchte gar nicht erst, eine abwehrende oder entschuldigende Bemerkung zu machen. Sie wußte es besser.

Er sagte nichts mehr, sondern schlenderte aus dem Zimmer.

Robin stand auf und machte eine artige kleine Andeutung des Knickses, der ein Teil ihrer Erziehung war. Sie war jetzt zu alt, um ihm das Händeschütteln zu verweigern, aber er machte nie einen Vorstoß in dieser Richtung. Er quittierte den Knicks mit einem sehr kurzen Nicken.

Keine drei Minuten später kamen die hohen Absätze der Treppe hinunter, und die kleine Schar der Besucher verschwand.

16. Mademoiselle Vallé

Das Gespräch, das Feather und Lord Coombe ein paar Tage später führten, war besonderer Natur.

„Morgen um elf Uhr wird eine Gouvernante kommen", sagte er. „Eine Mademoiselle Vallé. Sie kennt sich mit Kindererziehung aus. Sie wird sich Ihnen vorstellen, damit Sie Ihre Genehmigung erteilen. Benby hat den Rest erledigt."

Feather errötete bis zu ihrem aschblonden Haaransatz. „Was spielt das schon für eine Rolle!" rief sie.

„Es spielt keine Rolle für Sie", antwortete er, „aber zufällig spielt es – zur Zeit – eine Rolle für *mich*."

„Zufällig!" stieß sie hervor – es war ein sonderbarer Gefühlsausbruch. „Das ist es. Es interessiert Sie nicht wirklich! Es ist eine Laune – nur weil Sie sehen, daß sie hübsch werden wird."

„Ich gebe zu", sagte er, „daß das viel damit zu tun hat."

„Es hat alles damit zu tun", stieß sie hervor. „Wenn sie eine Stupsnase und dicke Beine hätte, würden Sie sich gar nichts aus ihr machen."

„Ich sage nicht, daß ich mir etwas aus ihr mache", sagte er ohne jedes Gefühl. „Die Situation interessiert mich. Hier wird ein außergewöhnliches kleines Wesen in die Welt hinausgeschickt. Sie gehört zu niemandem. Sie wird für sich selbst kämpfen müssen. Und sie wird *kämpfen* müssen, bei Gott! Mit diesen glänzenden Augen und den geschwungenen Lippen von der Farbe eines Granatapfels! Sie ahnt es nicht, aber sie wird das Unglück anziehen!"

„Dann lernt sie am besten gar nichts", sagte Feather. „Es wäre amüsant, sie aufwachsen zu lassen, ohne daß sie überhaupt lesen und schreiben lernt. Ich kenne viele Männer, denen diese Neuheit gefallen würde. Mädchen, die viel wissen, sind so langweilig."

„Ein paar kleine Chancen sollte sie haben", sagte Coombe. „Eine Gouvernante gehört dazu. Mademoiselle Vallé kommt um elf."

„Ich sehe nicht, daß sie eine solche Schönheit zu werden verspricht", murrte Feather. „Sie ist eins dieser gutaussehenden Kinder, aus denen vielleicht ein dickes Mädchen wird – mit durchdringenden schwarzen Augen wie eine Kneipenwirtin.“

„Manche hübschen Frauen verabscheuen ihre heranwachsenden Töchter“, bemerkte Coombe und ließ seinen Blick interessiert auf ihr ruhen.

„Ich verabscheue sie nicht!“ Feathers Stimme klang weinerlich und gehässig zugleich. „Aber ein großes, plumpes Mädchen, das die Leute anstarrt und angestarrt werden will, wenn es in diesem albernen Alter ist! Und manchmal reden Sie mit mir wie ein Mann mit seiner Frau, wenn er sie satt hat.“

„Ich bitte um Verzeihung“, sagte Coombe. „Sie geben mir das Gefühl, ich würde über einem Laden in Knightsbridge wohnen – oder im Bijou Mansion nahe beim Regent’s Park.“

Aber ihm war nur zu bewußt, daß er sich durch seine ungewöhnliche Rolle in Feathers Leben oft genug genauso fühlte, wie sie gesagt hatte.

Daß eine Gouvernante, die von Coombe ausgewählt wurde – auch wenn er offiziell nichts mit der Sache zu tun haben wollte – in den neuen Zimmern das Sagen haben würde, wußte Feather ohne den Hauch eines Zweifels. Sie akzeptierte die schweigende und immer taktvolle Kontrolle über ihr Dasein als unvermeidlich, auch wenn sie hilflos schmollte. Ohne ihn wäre sie verloren, ein Schmetterling ohne Flügel, und würde in der Gosse landen. Sie kannte ihr London. Niemand würde sie auflesen – es sei denn, um sie in noch kleinere Teilchen zu zerbröseln und sie wieder wegzuwerfen. Die Freiheit, die er ihr ließ, war wundervoll. Es lag daran, daß er es haßte, sich einzumischen.

Aber es gab eine Linie, die nicht überschritten werden durfte – es durfte nicht einmal den Versuch geben. Warum es ihm wichtig war, wußte sie nicht.

„Sie müssen sein wie Cäsars Frau“, sagte er grimmig nach einem Gespräch, in dem er ihr eine unverhohlene Warnung erteilt hatte.

„Ich bin niemandes Frau. Was hat Cäsars Frau getan?“ fragte sie.

„Nichts.“ Er erzählte ihr die Geschichte, und nachdem sie sie gehört hatte, war ihr alles klar.

Mademoiselle Vallé war eine intelligente, reife Französin. Sie stellte sich Mrs. Gareth-Lawless vor und begriff innerhalb von zehn Minuten, daß die Möglichkeit, nachzuforschen und zu beurteilen, allein bei ihr lag. Diese hübsche Frau wußte weder, welche Fragen sie hätte stellen müssen, noch interessierte sie sich für die Antworten, die man ihr gab. Mademoiselle Vallé begriff schnell und dachte praktisch. Sie machte nicht den Fehler, zu glauben, daß diese Teilnahmslosigkeit bedeutete, daß man sie nicht genau beobachten würde. Der ausgezeichnete Benby, gab man ihr zu verstehen, handelte, und der ausgezeichnete Benby, gab man ihr zu verstehen, handelte auf klare Anweisungen hin. Milord Coombe – unter anderem der am besten gekleidete und vielleicht am wenigsten verstandene Mann in London – hatte damit zu tun, obwohl praktisch veranlagte Leute sich nicht erklären konnten, warum. Seine Verbindung mit dem schmalen Haus auf der richtigen Seite in der richtigen Straße war vollkommen verständlich. Die Nachsichtigen fanden nichts Schlimmes dabei. Mademoiselle Vallé selbst interessierte sich nicht für bloße Gerüchte. Sie war für die Erziehung, die Manieren und die Moral des kleinen Mädchens zuständig – das allein war ihre Aufgabe, und für war sie geeignet.

Deshalb saß sie da und lauschte mit respektvoller Miene dem vogelartigen Gezwitscher von Mrs. Gareth-Lawless. (Was für eine hübsche Frau! Eine Silhouette wie eine *jeune fille!*)

Mrs. Gareth-Lawless fand, daß sie alles getan hatte, was man von ihr verlangen konnte. „Ich fürchte, sie ist ein recht dummes Kind, Mademoiselle“, sagte sie beim Abschied. „Sie kennen sich mit Kindern aus und werden verstehen, was ich meine. Sie hat die Angewohnheit, einen anzustarren und nichts zu sagen. Ich gestehe, ich wünschte, sie wäre nicht dumm.“

„Sie kann unmöglich dumm sein, Madame“, sagte Mademoiselle mit einem verständnisvollen Lächeln. „Oh, ganz unmöglich! Wir werden sehen.“

Schon nach wenigen Tagen hatte sie viel gesehen. Sie erkannte die Ausstrahlung des kleinen Mädchens mit den schlanken Beinen und schmalen Füßen und einem Dutzend Eigenschaften, die es zu einer Schönheit machten. Zuerst fielen ihr die ausdrucksvollen Augen mit dem tiefen Blick auf. Sie brachten einen ins Grübeln, bevor man sich zu etwas entschloß. Dann fiel ihr auf, wie schön die Zimmer waren, die an das unpraktische kleine Haus angebaut worden waren. Wo hatte das Kind vorher gelebt? Der Architekt mußte ein Genie gewesen sein. Durch die Fenster kam aller Sonnenschein herein, den London aufbringen konnte. Komfort und Luxus, soweit das Auge reichte. Die Farben und das Material waren perfekt. Mademoiselle Vallé war frappiert davon, wie sehr es sich von den Zimmern unterschied, die Londoner Kinder – selbst die der Reichen und Privilegierten – normalerweise bewohnten. Madame Gareth-Lawless hatte das nicht veranlaßt. Aber wer hatte es dann getan?

Mit der guten Dowson freundete sie sich sofort an. Sie erkannte in ihr einen der besten Menschen von einfacher Herkunft. Zuverlässig, schlicht, mit gutherzigem gesunden Menschenverstand und viel Beobachtungsgabe. Dowson war nicht redselig und neigte nicht zu Tratsch, aber als stumme Beobachterin wußte sie natürlich viel, und mit der Zeit, als sie sich gut kannten und wußten, daß sie einander vertrauen konnten, führten ihre gemütlichen Gespräche dazu, daß Dowson eine Menge verriet, ohne es zu merken.

Mademoiselle Vallé begriff schnell, daß das kleine Mädchen sehr an seinem Kindermädchen hing. Es zeigte sich auf ungewöhnliche Art. Oft ließ sie die Frau nicht aus den Augen, als wolle sie sich vergewissern, daß Dowson wirklich da war und daß es sie gab. An Mademoiselles erstem Tag im Haus sah sie, wie die Kleine plötzlich aufhörte, mit ihrer Puppe zu spielen, und Dowson ernst ansah. Dann stand sie auf und ging zu der gütigen Frau.

„Ich möchte Ihnen einen Kuß geben, Dowie", sagte sie.

„Natürlich, mein Lämmchen", antwortete Dowson, legte ihre Näharbeit hin und nahm sie in den Arm.

Danach spielte Robin zufrieden weiter.

Die Französin hielt es für ein schönes Zeichen kindlicher Zuneigung. Aber es geschah mehrmals am Tag, und abends machte Mademoiselle eine Bemerkung darüber.

„Sie hat ein liebevolles Herz, die Kleine", sagte sie. „Madame – ihre Mutter – ist so hübsch und fröhlich und so mit ihren Vergnügungen beschäftigt, daß sie wohl nicht viel Zeit für ihr Kind hat."

Schon jetzt war Dowson klar, daß sie sich auf Mademoiselle verlassen konnte und nicht Gefahr lief, sich einer Klatschbase anzuvertrauen. Sie legte wieder ihre Näharbeit hin und sah ihr Gegenüber ernst an.

„Soviel ich weiß, hat ihre Mutter ihr nie im Leben einen Kuß gegeben", sagte sie.

„Sie hat ihr nie –?" stieß Mademoiselle hervor. „Nie?"

„Ihre Mutter ist genauso, wie sie wirkt, Mademoiselle", sagte Dowson. „Jede vernünftige Frau wüßte sofort Bescheid, wenn sie sie von ihrem Kind reden hörte. Ich habe alles nach und nach herausgefunden, als ich herkam. Ich rede offen mit Ihnen, dann haben wir es hinter uns. Sie hat ihre ersten sechs Jahre in einer Art Hundezwinger im Obergeschoß dieses Hauses verbracht. Keine Sonne, kaum frische Luft. Zwei kleine Löcher, die schmutzig und düster genug waren, um ein Kind abstumpfen zu lassen. Keine Spielsachen oder Bilder, aber Kleider, die fein genug waren für Kinder aus dem Buckingham Palace – und die für sechs Kinder gereicht hätten. Sie wurde gefüttert und gewaschen und jeden Tag nach draußen gebracht, um gesehen zu werden. Und ein schlechtes Kindermädchen, Miss – das sie ruhiggestellt hat, indem sie sie gekniffen hat, bis sie grün und blau war."

„*Mon Dieu! Mon Dieu!* Der kleine Engel!" rief Mademoiselle und hielt sich die Augen zu.

Dowson wischte sich selbst hastig die Augen. Sie hatte viele mütterliche Tränen wegen des Kindes vergossen. Es war eine Erleichterung, einer mitfühlenden Seele ihr Herz auszuschütten.

„Grün und blau!“ wiederholte sie. „Und das, während die Leute im Salon tanzten und sich amüsierten.“ Sie streckte die Hand aus und packte Mademoiselle fest am Arm. „Das kleine Ding wußte nicht einmal, daß es eine Mutter *hat!* Sie kannte das Wort nicht. Ich habe es aus ihren unschuldigen Bemerkungen herausgehört. Sie nannte sie immer ‚die Dame unten‘.“

„Mon Dieu!“ rief die Französin. „Was für eine Frau!“

„Sie hat das erste Mal von Müttern gehört, als sie einen kleinen Jungen in den Square Gardens getroffen hat. Er war das erste Kind, mit dem sie spielen durfte. Es war ein netter Junge und hatte eine gute Mutter. Ich habe es nach und nach herausbekommen, weil sie nicht gemerkt hat, wieviel sie mir verraten hat. Er hat ihr von Müttern erzählt und sie geküßt – zum ersten Mal in ihrem Leben. Sie hat es nicht verstanden, aber es hat ihr kleines Herz erwärmt. Sie hat es nie vergessen.“

Mademoiselle in ihrem Stuhl zuckte leicht zusammen. Sie war eine kluge Französin und ahnte das Drama und alles, was damit zusammenhing. „Ist das der Grund dafür, daß –“

„Das ist der Grund“, sagte Dowson entschieden. „Ein Kuß ist für sie etwas Außergewöhnliches – etwas Wundervolles. Sie hat mich mittlerweile liebgewonnen, Gott segne sie, und dann und wann – denke ich – erinnert sie sich plötzlich an ihre einsamen Tage, in denen sie nicht wußte, was Liebe ist. Und dann steigt das Gefühl plötzlich in ihrem kleinen Herzen auf, und sie will mir einen Kuß geben. Sie sagt es immer auf diese Art: ‚Dowie, ich möchte Ihnen einen Kuß geben‘, als sei es etwas Besonderes, ja geradezu Heiliges. Sie weiß nicht, daß es für die meisten Leute so gut wie nichts bedeutet. Darum lege ich immer meine Arbeit beiseite und nehme sie in den Arm.“

„Sie haben ein gutes Herz – ein wirklich *gutes!*“ sagte Mademoiselle überschwenglich. Dann wagte sie eine Frage: „Wer war der kleine Junge?“

„Er war ein Verwandter von – Seiner Lordschaft.“

„Seiner Lordschaft?“ Es klang vorsichtig.

„Ein Verwandter des Marquis – Lord Coombe.“

Ein paar Minuten herrschte Stille. Beide Frauen dachten eine Menge und fragten sich, wieviel man klugerweise aussprechen sollte.

Dowson traf ihre Entscheidung zuerst, und auch diesmal legte sie ihre Handarbeit hin. Was sie zu sagen hatte, war die Sache, die die Französin unbedingt verstehen mußte, mehr als alles andere, wenn sie ihre Fähigkeit am besten nutzen konnte.

„Eine Frau in meiner Position hört viel Gerede“, begann sie. „Diener neigen ja dazu. Die Dienstbotenhalle ist ihre Theaterbühne. Es spielt keine Rolle, ob die Geschichten wahr sind oder nicht, solange sie nur Würze haben. Aber es war immer meine Art, alles zur Kenntnis zu nehmen und möglichst wenig darüber zu reden. Wenn eine Frau eine Stelle in einem Haus annimmt, kann sie gehen oder bleiben, aber sie darf nicht bleiben und jammern – oder tratschen. Meine Aufgabe hier ist Miss Robin, und ich habe selbst herausgefunden, daß es jemanden gibt, der – auf eine seltsame, gefühllose Art – die fixe Idee hat, sich um sie kümmern zu müssen. Ich sage ‚gefühllos', weil er nie zeigt, daß ihm an dem Kind selbst etwas liegt. Aber wenn etwas für sie zu tun ist, wird es sofort erledigt. Durch das Gerede unten – ich habe ja immer so getan, als würde ich mich gar nicht darum kümmern – habe ich erfahren, daß er eines Abends still und leise nach oben ins Kinderzimmer gegangen ist, in das er bis dahin noch nie einen Fuß gesetzt hatte, und Andrews dabei erwischt hat, wie sie das Kind gekniffen hat. Sie hat noch am gleichen Abend ihre Sachen gepackt. Er hat die Kinderzimmer inspiziert, und ein paar Tage später war schon ein Architekt mit dem Entwurf dieser Zimmer beschäftigt – für Miss Robin und niemanden sonst, obwohl andere auch Ansprüche angemeldet hatten. Er hat mir aufgetragen, ihr Bücher und Spielsachen zu kaufen – und es sie nicht wissen zu lassen, weil sie ihn haßt. Und ihm habe ich auch gesagt, daß sie eine Gouvernante braucht. Und er hat Sie gefunden."

Mademoiselle Vallé hatte aufmerksam zugehört. Jetzt sprach sie. „Sie sagen die ganze Zeit ‚er' und ‚ihm'. Er ist – "

„Lord Coombe. Ich habe ihn übrigens gar nicht oft gesehen. Eigentlich", Dowson hielt inne, „ist es merkwürdig, wie selten er herkommt. Er reist oft ins Ausland. Er hat mit den Allerhöchsten zu tun und ist bei ihnen beliebt, weil er witzig und klug ist. Über ihn wird getratscht, aber es kümmert ihn nicht. Es geht mich nicht das geringste an, ob er auf dem Kontinent irgendwelche Schlupfwinkel hat, um sich dort zu amüsieren, oder nicht. Soweit ich weiß, ist er aber ein Schutzengel. Und er ist die einzige Person auf Gottes weiter Erde, der daran denkt, daß das Kind ein Mensch ist. Nur er – Lord Coombe. So, Mademoiselle – nun habe ich viel gesagt."

Die Französin hatte mit wachsendem Interesse und einem Hauch wachsender Neugier in den intelligenten Augen zugehört. Sie drückte Dowsons Hand, deren Finger vom Nähen rauh geworden waren.

„Sie haben nicht zuviel gesagt. Es ist gut, daß ich von diesem Mann weiß. Wie Sie sagen, er ist jemand, über den viel geredet wird. Ich habe selbst viel von ihm gehört – aber Dinge, die mit einer anderen Seite seines Charakters zu tun haben. Es stimmt, daß er bei hochstehenden Personen angesehen ist. Das liegt daran, daß ihnen bewußt ist, wieviel er im Laufe der Jahre beobachtet hat. Er gibt sich leichtfertig und ironisch, aber er spricht Wahrheiten aus, die einen manchmal erschrecken, wenn man sie hört."

„Jennings erzählt unten, daß er Dinge sagt, die ein Lord normalerweise nicht äußert. Jennings ist ein schlauer junger Bursche und merkt sich alles mögliche, das er auch gern wiederholt. Seiner Meinung nach glaubt Seine Lordschaft, daß eine Zeit kommen wird, in der die Hohen und Mächtigen ihren Platz verlieren werden und Throne und Könige abgeschafft werden. So weit würde ich nicht gehen", sagte Dowson ernst, „aber ich muß sagen, daß der königlichen Familie nicht mehr der gleiche Respekt erwiesen wird wie in meiner Jugend. Wahrhaftig! Als Königin Victoria in der Blüte ihres Lebens stand – umgeben von ihrer jungen Familie – kleine königliche Hoheiten, Prinzen in Highland-Kilts und Prinzessinnen in ihren Reifröcken und Hüten mit herabhängenden Straußenfedern und breiten Satinbändern – die Leute waren aus dem Häuschen, wenn sie irgendein Denkmal enthüllte!"

„So war es auch, wenn Kaiserin Eugenie und der Prince Imperial erschienen", sagte Mademoiselle ein bißchen traurig. „Man denkt daran wie an einen Traum, der vergangen ist – die Champs-Élysées in der Nachmittagssonne – die kaiserliche Kutsche und die prächtige Eskorte – die schöne Frau mit den schönen Kleidern – ihr reizendes Lächeln – der Kaiser mit seinem gewachsten Schnurrbart und seiner finsteren Miene! Es bedeutete soviel und ging so schnell vorbei. Nur ein Augenblick", sie machte eine kleine Geste, „und es ist vorbei – für immer! Ein Kaiserreich mit all seinem Glanz! Vor zweihundert Jahren hätte es nicht so einfach verschwinden können. Aber jetzt ist die Welt älter. Sie verlangt nicht mehr so sehr nach Spielzeug. Eine Republik – das sind die Leute – und es gibt mehr Leute als Könige."

„Solche Dinge sagt Seine Lordschaft auch – laut Jennings", sagte Dowson. „Jennings ist sich nie sicher, ob er es ernst meint oder nicht. Er hat eine satirische Manier – und die Gesellschaft lacht immer."

Mademoiselle hatte nachdenklich und mehr zu sich selbst als zu Dowson gesprochen. Was sie nun hinzufügte, klang noch nachdenklicher. „Die gleichen Leute haben vor der Französischen Revolution gelacht", murmelte sie.

„Ich bin nicht so gebildet und weiß nicht viel darüber – das ist lange her, nicht wahr?" bemerkte Dowson.

„Sehr lange", sagte Mademoiselle.

Dowsons Antwort war völlig frei von tragischer Wehmut. „Nun, ich muß sagen, mir gefällt eine ehrenwerte königliche Familie", sagte sie. „Es hat etwas Beständiges und Tröstliches – außer den Krönungen und Hochzeiten und Prozessionen mit all den Bildern in den *llustrated London News.* Ja, ich hätte gern eine liebenswerte, manierliche königliche Familie."

17. Die Herzogin von Darte

Eine liebenswerte, manierliche königliche Familie.“

Davon hatte es in Europa mehrere gegeben. Eine beachtliche Zahl von ihnen hatte sich – sogar etwas ostentativ – viel auf ihre häuslichen Tugenden zugutegehalten. Bei einigen wenigen hatte man geglaubt, daß ihre moralischen Ansichten an die hehren Grundsätze heranreichten, die in Poesiealben geschrieben wurden. Bei anderen war das jedoch nicht der Fall gewesen. Einige hatten sich nicht um diese Prinzipien gekümmert und getan, was ihnen gefiel. Aber was konnte man erwarten? Wenn man seit seiner frühesten Kindheit erlebte, wie die Nation sich artig vor einem verbeugte, wenn Fanfaren ertönten, sobald man sich sehen ließ, daß sich die stolzesten Köpfe senkten und die graziösesten Knickse gemacht wurden, wenn man nur vorbeiging, wenn das ganze Publikum einer prächtigen Operngala sich erhob, nur weil man die königliche Loge betrat, während die Nationalhymne triumphierend erklang – dann konnte nur ein ausgeprägter und feiner Sinn für Humor die falschen Vorstellungen zurechtrücken, die man sich von seiner eigenen Wichtigkeit und Bedeutung für das ganze Universum machen mußte. Es blieb aber eine Tatsache, daß einige von ihnen sich wirklich manierlich benahmen und man ihnen nicht vorwerfen konnte, daß sie sich wie die blutdürstigen Tyrannen und Unterdrücker vergangener Jahrhunderte aufführten.

Das Oberhaupt des Hauses Coombe war bei Hofe gewesen und in Palästen und Schlössern der meisten gekrönten Häupter empfangen worden. Darüber hatte Mademoiselle Vallé mehr gehört als Dowson. Er war mit bekannten und beachteten Personen und Orten vertraut. Ein Mann, der unter denen geboren wird, deren tägliches Leben in die Geschichte eingeht, findet auf jeden Fall Kameraden, Bekannte, Feinde und Freunde unterschiedlichen Charakters, und wenn er dann auch noch ein aufmerksamer Beobachter der Verhältnisse ist, hat er keinen Mangel an Stoff für private Überlegungen.

Der Teil seines Daseins, der mit dem Streifen von dem Haus auf der richtigen Seite der Mayfair Street verknüpft war, war nur klein. Zu der

Unerforschlichkeit seines Charakters gehörte es, daß er dort nur selten zu sehen war. Im Laufe der Jahre hatte er seine frühere Gewohnheit, oft den Ärmelkanal zu überqueren, nach und nach wieder aufgenommen. Seine Bekannten sprachen belustigt von seinen „Samstag-bis-Montag-Reisen" in ferne und nahe Städte auf dem Kontinent. Bei diesen Gesprächen kamen wahrscheinlich die Gerüchte auf, von denen Dowson gehört hatte, denen sie aber keinen Glauben schenken wollte, weil sie unvoreingenommen sein wollte. Dabei spielten natürlich auch wilde Spekulationen eine große Rolle, und wenn die Leute ihrer Phantasie freien Lauf ließen, trieb diese die wundersamsten Blüten. Dieser Spekulationen war sich Coombe selbst am deutlichsten bewußt, und die Leichtigkeit, ja das Vergnügen, mit denen er geschickten Fragen auswich, trieb seine Umgebung zur Verzweiflung. Es war geradezu unmenschlich.

An einem der alten Plätze, die immer majestätisch blieben, während in seiner Nachbarschaft der Glanz der Moderne verblaßt war, stand ein düsteres, aber imposantes Haus, dessen breite Treppe Lord Coombe – Jahre, bevor die Gareth-Lawlesses in London erschienen waren – öfter hinaufging als jede andere. Manchmal wartete sein Brougham stundenlang vor dem Haus, und manchmal kam er zu Fuß und hob den schweren Türklopfer für ein bestimmtes Klopfen, das alle Diener in der Halle kannten. Wenn sie es hörten, wußten sie, daß ihre Herrin – die alte Herzoginwitwe von Darte – ihren Gast empfangen würde, selbst wenn sonst niemand Zutritt hatte.

Die Möbel gehörten zu der Sorte, die von Anfang an massiv und düster gewesen waren und im Laufe der Jahre, in denen sie immer am gleichen Platz gestanden hatten, noch düsterer geworden waren. Die Pracht der Einrichtung war nie vom Verfall bedroht gewesen, und die Besitzerin hatte sich nie nach den Launen der Mode gerichtet. Die Zimmer waren groß und elegant, die Hallen und Treppen geräumig, in den Kaminen mit ihren gewaltigen glänzenden Stahlgittern glühte im Winter die Kohle. Ein Diener sorgte dafür, daß das Feuer nicht ausging.

Es gab viele Zimmer, deren Türen geschlossen gehalten wurden, weil sie offenbar nie benutzt wurden, es gab andere, die ebensowenig genutzt wurden, deren Türen aber offenstanden und in denen jeden Tag frische Blumen standen, weil die Herzogin gern einen Blick in die freundliche Atmosphäre warf, wenn sie an ihnen vorbeiging. Das Haus gehörte ganz ihr, nachdem sie Witwe geworden war und ihre Kinder glänzende Ehen geschlossen hatten und auszogen. Sie selbst wurde Herzoginwitwe, und als das Rheuma sie befiel, wurde das Haus noch mehr ihr Zuhause, in dem ihr kleinster Wunsch Gesetz war. Sie war keine launische alte Frau, aber ihre Vorlieben, die nicht der modernen Zeit entsprachen, in der sie jetzt lebte, galten als etwas exzentrisch.

„Ich will nicht, daß in meinem ganzen Haus grelle elektrische Lampen leuchten wie in einem Geschäft. In meinen eigenen Zimmern soll es nur Wachskerzen geben. Große – so viele Sie wollen“, sagte sie. „Ich will nicht telefonisch ‚angerufen‘ werden. Meine Diener dürfen das Telefon gern nutzen, wenn sie wollen. Es ist nicht meine Sache, ihnen moderne Unbequemlichkeiten zu verweigern, wenn sie sie bequem finden. Meine Senilität geht nicht so weit, daß ich von der Welt verlangen würde, sie solle aufhören, sich zu drehen. Damit hat sie ohne meine Unterstützung angefangen, und es steht zu befürchten, daß sie damit fortfährt – ungeachtet meiner Proteste.“

Und so sorgte sie nur dafür, daß der kleine Teil der Welt, der nur sie etwas anging, so blieb, wie er in den herrlichen frühen Jahren ihres Lebens gewesen war. Sie war an Königin Victorias Hof eine große Schönheit und auch für ihren Witz bekannt gewesen. Sie hatte die feine Nase, die sanften Augen, die „marmorglatte Stirn“, die schrägen, weißen Schultern, von denen Halstücher wehten oder indische Schals graziös herabfielen, ganz der herrschenden Mode entsprechend. Ihre Kutsche war elegant gewesen, ihre blühende Schönheit vollkommen, und wenn sie „im Dienste“ ihrer königlichen Herrin durch die Straßen gefahren war, hatte die Bevölkerung sie immer am meisten bewundert. So jung sie damals auch gewesen war, ältere Staatsmänner hatten in ihr eine wertvolle Gesprächspartnerin gesehen, nicht nur eine Schönheit in der Blüte ihrer Jugend, sondern ein Geschöpf von einzigartiger Brillanz und einem klaren Blick auf die Welt. Sogar die Anerkanntesten unter ihnen sagten noch vor ihrem zwanzigsten Geburtstag voraus, daß sie eine der klügsten Frauen in Europa werden würde und daß sie schon jetzt den klaren Blick eines Mannes von fünfzig habe.

Sie heiratete früh und wurde in mittlerem Alter Witwe. In ihren späteren Jahren war sie durch Rheuma an den Stuhl gefesselt. Ihre Söhne und Töchter waren aus dem Haus und hatten eigene Familien, und sie wollte nicht, daß sie sich für sie aufopferten.

„Ich habe Geld, Freunde, gute Diener und ein Haus, das ich liebe“, faßte sie die Situation zusammen, „ich mag dazu verurteilt sein, am Feuer zu sitzen, aber ich bin nicht dazu verdammt, meiner unschuldigen Familie zur Last zu fallen. Ich kann immer noch sprechen und lesen und werde daran arbeiten, eine professionelle Zuhörerin zu werden. Das wird die Leute zu mir hinziehen. Ich werde nicht nur lesen, sondern mir auch vorlesen lassen. Ein gesunder junger Mann mit angenehmer Stimme soll mir jeden Tag Bücher und Magazine bringen und die besten Stellen vorlesen. Liebenswerte Menschen werden mich besuchen und über mein reiches Wissen staunen.“

In den ersten Jahren dieser erzwungenen Abgeschiedenheit kam Coombe mit ihr in engen Kontakt. Er hatte sie in bestimmten schwarzen Tagen seiner Jugend gekannt, und sie hatte Dinge verstanden, ohne daß er sie ihr erzählte. Sie hatte nicht mit ihm darüber gesprochen, aber sie hatte ihm stillschweigend etwas gegeben, das ihn zu ihr zog, wenn die Dunkelheit ihn zu überwältigen drohte. In ihren jungen Jahren hatte sie kaum Zeit für enge Kontakte gehabt, aber als sie anfing, am Feuer zu sitzen und die hektische Welt an sich vorüberziehen ließ, wurde er nach und nach einer von denen, die „vorbeikamen".

In einem der großen Zimmer, die sie für den täglichen Gebrauch gewählt hatte, mit dem gut bewachten Feuer hinter dem glänzenden Gitter, hatte sie sich eine behagliche Ecke geschaffen und saß dort in einem prächtigen, bequemen Sessel, geschützt vor Zugluft durch einen altertümlichen Paravent mit chinesischem Lack, hatte einen Tisch neben sich und alles in Reichweite, was sie brauchte. Auf dem Tisch stand eine silberne Klingel, bei deren Klang ihre Gesellschafterin, ihre Zofe oder ihr Diener kamen und gingen, schweigend und prompt, als würden sie durch Gedankenübertragung gerufen. Ihr Leben war eigentlich einfach, aber eine gewisse beinahe königliche Würde umgab ihre Einsamkeit. Ihre Gesellschafterin Miss Brent, eine intelligente, reife Frau, die ein hartes Leben kennengelernt hatte, fand sofort Trost darin und Geschmack daran.

„Ich selbst brauche nicht viel Geld", sagte sie in einem ihrer Gespräch mit Coombe, „aber in einem Haus dieser Größe zu wohnen und es von ausgezeichneten Dienern in Stand halten zu lassen, die mit ihrem Dasein zufrieden sind, ist keine Kleinigkeit. Eine Tasse Tee für die Freunde, die nachmittags vorbeikommen, um sich an meinem Feuer zu wärmen, ein Abendessen, wenn es mir gut genug geht, daß ich am Kopf des Tisches sitzen kann – viel mehr tue ich nicht mehr für die Welt. Natürlich muß ich darauf achten, daß mein Tee gut ist und an meinen Abendessen nichts auszusetzen ist. Trotzdem sitze ich hier in meinem Stuhl und spare Geld – wofür?"

Von denen, die „sich an ihrem Feuer wärmten", war nur dieser Mann ein enger Freund geworden. Wenn sie die Zeit fanden, den Geist des anderen zu erforschen, machten sie seltsame Entdeckungen – geheime Sympathien und gegenseitiges Verstehen, die kostbare Schätze waren. Sie sprachen offen über faszinierende Dinge. Er saß bei ihr, wenn andere nicht zu ihr durften, weil sie Schmerzen hatte oder müde war. Er half ihr, beides zu vergessen.

„Wofür?" antwortete er an diesem Tag. „Warum nicht für Ihre Enkelkinder?"

„Sie werden zuviel Geld haben. Es sind nur vier. Sie werden großartige Partien machen, so wie ihre Eltern", sagte sie. Sie hielt kurz inne und fügte dann hinzu: „Wenn nicht bis dahin die Weltrevolution ausgebrochen ist – und man keine großartigen Partien mehr machen kann."

Denn eins der vielen Dinge, auf die sie immer wieder zu sprechen kamen, war das Schachbrett der Landkarte von Europa. Er beobachtete schon seit vielen Jahren, wie gewisse Hände über dem Schachbrett schwebten, denen es offenbar in den Fingern juckte, die Figuren zu verschieben. Auch sie beobachtete dieses Spiel seit ihrer Jugend mit einem Interesse, das nicht nachgelassen hatte, als sie älter wurde. Es hatte in den Tagen, in denen sie am Feuer saß, noch mit jeder Bewegung der schwebenden Hände sogar noch zugenommen. Sie kannte politische Parteien und deren Anführer, sie hatte Helden und Staatsmänner getroffen, sie hatte gesehen, wie ein unbedeutender Prinz Kaiser wurde – ein Kaiser, der als prahlerischer junger Grünschnabel nach der Weltherrschaft gestrebt hatte und dessen theatralische Besessenheit arglose Nationen amüsiert hatte. Sie vertrauten unvorsichtigerweise auf den Fortschritt der Zivilisation und waren zu bequem und gleichgültig, um zu begreifen, daß es gefährlich ist, einen Menschen mit einer fixen Idee – auch wenn man sich über ihn lustig macht – aus den Augen zu lassen. Sie hatte Frankreich mit all dem Glanz seines protzigen Kaiserreichs erlebt und gesehen, wie imperialer Glanz sich auflöst wie Nebel. Sie hatte Rußland mit Neugier und Furcht beobachtet. An dem Tag, als der Herrscher, der Millionen seiner Untertanen die Freiheit geschenkt hatte, zum Dank dafür von einer Bombe in Fetzen gerissen wurde, war sie in St. Petersburg gewesen. Einen König, der ermordet worden war, hatte sie gut gekannt und gern gemocht, eine Kaiserin, die ein Verrückter erstochen hatte, war ihre Freundin gewesen.

Ihre Jugend war ereignisreich gewesen und hatte ihrem starken und weitsichtigen Geist viel Stoff für unausgesprochene Gedanken gegeben, die weit über tägliche Erfahrung und genaues Wissen hinausgehen. Sie hatte gelernt, wann man reden und wann man schweigen mußte, und meistens entschied sie sich für letzteres. Aber sie hatte nie aufgehört, die Welt mit wachem Blick zu betrachten, über ihre Tugenden und Schwächen zu sinnieren, ihre Tiefe und Flachheit, wobei ihr ein klares und maßvolles Denken zugutekam.

Sie saß an ihrem Feuer und war immer noch eine anziehende Erscheinung, obwohl Krankheiten und die Jahre Spuren auf ihrem Gesicht hinterlassen hatten und nur noch wenig von ihrer Schönheit übrig war. Die einst „marmorglatte Stirn" war gefurcht durch den Meißel des Leidens, die feine, hohe Nase, die aus ihrem wachsbleichen, eingefallenen Gesicht ragte, sah etwas adlerartig aus, aber ihr Gesicht war immer noch ausdrucksvoll und die Kopfhaltung elegant. Sie konnte nur noch am Stock gehen, ihre einst so bezaubernden Hände waren so steif geworden, daß sie sie kaum noch gebrauchen konnte, aber sie hielt Hof – von einem Thron aus Kraft und Charme herab. An den Nachmittagen, an denen Leute „hereinkamen, um sich an ihrem Feuer aufzuwärmen", waren die Gespräche nie langweilig, sondern oft genug wunderbar. Einige Gäste kamen gerade von wichtigen Treffen, bei denen gewichtige Fragen, die Nationen bewegten, angeregt und vielleicht sogar hitzig verhandelt worden waren. Manchmal ging die Diskussion beim Tee in der Ecke der Herzogin weiter, und trotz aller Abschweifungen konnte sie immer folgen. Bücher und Flugblätter und Zeitschriften und der junge Mann mit der schönen Stimme, der ihr Vorleser war, hielten sie über das Weltgeschehen auf dem laufenden.

Am interessantesten fand Coombe ihre modernen Ansichten, wenn sie sich an ihren langen Lebensweg erinnerte. Die Phrase „heutzutage" drückte bei ihr nie Geringschätzung oder Bedauern aus. Wenn sie in ihrem Salon thronte, der von Wachskerzen erleuchtet wurde, tat sie es aus persönlicher Vorliebe und nicht, weil sie etwas gegen elektrisches Licht hatte. Wenn es ihr gut genug ging, daß sie das Haus verlassen konnte, fuhr sie bei schönem Wetter in ihrer Barouche langsam durch den Hyde Park, ohne hochmütig die Nase über Benzin und Motoren zu rümpfen. Als das Jahrhundert ihrer Jugend zu Ende ging, erwartete sie voller Spannung, welche Wunder die Morgendämmerung des nächsten bringen würde.

„Wenn in der Vergangenheit nicht so viel passiert wäre, hätte man nicht gelernt, mehr zu erwarten", resümierte sie eines Nachmittags, als Coombe nach einem seiner Auslandsaufenthalte wieder bei ihr erschien. „Die wichtigste Entdeckung der letzten fünfzig Jahre war die Feststellung, daß niemand mehr davon ausgehen kann, er habe das letzte Wort über irgend etwas gesprochen. Der Nächste – beinahe jeder – kann weiter kommen. Vor dieser Zeit waren sich alle älteren Leute sicher. Sie sagten zueinander – und vor allem zu den jungen Leuten: , Das gab es nicht zu meiner Zeit – und auch nicht zur Zeit meines Großvaters. das gab es nie. Das wird es nie geben.'"

„Der heutige Tenor ist: ,Was es noch nie gab, wird es bald geben'", sagte Coombe.

„Ah! Wir, deren Leben in dem sichersten Jahrhundert und unter der ehrenwertesten Regierung begann", antwortete sie ihm, „haben viel gesehen. Aber diese anderen werden mehr sehen. Krinolinen, Hüte mit breiten Krempen und Großfamilien versprachen Anstand, so friedlich, daß es fast langweilig war, aber es gab Schlachten, Morde und plötzliche Todesfälle, es gab beinahe übernatürliche Erfindungen und Entdeckungen – neuen Glauben und neue Zweifel. Wenn man an seinen Fingern abzählt, welche Wunder das neunzehnte Jahrhundert hervorgebracht hat, schnappt man nach Luft und starrt mit großen Augen in Richtung Zukunft. Mir kommt es so vor, als hätte ich einer ruhigen Milchkuh zugesehen, die erst friedlich dahintrottet und sich dann nach und nach in einen Tiger verwandelt – ein Geschöpf mit hundert Köpfen – ein fliegender Drachen mit tausend Augen! Oh, wir sind schnell und weit gegangen!"

„Und wir werden noch schneller und noch weiter gehen", fügte Coombe hinzu.

„So ist es", antwortete sie. „Gehen wir *zu* schnell?"

„Jedenfalls so schnell, daß wir Dinge vergessen, an die wir uns lieber erinnern sollten."

Er war an diesem Tag hereingekommen und sah besorgt und grimmig zugleich aus, was ihr nicht neu war. Bei der Rückkehr von einer Reise sah er oft so aus.

„Zum Beispiel –" fragte sie.

„Zum Beispiel Katastrophen der Weltgeschichte, die durch Voraussicht und Weisheit hätten verhindert werden können. Die Französische Revolution ist das offensichtliche Beispiel und naheliegend. Die Französische Revolution – ihre Schreckensherrschaft – die Orgien des Blutvergießens – das Elend – hätte es nicht geben müssen, aber es *gab* sie – um es mit einem Wort von einer Silbe zu sagen."

„Wie?" rief sie unwillkürlich aus. „Sie wählen die Französische Revolution als Vergleich?"

„Wer weiß, wie weit Verrücktheit gehen kann und welche Formen eine Schreckensherrschaft vielleicht annimmt?" Er setzte sich und zog einen Atlas zu sich heran. Der Atlas lag immer auf dem Tisch, auf dem alles, was die Herzogin brauchte, in Reichweite war. Er war dick, handlich und ansehnlich mit seinem Einband aus mattgrünem Leder. Die Geste, mit der Coombe nach dem Atlas griff, war eine vertraute, denn das Werk wurde oft benutzt.

„Schon wieder der Atlas?" sagte sie.

„Ja. Gerade jetzt kann ich an kaum etwas anderes denken. Mir ist zuviel klargeworden."

Die Reise über den Kontinent hatte einen Monat gedauert. Er hatte mehr als ein Land besucht, um zu erforschen, woher der Wind wehte. Seit geraumer Zeit galt seine Aufmerksamkeit einer bestimmten Ecke des Schachbretts. Es war die Ecke, die von dem Herrscher regiert wurde, über dessen Besessenheit unvorsichtige Länder geistreiche Scherze machten. Er kannte diesen Mann, seit er ein arroganter und wenig liebenswerter Jugendlicher gewesen war. Er hatte mit unvoreingenommener Neugier zugesehen, wie die Arroganz groteske Ausmaße annahm. Der Rest der Welt hatte es auch gesehen, aber offenbar nur auf die lässige Art, die gutmütig lächelt und jedem Mann – sogar einem Kaiser – das Privileg der eigenen Verrücktheiten zugesteht. Coombe hatte es anders gesehen, ebenso seine Freundin an ihrem Kamin. Das Feld, das dieser Mann auf dem Schachbrett einnahm, war schon lange ein Gesprächsthema zwischen ihnen und ein Grund, den Atlas zur Hand zu nehmen. Die Züge, die er machte, die Art seiner Regierung, die Tragweite seiner Methoden waren die Beweise, die sie in ihren häufigen Diskussionen anführten. Coombe hatte schon früh begonnen, die ganze Sache als einen Prozeß zu betrachten – eine lebenslange Arbeit als Mittel zu einem ungeheuerlichen Zweck.

Er glaubte etwas ganz Bestimmtes, von dem sie oft sprachen und das sie „es“ nannten. Er sprach jetzt von „ihm“.

„Drei Wochen lang habe ich gemerkt, wie es wächst“, sagte er, „eine ganze Nation, die mit der gesamten Macht ihres Handels, ihrer Bildung, ihrer Wissenschaft und ihrer Religion auf ein einziges Ziel zusteuert, ist ein seltsamer Fall. Sogar neugeborene Kinder lernen nur diesen einen Gedanken, der ein Teil ihres Daseins wird. Selbst das unschuldigste und blauäugigste Baby weiß ohne den Hauch eines Zweifels, daß die Welt nur aus einem einzigen Grund existiert – um von seinem Geburtsland erobert und geplündert werden zu können.“

„Ich habe es gehört und gesehen“, sagte sie. „Man muß wider Willen lächeln, wenn man ihre alltäglichen Gespräche hört.“

„In kleinen Schulen – und in großen – in kleinen Kirchen und in gewaltigen – wird dieser Glaube gelehrt und gepredigt“, antwortete Coombe. „Manchmal traut man seinen Ohren nicht. Es ist alles so offen und schamlos – die Prahlerei und die Drohungen. Sie kennen nur einen Gott, und in dem sehen sie den bescheidenen Diener ihres Kaisers, dessen ganze Aufmerksamkeit seinem Können gilt.“

„Das Fehlen von Sinn für Humor ist eine Katastrophe“, bemerkte die Herzogin. „Die Angehörigen anderer Nationen mögen Dummköpfe sein – zweifellos sind wir es alle – aber es gibt keine andere, die diese Tatsache im Ausland mit soviel Lärm verkündet.“

„Und sogar wir – Sie und ich, die wir mehr denken als andere“, sagte er rastlos, „sogar wir vergessen und lächeln ein wenig. Es wurde zuviel gelächelt.“

Sie nahm eine illustrierte Zeitung und schlug eine Seite auf, die ein Bild zeigte. „Sehen Sie!“ sagte sie. „Er macht es einem leicht, sich über ihn zu amüsieren – mit diesen Bildern seiner riesigen Stiefel, seiner Schwerter und der Vielzahl herabhängender Orden! Man muß einfach lächeln, wenn er einen aus einer Zeitung finster anstarrt – mit seiner kriegerischen Haltung, er gegen das Universum, mit seinem komischen Schnurrbart und dessen grimmig gewachsten und gespitzten Enden. Nein! Man kann kaum glauben, daß ein Mann dumm genug sein kann, nicht zu erkennen, daß er aussieht, als habe er sich absichtlich als eine Art militärisches Schreckgespenst verkleidet, damit er den Leuten Angst einjagen kann?“

„Darin liegt die Gefahr. Seine Bestrebungen wirken so grotesk, daß man sie nicht ernst nimmt. Und während man ihn im Auge behält wie einen Verrückten, hat er reichlich Zeit, seinen Angriff auf die Welt vorzubereiten, die nicht mehr an die einzige Sache glaubt, die für ihn Wirklichkeit ist.“

„Sie sind ein guter Beobachter.“ Ihr Blick war wach, obwohl sie nur zugehört hatte.

„Ich sage Ihnen, es *wächst*!“ erwiderte er und schlug zur Bekräftigung leicht auf den Tisch. „Erinnern Sie sich an Carlyle –?“

„Wieder die Französische Revolution?“

„Ja. Erinnern Sie sich? ‚Sind nicht Feuer, Fieber, gesäte Saaten, chemische Mischungen … in stetem Wachsen begriffen? … Man bemerke auch, daß alles, was überspannt und ungesund ist, im Verhältnis schneller wächst.‘[3] Ein Herrscher, der in einer so friedlichen Zeit wie der heutigen sein Leben und das seines Volkes darauf ausrichten kann, die Welt in ein Blutbad zu stürzen, in dem seine eigene Monomanie triumphieren kann – lieber Gott! Das ist Wahnsinn!“

„Die Welt!“ sagte sie. „Ja – es wird die Welt sein.“

„Sehen Sie“, sagte er und beschrieb mit dem Finger einen Bogen, der den Großteil der Karte von Europa umspannte. „Hier sind Länder, die – wie die Bandar-log – mit ihren eigenen Angelegenheiten beschäftigt sind. Sie streiten sich, bestehlen sich und prahlen spaßeshalber mit Pomp und Machtdemonstrationen. Hier ist ein Riesenreich, in dessen gewaltiger, halbwilder Bevölkerung seit Jahrhunderten der Geist der Rebellion gärt. Oh! Es brodelt! Und nur Grausamkeit hält es im Zaun. Dann und wann ist es übergekocht und hat sich in Attentaten Luft gemacht, und man fragt sich, wie lange sich der Glanz des Autokraten noch hält. Hier sind kleine, grimmige, aber hilflose Nationen – überrannt und von Haß überwältigt. Hier sind unschuldige, kleine Länder, wehrlos durch ihre Lage und Größe. Hier ist Frankreich – reich, sorglos, supermodern und zynisch. Hier ist England – schwerfällig, reich und von einer geradezu stumpfsinnigen Sicherheit durch den Glauben an eine zivilisierte Welt, die Konflikte nicht mehr mit Blut und Stahl austrägt. Und hier – in einer gut verschanzten Position inmitten von allen – umgeben von nur ein paar hundert Meilen Schwäche, Mittäterschaft, katastrophaler Unfertigkeit und panischer Unentschlossenheit – sitzt dieser Mann, der einen Traum hat – und glaubt, Gott der Allmächtige sei sein Vasall. Hier sitzt er.“

„Ja, sein einziger Traum. Er hat keinen anderen.“ Auch die Herzogin brütete über der Landkarte. Es war, als beobachteten sie ein seltsames, schreckliches Spiel.

„Es ist seine fixe Idee. Sie hat Besitz von ihm ergriffen, als er noch ein Junge war. Er will das gleiche erreichen, worauf Napoleon gehofft hat, indem er die Kraft seines Volkes für die Vorbereitung einspannt – und nicht davor zurückschreckt, ihr Blut zu vergießen, als sei es Wasser auf seine Mühlen.“

„Ja – das Blut – das Blut!“ Die Herzogin schauderte. „Er würde es ohne Bedenken vergießen.“

3 Thomas Carlyle: Die Französische Revolution, Band 1. Zitiert nach der Übersetzung von L. Dausalik, 1898.

Coombe zeigte auf eine Stelle der Karte und dann auf eine andere. „Sehen Sie!" sagte er wieder – diesmal heftig. „Dieses Reich wurde eingelullt und mit List eingewickelt, dieses wurde provoziert, dieses getäuscht, dieses in Konflikte hineingezogen, dieses, dieses und dieses mit scheinbarer Freundschaft behandelt, mit diesen hier wurde jongliert – und dann, wenn sein Plan reif ist und er trunken ist vom Glauben an sich selbst – eine Beleidigung oder ein Vertrauensbruch, die die ganze Menschheit entsetzt – und unsere Weltrevolution ist da!"

Die Herzogin saß aufrecht in ihrem Stuhl. „Warum haben Sie Ihre Jugend ungenutzt verstreichen lassen?" sagte sie. „Wenn Sie früh genug angefangen hätten, hätten Sie das Land dazu bewegen können, Ihnen zuzuhören. Warum haben Sie es nicht getan?"

„Aus dem gleichen Grund, aus dem selbstsüchtiger Kummer und Freude und Gleichgültigkeit der Welt ihren Lauf lassen. Und ich bin nicht sicher, daß man mir zugehört hätte. Ich rede in einigen Kreisen sehr offen. Die Leute hören mir zu, aber sie tun nichts. Es sollte uns eine Warnung sein, daß ihm die Jugend entschwunden ist, ohne daß er seine Chance bekommen hat – das hat ihn enttäuscht und zur Verzweiflung getrieben. Zu Anfang dachte er noch, er müsse der Welt irgendeine Ausrede präsentieren, aber mittlerweile ist ihm der Kamm geschwollen, und er findet, er selbst und sein Ehrgeiz seien Grund genug. Es ist keine Ausrede mehr nötig – *Deutschland über alles* reicht."

Er schob die Landkarte von sich, und seine Aufregung legte sich. Er sprach beinahe wie immer. „Die Eroberung der Welt", sagte er. „Er ist ein großer Dummkopf. Was würde er denn mit seinen Kontinenten *machen,* wenn er sie hätte?"

„Ja, was?" überlegte Ihre Gnaden. „Kontinente – und sogar Königreiche sind nicht wie Kätzchen in einem Korb – oder Welpen, denen man beibringt, bei Fuß zu gehen."

„Ein Teil seiner Besessenheit besteht darin, daß er sich einreden kann, sie seien kaum mehr." Coombe ließ seine Brille eine Weile an ihrem Band baumeln und klappte sie dann geräuschvoll zusammen.

„Er ist ein großer Dummkopf", sagte er. „Aber wir, meine Freundin – und mit ‚wir' meine ich den Rest von Europas Landkarte – sind noch viel größere Dummköpfe. Unter uns tobt ein tollwütiger Hund und wir sitzen nur da – und lächeln."

Und das war in den Tagen, bevor das Haus mit der cremefarbenen Fassade seine ersten Geranien und Lobelien in Feathers Blumenkästen präsentiert hatte. Robin war noch nicht geboren.

18. Tratsch

In den Zimmern, die an das Haus angebaut worden waren, wuchs Robin im Laufe der Jahre heran, und „es“ wuchs ebenfalls. Wenn ihre Mutter sie einmal sah, wurde ihr klar, daß sie nie auch nur die geringste Ähnlichkeit mit einer Kneipenwirtin haben würde. Nicht einmal in ihren glanzlosesten Momenten zeigte sie einen Hang dazu. Dowie kümmerte sich um sie, und Mademoiselle Vallé erzog sie mit der Hilfe einiger Lehrer, die Deutsch und Italienisch unterrichteten.

„Warum nur Deutsch und Italienisch und Französisch“, sagte Feather, „warum nicht auch noch Latein und Griechisch, wenn sie so gebildet werden soll?“

„Weil man heute moderne Sprachen braucht. Die sollten in Internaten unterrichtet werden“, antwortete Coombe. „Sie sind keine Bildung, sondern praktische Fertigkeiten. Die Nationalitäten sind nicht mehr so voneinander getrennt wie früher. Die Sprache seiner Freunde – und seiner Feinde – zu kennen, ist eine Schutzmaßnahme.“

„Vor welchem Land muß man sich denn schützen? Es sind doch alle Könige und Königinnen mit ihren Cousins und Cousinen verheiratet und trinken jedes Jahr miteinander Tee. Denken Sie nur an die Freundschaft mit Deutschland –“

„Das tue ich“, sagte Coombe, „sehr oft sogar. Das ist einer der Gründe, warum ich Deutsch gewählt habe und nicht Latein und Griechisch. Vor Julius Cäsar und Nero muß man sich nicht mehr fürchten.“

„Muß man es denn vor dem Kaiser mit seinen siebzehn Kindern und seiner ehrenwerten Frau[4]?“ kicherte Feather. „Ihn interessiert doch nur, daß Frauen daran denken, wozu sie auf der Welt sind – Kinder, Küche, Kirche. Man wundert sich nicht über die Kleider, die sie trägt.“

Aber nur einen knappen Monat später, als Lord Coombe sich wieder am Feuer seiner alten Freundin wärmte, teilte er ihr etwas mit. „Der Deutschlehrer, Herr Wiese, ist Hals über Kopf in seine Heimat zurückgekehrt“, sagte er.

4 Im Original in deutsch.

Sie hob fragend die Augenbrauen.

„Er sah sich unter Verdacht, ein Spion zu sein“, war seine Antwort. „Aus sehr guten Gründen. Man hat in einem Karton, den er in der Eile zurückgelassen hat, ein paar ausgezeichnete Skizzen von Befestigungsanlagen gefunden. Im Land – und nicht nur in unserem, sondern in allen – wimmelt es von seinesgleichen. Sanftmütige bebrillte Studenten und Vorarbeiter in Lagern und Manufakturen erforschen unsere Ressourcen, Gouvernanten mittleren Alters belauschen Gespräche und notieren alles, was sie für nützlich halten. In Kriegszeiten würde man sie – wenn man sie bei der Tätigkeit ertappte, die heute ihr harmloses Tagewerk ist – an die Wand stellen und erschießen. Und wie die Dinge liegen, können sie sich frei unter uns bewegen und sich klammheimlich davonmachen, wenn ein Komplize ihnen einen Hinweis gibt.“

„Deutsche junge Männer neigen sehr dazu, hier etwa ein Jahr mit geschäftlichen Tätigkeiten zu verbringen.“ Die Herzogin sah nachdenklich aus. „Das geht schon seit ungefähr zehn Jahren so. Man erkennt sie in den Läden und auf der Straße an ihrem teutonischen Aussehen. Sie sagen, sie seien gekommen, um die Sprache und die Geschäftsmethoden zu lernen.“

„Vor kurzem hat ein Wichtigtuer, der ein großes Geschäft besitzt, mir drei von ihnen gezeigt, die als Verkäufer für ihn arbeiten“, sagte Coombe. „Er rühmte sich seines Scharfsinns, sie eingestellt zu haben. Sagte, sie arbeiteten für niedrige Löhne und interessierten sich vor allem dafür, herauszufinden, wie die Dinge in England geregelt würden. Ihnen ginge es nicht nur um geschäftliches Wissen, sagte er, sie besuchten Fabriken und Werften und öffentliche Gebäude und machten witzige kleine Notizen und Skizzen von Dingen, die sie nicht verstünden – um sie dann in Deutschland erklären zu können. Auf seine alberne insulare Art gefiel er sich darin, sie als eine Art Urwaldmenschen zu betrachten, die von der englischen Zivilisation profitieren. Englische Dummköpfe und deutsche Dummköpfe haben eine rührende Ähnlichkeit miteinander. Der kleine Unterschied besteht in der Art der Dummheit – bei den Engländern ist es Selbstzufriedenheit, bei den Deutschen Selbstbeweihräucherung. Der Engländer stolziert durch die Gegend, der Deutsche tobt, schurigelt und trotzt.“

„Haben Sie vor, einen anderen Deutschlehrer für das kleine Mädchen einzustellen?“ fragte die Herzogin beiläufig.

„Ich habe von einer ruhigen jungen Frau gehört, die sich in einer mir bekannten Familie drei Jahre fleißig und manierlich gezeigt hat. Vielleicht verschwindet sie auch eines Tages, aber vorerst wird sie ihre Aufgabe erfüllen.“

Er hatte ihr ebensowenig eine Erklärung für die Geschichte des kleinen Hauses in der Mayfair Street gegeben wie anderen. Ihm war klar, daß sie von dessen Existenz wußte, aber er hatte nie gefragt, was sie darüber dachte und was sie für seine Beweggründe hielt. Was auch immer ihr Standpunkt war, er wußte, sie würde unvoreingenommen, klarsichtig und vollkommen gerecht sein. Sie hatte keine Fragen gestellt und keine Bemerkungen gemacht. Das schnellebige, quirlige Dasein der bekannten modernen Cliquen, in deren Kreisen es viele Varianten vom Typ einer Mrs. Gareth-Lawless gab, sah man bei vielen Anlässen, man las in der Zeitung und in Zeitschriften davon, wenn man sich dafür interessierte. Die Zeiten, in denen schöne Frauen ihrer Art verurteilt und von Vergnügungen ausgeschlossen wurden, waren lange vorbei. Der alte Grundsatz „Sei tugendhaft, und du wirst glücklich“ war zu oft ironisch umformuliert worden und hieß nun: „Amüsiere dich, dann wirst du glücklicher, als würdest du tugendhaft sein.“

Aber wäre da nicht ein gewisses Geheimnis gewesen, das nur sie kannte und das niemand geglaubt hätte, auch wenn sie es von allen Dächern gerufen hätte, wäre Feather wirklich rundum glücklich gewesen. Und letztlich war das Haar in der Suppe nur eine kleine Laune des Schicksals, die ihre Eitelkeit kränkte, aber ihre Freude an Vergnügungen nicht im mindesten trübte. Es saßen so viele Leute im Glashaus, daß das Steinewerfen aus der Mode gekommen war. Es gab auch solche, deren Glashäuser aussahen wie ehrenwerte Museen, und sie betrachteten andere gläserne Gebäude mit Nachsicht. Dieser Umstand brachte es mit sich, daß manchmal recht majestätische Kutschen vor Mrs. Gareth-Lawless' Tür vorfuhren und die Visitenkarten, die auf Jennings' Tablett hinterlassen wurden, die Namen von Personen trugen, deren Bekanntschaft sehr erwünscht war. Dieser Umstand veranlaßte Feather auch zu dem löblichen Versuch, ihrem eigenen Glashaus einen ehrenwerten Anstrich zu geben. Ihre kleinen Parties waren jetzt etwas weniger lärmend, wenn auch immer noch lebhaft. Sie gab dann und wann einen „Nachmittagstee“, zu dem Literaten und Künstler eingeladen wurden – und Leute, die „Dinge taten“. Sie war hübsch genug, um einen Gelegenheitsmusiker „etwas tun“ zu lassen, und ein neuer Dichter las vielleicht etwas vor. Moderne Leute kamen und wurden gesehen und gehört. Auf diese Weise warf sie hier und da feine Netze aus und zog immer wieder prächtige Fische von beachtlicher Größe an Land. Manchmal gerieten die unbestimmten Gerüchte, die mit dem Namen Coombe verbunden waren, ganz in Vergessenheit, und wenn man von ihr sprach, nannte man sie liebenswürdig „Mrs. Gareth-Lawless, dieses hübsche Geschöpf“. „Sie war noch ein junges Mädchen, als sie Witwe geworden ist. Wenn sie nicht selbst etwas Geld gehabt hätte und die Verwandten ihres Mannes sich nicht um sie gekümmert hätten, wäre es ihr übel ergangen. Sie verwaltet ihr kleines Einkommen außerordentlich klug“, hieß es. „Ihr winziges Haus ist einer der unterhaltsamsten Plätze in London – immer voller gutaussehender Leute und amüsanter Geschöpfe.“

Aber Robin fand noch vor ihrem vierzehnten Geburtstag heraus, daß das Haus, in dem sie lebte, aus Glas gebaut war und jeder Stein, der es zufällig traf, es zum Einsturz bringen würde, selbst wenn er ungeschickt geworfen worden wäre. Sie fand es auf vielfältige Weise heraus, aber die Saat, die zu echtem Wissen aufging, war die Kindheitstragödie, durch die sie erfahren hatte, daß man ihr Donal genommen hatte – weil seine Mutter nicht erlaubte, daß er eine kleine Spielgefährtin liebgewann, deren Mutter Lord Coombe in ihr Haus ließ – weil Lord Coombe so schlecht war, daß sogar die Dienstboten über ihn tuschelten. Anfangs hatte sie all das mit den ahnungslosen Augen eines Kindes gesehen, aber es hatte ihr Abscheu vor ihm eingeflößt – und sonderbare Zweifel an ihrer Mutter. Donals Mutter, die gut und schön war, wollte nicht, daß er mit ihr spielte, und hielt ihn von ihr fern. Wenn *die Dame unten* auch gut war, warum sprach und lachte sie dann mit ihm und schien ihn zu mögen? Sie hatte stundenlang darüber gegrübelt – manchmal wurde sie sogar nachts wach und zerbrach sich fieberhaft den Kopf darüber. Im Laufe der Zeit war ihr nach und nach wieder eingefallen, daß sie nie mit den anderen Kindern in den Square Gardens gespielt hatte. Es hatte scheinbar daran gelegen, daß Andrews es ihr nicht erlaubt hatte. Aber wenn sie nicht gut genug war, um mit Donal zu spielen, wußten die Kindermädchen und Gouvernanten und Mütter der anderen Kinder davon und wollten ihre kleinen Söhne und Töchter nicht ihrer schädlichen Gesellschaft aussetzen. Sie wußte nicht, was sie ihnen hätte anhaben sollen – und oh! Wie *hätte* sie Donal etwas tun können! Aber ein Kind, dessen Mutter sich mit schlechten Menschen abgab, mußte etwas Schreckliches an sich haben – etwas, womit sich andere Kinder „anstecken“ konnten wie mit Scharlach. Diese Saat hatte noch mehr Früchte getragen. Sie blieb nicht lange ein kleines Kind. Ihr waches, kleines Hirn arbeitete geradezu fieberhaft, sog Informationen auf und entwickelte Vorstellungen. Ihr reger Verstand machte sie bald zu reif für ihr Alter. Das garstige kleine Mädchen, das hochnäsig verkündet hatte, „Lord Coombes wegen“ nicht mehr mit ihr spielen zu können, hatte den Ausschlag gegeben. Von da an stellte sie Dowson und Mademoiselle Vallé gründlich durchdachte Fragen, deren Unbestimmtheit verwirrend war. Die beiden Frauen sorgten sich, als Robin es zur Gewohnheit machte, in Gedanken versunken und mit einem leichten Stirnrunzeln dazusitzen. Sie wußten nicht, daß sie im stillen plante, sie beide ins Kreuzverhör zu nehmen, und zwar auf eine so subtile Weise, daß es völlig unschuldig wirken würde. Sie merkte selbst, daß sie raffiniert und hinterlistig wurde, aber es kümmerte sie nicht allzu sehr. Sie besaß Verstand und Entschlossenheit, obwohl sie noch so jung war. Sie liebte Dowson und Mademoiselle, aber manche Dinge mußte sie selbst herausfinden, und sie wollte die beiden nicht ärgern oder bekümmern. Sie würden nie erfahren, was sie alles wußte – sie behielt all ihre Entdeckungen für sich.

Aber die Kindheit ist kurz, und selbst in den wenigen Jahren, die sie andauert, wächst man, hört man und sieht man die ganze Zeit. Danach ist man ein großes Mädchen, hat Bücher und Zeitungen gesehen und Gerede der Dienstboten aufgeschnappt. Wenn man im Kloster erzogen wird und nur lesen darf, was die Nonnen erlauben, ist mit einer gewissen Ahnungslosigkeit zu rechnen. Robin in ihrem kleinen „Palast“ wurde liebevoll und fürsorglich behandelt, aber ihre Lektüre wurde nicht von Nonnen bestimmt. Ihre Bücher wurden mit Bedacht ausgewählt, aber sie waren die Bücher einer modernen Jugend. Mademoiselle Vallés Theorien über Erziehung basierten nicht auf der Überzeugung, daß ein junges Mädchen bis zur Heirat mit verbundenen Augen und zugestopften Ohren am Nasenring geführt werden sollte.

„Dann hat man am Ende ein blökendes Lamm, das sich in einem Dschungel voll wilder Tiere und Gefahren zurechtfinden soll, von denen es noch nie gehört“, sagte sie, als sie mit Dowson darüber sprach.

Sie hatte erfahren, daß Lord Coombe ihr zustimmte. Auch er wählte Bücher für Robin aus, und sein Geschmack war bewundernswert. Seine unaufdringliche Fürsorge für das Mädchen schloß geistige Herausforderungen nicht aus. Die frühe Leidenschaft für das Lesen ließ das Kind weit kommen. Romane, Geschichte, Poesie und Biographien öffneten einem regen Geist neue Perspektiven. Mademoiselle fand in ihr von Anfang an eine gelehrige Schülerin und ein liebenswertes kleines Geschöpf. Sie hatte jedoch hatte das Gefühl, daß sich tief in Robin etwas verbarg – etwas, von dem sie nicht sprach. Es verwirrte sie, aber sie brachte es nicht fertig, nachzufragen – und würde es auch nie tun.

Es kam ein Tag, an dem Feather mit zwei Gästen in den „Palast“ kam. Es waren zwei blonde hübsche Mädchen von dreizehn und vierzehn. Die Mutter der beiden war mit ihnen Einkaufen gegangen, und es paßte ihr ausgezeichnet, sie für eine Weile abzugeben, während sie zu ihrer Schneiderin ging. Feather war damit einverstanden, daß sie bei Robin und Mademoiselle blieben, bis ihre eigene Gouvernante sie abholte.

„Hier sind Eileen und Winifred Erwyn, Robin“, sagte sie und führte sie herein. „Sprich mit ihnen und zeig ihnen deine Bücher und deine Sachen, bis die Gouvernante kommt. Dowson, reichen Sie ihnen Tee und Kekse.“

Mrs. Erwyn war eine der besonders geschätzten Personen aus Feathers Kreis. Die Gouvernante ihrer Töchter war eine junge Französin, aber ganz anders als Mademoiselle Vallé. Eileen und Winifred sahen durch die Fenster ihres Schulzimmers das Leben wie ein offenes Buch. Warum auch nicht, denn ihre Gouvernante und die französische Dienerin ihrer Mutter sprachen unbefangen miteinander und hatten recht durchdringende Stimmen, auch wenn sie das Gefühl hatten, sie zum Schutz der unschuldigen Jugend zu dämpfen. Eileen und Winifred blieben gern so lange wach wie möglich, um zu lauschen, während sie im Bett lagen. Sie hatten große neugierige Augen und einen Hang zum Tuscheln und Kichern.

Sie erzählten Robin eine Menge und gaben sich sehr erwachsen. Sie kamen sich viel älter und reifer vor als sie, weil sie noch nicht dreizehn war. Sie wußten so viel über wichtige Leute und deren Funktionen, daß Robin das Gefühl hatte, sie würden jeden Morgen die Kolumne *London Day by Day* des *Daily Telegraph* auswendig lernen. Robin las diese Spalte manchmal selbst, weil sie es unterhaltsam fand, über Feiern und Hochzeiten und Verlobungen zu reden. Aber es war nicht leicht, alles zu behalten. Winifred und Eileen waren begeistert, als Lehrerinnen auftreten zu können. Es amüsierte Robin eine Weile, aber dann begann ihr das ewige Kichern der beiden auf die Nerven zu gehen. Es schien anzudeuten, daß sie noch viel mehr wußten, es aber nicht verrieten. Außerdem waren sie neugierig, machten Bemerkungen und stellten Fragen. Robin fand sie beide gräßlich.

„Wir haben gestern Lord Coombe gesehen", sagte Winifred schließlich, und das unnötige Kichern folgte sofort.

„Wir finden, daß er die schönsten Sachen trägt, die wir je gesehen haben! Erinnerst du dich an seinen Mantel, Winnie?" sagte Eileen. „Ihm steht einfach alles – aber man weiß nicht, wie er es macht", und sie kicherte auch.

„Er ist der bestgekleidete Mann in London", sagte Winifred großspurig. „Ich finde, daß er gut aussieht. Mademoiselle und Florine finden das auch."

Robin sagte gar nichts. *Ihr geheimer Blick*, wie Dowson es im stillen nannte, machte ihr Gesicht unbeweglich.

Winifred sah den Blick, und da sie weder ihn noch Robin verstand, wurde sie neugierig. „Findest du nicht?" fragte sie.

„Nein", antwortete Robin. „Er hat ein böses Gesicht. Außerdem ist er alt."

„Du findest ihn alt, weil du erst zwölf bist", sagte Eileen. „Kinder denken, alle Erwachsenen seien alt. Ich dachte es auch. Aber heute ist das Alter nicht mehr so wichtig wie früher. Mademoiselle sagt, ein Mann von Rang und Namen sei immer jung – und liebenswerter als Jungen."

Winifred war hartnäckig und unterbrach sie. „Was sein böses Aussehen betrifft – ich finde, er *ist* böse, aber irgendwie auf eine interessante Art. Natürlich sagen die Leute alles mögliche über ihn. Als er noch jung war, war er ihn eine schöne kleine Prinzessin verliebt – oder sie in ihn –, oder ihr Mann hat sie umgebracht, oder sie ist an gebrochenem Herzen gestorben – ich weiß nicht, was es war."

Mademoiselle Vallé hatte sie für eine Weile allein gelassen, weil sie glaubte, daß sie bei Tee und Keksen gut aufgehoben waren und unbefangener sein würden, wenn sie nicht dabei war. Sie blieb nicht lange weg, aber Eileen und Winifred waren auf Tratsch aus und wollten über Dinge reden, die normalerweise verschwiegen wurden, und sie verschwendeten keine Zeit. Ihnen gefiel der Gedanke, Robin zu beeindrucken.

Eileen beugte sich vor und senkte die Stimme. „Es heißt, Captain Thorpe sei furchtbar eifersüchtig auf ihn gewesen, und die Leute wundern sich, daß er nicht unter den Mitangeklagten war.“ Das Wort „Mitangeklagter“ machte sie stolz, obwohl sie es nur flüsterte.

„Mitangeklagter?“ sagte Robin.

Sie begannen beide gleichzeitig zu flüstern, und ihr Tuscheln klang in der Eile sehr durchdringend. Sie wußten, daß Mademoiselle jeden Augenblick zurückkommen konnte.

„Der große Scheidungsfall! Die Thorpe-Scheidung! Die Zeitungen sind doch voll davon! Wir lesen immer alles – das Hausmädchen bringt uns die Zeitungen, wenn Mademoiselle sie durchgelesen hat. Es ist so aufregend! Hast du es nicht gelesen? Oh!“

„Nein“, antwortete Robin. „Und ich weiß nichts über Mitangeklagte. Aber wenn sie etwas Scheußliches sind, dann *war* er bestimmt einer von ihnen.“

In diesem Moment kam Mademoiselle zurück, und Dowson brachte frisches Gebäck. Die Gouvernante, die ihre Schützlinge abholen sollte, erschien wenig später, und die beiden unternehmungslustigen kleinen Personen wurden nach Hause gebracht.

„Ich glaube, sie ist *eifersüchtig* auf Lord Coombe“, flüsterte Eileen Winifred zu, als sie nach Hause kamen.

„Das glaube ich auch“, sagte Winifred weise. „Sie muß ja merken, wie sehr er Mrs. Gareth-Lawless *vergöttert,* weil sie so schön ist. Er bezahlt all ihre hübschen Kleider. Es ist albern von ihr, eifersüchtig zu sein – wie ein kleines Kind.“

Robin las manchmal Zeitung, auch wenn ihr Bücher lieber waren. Zeitungen waren keine verbotene Lektüre. Sie hatte ein spannendes Buch gelesen und ein paar Tage keinen Blick in eine Zeitung geworfen. Sie machte sich sofort auf die Suche, fand eine, setzte sich und entdeckte den Scheidungsfall Thorpe. Das war nicht schwierig, denn das Thema füllte die ersten Seiten mit dramatischen Indizien und frappierenden Enthüllungen.

Dowson sah, wie sie sich über die Zeitung beugte – mit brennenden Augen und völlig versunken.

„Was liest du da, mein Liebling?“ fragte sie.

Robin hob ihr glühendes kleines Gesicht. Es sah unglücklich, trotzig und widerwillig aus, aber nicht wie das eines normalen Kindes, und Dowson war erschrocken.

„Ich lese den Artikel über den Scheidungsfall Thorpe, Dowie“, antwortete sie ehrlich und unumwunden.

Dowie kam zu ihr. „Das ist ein unschönes Thema, mein Lämmchen“, sagte sie. „Lies das nicht. Solche Dinge sollten nicht in der Zeitung stehen. Und du bist ein kleines Mädchen, mein Liebling.“

Robin stützte den Ellbogen auf den Tisch und das Kinn in die Hand. Ihre Augen sahen nicht aus wie die eines Kindes. „Ich bin fast dreizehn“, sagte sie. „Ich werde erwachsen. Man kann nichts dagegen tun, daß man erwachsen wird – und dann fängt man an, Dinge herauszufinden. Ich möchte Sie etwas fragen, Dowie.“

„Nun, Liebling –“ begann Dowie mit Unbehagen. Sie und Mademoiselle beobachteten, wie das unschuldige Kind „erwachsen wurde“, und sie fürchteten, daß eine Zeit kommen würde, in der die großen Augen zuviel sehen würden. War es jetzt schon soweit?

Plötzlich packte Robin die Handgelenke der gütigen Frau und umklammerte sie, während sie ihr ins Gesicht starrte. Die kindliche Angst und Scheu in ihrem Blick brach Dowie das Herz – das Mädchen war so jung und ahnungslos.

„Ich werde erwachsen. Es gibt etwas – das ich wissen *muß*! Ich wußte nur nie, wie ich danach fragen sollte.“

Dowson war klar, daß sie es auch jetzt noch nicht wußte.

„Jemand hat mir erzählt, daß Lord Coombe vielleicht ein Mitangeklagter in dem Thorpe-Fall war –“

„Diese bösen Kinder!“ keuchte Dowie. „Das sind gar keine richtigen Kinder!“

„Alle sind abscheulich – nur Sie und Mademoiselle nicht!“ stieß Robin hervor und umklammerte die Handgelenke noch fester. „Wenn mein Vater noch am Leben wäre – könnte er die Scheidung einreichen – und würde Lord Coombe – “

Dowson brach in Tränen aus, und Robin folgte ihrem Beispiel. Sie ließ Dowsons Handgelenke los, schlang die Arme um ihre Taille und hielt sich an ihr fest.

„Nein, ich kann nicht!“ rief sie. „Ich sollte Sie nicht mit Fragen quälen, die Sie nicht beantworten können. Ich bin gemein zu Ihnen. Arme Dowie – liebe Dowie! Ich möchte Ihnen einen Kuß geben, Dowie – bitte lassen Sie mich!“

Sie schluchzte an Dowies tröstlicher Brust, und Dowie drückte sie an sich und murmelte erstickt: „Mein Liebling! Mein Liebling!“

19. Zukunftspläne

Mademoiselle Vallé und Dowson fiel auf, daß das Erwachsenwerden sich danach beschleunigte. Nach dem dreizehnten Geburtstag kommt es Zuschauern immer unglaublich schnell vor, aber diesen beiden Beobachterinnen erschien es in Robins Fall ungewöhnlich. Robin war immer eine fleißige und gute Schülerin gewesen, aber plötzlich entwickelte sie einen regelrechten Feuereifer, und ihre Gouvernante gewann den Eindruck, daß sie ein bestimmtes Ziel verfolge. Sie stürzte sich buchstäblich in die Arbeit, und das war neu. Sie war schon vorher konzentriert gewesen, aber nicht entschlossen. Sie machte riesige Fortschritte und strebte nach Gründlichkeit und Perfektion, wie es Mädchen nur selten taten – erst recht nicht, wenn sie mit dem eigenen Aufblühen beschäftigt waren. Mademoiselle entdeckte bei ihr einen Enthusiasmus, den sie – weil sie sich mit Mädchen auskannte – nicht erwartet hatte. Robin wollte stundenlang lernen und hätte viel zuviel gelesen, wenn man sie nicht im Auge behalten und ihr Einhalt geboten hätte.

Sie hatte keine Ablenkung durch die Gesellschaft junger Leute ihres Alters – im Gegenteil, sie tat alles, um solche Kontakte zu vermeiden. Eines Nachmittags, als sie und Mademoiselle Vallé einen langen Spaziergang machten, erzählte sie Dinge, die der älteren Frau Aufschluß über vieles gaben.

Sie gingen in den Gärten von Kensington spazieren und sahen von weitem die beiden Erwyns mit ihrer Begleiterin. Robin wollte sofort einen anderen Weg einschlagen.

„Ich möchte ihnen nicht begegnen“, sagte sie schnell. „Ich glaube, ich mag keine Mädchen. Vielleicht ist es häßlich von mir – aber ich mag sie einfach nicht. Jedenfalls diese beiden nicht.“ Ein paar Minuten später – sie waren in die entgegengesetzte Richtung gegangen – sagte sie nachdenklich: „Vielleicht wollen die Mädchen, die ich gern kennen würde, mich nicht kennen.“

Seit ihrer ersten Bekanntschaft mit Lord Coombe wußte Mademoiselle Vallé, daß sie nie befürchten mußte, er würde irgend etwas nicht verstehen.

Sie verstanden sich immer. Es war die Regel geworden, daß sie sich bei Bedarf an Mr. Benby wenden konnte. Er stand ihr jederzeit in seinem Privathaus zur Verfügung, und dort konnte sie auch Seine Lordschaft nach Anmeldung persönlich treffen.

„Wir geben beide nie Erklärungen ab", sagte Mademoiselle Vallé zu Dowson. „Er fragt nicht, warum ich mich an ihn wende, und ich frage nicht, warum ihm gerade an diesem Kind etwas liegt. Es steht fest, daß es seine Sache ist und nicht meine. Ich werde gut dafür bezahlt, daß ich mich um Robin kümmere, und er weiß, daß alles, was ich sage, dazugehört."

Nach dem Besuch der Erwyn-Kinder hatte sie ein kurzes Gespräch mit Coombe, und er bekam ein klares Bild – ein Bild von zwei unangenehmen kleinen Geschöpfen voller Sensationslust, kleingeistig und mit einem Hang zu ordinärem Tratsch.

„Ja – unangenehme, glücklose kleine Personen. Ich verstehe vollkommen. Sie waren zuvor noch nie da, und sie kommen auch nicht wieder. Danke, Mademoiselle", sagte er.

Die kleinen Mädchen kamen nicht wieder – und auch keine, die so waren wie sie. Aber die Tatsache, daß Feather kaum Mädchen kannte, die anders waren, führte dazu, daß Robin ohne gleichaltrige Freundinnen aufwuchs.

„Sie ist ein einsames Kind", sagte Mademoiselle.

„Das war sie schon immer", antwortete Dowie. „Aber sie liebt uns, Gott segne sie, und ihre Einsamkeit ist nicht mehr so wie früher, bevor wir in ihr Leben getreten sind."

„Sie ist nicht unglücklich. Sie blüht und ist voller Lebensfreude", sinnierte Mademoiselle. „Wir beten sie an, und sie hat viele Interessen. Sie kennt nur nicht die Gesellschaft anderer junger Leute – und weil sie sie nicht kennt, vermißt sie sie vielleicht auch nicht."

Tatsächlich hatte der fehlende Umgang mit Gleichaltrigen seine Spuren bei ihr hinterlassen, aber sie empfand es nicht als Mangel, und eine gewisse Einsamkeit – die ihr viel Zeit zum Träumen und Nachdenken gab – nahm sie als naturgegeben hin, ebenso wie sie als kleines Kind die Grenzen des Tages- und des Nachtzimmers akzeptiert hatte.

Sie war eigentlich recht unbefangen, aber mit der Zeit wurde es ihr unangenehm, daß die Leute oft zu ihr hinsahen, wenn sie durch die Straßen ging. Manchmal wandten sie die Köpfe, um ihr nachzuschauen, gelegentlich sagte jemand leise etwas zu seiner oder ihrer Begleitung, und sie blieben sogar einen Augenblick stehen und drehten sich nach ihr um. Die ersten Male, die es ihr auffiel, errötete sie nur und sagte nichts zu Mademoiselle Vallé, die meistens bei ihr war. Aber nachdem es an mehreren Tagen passiert war, sagte sie unbehaglich: „Sehe ich ordentlich aus, Mademoiselle?"

„Vollkommen“, antwortete Mademoiselle – und fühlte sich auch ein wenig unbehaglich.

„Ich dachte schon, mir wäre vielleicht ein Knopf aufgegangen oder mein Hut säße schief“, erklärte Robin. „Die beiden Frauen dort haben mich so angestarrt. Und dann haben zwei Männer in einem Hansom sich vorgebeugt, und einer sagte etwas zu dem anderen – und sie haben beide ein bißchen gelacht, Mademoiselle!“ Dann stieß sie hervor: „Und da sind drei junge Männer!“ Es klang regelrecht empört. „Lassen Sie sich nicht anmerken, daß Sie sie sehen. Ich finde es *unverschämt*!“

Es waren fröhliche, unbekümmerte und nicht gerade wohlerzogene junge Männer, die gemeinsam unterwegs waren, und hinter ihrer Unhöflichkeit steckte keine böse Absicht. Sie starrten sie nur an und machten offenbar Bemerkungen über sie, als sie vorbeigingen, und jeder strich sich hastig über den Schnurrbart – das automatische, unbewußte Zeichen, daß einem Mann etwas gefällt.

Wenn sie Freundinnen ihres Alters hätte, wüßte sie das schon lange, dachte Mademoiselle.

Als intelligenter Mensch war sie der Meinung, daß man einfache Dinge einfach behandeln sollte.

Es war eine schlichte Tatsache, warum sollte man sich deswegen zieren?

„Sie wollten nicht unhöflich sein“, sagte sie, als sie vorbeigegangen war. „Sie sind kaum mehr als Jungen und haben keine perfekten Manieren. Es kommt oft vor, daß die Leute ein hübsches Mädchen anstarren. Ich fürchte, ich tue es auch. Du bist sehr hübsch.“ Sie sagte es ganz gelassen, wie jemand, der sich unparteiisch äußert.

Robin sah sie an, und die Farbe der Jacqueminot-Rose überzog ihr Gesicht. Sie war in dem Alter, in dem man leicht errötet. Ihr Blick war interessiert, nachdenklich und etwas verlegen – nur etwas. „Oh“, sagte sie kurz. Es war kein entgeisterter Ausruf – aus dem Wort sprach Akzeptanz. Dann schaute sie geradeaus und ging weiter, mit einem leichtfüßigen Schritt, der ebenfalls die Blicke der Leute auf sich zog.

„Wenn ich eine Gouvernante aus einer der moralischen Schriften wäre, die man lange vor deiner Geburt gelesen hat“, fuhr Mademoiselle Vallé fort, „würde ich mich verpflichtet fühlen, dir zu sagen, daß Schönheit nichts bedeutet. Aber das ist Unsinn. Es bedeutet eine Menge – und für manche Frauen bedeutet es alles. Diese Frauen sind nicht zu beneiden. Man sollte dem Himmel dafür dankbar sein und das Beste daraus machen, aber ohne übertriebene Besorgnis. Dowie und ich lieben dich, und wir sind *le bon Dieu* dankbar, daß du hübsch bist.“

„Ich denke manchmal, daß ich hübsch bin, wenn ich mich im Spiegel sehe“, sagte Robin. Es klang interessiert, aber nicht aufgeregt. „Es scheint mir, daß ich hübsch *aussehe*. Aber ich weiß natürlich, daß alles Geschmackssache ist und ich vielleicht eingebildet bin.“

„Du bist nicht eingebildet“, antwortete die Französin.

„Das will ich auch nicht sein“, sagte Robin. „Ich will ein – ernster Mensch sein – mit einem starken Charakter.“

Mademoiselles liebevolles Lächeln spiegelte einen Hauch von Zweifel wider. Sie hatte nie daran gedacht, in diesem wunderhübschen Geschöpf einen „starken Charakter“ zu sehen. Aber was war eigentlich Stärke? Robin war ein warmherziges, liebenswertes, zärtliches Wesen. Mademoiselle hatte viel von der Welt gesehen, hatte Menschlichkeit und Unmenschlichkeit erlebt, und es gab Momente, in denen sie Angst um Robin hatte – vor allem, wenn ihr die Geschichte von den verdorrten zerbröselten Blättern in den Sinn kam, die Dowson ihr erzählt hatte.

„Ein ernster Mensch“, sagte sie, „und stark?“

„Ja, weil ich mein Brot verdienen muß“, sagte Robin. „Ich muß stark genug sein, um mich selbst zu versorgen. Ich werde Gouvernante – oder irgend etwas.“

Schlagartig begriff Mademoiselle, warum sie sich mit solchem Eifer dem Lernen widmete. Das steckte dahinter. Robin wollte ihr Brot selbst verdienen. Es berührte Mademoiselle sehr, und sie fragte sich, ob Robin ihr den Grund offen sagen würde. Laut sagte sie nur: „Gouvernante?“

„Vielleicht gibt es auch etwas anderes, das ich tun kann. Ich könnte Sekretärin werden oder etwas in dieser Art. Mädchen und Frauen fangen an, so viele neue Sachen zu tun“, erklärte ihre Schülerin. „Ich will nicht – abhängig sein und Geld annehmen. Ich meine, ich will nicht, daß – andere Leute – meine Kleider und mein Essen kaufen – und andere Sachen. Die Zeitungen sind voll von Anzeigen. Ich könnte Kinder unterrichten. Oder Geschäftsbriefe übersetzen. Bald bin ich alt genug, um anzufangen. Mädchen im Teenageralter tun das.“

Sie hatte die Karten auf den Tisch gelegt – aber nicht alle. Armes Kind! Sie sagte nicht, was der wirkliche Grund war. Aber Mademoiselle Vallé war nicht dumm, und ihre Liebe zu Robin schärfte ihre Wahrnehmung. Außerdem hatte sie natürlich die Geschichte von der Thorpe-Scheidung von Dowson gehört. Es war nicht zu vermeiden, daß sie ihre Schlüsse daraus zog.

„Mrs. Gareth-Lawless – “, begann sie.

Aber Robin unterbrach sie. Sie sah sie an, und ihr Blick sagte alles. „Sie wird mich gehen lassen“, sagte sie. „Das wissen Sie, liebste Mademoiselle. Sie *wissen* es.“ Aus diesen Worten sprach eine klare Erkenntnis und eine Entschiedenheit, und Mademoiselle verstand Dinge, die sie sich vorher nicht einmal zu denken erlaubt hatte. Das Kind wußte alles und spürte alles. Sie würde wahrscheinlich nie ins Detail gehen, aber sie hatte ein beängstigendes instinktives Wissen. Sie lernte seit Jahren, wachsam zu sein. Das war das Geheimnis, das sie immer für sich behalten hatte.

„Wenn du dir das vorgenommen hast", sagte Mademoiselle ebenso sachlich wie vorher, „müssen wir in den nächsten Jahren ernsthaft arbeiten."

„Was glauben Sie, wie lange es dauern wird?" fragte Robin.

Sie war fast sechzehn – eine Knospe, die sich zu einer wunderschönen Blüte entfaltete, wie man es in blühenden Gärten sehen kann. Wer sie sah, wollte sie beschützen. Mademoiselle Vallé sah es so deutlich, daß sie einen Seufzer unterdrücken mußte.

„Wenn ich merke, daß du soweit bist, sage ich es dir", antwortete sie. „Und ich werde alles tun, was ich kann, um dir zu helfen – bevor ich von dir weggehe."

„Oh!" stieß Robin unwillkürlich hervor und klang plötzlich wieder wie ein kleines Mädchen. „Daran – habe ich nicht gedacht! Wie könnte ich ohne Sie leben – und ohne Dowie?"

„Ich wußte, daß du nicht daran gedacht hattest", sagte Mademoiselle liebevoll. „Du bist noch ein liebes Kind. Aber es wird so kommen. Eine Gouvernante oder Sekretärin – oder eine Übersetzerin in einem Büro – kann nicht ihre Gouvernante und ihr Kindermädchen mitnehmen."

„Oh!" sagte Robin wieder. Ihre Augen wurden feucht, und ein Passant dachte, er habe noch nie so wunderschöne Augen gesehen. Sie war noch so sehr Kind, daß der Schock dieser plötzlichen Erkenntnis für einen Moment die Oberhand über ihre Reife und Entschlossenheit gewann, und sie konnte den Schmerz kaum ertragen. Sie war zu jung, um ihren Plan so anzugehen, wie es nötig war. Aber als sie nach dem langen Spaziergang wieder in ihrem Zimmer war, hatte sie das Gefühl, daß eine Last von ihren Schultern genommen war. Sie hatte sich gefragt, wann sie Mademoiselle und Dowie von ihrem Entschluß erzählen konnte. Sie hatte es ihnen nicht verheimlichen wollen, denn schließlich liebte sie beide. Aber sie hatte nicht gewußt, wie sie anfangen sollte, ohne so zu tun, als fühle sie sich völlig erwachsen – was albern gewesen wäre. Sie hatte gar nicht vorgehabt, heute davon zu sprechen, aber es war ganz von allein gekommen, weil Mademoiselle ihr gesagt hatte, sie sei sehr hübsch – so hübsch, daß die Leute auf der Straße sich nach ihr umdrehten. Sie hatte von Mädchen und Frauen gehört, die so schön waren, aber sie hatte es nie für möglich gehalten, daß sie –! Natürlich hatte man sie auch schon angesehen, als sie noch sehr klein gewesen war, aber Andrews hatte gesagt, daß die Leute sie anschauten, weil sie so dichte seidige Locken hatte. Sie ging zum Frisiertisch, beugte sich vor und blickte in den Spiegel. Das Gesicht, das näherkam, sah aus wie eine tropische

Blume, deren Blüte sich langsam öffnet. Ihr Mund war weich, und die dunklen Augen schimmerten wie Tau. Ihre Brauen waren feine schwarze, samtene Linien, und die dichten Wimpern warfen einen Schatten. Sie sah, daß sie hübsch waren. Sie stützte ihr rundes Kinn in die Hände und unterzog sich selbst einer kritischen Prüfung ohne Vorurteile oder Einbildung – sie wollte die Wahrheit wissen. Sie war wunderschön, sie sah es ebenso wie andere. Sie strich mit einem Finger über ihre samtene Haut und sah, wie schmal ihre Hand mit den spitzen Fingern war. Ja, das war hübsch – und ihr Haar war es auch. Sie betrachtete ihre jungen Formen und Farben und ihre Schönheit mit einer ganz unpersönlichen Neugier. Es gefiel ihr, und sie war ebenso dankbar dafür wie Mademoiselle und Dowie. Ja, wenn es anderen Leuten gefiel, brauchte man nicht so zu tun, als spiele es keine Rolle.

Wenn ich meinen Lebensunterhalt selbst verdiene, dachte sie in vollem Ernst, kann es mir zugutekommen. Wenn ich Gouvernante bin, wird es hilfreich sein, weil Kinder schöne Menschen mögen. Und wenn ich Sekretärin bin und in einem Büro arbeite, freuen sich die Männer auch, eine schöne Frau zu sehen."

Das erwähnte sie auch Mademoiselle Vallé gegenüber. Die war sehr freundlich, sah danach aber nachdenklich aus. Ein paar Tage später hatte Mademoiselle ein Gespräch mit Coombe in Benbys gemütlichem Zimmer. Auch er wirkte nachdenklich, als er hörte, von welchen Zukunftsplänen ihr Schützling auf dem langen Spaziergang erzählte.

„Sie ist ein liebes Kind", sagte er. „Ich wünschte, sie würde mich nicht so sehr verabscheuen – aber ich verstehe sie, denn sie hält mich ja für einen Schurken. Ich bin kein *echter* Schurke", fügte er mit seinem kalten Lächeln hinzu. Aber er sagte es zu sich selbst, nicht zu Mademoiselle.

Sie sah es, antwortete aber trotzdem – oder vielleicht gerade deshalb: „Das ist mir bewußt."

Er machte eine rasche Kopfbewegung. „Ja?" sagte er.

„Wenn ich mir die Bemerkung erlauben darf, Eure Lordschaft – andernfalls würde ich Euch nicht um Rat fragen, wenn es um ein sehr junges Mädchen geht."

Er winkte leicht mit der Hand. „Das hätte ich wissen müssen – wenn ich daran gedacht hätte. Ich weiß es jetzt."

Mademoiselle Vallé verneigte sich und sagte: „Sie glaubt ernsthaft, Schönheit sei von Vorteil für eine junge Frau, die sich um eine Stelle im Büro eines Geschäftsmannes bewirbt, weil es einen Mann aufheitert, wenn er müde und schlechter Laune sei – das finde ich bedenklich. Ja, sie hat es zu mir gesagt, Milord – mit dem Blick einer kleinen Taube, die ihr Küken umsorgt. Ich sah vor mir, wie sie diese Engelsaugen zu irgendeinem älteren *vaurien* aufschlägt. Er würde sie für eine geborene Kokotte halten."

Jetzt nahm Coombes regloses Gesicht einen nachdenklichen Ausdruck an. „Mein Gott!“ murmelte er atemlos vor sich hin. „Mein Gott!“ Taugenichts oder Heiliger – er kannte von beiden eine Menge. „Wir müssen auf sie aufpassen“, sagte er dann. „Sie ist kein ungehorsames Kind. Sie wird noch nichts unternehmen, nicht wahr?“

„Ich habe ihr gesagt, sie sei noch nicht soweit“, antwortete Mademoiselle. „Ich habe auch versprochen, es ihr zu sagen, wenn sie es ist – und ihr zu helfen.“

„Gott stehe ihr bei, wenn wir es nicht tun!“ sagte er. „Sie ist arglos wie ein Lamm – und solchen Lämmern wie ihr lauern die Schlachter auf. Sie passen ihnen noch besser als die kleinen Dinger, die von Geburt an abartige Neigungen haben. Ein alter Mann mit bösem Charakter könnte aus der Ferne über sie wachen.“

Mademoiselle musterte ihn mit ernster Miene – seine hochgewachsene, schmale, aufrechte Gestalt, seine Haltung, seine perfekte Kleidung, die Frische, die er ausstrahlte und die nicht neu war. „Bezeichnen Sie sich selbst als alten Mann, Milord ?“ fragte sie.

„Ich bin nicht gebrechlich – die Jahre bringen das nicht zwangsläufig mit sich“, war seine Antwort. „Aber ich glaube, ich war ein alter Mann, bevor ich dreißig geworden bin. Ich bin seitdem nicht wirklich älter geworden.“ Es folgte eine kurze Stille, in der sein Blick an dem von Mademoiselle Vallé hängenblieb. „Ich bin nicht alt genug – und auch nicht jung genug – um in Mrs. Gareth-Lawless’ kleine Tochter vernarrt zu sein“, sagte er. „Das muß ich Ihnen nicht sagen. Aber Sie haben mitbekommen, daß manche Leute spaßeshalber glauben wollen, ich sei es.“

„Ein paar leichtsinnige Dummköpfe mit schmutziger Phantasie“, gab sie unumwunden zu.

„Das Schlimmste, was ein Mann sich antun kann, ist zu erklären und zu leugnen“, erwiderte er mit einem Lächeln, das hart und fein zugleich war. „Lassen wir sie in ihrem Glauben.“

20. Fräulein Hirsch und Graf von Hillern

Der sechzehnte Geburtstag kam und ging, während in der Welt viel verstörendere und wichtigere Dinge geschahen als der Geburtstag eines Mädchens. Der siebzehnte ging vorbei, und es geschah noch mehr, das komplizierter und von wachsender Bedeutung war. Aber selbst die Besitzer der Hände, die die Züge auf dem Schachbrett – der Landkarte Europas – machten, behielten diese Dinge nicht so genau im Auge, wie sie es hätten tun sollen. Mädchen im Teenageralter interessieren sich nur selten für politische und diplomatische Verhältnisse, und Robin mochte keine Zeitungen. Sie lernte gut bei Mademoiselle, und ihre Gouvernante erkannte, daß sie ihr Ziel, selbst ihr Brot zu verdienen, nicht aus den Augen verlor. Es wurde ihr bewußt durch gelegentliche Bemerkungen von Robin und auch durch eine gewisse Telepathie zwischen ihnen. So wenig sich das Kind aus Zeitungen machte, es hatte doch die Angewohnheit, jeden Tag die Anzeigen gründlich zu studieren. Sie las aufmerksam die Spalten mit den Stellenanzeigen.

„Ich sehe mir alle Abschnitte an, die mit ‚Junge Dame gesucht' oder ‚Junge Frau gesucht' beginnen, und die, in denen steht, daß eine junge Frau eine Stelle sucht. Ich will herausfinden, was am häufigsten gesucht wird."

Die Blicke, die ihr folgten, wenn sie vorbeiging, störten sie nicht mehr. Sie wußte, daß kein Knopf aufgegangen war, kein Hut schief saß und sie nicht unordentlich aussah. Sie nahm es als Teil des täglichen Lebens hin. Die meisten Blicke waren freundlich und wohlwollend, und das freute sie. Manchmal ärgerte es sie, wenn rotgesichtige Herren mittleren Alters sie ungeniert anstarrten, aber dann sagte sie sich, daß es nur alberne, leichtsinnige alte Männer waren, die nach Hause zu ihrer Familie gehen und dort bleiben sollten. Mademoiselle oder Dowie waren fast immer bei ihr, aber da sie kein französisches *jeune fille* war, lag es nicht daran, daß man sie nicht allein aus dem Haus lassen wollte, sondern weil sie sich in ihrer Gesellschaft wohlfühlte. Es gab jedoch einen Mann, den sie ganz und gar nicht mochte. Es kommt vor, daß junge Mädchen eine Abneigung gegen einen Angehörigen des anderen Geschlechts hegen, ohne sich die Gründe erklären zu können. Er besuchte gelegentlich ihre Mutter – ein sympathischer junger preußischer Offizier von Rang und Namen. Er war blond und militärisch und gutaussehend und benahm sich so, wie er es in Berlin bei Hofe gelernt hatte. Der Knall, wenn er bei seiner perfekten Verbeugung die Hacken zusammenschlug, war einer der Gründe, aus denen Robin ihn verabscheute. Sie wußte, daß das kein vernünftiger Grund war.

„Ich habe das Gefühl, daß er sich nicht verbeugt wie ein Gentleman", gestand sie Mademoiselle Vallé, „sondern so, als wolle er allen zeigen, wie man es richtig macht. Es hat etwas Vulgäres."

„Das bildest du dir ein", bemerkte Mademoiselle.

„Ich weiß", gab Robin zu. „Aber", es klang unsicher, „aber das ist auch nicht alles. Es sind seine Augen. Ich nehme an, es sind schöne Augen. Sie sind blau und ausdrucksvoll – beinahe zu ausdrucksvoll. Er hat so einen seltsam starren Blick – als wolle er Leute damit aufspießen und ihnen ein Geheimnis erzählen. Man wird rot und sieht verlegen beiseite."

„Ich nicht", sagte Mademoiselle listig – weil sie den Rest hören wollte, ohne zuviele Fragen zu stellen.

Robin lachte, aber nur ein wenig. „Sie haben es auch noch nicht gesehen. Ich habe es selbst noch nicht oft gesehen. Er besucht Mama", sie sagte nie „Mutter", „wenn er in London ist. Er kommt seit zwei oder drei Jahren. Als ich ihn zum ersten Mal gesehen habe, bin ich gerade mit Dowie aus dem Haus gegangen, und er ging nach oben. Weil die Halle so klein ist, sind wir beinahe zusammengestoßen, und er fuhr zurück und machte seine Verbeugung, und dabei starrte er mich so an, daß ich mir einerseits dumm vorkam und andererseits erschrocken war. Ich war damals erst fünfzehn."

„Und danach?" fragte Mademoiselle.

„Wenn er hier ist, scheine ich ihm immer irgendwo zu begegnen. Zweimal, als Fräulein Hirsch mit mir in den Square Gardens war, kam er auf uns zu und sprach uns an. Ich denke, er muß sie kennen. Er war so großspurig und gönnerhaft höflich zu ihr – er dachte wohl daran, daß sie nur Deutschlehrerin ist und ich nur ein kleines Mädchen, dessen Mama er kennt. Aber er starrte mich an, bis ich anfing, ihn zu hassen."

„Du darfst niemanden ohne Grund verabscheuen. Du verabscheust auch Lord Coombe."

„Sie jagen mir beide einen Schauer über den Rücken. Lord Coombe starrt mich nicht mit bohrenden Blicken an, aber er ist kalt wie ein Fisch – davon bekomme ich Gänsehaut. Er kommt mir auf seine stille Art vor wie der Teufel."

„Das ist ein kindisches Vorurteil und Unsinn."

„Vielleicht", sagte Robin. „Aber trotzdem – ich finde sie beide gruselig. Ich würde lieber *sterben*, als mich von einem der beiden anfassen zu lassen. Darum wollte ich Lord Coombe nie die Hand geben, als ich klein war."

„Du glaubst, daß Fräulein Hirsch den Baron kennt?“ forschte Mademoiselle weiter nach.

„Ich bin sogar sicher. Wir sind ihm mehrmals auf unseren Spaziergängen begegnet. Manchmal geht er nur vorbei und grüßt uns, aber manchmal bleibt er auch stehen und sagt ein paar Worte – immer auf eine steife, hochnäsige Art. Aber er spießt mich immer mit seinen Blicken auf, als würde er Dinge über mich herausfinden, die ich selbst nicht weiß. Er ist schon ein paarmal an uns vorbeigegangen, wenn Sie dabei waren, aber vielleicht erinnern Sie sich nicht.“

Zufällig erinnerte sich Mademoiselle Vallé aber, eine etwas arrogante, maskuline Person gesehen zu haben, deren militärisches Gebaren Aufmerksamkeit erregte. Man dachte sofort an klirrende Sporen und Rüstungen und eine stolz geschwellte Brust mit Orden.

„Er ist Graf von Hillern, und ich wünschte, er würde in Deutschland bleiben“, sagte Robin.

Fräulein Hirsch gehörte nicht zu denen, die eiligst in ihr Heimatland zurückgekehrt waren, ohne ihren Arbeitgebern ihre Absicht mitzuteilen. Sie war in London geblieben und hatte pflichtbewußt ihren Unterricht gegeben. Sie war eine unscheinbare junge Frau mit großer Nase und einem pickligen, farblosen Gesicht, schüchternem Blick und Auftreten. Robin war sicher, daß sie Ehrfurcht vor dem Rang und dem militärischen Glanz ihres Landsmannes hatte. Sie wirkte noch scheuer als sonst, wenn er sich dazu herabließ, stehenzubleiben und sie und ihren Schützling anzusprechen – so schüchtern, daß ihr Blick etwas Verstohlenes hatte. Robin glaubte, daß sie ihn bewunderte, aber zu demütig war, um in seiner Gegenwart unbefangen zu sein. Mehr als einmal war sie zusammengefahren und rot und blaß geworden, wenn sie ihn näherkommen sah. Das gab Robin zu denken – würde sie sich selbst auch so eingeschüchtert und überwältigt von ranghöheren Personen fühlen, wenn sie Gouvernante wäre? Natürlich würde ein Mann wie Graf von Hillern dann über ihr stehen, und sie mußte sich angemessen verhalten, auch wenn es dazu führte, daß sie beinahe geheimnistuerisch wirkte. Sie hatte das Fräulein mehrmals Fragen über Gouvernanten gestellt. Sie hatte sich erkundigt, ab welchem Alter man sich als Lehrerin für Kinder oder junge Mädchen bewerben konnte. Fräulein Hirsch hatte ihre Laufbahn in Deutschland mit achtzehn begonnen. Sie hatte kein leichtes Leben gehabt und in ihrem Zuhause mit vielen Geschwistern viel Verantwortung getragen, und sie war vielleicht sehr reif für ihr Alter gewesen. In England antworteten junge Frauen, die eine Stelle suchten, auf Anzeigen und stellten sich den Leuten persönlich vor. Manchmal waren die Ergebnisse sehr gut. Fräulein Hirsch war sehr liebenswürdig und nur allzu bereit, Informationen zu geben. Robin erzählte ihr nicht von ihrem Plan, Arbeit zu finden – wahrscheinlich als Gouvernante – aber die junge Deutsche besaß Verstand „made in Germany“ und war sich unzähliger Dinge bewußt, ohne daß ihr Schützling es ahnte. Am besten wußte sie, daß das Mädchen ein Kind war. Sie selbst war kein Kind – sondern ein verbittertes, elendes Geschöpf, das keinen Grund zur Hoffnung hatte. Sie lebte in einer kleinen Unterkunft in einer Straße nahe bei der Abbey Road, und in einer Schublade ihres Frisiertisches verwahrte sie ein Foto – das Foto eines preußischen Offiziers mit kurzgeschorenen blonden Haaren und schönen blauen Augen, die arrogant unter den schweren Lidern hervorblickten. Er war der Typ Mann, den die deutsche Frau – jung und schlank oder reif und stämmig – wie einen Gott verehrt, dessen Beziehung zu einer Frau nur die eines modernen Jupiters sein kann, der sich herabläßt, Befehle zu erteilen. In seiner Jugend hatte er sich an die Blicke der Frauen gewöhnt, aus denen Anbetung, Bewunderung oder Bitten sprachen. Es war ein Naturgesetz – die weise Vorsehung eines männlichen Gottes, der die Welt für den Mann geschaffen hatte – vor allem für Männer aus der preußischen Armee, deren Ziel es war, die Welt zu beherrschen und sie Gehorsam zu lehren. Für einen solchen Mann, dem die Bedeutung seines Ranges und seiner Werte in Fleisch und Blut übergegangen war, war eine junge Frau wie Fräulein Hirsch – unterwürfig und nicht mit Schönheit gesegnet – eine Nebensache, der man so wenig Beachtung schenkt wie dem Bürgersteig, auf dem man geht. Der Bürgersteig hatte seinen Nutzen, und Frauen wie sie hatten den ihren. Sie konnten immerhin den Befehlen derjenigen gehorchen, denen sie durch himmlischen Beschluß unterstellt waren, und wenn sie sich gefügig und intelligent zeigten, wurden sie vielleicht mit etwas Anerkennung belohnt. Fräulein Hirsch hätte nie die Kühnheit besessen, die Existenz des versteckten Fotos zuzugeben. Sie war wahrhaftig einer heimlichen, brennenden Leidenschaft verfallen, die ihr manchmal, wenn sie nachts in ihrem harten Bett lag, hoffnungslose Schluchzer entlockte, die sie in ihrem Kissen erstickte. Sie hätte ihrem Abgott buchstäblich die Stiefel geleckt, wenn er sie angesehen hätte – nur angesehen –, als sei sie ein Mensch. Aber auf die Idee wäre er nie gekommen. Er dachte nicht einmal so über sie, wie sie selbstquälerisch über sich selbst dachte – als nicht jung, in keiner Weise gutaussehend, nicht geboren, nicht einmal weiblich. Er verschwendete gar keinen Gedanken an sie, bis auf den, daß sie eine derjenigen war, die zum Dienen geboren waren, und zwar so, wie die Höhergestellten es verlangten. Sie wurde in England herumkommandiert, denn von einer grauen Maus wie ihr erwartete man, daß sie Befehle ausführte. Sie war klüger, als sie aussah, und konnte gewisse Dinge erreichen, ohne irgendwelche Aufmerksamkeit zu erregen. Von Hillern hatte ihr dann und wann Anweisungen gegeben. Es war für ihn nötig, sie manchmal zu sehen und mit ihr zu reden. Die vage

Aussicht, ihn gelegentlich zu sehen, gab ihrem Leben einen Sinn. Es reichte ihr, daß sie für kurze Zeit in seiner Nähe stehen durfte, nahe genug, um seinen Ärmel berühren zu können, wenn sie die wahnwitzige Kühnheit gehabt hätte, es zu tun, daß sie bebte, wenn sie ihn sah und seine Stimme hörte, *beinahe* seine kräftige weiße Hand berührte, wenn sie ihm Papiere reichte, sah, daß er sich manchmal dazu herabließ, anzuerkennen, was sie getan hatte, ihm ihren ewigen Gehorsam versicherte. Sie war keine liebenswerte oder gute Frau und hatte seit ihrer Geburt ihren Platz im Leben mit solcher Endgültigkeit akzeptiert, daß ihre Träume nie zu hoch flogen. Wenn er sie mit einer hochmütigen Handbewegung zu sich gewunken hätte, wäre sie ihm wie ein Hund bedingungslos gefolgt. Aber er hob die Hand nicht und würde es auch nicht tun, denn sie hatte nichts Anziehendes an sich. Das wußte sie, und so erstickte sie ihr Schluchzen im Kissen oder lag wach und grübelte fieberhaft, ob eine unbestimmte Aussicht bestand, daß er sie aus irgendeinem Grund brauchte und sie in einen verlassenen Park oder auf eine Landstraße oder in ein billiges Hotel beorderte, wo sie für eine Nacht ein Zimmer mieten konnte, als sei sie auf der Durchreise nach London. Eines Abends – sie hatte auf seinen Befehl hin für eine Woche eine billige Unterkunft in einer Seitenstraße bezogen – kam er gegen neun Uhr in schlichter Kleidung, die ihn trotz seiner Großartigkeit wie einen gewöhnlichen Engländer aussehen lassen sollte, soweit es eben ging. Aber als die Tür zugegangen war und er mit ihr allein im Zimmer war, sah sie voller Anbetung, daß er seine stolze Haltung automatisch wieder einnahm. Nachdem er seinen schlechtsitzenden Mantel abgelegt hatte, stand er kerzengerade zu seiner vollen Größe aufgerichtet da und beherrschte den kleinen Raum und ihr Dasein so sehr, daß ihr Herz bebte. Oh! Am liebsten hätte sie sich ihm zu Füßen geworfen, selbst wenn er nach ihr getreten hätte! Sie hatte keinen Funken Humor, der sie vor ihren jämmerlichen Phantasien bewahrt hätte. Romantische Demut und rührende Aufopferung für den Angebeteten waren die Ideale, von denen sie Zeit ihres Lebens in Gedichten gelesen und in Liedern gehört hatte. Nur durch Dienstbarkeit und Opferbereitschaft konnte eine Frau die Liebe eines Mannes gewinnen – und auch dann nur, wenn sie Schönheit und die Gaben besaß, die vor den Augen ihres Idols Gnade fanden. Sie vergötterte seine grenzenlose Arroganz und kroch vor ihm auf ihren armen, grobknochigen Knien. Ihre Erziehung und Religion hatten sie gelehrt, daß das ein Zeichen seiner adligen Herkunft und militärischen Erziehung gewesen war. Sogar die Frauen seines eigenen Standes hatten solche Vorstellungen – und die romantischen und sentimentalen Naturen fanden es herrlich. In Fräulein Hirschs Phantasie war er ein deutscher Rochester, viel großartiger als das Original, und sie selbst eine bessere – weil unterwürfigere – Jane Eyre. Ach Gott! Sein hocherhobener, kurgeschorener Kopf – seine schönen weißen Hände – die stolzen Augen, die unter schweren Lidern hervorblickten! Seine Anwesenheit verlieh dem schäbigen Zimmer die Atmosphäre eines Palastes. Er stellte ihr ein paar Fragen, er verlangte von ihr ein paar Notizen, die sie gemacht hatte, und ohne einen Blick oder ein Wort zuviel gab er ihr genaue weitere Anweisungen. Er stand am Tisch, und deshalb mußte sie auf ihn zugehen – ihm sogar sehr nahe kommen, um eine Skizze zu sehen, die er hastig gemacht hatte und die er gleich danach in Fetzen riß und mit einem Streichholz verbrannte. Sie mußte sogar so dicht neben ihm stehen, daß ihr Rock sein Hosenbein streifte. Seine Nähe und ein leichter Geruch nach Zigarrenrauch, gemischt mit dem schwachen Duft von Seife oder Rasierschaum, hatten eine solche Wirkung, daß sie zitterte und ihr Tränen in die Augen stiegen. Trotz ihrer Bemühungen, sie zurückzuhalten, lief ihr eine klägliche Träne über die Wange und blieb dort hängen, weil sie nicht wagte, sie wegzuwischen. Er bemerkte mit Ärger, daß sie zitterte, warf ihr einen kalten und forschenden Blick zu und sah die Träne. Dann wandte er sich ab und widmete sich wieder ihren Notizen. Sein Interesse galt nicht der Frage, ob ein Schaf von einer Frau weinte oder nur eine Erkältung hatte.

Ach! Die arme Hirsch litt in der Tiefe ihrer Seele – er hatte die Kontrolle des Patriziers über seinen Ausdruck, und mit welcher Gleichgültigkeit er allen kleinen und schäbigen Dingen begegnete! Es war ein Teil seiner aristokratischen Erziehung, aber auch seiner militärischen Ausbildung. Es war seine Gewohnheit, sich sofort zu verabschieden, wenn alles Nötige erledigt war. Heute abend – sie wagte es kaum zu glauben – schien er einen Grund zu haben, seinen Aufbruch etwas hinauszuzögern. Er setzte sich nicht hin und forderte Fräulein Hirsch auch nicht auf – aber er ging nicht sofort. Er zündete sich eine prächtige Zigarre an – und bequemte sich sogar dazu, leicht mit der bewunderten Hand zu wedeln, um anzudeuten, daß er um Erlaubnis fragte. Oh! Wenn sie nur gewagt hätte, mit einem Streichholz zu ihm zu eilen! Er stand auf dem Teppich und stellte eine beiläufig klingende Frage über ihren Arbeitgeber, ihre Bekanntschaften, ihre Gewohnheiten. Das einzige, was sie verband, waren Fragen nach privaten Dingen und entsprechende Antworten, und Diskretion spielte keine Rolle. Er durfte jede Frage stellen, und sie mußte alle beantworten. Vielleicht mußte sie etwas Bestimmtes über die Gäste herausfinden, die Mrs. Gareth-Lawless empfing. Aber Erfahrung und ein wacher Geist ließen sie erkennen, daß sein Interesse nicht in erster Linie Mrs. Gareth-Lawless galt – sondern einem Mitglied ihrer Familie – der sehr kleinen Familie, die aus ihr selbst und ihrer Tochter bestand. Sein Netz aus Fragen zog sich zusammen – um Robin. Und sie hatte gesehen, wie er Robin anschaute, wenn er an ihnen vorbeiging oder sie ansprach. Schlagartig wurde ihr klar, daß er auf raffinierte

Weise von ihr selbst erfahren hatte, wann sie ausgingen und wohin sie gingen. Sie hatte es nicht gleich bemerkt, aber nun sah sie es. Mädchen, die so aussahen – ja! Aber es konnte nicht – ernst sein. Ein englisches Mädchen aus solcher Familie – mit so einer Mutter! Eine flüchtige Eskapade, mit der sich alle jungen Männer seines Standes die Zeit vertrieben und die sie wieder vergaßen – aber nichts Dauerhaftes. Es wäre nicht gern gesehen in den gehobenen Kreisen, in denen Gehorsam das erste Gebot war. Aber er ging nicht. Er ließ sich sogar ein wenig von seiner unerreichbaren Höhe herab. Es fiel ihm nicht schwer, Einzelheiten über die sonderbare Einsamkeit des Mädchens herauszufinden. Fräulein Hirsch erklärte nur zu gern, daß Robin zu keinem Kreis richtig dazugehörte. Sie brannte darauf, ihm gewisse Dinge klarzumachen, und sie machte sie ihm klar. Er mußte unbedingt begreifen, daß er in bezug auf diese junge Blüte der Schönheit, so sehr sie ihm auch den Kopf verdreht haben mochte, nicht den Hauch einer ernsten Absicht hegen durfte. Sie hatte das Mädchen nie gemocht, und nun verwandelte sich ihre sanfte Milde und Demut plötzlich in etwas anderes – sie wurde zu einer Wölfin. Es spielte keine Rolle, was aus dem Mädchen wurde – was ihr passierte oder nicht – sie, Mathilde Hirsch, hatte dadurch weder etwas zu verlieren noch zu gewinnen. Aber wenn sie ihn nicht verärgerte und ihn sogar vor einem Unglück bewahrte, würde er ihr vielleicht dankbar sein – und sich vielleicht anerkennend äußern – oder sich daran erinnern – und seine vornehme Mutter würde es ganz sicher – wenn sie es je erfuhr. Aber hinter all diesen vordergründigen Überlegungen verbarg sich die Glut der irrsinnigen Eifersucht, die nur diese glücklosen Frauen kennen – und von der sie sich nie auch nur das allergeringste anmerken ließ.

„Ich habe herausgefunden, daß sie aus irgendeinem Grund vorhat, sich eine Stelle als Gouvernante zu suchen“, sagte sie.

„Schlage vor, daß sie nach Berlin geht. Gibt gute Stellen dort“, war seine Antwort.

„Wenn sie geht, wird ihre Mutter sich keine Sorgen um sie machen“, erwiderte Fräulein Hirsch.

„Wenn sie dann auf der Straße einen jungen Mann trifft und sich in ihn verliebt und sie gemeinsam durchbrennen, werden ihre Verwandten nicht nach ihr suchen.“

Fräulein Hirschs schmaler Mund sah boshaft aus. „Ihre Mutter ist zu beschäftigt dafür, und es gibt niemanden sonst – außer Lord Coombe, von dem es heißt, er wolle sie für sich selbst.“

Von Hillern zuckte mit seinen schönen Schultern. „In seinem Alter! Nach der Mutter die Tochter! Das sieht einem Engländer ähnlich!“

Daraufhin kam Fräulein Hirsch einen Schritt näher und sah ihm in die Augen – eine Freude, die sie noch nie gehabt hatte. Sie wagte es jetzt, weil sie eine interessante Geschichte zu erzählen hatte, die er hören wollte. Es *sah* einem Engländer ähnlich. Lord Coombe war einer der schlimmsten, aber er war zu feinsinnig und klug, um Leute offen zu beleidigen. Es wurde allen Ernstes behauptet, daß er das Mädchen erzog und von der Außenwelt abschirmte und wahrscheinlich vorhatte, sie zu heiraten, wenn sie alt genug war. Er hatte keinen eigenen Erben – und er brauchte Schönheit und Unschuld. Schönheit und Unschuld – danach verlangte seine Schlechtigkeit.

„Pah!" rief von Hillern. „Junge Leute wollen solche Dinge – und nehmen sie sich. Das ist schwachsinniger Londoner Tratsch. Nein, er würde ihr nicht nachlaufen, wenn sie fliehen sollte. Er ist stolz und weiß, daß man über ihn lachen würde. Und er würde sie nicht zurücknehmen von einem jungen Mann – der ihr Geliebter ist."

Ihr Geliebter! Das Wort ließ das brennende Herz erbeben, das in ihrer armen flachen Brust schlug. Wie er es sagte – mit was für einem triumphierenden Wissen über solche Dinge.

„Nein, das würde er nicht", antwortete sie, den Blick immer noch auf ihn gerichtet. „Niemand würde es."

Er lachte ein wenig, selbstsicher, aber es klang beinahe gleichgültig. „Wenn sie verschwinden würde, gäbe es keine große Suchaktion", sagte er. „Sie ist hübsch genug, um nach Berlin zu passen." Er stand reglos da, schaute zu Boden und schien an etwas Angenehmes zu denken. Als er den Blick wieder hob, lag in seinen blauen Augen ein häßlicher Triumph, aber Mathilde Hirsch fand es nicht häßlich. Er sprach leise. „Es wird aufregend werden – ein großartiger Tag, wenn wir nach London kommen – denn das werden wir. Es wird sein, als würde der Ozean sich zu einer einzigen riesigen Welle aufbäumen und alles überschwemmen. Es wird ein Chaos ausbrechen – untrainierte Soldaten werden wild durcheinanderlaufen – mit Gebrüll und Geschrei –"

„Und Zeppeline werden Bomben abwerfen!" Sie vergaß sich so sehr, daß sie das keuchend hervorbrachte. „Sie werden Gebäude zum Einsturz bringen und Bürgersteige und Menschen zerschmettern! Westminster und die Paläste werden ins Wanken geraten und dicke Dummköpfe vor Bajonetten davonrennen!"

Er unterbrach sie mit einem kurzen Lachen, das noch häßlicher war als das Funkeln seiner Augen. Er war etwas aufgeregt. „Und all die Frauen, die kreischend herumlaufen und versuchen, sich zu verstecken, und hervorgezerrt werden. Wir können jede ihrer hübschen, kleinen, stupsnasigen Frauen nehmen, die wir wollen – jede."

„Ja", antwortete sie und biß sich auf die Lippe. Niemand würde *sie* nehmen, das wußte sie.

Er zog seinen Mantel an und machte sich zum Aufbruch bereit. Als er im Begriff war, die Tür zu öffnen, sprach er in seinem üblichen Befehlston. „Bringen Sie sie morgen nachmittag in die Kensington Gardens“, sagte er. „Setzen Sie sich auf eine der Bänke beim Round Pond und sehen Sie zu, wie die Kinder ihre Boote schwimmen lassen. Ich werde nicht dort sein, aber Sie werden eine ruhige, elegante Frau in Trauerkleidung antreffen, die Sie ansprechen wird. Sie geben sich so, als würden Sie in ihr eine alte Bekannte erkennen. Tun Sie alles, was sie sagt.“

Danach ging er, und sie setzte sich und dachte nach.

21. Lady Etynge

Sie sah ihn in der nächsten Woche wieder und mußte ihm sagen, daß sie ihren Schützling nicht an dem vorgesehenen Morgen in die Gärten von Kensington hatte bringen können, aber da das Mädchen den Platz mochte und gern zusah, wie die Kinder ihre Boote auf dem Round Pond schwimmen ließen, wäre es ein Leichtes, sie dort hinzulotsen. Er zeigte ihr ein Foto der Frau, die auf einer bestimmten Bank sitzen würde, und verlangte, daß sie es lange genug ansah, um sich das Gesicht einzuprägen. Es war das einer unaufdringlich eleganten Frau mit sanften Augen.

„Sie wird sich Lady Etynge nennen", sagte er. „Sie müssen sich daran erinnern, daß Sie früher ihre kleine Tochter in Paris unterrichtet haben. Sie dürfen nichts überstürzen und keine Fehler machen. Sie sollen sich – zufällig – ein paarmal begegnen." Später sagte er: „Wenn Lady Etynge Robin einlädt, zu ihr nach Hause zu kommen, gehen Sie natürlich mit. Sie bleiben aber nicht dort. Lady Etynge wird Ihnen sagen, was zu tun ist."

Von seinen eigenen Absichten sprach er nie. Man hätte glauben können, er habe gar keine. Insgeheim kam sie zu dem Schluß, daß er der Meinung war, jedes Mädchen erobern zu können. Er wußte, daß sie ein einsames, romantisches Geschöpf war, das zweifellos sentimentale Bücher gelesen hatte und von deren Helden fasziniert war. Sie war natürlich gerade im richtigen Alter für erste, vorsichtige kleine Schritte in das Reich der Liebe. Bei ihm waren es keine vorsichtigen kleinen Schritte gewesen, dachte die blasse Hirsch traurig. Welches Mädchen – oder welche Frau – konnte seinen Augen widerstehen? Bei dem Gedanken knirschte sie beinahe mit den Zähnen. Hatte sie es nicht gesehen – in ihren eigenen verlorenen, hoffnungslosen Träumen? Was machte es schon, wenn dem Mädchen etwas passierte, das die Welt Unglück nannte? Fräulein Hirsch hätte es nicht als Unglück bezeichnet. Seine Vorliebe würde vielleicht ein paar Monate dauern. Vielleicht würde er sie nach Berlin mitnehmen – oder an einen geheimen Ort in den Bergen, wo er sie besuchen konnte. Wie himmlisch – wie himmlisch! Sie weinte und schlug ihre heißen, trockenen Hände vors Gesicht. Aber es würde nicht lange dauern – und er würde wieder nur an die immense Arbeit denken – an den Großen Plan, zu dessen Räderwerk er gehörte –, und er würde gezwungen sein, sie zu sehen und mit ihr zu reden, Mathilde Hirsch, und den Rest vergessen. Sie konnte sich nur zurückhalten, weil sie sich wieder und wieder sagte, daß es ganz natürlich sei, daß solche Dinge in seinem großartigen Leben kamen und gingen, und je schneller es begann, desto schneller würde es auch vorbei sein.

Es war ein herrlicher Morgen, als sie mit ihrer Schülerin in den Kensington Gardens spazierenging und wie von selbst den Round Pond umrundete. Robin freute sich, weil das Gezwitscher der Vögel die Luft erfüllte, Gärtner pflanzten Krokusse und Hyazinthen in die Blumenbeete, es duftete süß, und das bedeutete, daß Frühling war. Sie zog einen kahl aussehenden Zweig eines Fliederbusches zu sich und küßte die winzigen braunen Knospen daran, wenn auch etwa verlegen. „Ich kann nicht anders, wenn ich die ersten Knospen auf den Zweigen sehe. Sie strengen sich so an, aufzubrechen“, sagte sie. „Zu dieser Jahreszeit liebt man alles – einfach alles! Sehen Sie nur, die Kinder dort am Teich. Der kleine dicke Junge in der Matrosenjacke und den braunen Lederhosen platzt gleich vor Freude. Lassen Sie uns hingehen und sein Boot bewundern, Fräulein.“

Sie gingen hin, und Robin pries das Boot in den höchsten Tönen, bis sein Besitzer vor Freude ganz außer Atem war.

Fräulein Hirsch stand neben ihr und warf einen verstohlenen Blick auf die Bänke, die den Round Pond umgaben. Ihre Miene verriet kein Interesse an einer bestimmten Person. Nun sagte sie: „Ich glaube, dort auf der dritten Bank von hier aus gesehen sitzt Lady Etynge. Ich habe dir doch erzählt, daß ich gehört habe, sie sei in London. Ich frage mich, ob ihre Tochter noch in der Klosterschule in Tours ist.“

Als Robin zurückkam, sah sie eine ruhige Frau in eleganter Trauerkleidung, die Fräulein Hirsch mit einem Kopfnicken und einem Lächeln begrüßte, die zum Näherkommen einluden.

„Wir müssen zu ihr gehen und sie ansprechen“, sagte Fräulein Hirsch. „Sie möchte sicher, daß ich dich ihr vorstelle. Sie mag junge Mädchen – wegen Hélène.“

Robin ging folgsam auf die Frau zu. Lady Etynge sah freundlich und sympathisch aus. Sie hatte eine liebenswerte Art und war sehr gütig zu Fräulein Hirsch. Sie schien sie gut zu kennen und sie zu mögen. Ihre Tochter, Hélène, war noch in der Klosterschule in Tours, würde aber bald nach Hause kommen. Sie würde sich freuen, daß Fräulein Hirsch in London war.

„Ich habe das ganze Obergeschoß in meinem großen Haus für sie hergerichtet“, lächelte Lady Etynge.

Vielleicht ist sie eine sehr mütterliche Frau, dachte Robin.

Sie wirkte sehr gütig und zeigte ein liebenswertes Interesse an den Booten und den Kindern, die sie schwimmen ließen. „Ich bringe oft ein Buch mit und vergesse dann das Lesen, weil ich sie beobachte“, sagte sie. „Sie sind so eifrig bei der Sache und freuen sich so, wenn ein Boot über den ganzen Teich segelt.“ Sie ging bald darauf weg, und Robin sah ihr aufmerksam nach.

Ein paar Tage später sahen sie sie wieder und unterhielten sich etwas länger. Sie war nicht immer beim Round Pond, wenn sie kamen, und natürlich gingen sie nicht immer dorthin, wenn sie zusammen spazierengingen, obwohl Fräulein Hirsch gern dort saß und den Kindern zusah.

Eines Tages erzählte sie Robin, daß sie bei ihrer früheren Arbeitgeberin Tee getrunken habe. Sie war etwas aufgeregt wegen der Vorbereitungen für Hélène, die in einem französischen Kloster erzogen worden war und ganz anders war als englische Mädchen. Sie war immer sehr zart gewesen, und die Nonnen schienen zu wissen, wie man mit ihren angreifbaren Nerven umgehen mußte.

„Ihre Mutter ist recht besorgt, weil sie nach London kommt. Sie hat natürlich keine jungen Freundinnen hier und ist so sehr an das ruhige Leben im Kloster gewohnt“, erklärte das Fräulein. „Darum wurden die Räume im Obergeschoß für sie hergerichtet. Sie wird dort oben nicht viel Lärm hören. Ich gestehe, ich mache mir selbst Sorgen um sie. Lady Etynge fragt sich, ob sie eine passende junge Gesellschafterin für sie finden kann. Es muß eine junge Dame mit vollkommener Erziehung sein – und mit Geist und Charme. Keine Person wie ich, sondern eine, die sie als ihresgleichen und als Freundin behandeln kann – beinahe eine Spielgefährtin.“

„Es wäre eine sehr gute Stelle“, bemerkte Robin nachdenklich.

„O ja“, antwortete Fräulein Hirsch. „Hélène ist ein sehr liebenswertes Mädchen. Und Lady Etynge ist so reich, daß sie ein gutes Gehalt bezahlen kann. Hélène ist ihr Abgott. Diese Zimmerflucht ist perfekt. In Deutschland werden Mädchen nicht so verwöhnt. Man findet, es sei nicht gut für sie.“

Durch ihr Interesse an Hélène war es ganz natürlich, daß Robin gern auf der grünen Bank neben der Mutter des Mädchens sah und zuhörte, wenn sie von ihrer Tochter erzählte. Ihre Art war nicht aufdringlich. Hélène wurde erstmals erwähnt, als sich Fräulein Hirsch höflich nach ihr erkundigte. Während Robin zuhörte, begriff sie, daß dieses besondere Mädchen ein geliebtes, umsorgtes Geschöpf und selbst sanftmütig und liebevoll war. Es klang, als sei sie ein Mädchen, das jeder gern als Freundin haben wollte. Robin fragte sich die ganze Zeit – ob sie geeignet wäre. Vielleicht war Rücksicht auf die Gefühle von Fräulein Hirsch, die nicht geeignet war – weil sie weder geistreich noch hübsch noch ein Mädchen war – der Grund dafür, daß Lady Etynge nur beiläufig von ihrer Idee sprach, eine passende junge Gesellschafterin für ihre Tochter zu finden.

„Es ist nicht einfach, in einer Annonce zu formulieren, was man sich wünscht“, sagte sie.

„Ja. Zu verlangen, daß ein Mädchen klug und hübsch und anmutig sein müsse, würde es einer bescheidenen jungen Dame schwermachen, eine passende Antwort zu schreiben“, sagte Fräulein Hirsch trostlos, und Lady Etynge und Robin lächelten.

„Und unter Ihren eigenen Freundinnen“, sagte Lady Etynge zu Robin, „kennen Sie da eine – die eine kennt, die passen würde? Manchmal gibt es ja arme kleine Cousinen, nicht wahr?“

„Oder Mädchen, die unabhängig sein und eigenes Geld verdienen wollen“, sagte das Fräulein. „In diesen fortgeschrittenen Zeiten gibt es solche Mädchen.“

„Ich fürchte, ich kenne keine“, antwortete Robin. Sie war zu bescheiden, um zu sagen, daß sie sich selbst für geeignet hielt. Sie war gut erzogen und liebenswert und wußte schon seit einiger Zeit, daß sie hübsch war.

„Vielleicht kann Fräulein Hirsch Sie einmal nachmittags zum Teetrinken zu mir bringen“, sagte Lady Etynge, bevor sie sich verabschiedete. „Sie möchten sicher Hélènes Zimmer sehen, nicht wahr? Ich würde gern hören, wie ein anderes Mädchen sie findet.“

Robin war selig. Vielleicht tat sich hier ein Weg für sie auf. Sie erzählte Mademoiselle Vallé davon und strahlte so vor Hoffnung, daß Mademoiselle gerührt war.

„Glauben Sie, daß ich die Stelle bekomme?“ sagte sie. „Glauben Sie, daß ich vielleicht die richtige Person bin? Bin ich hübsch genug – und gebildet genug – und habe ich gute Manieren?“

Sie wußte nicht genau, wo Lady Etynge wohnte, glaubte aber, daß es eines der großen Häuser an einem bestimmten ehrwürdigen „Platz“ war, den sie beide kannten – ein Eckhaus, dessen war sie sicher, weil sie – ganz zufällig – einmal gesehen hatte, wie Lady Etynge in ein solches Haus hatte gehen sehen, als sei es ihr eigenes. Sie wußte die Hausnummer nicht, aber sie konnte das Fräulein fragen.

Fräulein Hirsch war nur zu bereit, ihr alles über ihre frühere Herrin und deren Tochter zu erzählen. Sie bewunderte die beiden offenbar sehr. Sie sprach in einem ehrfürchtigen Ton von ihnen. Sie beschrieb Hélènes Charakter, ihre empfindlichen Nerven und die Nonnen, die genau wußten, wie sie mit ihr umgehen mußten. Sie schilderte, wie schön Lady Etynges Haus war, voller Luxus und Komfort, und die Einrichtung der Zimmer, die für Hélène vorgesehen waren. Sie glaubte, die Hausnummer sei 97 A. Lady Etynge war die gütigste Arbeitgeberin, die sie je gehabt hatte. Sie glaubte, daß Miss Gareth-Lawless und Hélène sich gut verstehen würden, wenn sie einander begegneten, und sie hatte den Eindruck, daß Lady Etynge hoffte, sie würden Freundinnen werden.

Ihr mildes, sonst so stumpfsinniges Gesicht zeigte einen so liebenswerten bescheidenen Ausdruck, daß Mademoiselle Vallé, die sie immer wegen ihrer Unattraktivität bedauert hatte, leicht gerührt war. Offensichtlich freute sich Fräulein Hirsch, Robin zu einer so vorteilhaften Bekanntschaft verholfen zu haben.

Sie hatten keinen bestimmten Tag für den Besuch zum Tee abgesprochen. Robin war insgeheim voll freudiger Erwartung und hoffte, daß Lady Etynge ihre Einladung nicht vergessen würde.

Ihre Hoffnung erfüllte sich. Eines Nachmittags – sie hatten sie ein paar Tage nicht gesehen und rechneten gar nicht damit, ihr zu begegnen, weil sie ihren Spaziergang später als sonst machten –, trafen Robin und Fräulein Hirsch Lady Etynge an, die gerade von ihrer Bank aufstand, um nach Hause gehen.

„Unsere kleinen Begegnungen bekommen fast den Charakter von Verabredungen“, sagte sie. „Das ist sehr schön, aber ich muß jetzt leider gehen. Ich frage mich –“, sie hielt einen Moment inne und sah dann Fräulein Hirsch freundlich an, „ich frage mich, ob Sie Miss Gareth-Lawless in etwa einer Stunde zum Tee zu mir bringen und mir sagen können, ob sie der Meinung ist, daß Hélène ihre neuen Zimmer gefallen werden. Du hast gesagt, du würdest sie gern sehen!“ sagte sie zu Robin.

„Sie sind sehr gütig. Das würde ich sehr gern“, war Robins Antwort.

Fräulein Hirsch wußte mit der Herablassung umzugehen, die ihr gegenüber gezeigt wurde. Sie verhielt sich genau so, wie es sich für eine unaufdringliche Aufsichtsperson gehörte. Sie bildete sich nicht ein, sie sei selbst Gast sei oder mehr als ein geziemendes Anhängsel für ihren Schützling. Robin hatte das Fräulein längst nicht so gern wie Mademoiselle und Dowie, aber sie war eine fähige Lehrerin und außerdem gut zu Fuß und machte gern lange Spaziergänge, für die Mademoiselle nicht kräftig genug war, auf die Robins schlanke junge Beine sich aber freuten. Die beiden nahmen nie Kutschen oder Busse, sondern gingen überall zu Fuß hin – auch diesmal, und etwa eine Stunde später standen sie vor einem großen Eckhaus am Berford Place. Ein großer, kräftiger Diener öffnete ihnen die Tür und führte sie in ein Wohnzimmer, das viel vornehmer war als das, in das Robin ab und zu im Vorbeigehen einen Blick warf, wenn sie zu Hause war. Ein entzückendes Teeservice erwartete sie auf einem kleinen Tisch, aber Lady Etynge war nicht im Zimmer.

„Was für ein schönes Haus“, sagte Robin, „aber wissen Sie, die Hausnummer ist *nicht* 97 A. Ich habe nachgesehen, als wir eintraten, es ist Nummer 25.“

„Tatsächlich? Ich hätte aufmerksamer sein müssen", antwortete Fräulein Hirsch. „Man sollte auch bei Kleinigkeiten nicht nachlässig sein."

Gleich darauf trat Lady Etynge ein und begrüßte sie erfreut. Sie zog Robin neben sich auf das Sofa, nahm ihre Hand und tätschelte sie. „Nun sind Sie *wirklich* hier", sagte sie. „Ich hatte soviel zu tun, daß ich fürchtete, ich würde keine Zeit mehr haben, Ihnen die Zimmer zu zeigen, bevor es zu spät für Veränderungen ist – falls Sie finden, daß etwas verbessert werden sollte."

„Ich bin sicher, daß nichts sie verbessern kann", sagte Robin. Ihre Augen glänzten noch mehr als sonst. Sie war sogar etwas außer Atem, denn dies war ein echtes Abenteuer, und sie hätte liebend gern gefragt, ob sie vielleicht „geeignet" wäre. Und sie hatte solche Angst, diese einmalige Gelegenheit zu verpassen, nur weil sie zu jung und unerfahren war, um zu wissen, wie sie das Thema anschneiden sollte. Sie hatte noch nicht daran gedacht, Mademoiselle Vallé zu fragen, wie man es am besten anstellte. Ihr war nicht bewußt, daß sie Lady Etynge mit einem bittenden Blick ansah, der sie hinreißend machte.

Lady Etynge schaute sie einen Moment unverwandt an. „Was für ein reizendes Kind Sie sind! Und was für eine Farbe Ihre Wangen und Ihr Mund haben!" sagte sie. „Sie sind – viel hübscher als Hélène, meine Liebe." Sie stand auf und nahm ein Foto von einem Seitentisch, das sie Robin zeigte.

„Ich finde sie sehr hübsch", sagte Robin.

„Sagen Sie das nur, weil ich ihre Mutter bin?"

„O nein! Nicht deswegen!" rief Robin. „Sie sieht aus wie ein Engel!"

Sie sah wirklich aus wie ein Engel mit ihrem zarten Gesicht, das von einem Kommunionsschleier wie von einer Wolke eingerahmt wurde.

Das Bild wurde in ihrer Nähe aufgestellt, und Robin sah es oft an, als sie ihren Tee tranken. Gesellschafterin eines solchen Mädchens zu sein, war beinahe mehr, als man vom Schicksal verlangen konnte. Robin empfand tatsächlich so etwas wie Sehnsucht. Plötzlich begriff sie, daß ihr ihr ganzes Leben etwas gefehlt hatte, ohne daß es ihr bewußt gewesen war. Es war die Freundschaft mit Gleichaltrigen. Wie sehr sie hoffte, daß Lady Etynge sie mochte.

Nach dem Tee sagte Lady Etynge freundlich zu Fräulein Hirsch: „Ich weiß, daß Sie einen Brief abschicken wollten. Gleich um die Ecke ist ein Postamt. Möchten Sie dort hingehen, während ich Miss Gareth-Lawless nach oben führe? Sie haben die Zimmer schon gesehen, und Sie werden ja nur ein paar Minuten weg sein."

Fräulein Hirsch zeigte sich wieder demütig dankbar. Der Brief war wirklich wichtig. Er enthielt Geld, das sie jeden Montag ihren Eltern schickte. Diesen Monat war sie spät dran, und sie war froh, sich um die Sache kümmern zu können. So verließ sie das Wohnzimmer und ging die Treppe hinunter, und Robin hörte, wie die Haustür leise hinter ihr zufiel. Sie hatte offenbar nicht darauf gewartet, daß der Diener die Tür öffnete und wieder schloß.

Die Räume in den oberen Etagen der Londoner Häuser – auch der großen – werden meistens als Zimmer für die Diener, Kinder und den Unterricht genutzt. Breite Treppen werden nach oben hin immer schmaler, und wer sie emporsteigt, erhascht einen Blick auf Räume, die meistens kahl sind und, wenn auch nicht schäbig, so doch stumpf und langweilig.

Aber in Lady Etynges Haus sah man sofort, daß viel getan worden war. Treppen waren geändert und breiter gemacht worden, Wände frisch und in hellen Farben gestrichen, die Balustraden weiß gestrichen, die Teppiche waren dick und weich. Ein guter Architekt hatte sich mit den Problemen befaßt, die man ihm vorgelegt hatte, und das Ergebnis war bewundernswert. Offenbar waren Trennwände entfernt worden, um die Zimmer größer und geräumiger zu machen.

„Hier gibt es nichts zu verbessern!“ rief Robin. Sie stand in der Mitte eines Wohnzimmers, in dem alles nagelneu und von prächtiger Farbe war – die Bilder an den Wänden vollendeten die Harmonie.

Alles, was ein Mädchen sich wünschen konnte, war da. Nichts war vergessen worden. Eine weiche, nicht zu große Chaiselongue, ein Schreibtisch, Bücher, ein Klavier aus Satinholz und eine Leselampe.

„Wie froh muß sie sein, daß sie zu einer Mutter zurückkehrt, die sie so liebt“, sagte Robin.

Zu ihren Füßen stand ein Korb mit drei schnurrenden Perserkätzchen, und sie hockte sich hin und streichelte ihr weiches Fell. Man sah ihren schmalen Nacken und ihr schönes dunkles Haar – vielleicht ruhte Lady Etynges Blick darauf, als sie hinter ihr stand und sie musterte. Die nymphenartige Schlankheit und die biegsame Gestalt waren hinreißend schön.

Es gab noch weitere Räume, einer schöner als der andere. Eine Bibliothek, geschmückt mit Meißener Porzellan in Blau-Weiß und mit besonders hübschen Fenstern machte die Gemütlichkeit vollkommen. Alle Zimmer hatten schöne Fenster mit kleinen quadratischen Scheiben in weißen Rahmen. Als sie in diesem Zimmer war, nahm Robin all ihren Mut zusammen. Sie durfte ihre Gelegenheit nicht verpassen. Lady Etynge war so gütig. Sie fragte sich, ob es plump und aufdringlich wirken würde, wenn sie jetzt sprach. Sie stand sehr ruhig und aufrecht da, aber ihre Stimme zitterte ein wenig, als sie anfing.

„Lady Etynge“, sagte sie, „wissen Sie noch, was Fräulein Hirsch über Mädchen gesagt hat, die ihr Brot selbst verdienen wollen? Ich – ich bin ein solches Mädchen. Ich wünsche mir sehr, meinen Lebensunterhalt selbst zu verdienen. Ich glaube, daß ich gebildet bin. Ich durfte immer viel lesen, und meine Lehrerinnen – Mademoiselle Vallé und Fräulein Hirsch – sagen, daß ich für ein englisches Mädchen gut Französisch und Deutsch kann. Wenn Sie meinen, daß ich eine gute Gefährtin für Miss Etynge abgeben würde, wäre ich – sehr glücklich."

Wie merkwürdig Lady Etynge sie ansah, als sie sprach. Sie sah nicht unangenehm berührt aus, aber etwas in ihrem Gesicht ließ Robin befürchten, daß sie vielleicht doch nicht gut genug war. Ihre Hoffnung wuchs jedoch etwas, als Lady Etynge sie anlächelte.

„Wissen Sie, das finde ich ganz reizend von Ihnen!" sagte sie. „Es freut mich – als sehr liebende Mutter – daß Sie Hélène durch meine bloßen Erzählungen schon so liebgewinnen, daß Sie sich vorstellen können, mit ihr zusammenzuleben. Und ich gestehe, ich bin so modern, daß es mir gefällt, daß Sie Ihr Brot selbst verdienen wollen."

„Ich muß", sagte Robin. „Ich muß! Ich könnte es nicht ertragen, es nicht selbst zu verdienen!" Sie sprach etwas heftig, und ihr stieg die Röte in die Wangen.

„Wenn Hélène kommt, müssen Sie sich mit ihr treffen. Wenn Sie und Hélène einander mögen – was sicher der Fall sein wird – und Mrs. Gareth-Lawless nichts dagegen hat – dann geht es nur noch darum, ob Sie die Richtige sind, und das sind Sie, meine Liebe – Sie sind die Richtige." Sie tätschelte Robins Hand, und das Mädchen strahlte.

„Oh, Sie sind so gut zu mir!" Die Worte kamen ihr wie von selbst über die Lippen. „Und es ist so ein Glück! Ich danke Ihnen, Lady Etynge."

Die Röte der Freude und Erleichterung war noch nicht aus ihren Wangen gewichen, als der Diener, der die Tür geöffnet hatte, auf der Schwelle erschien. Er war ein gutaussehender junger Mann, dessen Augen nicht den gleichen professionell unbeteiligten Ausdruck hatten wie sein Gesicht. Ein Diener hatte kein Recht, einem einen raschen Seitenblick zuzuwerfen, wie es die Leute auf der Straße taten. Er nahm sich diese Freiheit. Robin sah es und war einen Moment lang verärgert, denn es war einer der Blicke, die sie nicht leiden konnte. Abgesehen davon war sein Verhalten tadellos. Er war nur gekommen, um seiner Herrin die Ankunft einer Besucherin anzukündigen.

Als Lady Etynge die Karte vom Tablett nahm, änderte sich ihr Gesichtsausdruck. Sie sah sogar etwas verstört aus. „Oh, es tut mir leid", murmelte sie, „ich muß sie sehen!" Sie hob den Blick und sah Robin an. „Eine alte Freundin von mir ist auf der Durchreise und hat Aufenthalt in London. Wie schrecklich von mir, zu vergessen, daß sie geschrieben hat, sie könne jeden Augenblick kommen."

„Bitte!“ sagte Robin wohlerzogen. „Ich kann sofort gehen. Fräulein Hirsch muß schon zurück sein. Bitte –“

„Die Dame bat mich, ausdrücklich zu sagen, daß sie nur ein paar Minuten bleiben kann, weil sie den nächste Zug erreichen muß“, sagte der Diener höflich.

„Wenn das der Fall ist“, sagte Lady Etynge und klang sogar erleichtert, „können Sie hierbleiben und sich umsehen, bis ich zurückkomme. Ich möchte wirklich etwas mehr mit Ihnen über Sie selbst und Hélène reden. Ich kann Sie nicht gehen lassen.“ Sie sah sich um, bevor sie das Zimmer verließ. „Unterhalten Sie sich gut, meine Liebe.“ An den Diener gewandt, fügte sie hastig hinzu: „Denken Sie daran, daß mit dem Schloß etwas nicht stimmt, William? Sehen Sie nach, ob ein Schlosser kommen muß.“

„Sehr wohl, my Lady.“

Sie verschwand, und Robin stand neben dem Sofa, überwältigt von Freude und Erleichterung. Wie wundervoll, daß ein glücklicher Zufall sie in den Park geführt hatte! Und daß Fräulein Hirsch Lady Etynge gesehen hatte! Welch ein Glück, und wie dankbar sie war! Der Gedanke, der ihr durch den Kopf ging, war ein kleines Dankgebet. Es würde etwas ganz Besonderes bedeuten, mit einem Mädchen wie Hélène eng befreundet zu sein. Es machte ihr Herzklopfen. Wie wunderbar wäre es, eine Freundin wie Hélène zu haben. Aus den Tiefen ihrer Erinnerung, wo die Vergangenheit verborgen war, stieg etwas auf. Das Etwas war eine kleine schmerzliche Erinnerung. Donal! Donal! Wenn sie Hélène liebgewann und umgekehrt, würde es sein wie mit Donal. Oh! Sie erinnerte sich.

Sie hörte, wie der Diener sich am Türschloß zu schaffen machte. Es gab ein klickendes Geräusch von sich. Er folgte einem Befehl und prüfte es. Als sie zu ihm hinschaute, während er sich über den Türgriff beugte, warf er ihr einen Seitenblick zu. Es war ein unpassender Blick für einen Diener, denn es hatte den Anschein, als nehme er sich die Freiheit, sie zu taxieren. Sie ärgerte sich so über sein unprofessionell schlechtes Benehmen, daß sie sich abwandte und in die Bibliothek schlenderte. Sie nahm sich ein Buch und setzte sich hin. Zu ihrer Erleichterung ging er nach ein paar Minuten. Offenbar hatte er getan, was er konnte.

Das Buch war ein neuer Roman, und sein spannender Beginn zog Robin sofort in seinen Bann. Bald war sie ganz vertieft – länger, als es ihr bewußt war. Wie immer, wenn ihr ein Buch gefiel, vergaß sie Zeit und Raum. Es war ein neues Buch von einem begabten Schriftsteller, der Personen, Orten und Dingen Leben einhauchen konnte – es pulsierte förmlich vor Lebendigkeit. Sie las und las, weil sie von der ersten Seite an lebende Menschen vor sich sah. Sie schauten sie an, sie lachten, sie hörte ihre Stimme, sie interessierte sich für jede Kleinigkeit, die jedem von ihnen widerfuhr. Wenn einer von ihnen eine Blume pflückte, meinte sie den Duft zu riechen. Sie erwachte jäh aus ihren Träumen, als sie plötzlich merkte, daß sie die Schrift nicht mehr deutlich sah. Sie schaute sich um und bekam einen Schreck. Im Zimmer war es so dunkel geworden, daß es schon spät sein mußte. Wie unvorsichtig und dumm sie gewesen war! Wo war Fräulein Hirsch?

Ich bin nur ein fremdes Mädchen, und Lady Etynge kann mich leicht vergessen haben, ging es ihr durch den Kopf. Ihre Freundin ist wohl länger geblieben, und sie hatten sich soviel zu erzählen, daß sie mich natürlich vergessen haben. Aber Fräulein Hirsch – wie konnte sie nur!

Dann dachte sie daran, wie unterwürfig ihr Fräulein war, und fragte sich, ob sie zu schüchtern war, ihren Platz zu verlassen, und einfach dasaß und wartete – vielleicht in der Halle –, weil sie Lady Etynge nicht mit der Frage stören wollte, wo ihre Schülerin war. Das arme, schwache, alberne Ding.

Ich muß verschwinden, ohne jemanden zu stören, dachte sie. Ich schleiche nach unten und hole Fräulein Hirsch von ihrem Platz, und wir gehen leise hinaus. Morgen kann ich einen netten kleinen Brief an Lady Etynge schreiben und es ihr erklären. Hoffentlich ist es ihr nicht allzu peinlich, daß sie mich vergessen hat. Ich muß ihr zu verstehen geben, daß es mir gar nichts ausgemacht hat. Ich werde ihr von dem Buch erzählen.

Sie stellte das Buch wieder ins Regal und ging in das prächtige Wohnzimmer. Die Kätzchen hatten ihren Korb verlassen und spielten gemeinsam auf dem Teppich. Eins von ihnen schlug leicht mit der Pfote nach ihr, erwischte den Saum ihres Kleides mit und überschlug sich bei ihrer vergeblichen Jagd. Sie hatte nicht gehört, daß der Diener die Tür geschlossen hatte, als er das Zimmer verließ, aber er mußte es getan haben, denn jetzt war sie zu. Als sie den Griff drehte, schien er nicht zu funktionieren, denn die Tür ging nicht auf. Sie drehte den Griff noch einmal und zog ein wenig daran, aber die Tür blieb verschlossen. Sie drehte wieder, immer noch vergeblich, und dann versuchte sie es mit dem kleinen Schloß. Vielleicht hatte der Mann aus Versehen etwas kaputtgemacht, als er es geprüft hatte. Sie erinnerte sich, mehrmals ein Klicken gehört zu haben. Sie drehte den Griff immer wieder. Im Schlüsselloch steckte kein Schlüssel. Sie war entsetzt über die peinliche Situation.

„Wie kann ich hinauskommen, ohne jemanden zu stören, wenn ich die Tür nicht aufbekomme!“ sagte sie. „Lady Etynge wird mich für dumm halten! Es wird ihr nicht gefallen. Ein Mädchen, das vergißt, wo es ist – und dann die Tür nicht öffnen kann und hämmern muß, bis Leute kommen!“

Plötzlich fiel ihr ein, daß im Schlafzimmer eine Tür war, die in die Halle zu führen schien. Sie rannte mit solcher Eile in das Zimmer, daß alle drei Kätzchen ihr hinterherliefen. Sie sah, daß sie sich nicht geirrt hatte. Es gab eine Tür. Sie drehte den Griff, atemlos vor Aufregung und Erleichterung. Aber die Tür ging nicht auf – und es war kein Schlüssel da.

„Oh!“ keuchte sie. „Oh!“

Dann erinnerte sie sich an die elektrische Klingel beim Kamin im Wohnzimmer. Auch bei dem Kamin in diesem Zimmer war eine. Nein, sie konnte auch mit der Klingel im Wohnzimmer läuten. Sie ging hin und drückte auf den Knopf. Sie hörte nicht das leiseste Geräusch – normalerweise konnte man doch immer *irgend etwas* hören. Sie klingelte wieder und wartete. Im Zimmer wurde es langsam dunkel. Oh, wie konnte Fräulein Hirsch – wie konnte sie nur?

Sie wartete – sie wartete. Fünfzehn Minuten gemäß ihrer kleinen Uhr – zwanzig Minuten – und dann klingelte sie wieder. Sie benutzte die Klingel in der Bibliothek und die im Schlafzimmer, sogar die im Badezimmer, falls einige außer Betrieb sein sollten. Mittlerweile war sie nicht mehr verlegen und schuldbewußt, sondern bekam Angst, obwohl sie nicht genau wußte, wovor sie Angst hatte. Sie ging zu einem Fenster, um im Dämmerlicht auf die Uhr zu schauen, und sah, daß sie eine Stunde lang geklingelt hatte. Sie hob die Hand und lehnte sich an den weißen Rahmen eines der hübschen kleinen Fenster. Als sie es berührte, merkte sie, daß der Rahmen sich so hart anfühlte, als sei er nicht aus Holz, sondern aus Eisen. Sie zog hastig die Hand zurück und spürte, wie eine unerklärliche Angst in ihr aufstieg – ja, es war Angst. Und warum sollte sie die so plötzlich haben? Sie ging zurück zur Tür und versuchte wieder, sie zu öffnen – ebenso vergeblich wie zuvor. Ihr wurde kalt, und sie fühlte sich elend. Sie ging zum Sofa zurück und setzte sich ratlos hin. „Ich glaube, man – hat mich eingeschlossen!“ stieß sie hervor, aber es war nur ein Flüstern. „Oh, warum haben sie die Tür abgeschlossen?“

22. Gefangen

Sie wußte nichts von den Schrecken der Unterwelt, denn Mademoiselle Vallé und Dowson waren sicher, daß sie nie mit dieser Welt in Kontakt kommen würde.

„Warum“, hatte Mademoiselle Vallé gesagt, „sollte man ein unbeschriebenes Blatt mit häßlichen Bildern beschmieren? Das führt nur zu Kummer und ungesunden Grübeleien. Es ist nicht klug, ein Mädchen im Verbrechen zu unterweisen. Man sollte ihr nicht erlauben, zum Beispiel *The Newgate Calendar* zu lesen. Sie wird immer beschützt sein und nur das erfahren, was sie unbedingt erfahren muß. So ist das Leben.“

Deshalb geriet Robin, als keine einzige Tür aufging, auch nicht sofort in Panik. Ihre ersten Gedanken waren die eines wohlbehüteten Mädchens, obwohl ihr Verstand gut funktionierte. Sie war überwältigt von Verlegenheit und der Sorge, stören zu müssen und Lady Etynge zu verärgern. Natürlich hatte der unverschämte Diener das Schloß kaputtrepariert – vielleicht genau in dem Moment, als er ihr den frechen Seitenblick zugeworfen hatte, statt sich seiner Aufgabe zu widmen. Daß die Schlafzimmertür abgeschlossen war, konnte eine Vielzahl normaler Gründe haben.

Die erste Ahnung, daß etwas nicht stimmte, kam ihr, als sie geläutet und vergeblich auf eine Antwort gewartet hatte. Diener hatten die Pflicht, auf ein Klingeln hin sofort zu erscheinen. Wenn *alle* Klingeln kaputt waren, warum hatte man sie nicht repariert, wenn Hélène in wenigen Tagen nach Hause kommen würde und ihr Zimmer hergerichtet war? Sogar die Kätzchen waren da – sogar die Kätzchen!

„Es scheint, als habe man mich eingesperrt“, flüsterte sie in die Stille des Zimmers hinein. „Warum haben sie die Türen abgeschlossen?“ Dann begann ihr Herz zu rasen, und sie sagte: „Es war Absicht. Man will mich nicht hinauslassen – aus irgendeinem *schrecklichen* Grund!“

Vielleicht war ihre wachsende Panik nicht einmal so schlimm wie der plötzliche Gedanke an Lady Etynge, der sie in diesem Augenblick traf wie ein Blitz. Lady Etynge! Lady Etynge! Sie sah ihr freundliches Gesicht und den beinahe liebevollen Blick. Sie hörte die Stimme, die von Hélène erzählte, sie spürte die leichte Berührung ihrer Hand. „Nein! Nein!“ Sie keuchte es, weil sie kaum noch atmen konnte. „Nein! Nein! Sie kann es nicht getan haben! Niemand kann das getan haben! So etwas Böses kann es nicht geben!“

Aber sie war vollkommen niedergeschmettert, warf sich auf die Couch und schluchzte – schluchzte so leidenschaftlich, wie sie es erst einmal zuvor getan hatte – an jenem Tag vor langer Zeit, als sie sich in der feuchten Erde unter den Büschen gewälzt hatte. Es war die gleiche Leidenschaft wie damals – das verzweifelte Weh eines Geschöpfes, das vertrauensselig und hoffnungsvoll war und schändlich verraten wurde. Das Gesicht und die Augen waren so gütig gewesen – die Stimme so freundlich! Oh, selbst das böseste Mädchen der Welt hätte nicht an ihrer Aufrichtigkeit zweifeln können. Leider – oder zum Glück – wußte sie nichts über die Gedankengänge böser Mädchen, und so lag sie aufgelöst da und schluchzte – nicht, weil sie gefangen war, sondern weil sie Lady Etynge vertraut hatte. Als sie sich wieder aufsetzte, hätte ein aufmerksamer Betrachter das Gefühl gehabt, das Gesicht eines anderen Mädchens zu sehen. Es war tränenüberströmt und wild, aber das war nicht der Grund für die Veränderung. Die sanften Vogelaugen sahen anders aus – plötzlich wirkten sie viel älter als zu der Zeit, in der sie noch an Hélène geglaubt hatte. Sie hatte keine Erfahrung, die ihr sagen konnte, in welcher Gefahr sie schwebte, aber alles, was sie je über Verbrecher und Missetäter gelesen und aufgeschnappt hatte, ballte sich zu einer riesigen Woge des Schreckens zusammen. Sie stand auf, ging zum Fenster und versuchte es zu öffnen, aber es ging nicht auf. Die hübschen Scheiben waren klein und aus dickem Glas. Ihr erster Eindruck – der sie so verwundert hatte – daß die weißen Rahmen aus gestrichenem Metall bestanden, war offenbar richtig gewesen. Ein kräftiger Mensch hätte sie mit einem Hammer eindellen, aber nicht zerbrechen können. Sie untersuchte die Fenster in den anderen Zimmern – alle waren von derselben Beschaffenheit.

„Sie sind so gemacht worden“, sagte sie wie versteinert zu sich selbst, „damit man nicht hinauskommt.“

Sie schaute auf den großen, majestätischen Platz hinunter. Es war ein langer Weg nach unten, und selbst wenn die Fenster aufgehen würden, hätte niemand ihre Stimme gehört. Die Straßenlaternen brannten, und ein paar Leute gingen gemächlich vorbei.

„In dem großen Haus gegenüber findet eine Feier statt. Ein roter Teppich wird ausgerollt. Kutschen kommen angefahren. Und hier im Obergeschoß ist ein Mädchen eingeschlossen – und sie wissen es nicht!“

Sie sagte es laut, und ihre Stimme klang nicht wie ihre eigene. Es war eine fremde Stimme, und als sie sie hörte, geriet sie in Panik. Niemand wußte es – niemand! Ihre Mutter wußte nie, wo sie war, und es kümmerte sie auch nicht. Aber Dowie und Mademoiselle wußten es immer. Sie würden sich furchtbare Sorgen machen. Fräulein Hirsch war vielleicht gesagt worden, daß ihre Schülerin eine Kutsche genommen habe und nach Hause gefahren sei, daß sie angekommen und in Sicherheit sei. Erst in diesem Moment wurde ihr mit einem Schlag klar, daß Fräulein Hirsch sie Lady Etynge vorgestellt hatte. Fräulein Hirsch selbst! Sie hatte behauptet, sie habe für Lady Etynge gearbeitet und Hélène unterrichtet – Hélène! Sie hatte von der Klosterschule in Tours erzählt und von den Nonnen, die so weise und gütig waren! Robin faßte sich an den Kopf. Fräulein Hirsch hatte eine Ausrede gebraucht, damit sie mit Lady Etynge allein blieb – damit sie in das Obergeschoß des Hauses gebracht – und eingeschlossen wurde. Fräulein Hirsch hatte es *gewußt*! Und dann kam die Erinnerung an Fräulein Hirschs Augen, deren verstohlene, bewundernde Seitenblicke auf Graf von Hillern sie immer irgendwie verabscheut hatte – auch wenn sie gegen das Gefühl angekämpft hatte. Ja, sie hatte sie *verabscheut!* Und jetzt kam ihr – durch die Verbindung mit Fräulein Hirsch – Graf von Hillern in den Sinn. Ihr war, als stünde er neben ihr – dicht neben ihr – und sähe mit seinen Glotzaugen, die unter den schweren Lidern hervorquollen, auf sie herab. Sie war ihm immer dann begegnet, wenn sie Fräulein Hirsch unterwegs gewesen war – als sei es arrangiert gewesen. Es gab nur zwei Menschen auf der Welt, die – weil sie sie so haßte – etwas gegen sie haben konnten und die vielleicht beschlossen hatten, sie irgendwie zu bestrafen. Der eine war Graf von Hillern. Der andere war Lord Coombe. Sie wußte, daß Lord Coombe böse war und Dinge tat, von denen die Leute nur in Andeutungen sprachen, ohne sich je offen zu äußern. Von Hillern war wahrscheinlich genauso.

„Wenn einer von den beiden jetzt hereinkommen und die Tür hinter sich abschließen würde – dann könnte ich nicht hinaus“, hörte sie sich sagen – mit der gleichen fremden Stimme wie vorhin. Sie faßte sich mit ihrer schmalen weichen Hand an die schmale weiche Kehle. „Ich könnte nicht hinaus“, wiederholte sie.

Sie rannte zur Tür und begann mit den Fäusten dagegen zu hämmern, obwohl sie wußte, daß es keinen Sinn hatte. Sie schlug, bis ihr die Hände wehtaten. Dann griff sie nach einem Buch und schlug damit. Es kam ihr vor, als habe sie eine halbe Stunde damit verbracht. Dann merkte sie, daß jemand draußen vor der Tür im Korridor stand. Sie erkannte die Stimme des anzüglich grinsenden Dieners – er sagte: „Geben Sie lieber Ruhe, Miss. Sie können die Tür nicht einschlagen, und niemand wird Notiz von Ihnen nehmen.“ Dann verklangen seine Schritte auf der Treppe.

Sie schaute unwillkürlich auf ihre schmerzenden Hände und fing wieder an zu zittern. Dann warf sie entschlossen den Kopf zurück.

„Wenn es solche schrecklichen Menschen auf der Welt gibt – die so etwas tun – dann sollen sie mich umbringen, wenn sie wollen. Ich würde lieber sterben, als zu leben! Sie müßten mich umbringen!“ Sie war außer sich und bereit, sich allen Übeln entgegenzustellen.

Die Gefahr, in der sie schwebte, rief düstere, längst vergessen geglaubte Erinnerungen wach – Zeitungsartikel über Verbrechen, dramatische Geschichten und geheimnisvolle Romanzen, in denen Leute verschwanden und lange danach begraben unter Fußböden oder in Kellern gefunden wurden. Es hieß, daß die alten Häuser am Berford Place riesige Keller hatten.

Vielleicht liegen verschwundene Mädchen im Keller dieses Hauses begraben, dachte sie. Und die fremde junge Stimme fügte laut hinzu: „Weil sie mich umbringen müßten.“

Eins der Perserkätzchen, die zusammengerollt im Korb lagen, wurde wach, reckte sich verschlafen und miaute.

Coombe House war eines jener alten Häuser, die Ähnlichkeit mit einer Kaserne haben – zugegeben einer majestätischen Kaserne mit einem schönen Eingangstor. Es war umgeben von einer steinernen Mauer, die es vom Londoner Lärm abschirmte, und von Sträuchern, die dem Ruß die Stirn boten.

Die Straßenlaternen brannten schon, als Mademoiselle Vallé vor der massiven Eingangstür stand und nach Lord Coombe fragte. Ihre Miene und ihre sichtliche Anspannung veranlaßten den ernst aussehenden ersten Diener, der keine Livree trug, sich selbst um ihr Anliegen zu kümmern, statt es den anderen Dienern zu überlassen. „Seine Lordschaft hat Besuch von – einem Geschäftspartner – und darf nicht gestört werden“, sagte er. „Er wird auch gleich ausgehen.“

„Er wird mich empfangen“, antwortete Mademoiselle Vallé. „Wenn Sie ihm diese Karte geben, wird er mich empfangen.“ Sie war eine schlicht gekleidete Frau, und ihr Auftreten unterschied sie zweifelsfrei von denjenigen, die nur kamen, um sich wichtigzumachen. Sie sah dem Mann ins Gesicht, und ihr Blick drückte vollkommene Sicherheit aus.

Er nahm ihre Karte, zögerte aber.

„Wenn Sie mich nicht zu ihm lassen“, fügte sie hinzu, „wird er sehr verärgert sein.“

„Kommen Sie bitte herein, Ma’am, und nehmen Sie einen Augenblick Platz“, sagte er. „Ich werde mich erkundigen.“

Die große Halle war in ganz London berühmt. Eine prächtige Treppe schwang sich ins Obergeschoß, an dessen Wänden Werke bekannter Meister hingen. Mademoiselle Vallé saß auf einem vergoldeten Stuhl wie auf einem Thron und wartete.

Aber sie mußte nicht lange warten. Der ernst aussehende Mann ohne Livree kam beinahe sofort zurück. Er führte Mademoiselle in einen Raum, der aussah wie ein Arbeitszimmer. Mademoiselle Vallé hatte den immer makellosen Lord Coombe noch nie so majestätisch erlebt. Groß, schmal und mit aufrechter Haltung wartete er in der Mitte des Zimmers. Er war offenbar im Begriff, auszugehen, denn er trug einen satingefütterten Mantel und eine Nelke im Knopfloch. Er hatte gerade mit einem ehrenwerten Mann gesprochen, der ein ruhiges Gesicht mit groben Zügen hatte und aussah, als stamme er aus der Mittelschicht. Der Mann trat wortlos beiseite, als Mademoiselle hereinkam, schien aber nicht daran zu denken, den Raum zu verlassen.

Coombe kam seiner Besucherin auf halbem Weg entgegen. „Etwas macht Ihnen große Sorgen?“ sagte er.

„Robin ist heute nachmittag mit Fräulein Hirsch weggegangen“, sagte sie schnell. „Sie sind in die Kensington Gardens gegangen. Sie sind nicht zurückgekommen – und es ist schon neun Uhr. Sonst sind sie fast immer gegen sechs zu Hause.“

„Setzen Sie sich bitte“, sagte er.

Der Mann mit dem ruhigen Gesicht hörte aufmerksam zu.

Sie merkte es und begriff, daß es gut so war. „Ich fürchte, wir haben keine Zeit, uns zu setzen“, sagte sie und sprach noch schneller. „Sie ist nicht nur noch nicht zu Hause. Fräulein Hirsch hat sie mit einer ehemaligen Arbeitgeberin bekanntgemacht – einer Lady Etynge. Robin war begeistert von ihr. Sie hat eine Tochter in Frankreich – “

„Marguerite, die bei ihrer Tante in Paris wohnt“, warf der andere Mann aus seiner Ecke plötzlich ein.

„Hélène, die in einem Kloster in Tours lebt“, korrigierte Mademoiselle. Sie sah erst ihn und dann Coombe an und wurde blaß. „Lady Etynge hat davon gesprochen, ein nettes Mädchen als Gesellschafterin für ihre Tochter einzustellen, die bald nach Hause kommt. Robin dachte, sie habe vielleicht das Glück, ihr zu gefallen. Sie wollte heute bei Lady Etynge Tee trinken und sich die Zimmer zeigen lassen, die für Hélène hergerichtet wurden. Sie fand die Mutter reizend.“

„Hat sie die Adresse erwähnt?“ fragte Coombe sofort.

„Es war ein Haus am Berford Place – ein großes Eckhaus. Zufällig hat sie Lady Etynge einmal hineingehen sehen, sonst wüßten wir es nicht. Die Hausnummer hat sie sich nicht gemerkt. Fräulein Hirsch meinte, es sei

97 A. Ich habe das *Blue Book*[5] , und alle anderen Verzeichnisse durchgekämmt, Lord Coombe! Es gibt keine Lady Etynge und kein Haus mit der Nummer 97 A am Berford Place! Darum bin ich hier."

Der Mann, der abseits gestanden hatte, trat wieder vor. Es war, als habe er auf ein Zeichen gewartet. Lord Coombe überquerte in diesem Moment den Teppich und läutete die Klingel.

„Scotland Yard weiß davon, Ma'am", sagte der Mann. „Wir beobachten dieses Haus schon seit zwei Wochen – auf genau so etwas haben wir gewartet."

„Den zweisitzigen Brougham", befahl Coombe dem Diener, der auf sein Klingeln hin erschien. Dann wandte er sich wieder an Mademoiselle. „Mr. Barkstow ist Detektiv", sagte er. „Eine der Tätigkeiten, die er für mich verrichtet, besteht darin, daß er seit einiger Zeit Robin unauffällig im Auge behält. Sie ist ein zu hübsches Kind und hat zu wenig Freunde, um sicher zu sein. Es gibt Taugenichtse, die es wittern, wenn ein Mädchen nicht den üblichen Schutz der Familie hat. Er kam her und erzählte mir, daß man sie in den Kensington Gardens mit einer Frau gesehen hat, die Scotland Yard für verdächtig hält."

„Eine Hexe!" sagte Barkstow heftig. „Wenn es die ist, an die wir denken – eine hinterlistige, böse Hexe mit einem Gesicht, dem ein Mädchen nie mißtrauen würde."

Coombes ruhiges Gesicht überzog sich langsam mit einer tödlichen Blässe.

Mademoiselle packte ihn mit zitternder Hand am Ärmel. „Sie ist noch ein Kind!" sagte sie. „Sie weiß selbst nicht, was für ein Kind sie ist. Ich sehe ihre schreckgeweiteten Augen – sie wird den Verstand verlieren!"

„Lieber Gott!" sagte er so leise, daß man es kaum hörte. Er zerrte sie beinahe aus dem Zimmer, und als sie die Halle durchquerten, sahen die Diener nur, daß er der Dame den Arm gereicht hatte. Zwei der jüngeren Diener wechselten Blicke, aber nur wegen des unnachahmlichen Schnittes seines Mantels. Barkstow stieg mit ihnen in die Kutsche, und Mademoiselle Vallé saß vornübergebeugt, die Ellbogen auf die Knie gestützt und die Hände vors Gesicht geschlagen. Sie versuchte, den Gedanken an Robins Augen zu vertreiben.

„Wenn – wenn Fräulein Hirsch nicht – nicht vertrauenswürdig ist", stieß sie hervor, „dann hat auch Graf von Hillern damit zu tun. Es ist mir mit einem Schlag klargeworden. Warum habe ich es nicht vorher gesehen?"

Die Feier in dem großen Haus, vor dem der rote Teppich ausgerollt worden war, war in vollem Gang, als sie auf den Platz fuhren. Ihr Brougham hielt nicht an der Ecke an, sondern am Ende der Reihe wartender Kutschen.

5 Adreßverzeichnis der Londoner Oberschicht.

Coombe stieg aus und ließ den Blick die Straße entlangschweifen. „Es muß still und leise vor sich gehen. Es darf keinen Skandal geben", sagte er. „Der Polizist auf Streife ist ein Riese. Wenden Sie sich an ihn, Barkstow", und Barkstow nickte und trabte davon.

Coombe ging auf und ab, bis er nur noch wenige Yard vom Eckhaus entfernt war. Als er es beinahe erreicht hatte, beschleunigte er plötzlich seine Schritte, weil er sah, daß jemand anders sich näherte und aussah, als habe er etwas vor. Es war ein Mann, nicht ganz so groß wie er, aber kräftiger gebaut und mit breiten Schultern. Als der Mann den Fuß auf die Stufen setzte, legte Coombe ihm die Hand auf den Arm und sagte etwas auf Deutsch.

Der Mann fuhr wütend herum und stand dann plötzlich reglos da.

„Es ist besser, wenn wir den Platz gemeinsam überqueren", sagte Lord Coombe mit vollendeter Höflichkeit.

Wenn es Hillern möglich gewesen wäre, ihn zu Boden zu schleudern und ihm mit einem Schwert den Kopf abzuhacken, hätte er es getan. Aber es war eben nicht möglich. Es war auch nicht möglich, auf einer vornehmen Londoner Straße laut zu fluchen. Solche Flüche mußte man sich verkneifen und still mit den Zähnen knirschen. Graf von Hillern wußte das besser als jeder andere. Der hier war einer dieser englischen Schweinehunde, mit denen Deutschland später auf seine Weise abrechnen würde.

Sie gingen gemeinsam zurück wie Bekannte, die einen kleinen Spaziergang machten.

„Nichts würde Ihren – Herrn so aufbringen wie ein Skandal", sagte Lord Coombes kultivierte Stimme ungerührt. „Die hohe Ehre eines deutschen Offiziers – die Ritterlichkeit eines Mannes, der die Uniform des Allerhöchsten trägt – all die Dinge, die Sie kennen. All diese Dinge!"

Von Hillern stieß ein paar leise und sehr häßliche deutsche Worte hervor. Wenn er nicht in der Falle gesessen hätte – wenn es in irgendeiner ruhigen Seitenstraße gewesen wäre!

„Der Mann, der vor uns hergeht, ist ein Detektiv von Scotland Yard. Und die schweren Schritte hinter uns sind die eines Polizisten, der kräftiger ist als wir beide. In dem großen Haus, vor dem der rote Teppich ausgerollt ist, findet ein Ball statt. Ich kenne die Leute, die ihn veranstalten. Es sind viele Kutscher und Diener unterwegs. Die meisten würden mich wahrscheinlich erkennen."

Graf von Hillern hatte buchstäblich Schaum vor dem Mund, den er wegwischen mußte, als er noch mehr Flüche in seiner Muttersprache von sich gab.

„Sie kehren nach Berlin zurück", sagte Coombe kalt. „Wenn wir Engländer nicht solche Dummköpfe wären, wären Sie gar nicht hier. Sie betreten dieses Haus natürlich nicht."

Von Hillern brach in ein verächtliches Lachen aus. „Sie gehen selbst hinein“, sagte er. „Sie sind ein abgehalfterter alter Roué – und Sie sind auf Ihre senile Art selbst verrückt nach ihr.“

„Sie sollten mein Alter und meine Gebrechlichkeit respektieren“, antwortete Coombe. „Ein gewisses Mitleid für meine grauen Haare würde Ihrer Jugend gut zu Gesicht stehen. Wollen wir hier umkehren oder wollen Sie auf einem anderen Weg in Ihr Hotel zurückkehren?“ Er hatte das Gefühl, daß dem Mann eine Ader platzen würde, wenn er sich noch länger beherrschen mußte.

Von Hillern fuhr herum und trat auf ihn zu. „Es wird ein Tag kommen“, stieß er hervor.

„Der Tag?[6] Natürlich!“

Coombes eisiger Ton war dazu angetan, diesen Mann in diesem Moment rasend zu machen. Und er durfte seinem Zorn nicht freien Lauf lassen! Er durfte es nicht!

„Sie Schweinehund von einem Engländer! Wer würde Sie beneiden – Sie mit Ihren dünnen zittrigen Beinen! Ich würde Sie am liebsten anspucken!“

„Lieber nicht“, sagte Coombe. „Sie sabbern jetzt schon zur Genüge.“

Von Hillern verschwand um die Ecke.

Coombe blieb allein zurück und stand einen Moment still da. „Ich bin rechtzeitig gekommen“, sagte er zu sich selbst und empfand eine leichte Übelkeit. „Durch unglaubliches Glück bin ich rechtzeitig gekommen. Früher hätte man es ‚Vorsehung‘ genannt.“ Und er ging zurück.

6 Im Original auf deutsch.

23. Die Befreiung

Es war nicht vollkommen dunkel im Zimmer, obwohl Robin beim sorgfältigen Abtasten der Wände keine Lichtschalter, Kerzen oder Streichhölzer gefunden hatte. Am klaren Nachthimmel funkelten viele Sterne und spendeten Licht. Sie ging zum Fenster, setzte sich auf den Boden, lehnte sich an die Wand und schlang die Arme um die Knie. Sie sah nach oben und kämpfte gegen die Panik an, die sie zu überkommen drohte. Wenn sie den Blick auf die Sterne heftete, konnte sie vielleicht verhindern, daß sie den Verstand verlor. Aber vielleicht war es besser, ihn zu verlieren – bei diesem Gedanken ertappte sie sich Sekunden später.

Nachdem sie begriffen hatte, was ihr Schreckliches widerfahren war, waren alle möglichen furchtbaren Bilder vor ihr aufgestiegen. Die alte Geschichte von dem ertrinkenden Mann, dem all seine Erlebnisse wieder durch den Kopf schießen, kam ihr in den Sinn. Sie wußte nicht, wo, wann und wie sie von den grausigen Ereignissen gehört hatte, die an ihrem inneren Auge vorüberzogen. Vielleicht waren es alte Alpträume – vielleicht hatte eine Art Delirium sie überkommen. Sie versuchte sich dagegen abzuschirmen, indem sie wieder und wieder die Gebete aufsagte, die sie als Kind von Dowie gelernt hatte. Und dann dachte sie mit einem Schluchzen, daß das vielleicht nur Gebete für ein geborgenes kleines Geschöpf waren, das vor einem weißen Bett kniete – und nicht für ein Mädchen, das in einem Obergeschoß eingeschlossen war, ohne daß jemand davon wußte. Erst bei dem Gedanken, daß Mademoiselle Vallé und Dowie sie vermißten und nicht ahnten, wo im riesigen London sie sie suchen sollten, fing sie an zu weinen. Danach hatte sie keine Tränen mehr. Die Schreckensbilder stürmten zu sehr auf sie ein. Das heftige Temperament, das in ihr steckte und das ausgebrochen war, als sie sich im Gebüsch auf der Erde gewälzt hatte, mit dem sie sich kreischend gegen Andrews' Grausamkeit gewehrt hatte, flammte in ihr auf. Sie wurde zur Furie, für die ein wilder Kampf gegen den Tod eine Kleinigkeit war. Sie sagte sich, daß sie für ein Mädchen sehr stark war – sie konnte kratzen und beißen, schreien und um sich schlagen wie eine Verrückte, so daß sie sie umbringen *mußten*. Das war eine der schrecklichen Vorstellungen, die vor ihrem inneren Auge aufstiegen und sich nicht vertreiben ließen.

Sie hatte seit der Tasse Tee am Nachmittag nichts mehr zu sich genommen und begann es zu merken. Wenn sie nun in Ohnmacht fiel –! Sie hob verzweifelt den Blick und erblickte die unendliche blaue Dunkelheit, übersät mit Millionen von Sternen, die sich über ihr wölbte – über ihr und über dem furchtbaren Haus und dem Rest der Welt. Wie hoch – wie riesig – wie unvorstellbar der Himmel war – und man hatte das Gefühl, daß es sonst nichts mehr gebe – daß nichts anderes wirklich sein konnte! Sie ballte die Fäuste, als sie auf den Knien hockte und ein Gebet hervorstieß – nicht das eines Kindes – eher war es der Schrei einer jungen Rachegöttin, die eine Forderung stellt.

„Vielleicht ist ein Mädchen ein Nichts“, schrie sie, „ein Mädchen, das in einem Zimmer eingesperrt ist! Aber vielleicht ist sie doch ein Etwas – sie ist wirklich! Rette mich – rette mich! Aber wenn du mich nicht rettest, laß mich lieber sterben!“

Sie verharrte ein paar Minuten schweigend in kniender Haltung und sank dann zu Boden. Wie es angeht, daß sie in einem solchen Moment der Schlaf überkommen konnte, vermag niemand zu sagen. Aber tatsächlich schlief sie mitten in ihrer Qual ein – wenn auch nicht für lange. Sie erwachte jäh und sprang auf die Füße. Vor dem Haus gegenüber kamen immer noch Kutschen an und fuhren wieder ab. Es konnte noch nicht spät sein, obwohl es ihr vorkam, als sei sie schon Jahre hier – lange genug, um das Gefühl zu haben, es sei das schreckliche Zentrum der Welt und alle Erinnerungen an ein normales Leben nur ein Traum. Sie wollte gerade anfangen, im Zimmer auf und ab zu gehen, als ein Geräusch sie wie angewurzelt stehenbleiben ließ. Sie wußte, daß irgendwann ein Geräusch kommen würde – sie hatte die ganze Zeit darauf gewartet – sie hatte natürlich gewußt, daß es kommen würde, aber sie hatte nicht einmal versucht zu erraten, ob sie es früh oder spät hören würde. Es würde das Geräusch sein, das man hörte, wenn der Griff der abgeschlossenen Tür gedreht wurde. Es war gekommen. Da war es! Das Klicken des Schlosses und dann das Quietschen des Griffes, der gedreht wurde!

Sie ging wieder zum Fenster und lehnte sich dem Rücken dagegen, so daß sich ihre Gestalt vor dem matten Licht abzeichnete. Würde die Person im Dunkeln erscheinen, oder würde sie eine Kerze in der Hand halten? In ihrem Hirn begann etwas herumzuwirbeln. Was war das für ein dumpfes, pumpendes Geräusch, das sie gleichzeitig zu hören und zu fühlen schien? Es war das schreckliche Hämmern ihres eigenen Herzens.

Die Tür ging auf – nicht leise und vorsichtig, sondern ganz normal. Der Mann, der hereinkam, bewegte sich auch nicht vorsichtig. Er trat ein, als würde er zu einer Abendeinladung kommen. Wie hochgewachsen und kerzengerade seine Gestalt war, die sich im Licht der Halle abzeichnete – von einer teuflischen Eleganz. Sie meinte, eine weiße Blume auf seinem Revers zu sehen, als sein Mantel verrutschte. Der Diener mit dem schmierigen Grinsen hatte ihm die Tür geöffnet.

„Schalten Sie das Licht an!“ Sie kannte die Stimme, die den Befehl gab. Der Diener gehorchte – er berührte einen Punkt weit oben an der Wand.

Sie war beinahe sicher gewesen, daß es entweder Graf von Hillern oder Lord Coombe sein würde, und bei dem Gedanken war ihr übel geworden. Es war nicht Graf von Hillern! Das kalte boshafte Gesicht – der ironische Blick, der ihr eine Gänsehaut verursachte – die beinahe absurde altmodische Perfektion seiner Kleidung – sogar die wunderschöne Blume flößte ihr Abscheu ein. Wenn Satan ein Zimmer betrat, sah er wahrscheinlich genau so aus – und ließ den Betrachter erzittern.

„Ich dachte mir – daß Sie es sein könnten“, sagte die Stimme des fremden Mädchens zu ihm.

„Robin“, sagte er und ging auf sie zu, aber als sie die geballten Fäuste hob, blieb er stehen und wich zurück. „Was glauben Sie, warum ich hier bin?“ fragte er.

„Weil Sie genau der Mann sind, der Dinge begeht, die nur Teufel tun würden. Ich hasse – hasse – hasse Sie, seit ich klein bin. Kommen Sie und bringen Sie mich um, wenn Sie wollen. Rufen Sie den Diener zurück, damit er Ihnen behilflich ist, wenn Sie wollen. Ich kann nicht entkommen. Töten Sie mich – töten Sie mich – töten Sie mich!“ Sie war außer sich und sah aus wie eine Wahnsinnige.

Einen Augenblick zögerte er, dann wies er höflich auf das Sofa. „Setzen Sie sich bitte“, sagte er. Es war nur ein Vorschlag. „Ich bleibe hier. Ich habe nicht vor, mich Ihnen zu nähern – wenn Sie mir die Bemerkung erlauben.“

Aber sie blieb am Fenster.

„Es ist ganz natürlich, daß Sie überreizt sind“, sagte er. „Es ist eine abscheuliche Geschichte. Sie sind zu jung, um das Schlimmste zu wissen.“

„*Sie* sind das Schlimmste!“ rief sie. „*Sie!*“

„Nein.“ Seine Stimme klang so kalt, daß sie sich fragte, ob er wirklich ein Mensch war. „Das Schlimmste wäre von Hillern gewesen. Ich habe ihn an der Haustür aufgehalten und wußte, wie ich ihn loswerden konnte. Nun hören Sie zu, mein liebes Kind. Hassen Sie mich so abgrundtief, wie Sie wollen. Das ist eine Kleinigkeit. Sie befinden sich im Haus einer Frau, deren Name für Schande und Infamie und Verbrechen steht.“

„Was machen Sie hier“, schrie sie, „in einem Haus, in dem Mädchen eingesperrt werden – damit man sie umbringen kann?“

„Ich bin gekommen, um Sie wegzubringen. Ich möchte, daß es still und leise vor sich geht. Es wäre furchtbar, wenn die Öffentlichkeit erführe, daß Sie hier waren. Wenn ich nicht gekommen wäre, als sie von Hillern erwartet haben, und wenn die Diener nicht daran gewöhnt wären, daß hier gut angezogene Herren ein und aus gehen, wäre es nicht ohne Radau und Polizei vor sich gegangen – und das wollte ich vermeiden. Außerdem kennt die Frau unten mich und begriff, daß ich nicht gelogen habe, als ich sagte, das Haus sei umstellt und könne jeden Augenblick gestürmt werden. Sie ist eine Frau mit reichlich Erfahrung und wußte sofort, daß es besser war, sich still zu verhalten."

Trotz seiner kalten Augen und dem hinterhältigen Lächeln, das sie haßte, trotz seiner beinahe dandyhaften makellosen Aufmachung und der festlichen weißen Blume, die sie ebenso haßte wie alles andere – vielleicht log er tatsächlich nicht. Vielleicht hatte er ihrer Mutter wegen beschlossen, sie zu retten – und einem Mann wie ihm waren natürlich seine Erfahrungen zugutegekommen.

Sie begann, vom Fenster wegzurücken, und fühlte, wie die Beine unter ihr nachgaben. Als sie das Sofa erreichte, sank sie nieder und fing an zu weinen. Eine Art Hysterie hatte sie gepackt, und sie zitterte am ganzen Körper und klammerte sich an das gepolsterte Sofa, so fest es mit ihren schwachen Händen eben ging. Sie bot wirklich einen jämmerlichen Anblick. Er log vielleicht nicht, aber sie hatte immer noch Angst vor ihm.

„Ich habe den Männern, die draußen warten, gesagt, daß sie das Haus stürmen sollen, wenn ich nicht in einer halben Stunde mit Ihnen herauskomme. Ich möchte nicht, daß das passiert. Wir haben keine Zeit zu verlieren. Sie verhalten sich völlig normal, aber Sie müssen aufstehen." Er stand neben ihr und schaute auf ihre schmale gekrümmte Gestalt und den schönen Kopf hinunter.

Er nahm eine Flasche aus seiner Manteltasche – das Kunstwerk eines Goldschmiedes. Er goß etwas Wein in die Tasse, die dazugehörte, und hielt sie ihr hin. „Trinken Sie das und sehen Sie, ob Sie allein stehen können", sagte er. Er war klug genug, nicht zu verstehen, ihr beim Aufstehen behilflich zu sein – sie in irgendeiner Weise anzufassen. Er wußte es besser.

Sie hob den Kopf, und in ihren Augen war Panik zu lesen. Sie streckte wieder abwehrend die Hände aus. „Nein! Nein!" schrie sie. „Nein, ich trinke nichts!"

Er begriff sofort und schüttete den Wein in den Kamin. „Ich verstehe", sagte er. „Sie fürchten, es könne Gift darin sein. Sie haben recht, das kann sein. Ich hätte daran denken sollen." Er steckte die Flasche wieder in die Tasche. „Hören Sie mir noch einmal zu. Sie müssen es tun. Die Zeit ist bald um, und wir dürfen nicht zulassen, daß die Polizisten das Haus stürmen und einen Lärm machen, bei dem die ganze Menge zusammenläuft. Wir müssen sofort gehen. Mademoiselle Vallé wartet draußen in meiner Kutsche auf Sie. Sie werden keine Angst haben, den Wein zu trinken, den Sie Ihnen gibt."

„Mademoiselle!" stammelte sie.

„Ja. In meiner Kutsche, keine fünfzig Yard vom Haus entfernt. Können Sie aufstehen?"

Sie stand auf, zitterte aber am ganzen Körper.

„Können Sie gehen? Wenn nicht, erlauben Sie, daß ich Sie trage? Ich bin stark genug – trotz meiner Jahre."

„Ich kann gehen", flüsterte sie.

„Wollen Sie meinen Arm nehmen?"

Sie sah ihn einen Moment lang mit gebrochenem Blick an. „Ja, das tue ich."

Er bot ihr den Arm mit steifer Höflichkeit und sah sie nicht einmal an. Er führte sie aus dem Zimmer und drei Treppen hinunter. Als sie an der offenen Wohnzimmertür vorbeikamen, stand dort die schöne Frau, die sich Lady Etynge genannt hatte, und ihr Blick war nicht mehr sanft.

„Ich habe Ihnen etwas zu sagen, Madam", sagte er, „ich sage es Ihnen, wenn ich diese junge Dame der Obhut ihrer Gouvernante übergeben habe."

„Ist ihre Gouvernante Fräulein Hirsch?" fragte die Frau leichthin.

„Nein. Sie ist zweifellos auf dem Rückweg nach Berlin – und von Hillern wird ihr folgen."

Jetzt lagen nur noch die letzten Treppenstufen vor ihnen. Robin sah kaum, wohin sie ihre Füße setzte. Aber Lord Coombe hielt sie aufrecht, und ein paar Augenblicke später öffnete der Diener die große Tür. Er grinste nicht mehr, sondern war sehr blaß. Sie gingen zur Kutsche, man half ihr beim Einsteigen, und sie sank Mademoiselle beinahe bewußtlos in den Schoß. Der starke Arm, der sie auffing, zitterte ebenso wie sie.

„*Ma chérie*", hörte sie. „Lieber Gott! Oh, lieber Gott! Und Lord Coombe! Lord Coombe!"

Coombe war wieder ins Haus gegangen, begleitet von vier Männern, zwei in einfacher Kleidung und zwei stämmige Polizisten. Sie blieben unten an der Treppe stehen, aber Coombe ging die Stufen leichtfüßig wie ein Mann von dreißig Jahren hinauf.

Er stand auf der Schwelle zum Wohnzimmer. Sein Gesicht war schneeweiß und sein Blick eisig. Er sagte: „Es ist völlig unnötig, daß ich zurückkomme und mit Ihnen spreche – und das Ergebnis reiner Wut. Ich erlaube mir, mich in schamloser Weise gehenzulassen. Über Sie ist noch viel mehr bekannt als diese Sache hier – Dinge, die noch schlimmer sind. Sie sind nicht mehr jung, und vor Ihnen liegen Jahre im Gefängnis. Man wird Ihnen den Kopf kahlscheren – Ihre Hände werden rauh und rissig und Ihre Nägel brüchig werden vom Wergzupfen . Die Hoffnungslosigkeit wird Sie auszehren, bis nichts mehr von Ihnen übrig ist. Nachts im Dunkeln werden Sie Zeit haben, sich zu erinnern – Gesichter zu sehen – Schreie zu hören. Frauen wie Sie sollten lernen, was die Hölle auf Erden bedeutet. Sie werden es lernen."

Als er geendet hatte, lehnte die Frau mit dem Rücken an der Wand, gegen die sie getaumelt war. Sie öffnete und schloß hilflos den Mund, brachte aber keinen Ton heraus.

Er zog ein blitzsauberes Taschentuch hervor und tupfte sich den Schweiß von der Stirn. Sein Blick war immer noch furchterregend, aber seine Stimme klang plötzlich matt. „Ich habe mich wie ein Irrer benommen", sagte er. „Das war eine spannende Erfahrung – gut für eine Seele wie die meine."

Er ging nach unten und begab sich zu Fuß nach Hause, denn seine Kutsche hatte Robin und Mademoiselle zu dem Streifen von einem Haus zurückgefahren.

24. Ein Ausweg

Von Hillern machte keine weiteren Besuche bei Mrs. Gareth-Lawless. Er kehrte sofort nach Berlin zurück, und Fräulein Hirsch kam nicht mehr, um Deutschunterricht zu geben. Später erfuhr Coombe von dem Mann mit dem ausdruckslosen Gesicht, daß sie ein Schiff über den Kanal genommen hatte – nur wenige Stunden, nachdem von Hillern Berford Place verlassen hatte. In Wirklichkeit war sie unglücklich durch die verlassenen Straßen der Nachbarschaft geirrt, halb getrieben von einer selbstquälerischen hilflosen Leidenschaft, halb von einem triumphierenden Haß auf das junge Ding, das sie verraten hatte. Sie war ziellos durch die Straßen geirrt, hin und her, rang ihre mageren Hände und schmeckte die salzigen Tränen, die ihr über die Wangen liefen – Tränen der Qual und der Wut.

Dann spielte ihr der Zufall einen bitteren Streich. Als sie um eine Ecke bog und sich zum hundertsten Mal sagte, daß sie nach Hause gehen müßte, stand sie plötzlich einer majestätische Gestalt gegenüber. Sie taumelte beim Anblick der raubtierhaften Wut in dem weißen Gesicht und keuchte. Sie begriff sofort. Er hatte eine furchtbare Demütigung erlebt!

Ihm wiederum war diese Fügung des Himmels hochwillkommen, weil er nun eine Frau bestrafen konnte – wenigstens eine Sache, die so verlaufen würde wie geplant. Er wußte genau, wie er sie bestrafen konnte – mit bloßer Verachtung und durch Verdruß. Er ließ sich nicht dazu herab, ihr zu erzählen, was passiert war. Er wich nur zurück und musterte sie verächtlich.

„Sie haben alles verdorben“, stieß er mit haßerfüllter Stimme hervor. „Frauen sind immer dumm. Sie können weder den Mund halten noch klar denken. Kehren Sie sofort nach Berlin zurück. Ihnen kann ich in Zukunft nicht mehr vertrauen.“

Er wandte sich ab, bevor sie etwas erwidern konnte – wenn sie es denn gewagt hätte. Schluchzend sah sie ihm nach, als er davonschritt, bedrohlich wie ein Kriegsgott. Ihre Tränen schmeckten wirklich nach Salz. Wahrscheinlich würde sie ihn nie wieder sehen – nicht einmal aus der Ferne. Man würde sie als untaugliche Frau verachten und beiseiteschieben. Sie hatte ihm aufs Wort gehorcht und ihr Bestes getan, sie war vor ihm gekrochen – aber er würde sie nie mehr eines Blickes oder gar eines Wortes würdigen. Sie taumelte so unsicher ihrer Wege, daß ein gutmütiger Polizist zu ihr sagte: „Vorsicht, mein Mädchen. Gehen Sie am besten nach Hause und ins Bett."

Mrs. Gareth-Lawless hörte von Coombe, daß dringende Familienangelegenheiten Fräulein Hirsch zur Rückkehr nach Deutschland veranlaßt hätten. Daß Graf von Hillern von oberster Stelle zurückbeordert worden war, war leicht zu begreifen. Solche glorreichen Persönlichkeiten erstrahlen nie allzu lange über der Gesellschaft.

Lord Coombe sah es als ein Glück an, daß Feather zu Besuch bei Verwandten auf dem Land war, als ihre Tochter nur knapp einer Katastrophe entgangen war. „Wir brauchen Mrs. Gareth-Lawless nicht damit zu beunruhigen, indem wir ihr erzählen, was passiert ist", sagte er zu Mademoiselle Vallé. „Am besten ist es, wenn niemand von dieser abscheulichen Geschichte erfährt. Wenn jemand vergeßlich oder gedankenlos ist, entschlüpft ihm vielleicht eine Bemerkung, die –"

Mademoiselle Vallé wußte, was er meinte – und er wußte, daß sie es wußte – daß nämlich eine Frau, die eine herzlose Närrin ohne Mitleid und Feingefühl war, nicht verstehen würde, daß das Mädchen beschützt werden mußte. Vielleicht würde sie sogar eine amüsante Geschichte darin sehen, daß Mademoiselle Vallés unantastbarer Schützling sich aus ihrer sicheren Obhut in einen solchen „Sündenpfuhl" begeben hatte, den die schlimmsten und unerzogensten Schülerinnen nie betreten hätten. So eine Sicht der Dinge war bei Feather möglich – sogar wahrscheinlich, wenn man ihren Hang zu Gehässigkeiten bedachte.

„Nur Sie, Dowie und ich wissen, daß sie von zu Hause weg war", antwortete Mademoiselle.

„Sorgen wir dafür, daß wir die einzigen bleiben", sagte Coombe. „Robin wird nichts sagen."

Sie wußten es beide. Robin hatte tagelang Fieber gehabt, und Dowie hatte sie das Bett hüten lassen und gesagt, sie sei erkältet. Keine der beiden Frauen hatte sie für ansprechbar gehalten. Sie hatte dagelegen und vor sich hingestarrt und fast nichts gesagt. Dann und wann schauderte sie, und einmal bekam sie einen Weinkrampf.

„Alles hat sich verändert", sagte sie zu Dowie und Mademoiselle, die zu beiden Seiten an ihrem Bett saßen. Ab und zu lehnte sie den Kopf an eine gütige Schulter, manchmal hielt sie eine Hand. „Ich werde für immer vor jedermann Angst haben. Leute mit freundlichen Gesichtern und sanften Stimmen werden mich erschauern lassen. Oh! Sie erschien mir so gütig – so gütig!"

Sie vergrub das Gesicht an Dowies warmer Schulter, und Dowie kämpfte selbst mit den Tränen. Sie konnte das Mädchen nur an sich drücken und die seidigen Locken küssen – zerzauste Locken, die nicht mehr die eines Kindes waren.

„Ach, mein Lämmchen!“ brachte sie hervor. „Dowies armes Lämmchen!“

„Ich weiß jetzt, daß freundliche Augen – freundliche –!“ stieß Robin keuchend hervor. „Ich *weiß* es jetzt! Vorher wußte ich es nicht! Ich wußte nichts! Nun ist alles vorbei. Ich habe Angst vor der ganzen Welt!“

„Nicht vor der *ganzen* Welt, *chérie*“, hauchte Mademoiselle.

Robin setzte sich auf und lehnte sich an ihr Kissen. Der Spiegel auf dem Frisiertisch zeigte ihr Bild – ihre tränenüberströmte blühende Jugend, eingerahmt von dem herrlichen Haar. Sie starrte das Bild durchdringend an. „Ich nehme an“, die Hilflosigkeit ihrer Stimme war rührend, „daß es stimmt, was Sie mir gesagt haben – daß ich hübsch bin. Ein Mädchen, das *so* aussieht“, sie zeigte auf den Spiegel, „darf nicht glauben, es könnte sein Brot selbst verdienen. Ich hasse es!“ Aus ihrem Ton sprach Wut gegen eine bodenlose Ungerechtigkeit. „Es ist, als sei man verflucht!“

Jetzt konnte Dowie sich nicht mehr beherrschen – sie ließ ihren Tränen freien Lauf. „Nein, nein! Das darfst du nicht sagen – und nicht einmal denken, mein Liebling!“ schluchzte sie. „Es könnte ein böses Omen sein. Du bist ein junges Ding – wie eine Gartenblume! Und eines Tages wirst du jemandem begegnen – Gott segne ihn – der dich zu schätzen weiß. Irgendwo ist er – irgendwo!“

„Mich soll keiner ansehen!“ rief Robin. „Ich hasse alles und alle – bis auf Sie beide – bis auf Sie beide.“

Mademoiselle nahm sie in die Arme, als sie wieder anfing zu schluchzen. Mademoiselle wußte, daß sie in diesem Moment glaubte, ihre Welt sei untergegangen.

Als der heftige Weinkrampf vorbei war, lag sie still da, und ihre Brust hob und senkte sich unter langsamen, tiefen Atemzügen. Ab und zu schauderte sie. Sie nahm Mademoiselle Vallés Hand und sah sie mit einem matten, schiefen Lächeln an. „Sie waren zu gütig, um mir zu sagen, was für eine dumme kleine Gans ich war, als ich davon gesprochen habe, eine Stelle in einem Büro anzunehmen!“ sagte sie. „Ich weiß jetzt, daß Sie es mir gar nicht erlaubt hätten. Ich war dumm und eingebildet. Ich kann nicht auf Anzeigen antworten. Schlechte Menschen können in Anzeigen schreiben, was sie wollen. Wenn diese Frau eine Anzeige aufgegeben hätte, hätte sie Hélène beschrieben. Dabei *gab* es gar keine Hélène.“ Sie rang nach Luft und sagte bekümmert: „Ich – ich konnte Hélène vor mir sehen. Ich kenne so wenige Leute gut genug, um sie liebzuhaben – und gar keine Mädchen. Ich dachte – vielleicht – daß wir einander liebgewinnen würden. Ich kann den Gedanken nicht ertragen – daß es sie niemals gab. Es bleibt nur eine Art Leere."

Als Robin sich so weit erholt hatte, daß sie wieder aufstehen konnte, äußerte Mademoiselle Vallé den Wunsch, daß sie sich bei Lord Coombe bedanken sollte.

„Wenn Sie es möchten, tue ich es", antwortete Robin.

„Hältst du es nicht für angemessen, dich zu bedanken? Willst du es nicht selbst?" fragte Mademoiselle.

Robin schaute zu Boden. Schließlich räumte sie ein: „Ich weiß, daß es angemessen wäre. Aber ich möchte es nicht tun."

„Nein?" sagte Mademoiselle Vallé.

Robin hob den Blick und sah sie an. „Ich habe meine Gründe", sagte sie. „Es gehört zu dem Schrecklichen, das ich vergessen will. Nicht einmal Sie dürfen wissen, was es mit mir gemacht hat. Vielleicht werde ich ein Mädchen mit einem schlechten Charakter. Böse Gedanken stürzen sich auf mich wie große schwarze Raben. Lord Coombe hat mich gerettet, aber ich denke furchtbare Dinge von ihm. Ich habe Andrews sagen hören, er sei schlecht – damals war ich noch zu klein, um zu wissen, was das bedeutet. Ich erinnere mich – er wußte es, weil er sich dafür entschieden hatte – aus freiem Willen. Er kannte diese Frau, und sie kannte ihn. *Woher* kannte er sie?" Sie trat einen Schritt auf Mademoiselle zu. „Ich habe es Ihnen nie erzählt – aber jetzt erzähle ich es Ihnen", gestand sie. „Als die Tür aufging und ich ihn gesehen habe, da – dachte ich nicht, daß er gekommen sei, um mich zu retten."

„Mon dieu!" hauchte Mademoiselle in mattem Entsetzen.

„Er weiß, daß ich hübsch bin. Er ist ein alter Mann, aber er weiß es. Fräulein Hirsch hat mich einmal beinahe krank gemacht, als sie mir auf ihre hinterhältige Art erzählt hat, daß ihm schöne Mädchen gefielen und die Leute sagten, er wolle eine junge Frau heiraten und habe ein Auge auf mich geworfen. Ich war grob zu ihr, weil es mich so wütend gemacht hat. *Warum* kannte er diese Frau so gut? Sie sehen, wie schlecht ich geworden bin!"

„Er kennt beinahe ganz Europa. Er hat die dunklen Ecke ebenso gesehen wie die hellen Plätze. Vielleicht hat er schon andere Mädchen aus ihren Fängen gerettet. Er hat sie ihrer gerechten Bestrafung zugeführt – das konnte er, weil er ihr schon länger auf der Spur war. Du bist nicht schlecht – aber ungerecht. Du hattest einen schlimmen Schock, deshalb kannst du jetzt noch nicht wieder klar denken."

„Ich glaube, ich werde immer eine Gänsehaut bekommen, wenn ich ihn sehe", sagte Robin, „aber ich werde alles sagen, was Sie möchten."

Als Feather wieder einmal aufs Land gefahren war, kam Mademoiselle in das Wohnzimmer mit dem runden Fenster, in dem Pflanzen blühten – gefolgt von Coombe.

Robin schaute von ihrem Buch auf, fuhr ein wenig zusammen und stand dann auf.

„Ich habe Lord Coombe gesagt, daß – daß du dich bei ihm bedanken willst“, sagte Mademoiselle Vallé.

„Und ich bin gekommen, um Ihnen zu sagen, daß jede Bezeugung der Dankbarkeit vollkommen unnötig ist“, sagte Coombe.

„Ich *muß* dankbar sein. Ich *bin* dankbar.“ Robin wich langsam die Farbe aus dem Gesicht, als sie es sagte. Es war das erste Mal, daß sie ihn sah, seit er ihr die Treppe hinuntergeholfen und sie aus der Hölle geführt hatte.

„Nichts wäre mir mehr zuwider, als als Wohltäter betrachtet zu werden“, antwortete er entschieden, aber ohne einen Hauch Wärme. „Die Rolle steht mir nicht gut zu Gesicht. Als äußerst schlechter Mensch“, sagte er gänzlich ungerührt, „habe ich viel Erfahrung. Ich weiß eine Menge. Die Frau, die sich Lady Etynge nannte, betreibt ein Gewerbe, das – zu dessen Kunden ich nicht gehöre. Ich hatte gewisse Behörden auf sie angesetzt – und so herausgefunden, wo Sie waren, als Mademoiselle Vallé mir erzählte, Sie seien zum Tee zu ihr gegangen. Reiner Zufall, wie Sie sehen. Ich bitte Sie, nicht mir dankbar zu sein, sondern Mademoiselle Vallé.“

„Warum“, sagte Robin – unsicher und etwas angewidert wie immer –, „hat es Sie überhaupt interessiert?“

„Weil“, antwortete er – oh, die kalte Unmenschlichkeit seiner grauen Augen! – „Sie zufällig in – diesem Haus leben.“

„Ich dachte mir, daß das vielleicht der Grund sei“, sagte sie – und fand ihn noch abstoßender als je zuvor. „Entschuldigen Sie“, fügte sie hinzu, weil ihr wieder einfiel, daß er sie gerettet hatte. „Bitte nehmen Sie Platz.“

„Danke.“ Er setzte sich. „Ich habe Ihnen noch etwas zu sagen.“

Robin und Mademoiselle setzten sich ebenfalls und hörten zu.

„Es gibt viele furchtbare Dinge im Leben, von denen man meint, daß junge Mädchen sie nicht erfahren sollten“, fing er an.

„Und ob sie das sollten!“ warf Robin ein, und ihre junge Stimme klang hart.

Er sah sie lange und durchdringend an. „Ich bin kein Lehrmeister für junge Leute. Ich wurde nicht dazu berufen. Ich sehe es selbst jetzt nicht als meine Pflicht an, ins Detail zu gehen.“

„Das brauchen Sie auch nicht“, sagte die harte junge Stimme. „Ich weiß *alles.* Ich quelle über vor Wissen.“

„Mademoiselle wird mit Ihnen darüber sprechen. Sie mußten leider erleben, daß es für ein Mädchen – sogar für eines, das nicht schön ist – gefährlich ist, unabhängig zu handeln – wenn es nicht weiß, wie man sich vor – Teufeln in Acht nimmt.“ Die Worte klangen scharf, und seine plötzliche Heftigkeit war verblüffend. „Sie haben einen Schock erlebt“, sagte er dann, „und herausgefunden, daß es Teufel gibt. Aber Sie haben nicht genug Erfahrung, um sich vor ihnen zu schützen.“

„Ich hatte solche Angst, daß ich von jetzt an ein Feigling sein werde – für den Rest meines Lebens. Ich werde jedes Gesicht fürchten, das ich sehe – je vertrauenerweckender es aussieht, desto mehr Angst werde ich haben. Ich hasse alle Menschen auf der Welt!“

In ihren wunderschönen Augen – Lord Coombe sah es – funkelten der Zorn und die Angst eines Kindes. Ein wahrer Wolkenbruch von Tränen folgte, und er stand auf und ging gelassen zu dem Fenster, vor dem Blumen standen, und kehrte ihr für ein paar Momente den Rücken zu. Sie wußte nicht – und es kümmerte sie auch nicht –, ob ihre Hysterie ihn langweilte oder ärgerte oder ob er das Taktgefühl hatte, zu begreifen, daß er es nicht sehen sollte. Ein unglücklicher junger Mensch denkt nur an sich.

Aber es war nach wenigen Augenblicken vorbei, und er wandte sich um und ging wieder zu seinem Stuhl zurück.

„Sie möchten einen Beruf ausüben, der Ihnen völlige Unabhängigkeit sichert – so daß Sie nicht auf die Hilfe anderer angewiesen sind? Sie sind noch nicht reif dafür, einfach die erstbeste Stelle anzutreten, die sich bietet. Sie haben, wie Sie sagen, einen Schock bekommen und kennen die Gefahren, die es mit sich bringt, allein unterwegs zu sein. Mademoiselle Vallé“, er wandte den Kopf, „vielleicht würden Sie Ihr erzählen, was Sie über die Herzogin von Darte wissen?“

Daraufhin nahm Mademoiselle Vallé ihre Hand und begann mit einer ausführlichen Erklärung. „Sie ist eine bedeutende Persönlichkeit und über jeden Zweifel erhaben. Sie war Hofdame. Sie ist in fortgeschrittenem Alter und Invalide und mag junge Leute. Sie wünscht sich eine Gesellschafterin, die gut erzogen und jung und unverdorben ist. Ihre langjährige Gesellschafterin ist vor kurzem gestorben. Wenn du deren Platz einnimmst, wirst du bei ihr in ihrem Stadthaus leben und nach der Saison mit ihr aufs Land fahren. Dein Gehalt wäre großzügig, und es kann keine Stellung geben, die so ehrenwert und sicher ist. Ich habe Ihre Gnaden selbst gesehen und mit ihr gesprochen, und sie wird mir gestatten, dich zu ihr zu bringen, wenn du willst.“

„Lassen Sie sich durch die Tatsache, daß sie mich seit Jahren kennt, nicht abschrecken“, sagte Coombe. „Betrachten Sie es lieber als eine Art Garantie für mein Verhalten. Sie kennt meine schlimmsten Seiten und gibt sich immer noch mit mir ab. Als junge Frau war sie brillant und voller Charme, und jetzt ist sie es noch mehr, weil sie – etwas Besonderes ist.

Wenn ich ein Mädchen wäre und in ihren Diensten meinen Lebensunterhalt verdienen könnte, hätte ich das Gefühl, daß das Schicksal es gut mit mir meint – sehr gut."

Robins Blick schweifte zwischen Mademoiselle Vallé und Coombe hin und her. Es sah kläglich aus. „Sie – Sie sehen, was mir angetan wurde", sagte sie. „Vor ein paar Wochen war ich noch *sicher,* daß Gott mich beschützt und über mich wacht. Und jetzt – habe ich immer noch Angst. Ich habe das Gefühl, als müsse sie sehen, daß – daß ich nicht mehr jung und unverdorben bin, sondern beschmutzt vom Bösen. Ich habe Angst vor ihr – und vor Ihnen", an Coombe gewandt, „und vor mir selbst."

Coombe stand auf und war offensichtlich im Begriff zu gehen. „Aber Sie haben keine Angst vor Mademoiselle Vallé", sagte er. „Sie wird die nötigen Referenzen für die Herzogin schreiben. Ich überlasse es ihr, Ihnen bei der Entscheidung zu helfen."

Robin erhob sich ebenfalls. Sie fragte sich, ob sie ihm die Hand reichen sollte. Vielleicht sah er ihre leichte Bewegung. Er selbst machte keine.

„Ich erinnere mich, daß Sie sich als Kind immer dagegen gesträubt haben, mir die Hand zu geben", sagte er mit einem unpersönlichen Lächeln, und seine formvollendete Verbeugung machte es ihr unmöglich, hielt sie auf Distanz.

25. Prinzessin Alixe

Ein paar Tage zuvor war die Herzogin von Darte morgens ausgefahren, um ein paar Besorgungen zu machen, und hatte in ihrem großen Landauer Miss Brent sehr vermißt. Miss Brent war immer mit zum Einkaufen gekommen. Die Herzogin ging nicht gern einkaufen, aber Miss Brent hatte Freude daran, was sie zu einer angenehmen Gesellschaft machte. Für die stille, ältere Frau, die ein Leben lang um ihre Existenz gekämpft hatte, bevor sie in den Dienst dieser großen Dame getreten war, war es bis ans Ende ihrer Tage ein aufregendes Ereignis, einen Laden zu betreten und zu erleben, daß eifrige Kaufleute auf sie zueilten, sie mit Verbeugungen begrüßten und liebenswürdig ihre Dienste anboten. Die Herzogin machte große Einkäufe, aber sie tat es unauffällig. Sie wußte immer, was sie wollte, und setzte einfach voraus, daß sie es zu sehen bekam. Wenn sie es sich schweigend angesehen hatte, ordnete sie an, daß es ihr geschickt werde. Ihre entschlossene Art hatte eine beeindruckende Würde. Sie machte nie Ärger oder zögerte endlos. Die Angestellten in den großen Geschäften kannten und verehrten sie. Miss Brent war eine glückliche, zufriedene Frau gewesen. Nach einer kurzen Krankheit, die zunächst als harmlos gegolten hatte, war sie friedlich in einem der Landhäuser ihrer Arbeitgeberin gestorben – die Herzogin hatte sie zur Erholung dorthin geschickt. Sie war mit Liebe und Aufmerksamkeit überschüttet worden, und nur ein paar Minuten, bevor sie für immer die Augen schloß, sprach sie noch mit Wärme von ihrer Herrin.

„Sie ist eine große Dame, Miss Hallam“, sagte sie zu ihrer Krankenschwester. „Sie ist die letzte ihrer Art, denke ich oft. Große Damen scheinen ausgestorben zu sein – wenn Sie wissen, was ich meine. Sie sind ausgestorben.“

Ein paar Tage später sagte die Herzogin etwas ganz Ähnliches über Brent, als sie an ihrem Sarg stand und auf ihr zufriedenes Gesicht hinunterschaute. „Sie waren eine gute Freundin, Brent, meine Liebe“, murmelte sie. „Ich werde Sie immer vermissen. Ich fürchte, es gibt nur noch wenige Menschen wie Sie.“

Den ganzen Morgen, als sie langsam die Bond Street und Piccadilly hinunterfuhr, dachte sie an Miss Brent. Als sie aus der Kutsche stieg, um in einen Laden zu gehen, sah sie in einem Fenster einige Fotos schöner Frauen und blieb stehen, um sie anzuschauen. Viele von ihnen kannte sie, aber einige gehörten zu den neuesten Entdeckungen der Gesellschaft. Die beiden Fotos, die ihr besonders auffielen, waren offenbar bewußt nebeneinander plaziert worden, und das aus einem interessanten Grund. Der Grund war, daß die beiden Frauen – die offensichtlich zwei verschiedenen Generationen entstammten, wie man an ihrer Kleidung erkennen konnte – einander so ähnlich sahen, daß man sie für ein und dieselbe Person hätte halten können. Beide waren von elfenhafter Gestalt, hatten helle Haut und große Augen, und beide hatten feines, hellblondes Haar, das glänzte wie ein Heiligenschein.

Die Herzogin stand da und war für einen Moment ganz in den Anblick versunken. Sie holte kaum Atem. Ihre Gedanken gingen auf eine weite Reise. Sie vergaß ihren Einkauf und ging stattdessen in den Laden, in dessen Schaufenster die Fotos standen.

„Ich würde mir gern die beiden Fotos ansehen, die einander so sehr gleichen“, sagte sie zu dem Mann hinter dem Ladentisch.

Wie die meisten Leute kannte auch er sie und brachte ihr sofort die beiden Bilder. „Viele Leute interessieren sich für diese Fotos, Euer Gnaden“, sagte er. „Ich habe sie wegen der frappierenden Ähnlichkeit nebeneinandergestellt.“

„Ja“, sagte sie. „Es ist fast unglaublich.“ Sie sah die wunderschöne junge Frau an, die nach der Mode von vor zwanzig Jahren gekleidet war, und blickte dann auf. „Das ist – *war* –?“ korrigierte sie sich und hielt inne.

Der Mann senkte die Stimme ein wenig, als er antwortete. Er hatte offenbar seine Gründe dafür. „Ja – *war*. Sie ist vor zwanzig Jahren gestorben. Die junge Prinzessin Alixe von X –“, sagte er. „Es war eine traurige Geschichte, an die sich Euer Gnaden zweifellos erinnern. Es wurde viel darüber gesprochen.“

„Ja“, antwortete sie und sagte nichts mehr, sondern nahm das neuere Bild in die Hand. Es zeigte dieselbe ätherische Schönheit, aber die Dame trug durchsichtige Schwingen aus Tüll, die aussahen, als würden sie jeden Augenblick auf und davon fliegen lassen.

„Das hier ist –?“ fragte sie.

„Eine Mrs. Gareth-Lawless. Sie ist Witwe und Mutter einer Tochter, obwohl sie aussieht wie ein junges Mädchen. Sie ist älter, als die Prinzessin es war, aber sie hat ihre Schönheit bewahrt – die Damen von heute verstehen sich darauf. Es ist wunderbar, die beiden nebeneinander zu sehen. Aber nur wenige haben Ihre Hoheit so gesehen, wie sie war, als sie zu Königin

Victorias Zeiten mit dem Prinzen in Windsor zu Besuch war. Haben Eure Gnaden –“ Er hielt inne, weil er das Gefühl hatte, daß er sich vielleicht mehr herausnahm, als einem Verkäufer aus der Bond Street zukam.

„Ja. Ich habe sie gesehen“, sagte die Herzogin. „Wenn sie zu verkaufen sind, nehme ich sie beide.“

„Ich verkaufe eine Menge davon. Die Leute kaufen sie, weil die Ähnlichkeit sie fasziniert. Mrs. Gareth-Lawless ist eine sehr moderne Dame und findet das Ganze sehr amüsant.“

Die Herzogin nahm die beiden Fotografien mit nach Hause und sah sie oft an, als sie in ihrem Ohrensessel saß.

Sie standen auf dem Tisch, als Coombe am Nachmittag zum Tee kam.

Als er sie sah, stand er ein paar Sekunden regungslos da und musterte die beiden Gesichter. „Haben Sie je so eine unglaubliche Ähnlichkeit gesehen?“ sagte er schließlich.

„Nein“, antwortete sie. „Oder eher eine Verschiedenheit. Das ist das Unglaublichste von allem – die Verschiedenheit. Es ist der gleiche Körper, aber die beiden Seelen kommen aus verschiedenen Sphären.“

Seine nächsten Worte sprach er sehr langsam aus. „Ich war mir sicher, daß Ihnen das auffallen würde“, bemerkte er.

„Es hat mir für einen Moment den Atem verschlagen, als ich die beiden Bilder in dem Schaufenster gesehen habe – und im nächsten Augenblick passierte es erneut, weil ich das gesehen habe, was ich gerade erwähnt habe – die Welten, die dazwischenliegen. Man sieht es an den Augen. Die hier“, sie berührte den Silberrahmen, aus dem die junge Prinzessin hervorschaute, „war eine Heilige – sie hatte Seele. Es gab nie einen jungen Menschen, der so vollkommen rein war.“

Seine sonst so starren Gesichtszüge verrieten etwas, das er, als er es bemerkte, unterdrückte. Er ging zum Kamin und lehnte sich an das Sims. Deshalb klang seine Stimme heiser und leise, als er antwortete und etwas sagte, womit sie nicht gerechnet hatte. Es kam so unerwartet, daß sie einen regelrechten Schock bekam.

„Und sie war das Eigentum eines wahnsinnigen Rohlings, der seinen Trieben und seiner Wut freien Lauf ließ und dem Alkohol verfallen war. Sie war noch ein Kind – eine Heilige – und zitterte vor Angst vor ihm. Er hat sie umgebracht.“

„Das glaube ich auch“, sagte sie nach einer kurzen Pause, und es klang unbehaglich. „Viele Leute glaubten es ebenfalls, obwohl man sich große Mühe gab, die Gerüchte zum Verstummen zu bringen. Aber es waren zuviele Geschichten in Umlauf, und die waren so unfaßbar, daß sogar hochgestellte Persönlichkeiten sich darüber empörten. Danach wurde er nicht mehr bei Hofe empfangen. Sein eigener Kaiser konnte nicht gutheißen, was er getan hatte. Die öffentliche Meinung war zu stark."

„Die Gerüchten stimmten", antwortete die heisere Stimme. „Ich war selbst auf königlichen Befehl hin auf dem Schloß in den Bayerischen Alpen zu Gast, als bekannt wurde, daß er sie mehrmals mit einer Hundepeitsche geschlagen hatte. Sie erwartete ein Kind. Eines Abends ging ich im Park spazieren, hörte Schreie und lief sofort los. Ich habe versucht, in den Flügel zu gelangen, aus dem die Schreie kamen, und ich weiß nicht, was ich getan hätte, wenn ich Erfolg gehabt hätte. Ich wurde aufgehalten – beinahe mit Gewalt. Die Schreie verstummten. Sie ist eine Woche später gestorben. Aber selbst mit den routiniertesten Lügen konnte man nicht alles verschleiern. Sogar königliche Lakaien können menschliches Blut in den Adern haben. Es wurde bekannt, daß ihre kleine Leiche schreckliche Wunden aufwies."

„Wir haben davon gehört", flüsterte die Herzogin.

„Er hat sie umgebracht. Aber sie wäre sowieso vor Angst gestorben, wenn er sie nicht geschlagen hätte. Ihr Sterben begann in dem Moment, als ihr diese Heirat aufgezwungen wurde. Das habe ich gesehen, als sie mit ihm in Windsor war."

„Sie waren in seiner Gefolgschaft", sagte die Herzogin nach einer kleinen Pause. „Damals habe ich Sie zum ersten Mal gesehen."

„Ja." Sie hatte den letzten Satz sehr ernst hinzugefügt, und seine Antwort klang ebenso ernst. Seine Stimme war immer noch heiser. „Sie waren die Güte und Weisheit in Person. Ein Mann vergißt es nicht, wenn eine Frau ihn durch die Art ihres Schweigens davor bewahrt, verrückt zu werden. Solange ich bei Sinnen war, wagte ich kaum, ihren Namen auszusprechen. Wenn ich den Verstand verloren hätte, hätte ich schwadroniert wie ein Irrer. Davor hatte ich Angst."

„Ich wußte es. Reden war die größte Gefahr", antwortete sie ihm. „Sie war eine Prinzessin aus einem Königshaus – armer, kleiner Engel –, und sie hatte einen Ehemann, dessen Schlechtigkeit und Gewalttätigkeit in ganz Europa bekannt war. Wie *konnten* sie sie nur mit ihm verheiraten?"

„Sie hatten ihre Gründe – und sie war zu demütig, zu unschuldig und gehorsam, um sich zu widersetzen."

Die Herzogin stellte keine Fragen. Die Güte, von der er sprach, hatte ihre Vollkommenheit dadurch gezeigt, daß sie in den längst vergangenen Tagen nie Fragen gestellt oder Kommentare abgegeben hatte. Ihre Seelenstärke hatte ihm Kraft gegeben in den unerträglichen Stunden, die er erlebte, als er bei ihr Zuflucht suchte. Sie verstand ihn nur zu gut, sagte aber kein Wort. Auch heute stellte sie keine Fragen, aber ihr Blick ruhte auf ihm, denn sie sah, was passiert war – aus irgendeinem Grund war eine Tür zur

Vergangenheit aufgegangen, einer Vergangenheit, die er vor sich selbst noch mehr verborgen hatte als vor anderen.

„Reden ist immer gefährlich“, sagte er. „Nur jahrelanges Schweigen kann das Unerträgliche unter sich begraben. Sogar Gedanken müssen zum Schweigen gebracht hatte. Ich habe mein Leben hinter mir, seit –“, er sprach jetzt sehr langsam, und ihr war, als würde er ein Grab öffnen und aus seinen Tiefen lang verschüttete Dinge herausholen, „seit der Nacht, in der ich sie allein im Park des Schlosses antraf und – mich vergaß – mich völlig vergaß.“

Die Herzogin schlug ihre runzligen Hände zusammen. Es hörte sich an wie ein leidenschaftlicher Ausruf.

„Es war so eine Nacht. Und ich war damals jung – jung – noch kein alter Mann in Eisenketten. Wenn man jung ist, ist Angst die Sintflut, die die Welt untergehen läßt. Für mich war monatelang jeder Tag eine immer größer werdende Qual gewesen. Ich war gezwungen, mir Eisenketten anzulegen. Als ich ihr dann ohne Vorwarnung von Angesicht zu Angesicht gegenüberstand, rissen die Ketten. Sie hatte es gewagt, sich heimlich hinauszuschleichen, um sich in der Stille und Dunkelheit zu verbergen. Ich wußte es, ohne daß sie es mir sagte. Ich wußte es und war außer mir. Ich war noch ein Junge. Ich warf mich zu Boden, schluchzte und umklammerte ihre Füße.“

Beide schwiegen einige Augenblicke, dann fuhr er fort.

„Sie hatte keine Angst“, sagte er und lächelte sogar ein wenig. „Danach – als ich zitternd neben ihr stand – nahm sie sogar meine Hand und hielt sie fest. Einmal küßte sie sie, demütig wie ein kleines Kind, während ihre Tränen reichlich flossen. Es war so unschuldig – und so herzzerreißend. Sie war so rührend dankbar für jede Art von Liebe, und mein Kummer brach ihr das Herz.“ Er hielt wieder inne und schaute nachdenklich zu Boden. Dann blickte er auf und sah sie an. „Ich brauche es Ihnen nicht zu erklären. Sie wissen es auch so. Ich war fünfundzwanzig. Mir raste das Herz, und das Blut rauschte in meinen Adern. Jede Faser natürlichen männlichen Empfindens war außer sich vor Wut über das furchtbare Unrecht, das ihr angetan wurde. Und sie –“

„Sie war eine junge Novizin, die gerade aus dem Kloster kam, und sehr fromm“, warf die Herzogin mit ihrer ruhigen Stimme ein.

„Sie verstehen es“, antwortete er. „Sie kniete nieder und betete für ihr eigenes Seelenheil ebenso wie für meines. Sie dankte Gott, weil ich gütig war und ihr vergeben und einfach gehen würde – und nur in meinen Gebeten an sie denken würde. Sie dachte, das sei möglich. Das war es nicht, aber ich küßte den Saum ihres weißen Kleides und ließ sie stehen – eine kleine Heilige im Schrein des Waldes. Das dachte ich in meinem Wahn, als ich davontaumelte. In der nächsten Nacht hörte ich ihre Schreie. Dann starb sie.“

Die Herzogin wußte, was noch gestorben war – seine jugendliche Abenteuerlust und Lebensfreude, die ihn ausgemacht hatten. Beides hatte er verloren, als er nach London zurückgekehrt war, in jenen Tagen, die einem jetzt vorkamen wie die Erinnerung an ein vergangenes Leben in einer Welt, die auch Vergangenheit war. An einem späten Nachmittag war er bei ihr erschienen, und sie hatte kaum gewagt, ihn anzusehen, weil sie bis ins Innerste erschüttert war, eine Gestalt zu sehen, deren Verbindung zum Leben gerissen war und die als lebender Leichnam durch die Welt ging. Er bewegte sich, aber sein Blick war tot. Und die Jahre waren vergangen, und obwohl sie immer Freunde gewesen waren, hatte er nie davon gesprochen – bis jetzt.

„So etwas muß in einem Sarg begraben werden, den man versiegelt und über den man einen schweren Stein wälzt“, sagte er. Nach einer Pause fügte er hinzu: „Ich habe natürlich einen Grund.“

Sie senkte den Kopf, weil sie gewußt hatte, daß es so sein mußte.

„Ich möchte, daß Sie eins verstehen. Nicht jede Frau könnte es.“

„Ich werde es verstehen.“

„Ich weiß, und deshalb brauche ich auch nicht ins Detail zu gehen. Sie werden das, was ich sage, nicht abnormal finden.“ Er war mehrfach ins Stocken geraten. Ein- oder zweimal hatte er mitten im Satz innegehalten, um Luft zu holen oder eine Vergangenheit abzuschütteln, die plötzlich wieder schreckliche Gegenwart war. Er atmete tief durch und fuhr fort. „Die Jahre vergehen, der Schmerz der Jugend vergeht. Nach und nach wird man ein anderer Mensch“, sagte er. „Ich bin ein anderer Mensch geworden. Ich bin wirklich keine gefühlvolle Natur. Mich interessieren gewisse Dinge – viele sogar. Aber man hat den versiegelten Sarg unter den Füßen. Man darf sich nur nicht erlauben, es sich einzugestehen. Aber – manchmal spielt ein teuflischer Zufall einem Streiche. Mir wurde ein solcher Streich gespielt.“ Er warf einen schnellen Blick auf die beiden Bilder, die sie selbst mit ernster Miene betrachtete. Dann nahm er das Foto von Feather in die Hand und sah es sonderbar fragend an. „Als ich diese Frau gesehen habe“, sagte er, „die – unter einem grünen Baum in einem sonnigen Garten saß und mich anlächelte – da war mir, als sei ich wieder fünfundzwanzig – und stünde an ihrem Sarg.“

„Sie können es nicht in Worte fassen“, sagte die Herzogin. „Aber das brauchen Sie auch gar nicht. Ich verstehe es auch so.“

Denn einen Moment lang sah es so aus, als würde er die Fassung verlieren. Sogar für sie, die ihn so gut kannte, war es ein außergewöhnlicher Anblick, als er das Bild hastig hinstellte und sich mit seinem Taschentuch die Stirn abtupfte.

Sie wußte, daß er im Begriff war, ihr zu erzählen, warum er den Sarg geöffnet hatte. Und als er sich an den Tisch setzte, tat er es auch. Er gebrauchte nicht viele Worte, aber als er ihr seine Gründe erklärte, erklärte er ihr auch damit einige Tatsachen, die die meisten Leute ironischerweise nicht geglaubt hätten. Aber sie hegte nicht den Hauch eines Zweifels, denn sie hatte im Laufe ihres langen Lebens viele verschiedene Charaktere kennengelernt, und Robins Geschichte interessierte sie sehr.

„Ich weiß nicht genau, warum ‚es mich kümmert' – ich zitiere ihre Mutter", erklärte er, „aber es ist nun einmal so, daß ich entschlossen bin, das Kind vor den Dingen zu schützen, die sonst unvermeidlich wären. Dabei hat sie nicht die geringste Ähnlichkeit mit – mit irgend jemandem –, die Erinnerungen wecken könnte. Das ist es nicht. Sie und ihre Mutter sind völlig verschieden. Und ihr Abscheu gegen mich ist unüberwindlich. Sie denkt das Schlimmste von den Männern. Als ich das Zimmer betreten habe, in dem die Frau sie eingesperrt hatte, dachte sie, ich käme als einer der gottverdammten Kunden dieser Kreatur. Sie können sich vorstellen, daß es schwierig ist, meine Position einem jungen Mädchen zu erklären – oder auch den meisten Erwachsenen. Ihre fixe Idee, selbst ihr Brot zu verdienen, rührt daher, daß ihr der Gedanke zuwider ist, Unterstützung von mir anzunehmen. Ich verstehe sie vollkommen."

„Mademoiselle Vallé ist eine intelligente Frau", sagte die Herzogin nachdenklich. „Schicken Sie sie zu mir, und wir besprechen die Sache. Dann kann sie das Kind zu mir bringen."

26. Eine gütige Vorsehung

Ein paar Tage später traf sich Ihre Gnaden mit Mademoiselle Vallé zu einem langen Gespräch unter vier Augen. Sie verstanden einander vollkommen. Noch bevor ihre Unterhaltung zu Ende war, war die Herzogin überzeugt, daß sie das Richtige tat.

„Je eher sie in eine neue Umgebung kommt, desto besser“, sagte die Französin unter anderem. „Die Aussicht, daß sie eine so sichere Zukunft hat, erfüllt mich mit Dankbarkeit. Ich muß unbedingt zu meinen Eltern nach Belgien zurückkehren. Sie sind alt und kränklich und brauchen mich dringend. Ich mache mir schon seit Monaten Sorgen, weil ich es verantwortungslos fand, dieses arme Kind zu verlassen. Ich war hin- und hergerissen. Jetzt habe ich Frieden – Gott sei Dank.“

„Bringen Sie sie morgen zu mir, wenn es geht“, sagte die Herzogin beim Abschied. „Wahrscheinlich wird es ein Hindernis für mich sein, daß ich eine alte Freundin von Lord Coombe bin, aber ich hoffe, daß ich diese Hürde überwinden kann.“

„Sie ist ein Kind – von großer Schönheit –, und sie hat eine leidenschaftliche kleine Seele, von der sie nichts weiß“, sagte Mademoiselle Vallé besorgt. „Ich habe mir Sorgen gemacht. Wenn ich ihre Mutter wäre ...“ Ihr Blick suchte den der älteren Frau.

„Aber sie hat keine Mutter“, antwortete Ihre Gnaden. Sie sah ernst aus. Sie wußte etwas über Mädchen, über junge Dinger, über deren Lebensfreude, die sich austoben mußte. Ein Kind von großer Schönheit und leidenschaftlicher Seele war keine Kleinigkeit für eine rheumatische alte Herzogin, aber: „Bringen Sie sie zu mir“, sagte sie.

So erschien Robin in dem frühviktorianischen Herrenhaus. Sie wußte, daß sie der Herzoginwitwe von Darte nur ihre guten Manieren zeigen mußte, aber ihre Hauptsorge war etwas anderes. Wenn die Herzogin irgendeine Ähnlichkeit mit Lord Coombe haben sollte, wäre die Aussicht auf eine Zukunft in ihren Diensten unerträglich , so erstrebenswert eine solche Stellung auch erscheinen mochte – wie erstrebenswert, hatte Mademoiselle Vallé ihr klargemacht. Sie würde die Gesellschafterin einer warmherzigen

Frau sein, die nicht nur jemanden um sich haben wollte, sondern mehr – die Wärme und Frische glücklicher Jugend. Sie würde bei ihrer Arbeitgeberin die Rolle einer jungen Verwandten spielen. Sie würde mehrere eigene Zimmer und viel Freizeit haben – bei mehr Erfahrung hätte sie gewußt, daß das nicht der Standard für eine bezahlte Gesellschafterin war. Aber sie wußte nichts darüber, und ein Gespräch mit Coombe und Mademoiselle Vallé war ihr eine Warnung gewesen – dieser „Broterwerb“ durfte nicht offensichtlich zu leicht sein.

„Ihr Leben ist außergewöhnlich. Sie selbst ist auch außergewöhnlich – auf eine sehr würdige und schöne Art. Man kann beinahe sagen, daß du die Position einer jungen Hofdame bekleiden wirst“, lautete Mademoiselles geschickte Erklärung.

Sie wurden in den Raum geführt, in dem Ihre Gnaden in ihrer gemütlichen Ecke am Feuer saß. Robin ging auf den Stuhl mit der hohen Rückenlehne zu, und der alten Frau fielen vor allem ihre Augen auf. In dem Blick lag eine Bitte – und Angst. Sie hatten auch etwas Kindliches an sich.

„Mademoiselle Vallé hat mir von Ihrem Wunsch erzählt, eine Stelle als Gesellschafterin anzunehmen“, sagte die Herzogin, nachdem sie Platz genommen hatte.

„Ja“, sagte Robin, „ich möchte meinen Lebensunterhalt selbst verdienen, und Mademoiselle meint, daß ich dafür geeignet sei, wenn Sie mich nicht zu jung finden.“

„Sie sind nicht zu jung – für mich. Ich hätte gern einen jungen Menschen hier, mit dem ich Freundschaft schließen kann. Bin ich zu alt für *Sie*?“ Ihr Lächeln war vor fünfzig Jahren berühmt gewesen, und es war immer noch dasselbe. Ein Lächeln ändert sich nicht. Sie hatte nicht die entfernteste Ähnlichkeit mit Lord Coombe. Sie gehörte nicht zu seiner Welt, dachte Robin.

„Wenn ich die Aufgaben, die Sie mir stellen, gut genug erfüllen kann“, antwortete sie errötend, „werde ich dankbar sein! Mademoiselle wird Ihnen sagen, daß ich keine Erfahrung habe, aber daß ich jemand bin, der sein Bestes tut.“

„Mademoiselle hat alle meine Fragen über Ihre Fähigkeiten so gut beantwortet, daß ich Ihnen nur noch wenige stellen muß.“

Die Fragen, die sie dann stellte, waren anders, als Robin erwartet hatte. Sie begann ein Gespräch und bezog Mademoiselle Vallé mit ein. Sie sprachen über Bücher, alte Gärten und alte Häuser, über Menschen, Bilder und sogar – ein wenig – über Politik. Robin ertappte sich dabei, daß sie ihr ein italienisches Gedicht vorlas. Sie verlor ihre Angst und war unbefangen. Sie vergaß Lord Coombe. Die Herzogin hörte zu und begriff, daß sie eine interessante Gesellschafterin sein würde. Sie nahm nicht nur eine wohltätige Pflicht auf sich, die zu einer Last werden konnte. Diese Gefahr bestand nicht – sie konnte Coombe vertrauen. Schließlich hatte er sich um die Erziehung des Kindes gekümmert – sowenig sich das Mädchen auch dieser Tatsache bewußt war. Er hatte sie aus dem Hundezwinger von Kinderzimmer befreit und – was gar nicht zu ihm zu passen schien – eine ehrenwerte Frau als Kindermädchen eingestellt und eine intelligente Frau als Gouvernante, als sei er ein braver Witwer aus der Mittelschicht mit einer kleinen Tochter, die eine Mutter brauchte. Die Herzogin sah in dieser Situation mehr, als andere darin gesehen hätten, und sie sah auch die Ironie des Ganzen. Coombe – mit dem bekannt perfekten Schnitt seines Mantels – und der vollkommenen Wahl der Farben – Coombe! Sie vermied es im Gespräch nicht gänzlich, seinen Namen zu erwähnen, aber sie sprach nur beiläufig von ihm, und obwohl das Gehalt, das sie anbot, ausgezeichnet war, war es nicht unangemessen. Robin mußte das Gefühl haben, daß man sie akzeptierte – als eine der jungen Leute, die aus Selbstachtung ihren Lebensunterhalt selbst verdienen, und in ihrer Unwissenheit hätte sie auch das bescheidenste Einkommen für riesig gehalten. Bevor sie sich verabschiedeten, hatte sie die Stelle bekommen, die laut Mademoiselle Vallés schwärmerischen Schilderungen beinahe die einer Hofdame war. Aber in Wirklichkeit bin ich eine Gesellschafterin und werde alles tun – alles, was ich kann, so daß ich bleiben darf, dachte sie ernsthaft. Sie wünschte sich, daß man sie behalten wollte. Wenn Lord Coombe ein Freund ihrer Arbeitgeberin war, dann deshalb, weil die Herzogin nicht wußte, was andere wußten. Und ihr Haus war nicht sein Haus – und die gräßliche Sache, die sie insgeheim verabscheut hatte, würde ein Ende haben. Sie würde ihren Unterhalt selbst verdienen, ebenso anständig und ehrenwert, wie es Mademoiselle und Dowie ein Leben lang getan hatten.

Als sie aufstanden, um zu gehen, sagte die Herzogin, als sei ihr gerade etwas eingefallen: „Mademoiselle Vallé sagt, Sie hätten eine ältere Kinderfrau, die Sie sehr gern haben. Sie scheint zu einer Klasse von Dienstboten zu gehören, die beinahe ausgestorben ist."

„Ich *liebe* sie!" Robin klang plötzlich nicht mehr so zuversichtlich. Die plötzliche Erinnerung tat ihr weh. Auch ihr Blick war nicht mehr so zuversichtlich. „Sie liebt mich auch. Ich weiß nicht, wie –" Sie hielt inne.

„Solche Frauen sind von unschätzbarem Wert für Menschen, die wissen, was sie an ihnen haben. Ich bin immer auf der Suche nach solchen Leuten. Meine liebe Miss Brent war so jemand, wenn auch aus einer anderen Schicht."

„Aber die meisten Leute wissen es nicht", sagte Robin. „Sie finden es altmodisch – dabei ist es wunderschön! Dowie ist ein Engel."

„Ich hätte Ihre Dowie gern als Haushälterin und für mich selbst.“ Eine der größten Stärken des berühmten Lächelns war die, zu überzeugen. „Ich brauche eine fähige Person, die sich um das Leinen kümmert. Wenn wir einen Engel finden, haben wir Glück.“

Ein oder zwei Tage später beschrieb sie Coombe den Besuch und sagte: „Das Kind hat ein wundervolles Gesicht. Wenn Sie nur Ihre Augen hätten sehen können, als ich es sagte. Es ist nicht nur die Schönheit von Form und Farbe, die das Herz berühren. Es ist etwas anderes. Sie ist ein gefühlvolles Wesen.“

Das „etwas andere“ war in Robins Stimme zu hören, als sie antwortete. „Sie wird im gleichen Haus leben wie ich! Dann kann ich sie vielleicht manchmal sehen und mit ihr reden! Oh! Wie *dankbar* ich bin!“

Es stellte sich heraus, daß sie sie so oft sehen und mit ihr reden durfte, wie sie wollte, und als sie und Mademoiselle in ihren Hansom stiegen, nahm sie die Hand der Französin und drückte sie fest. An ihren Wimpern hingen Tränen. „Es ist, als *müsse* es eine gütige Vorsehung geben, die über einen wacht“, sagte sie. „Ich habe immer daran geglaubt – bis ich vor der ganzen Welt Angst bekommen habe. Dowie ist mir am wichtigsten. Ich weiß nicht mehr, wie ich den Abschied von ihr überstanden habe. Und seit ihr Mann und ihre Tochter gestorben sind, hat sie nur noch mich. Ich hätte niemanden außer ihr gehabt, wenn Sie wieder nach Belgien gegangen wären, Mademoiselle. Und nun wird sie im gleichen Haus leben wie ich! Vielleicht läßt die Herzogin sie für immer bleiben! Ich hoffe, daß sie mich für immer behält. Ich werde ebenso gut und ergeben sein wie Dowie, und vielleicht lebt die Herzogin, bis ich selbst uralt und nicht mehr hübsch bin. Und ich will bescheiden leben, Mademoiselle, und meinen ganzen Lohn sparen – und vielleicht kann ich dann meine Tage irgendwann in einem kleinen Cottage auf dem Land beschließen.“

Mademoiselle spürte, daß es ihr wirklich zu Herzen ging. Das Strahlen von Robins jugendlicher Schönheit war nie so ergreifend gewesen, und – oh! Ihr war überhaupt nicht bewußt, daß ein ganzes Leben zwischen heute und dem Tag lag, an dem sie „uralt und nicht mehr hübsch“ sein und genug Geld haben würde, um in einem kleinen Cottage auf dem Land sterben zu können! Sie glaubte wirklich an diese Vision, wie sie geglaubt hatte, daß Donal im Garten zu ihr kommen werde.

Auf Feather hatte die Eröffnung, daß ihre Tochter eines der Mädchen werden würde, die seltsamerweise für sich selbst sorgen wollten, mehrere Wirkungen.

Lord Coombe präsentierte ihr Robins Entschluß in einer schlichten unpersönlichen Mitteilung und ließ Feather deutlich spüren, daß er ihr keine Erklärung schuldete. Sie hörte zu, ihre Augen weiteten sich ein wenig, und ihr Mund verzog sich langsam zu einem Lächeln. Dann brach sie in Lachen aus, in ein hohes, vibrierendes Lachen.

„Wirklich?“ sagte sie. „Sie wird es wirklich tun? Eine Stelle annehmen! Sie will unabhängig sein und ‚ihr eigenes Leben führen‘! Was für ein Witz! Meine Tochter!“ Sie war entweder wirklich amüsiert oder wollte so erscheinen. „Was halten *Sie* davon?“ fragte sie dann mit neugieriger Miene.

„Ich finde es gut“, antwortete er.

„Natürlich. Ich hätte daran denken sollen, daß Sie ihr zu dieser frühviktorianischen Herzogin verholfen haben. Sie ist ohne Fehl und Tadel – die Herzoginwitwe von Darte. Selbst die fürsorglichste Mutter könnte nichts dagegen einzuwenden haben. Es ist, als käme man in den Himmel – nun ja, beinahe.“ Sie fing wieder an zu lachen, als sähe sie etwas Lustiges vor sich. „Und was hält die Herzogin davon?“ sagte sie, nachdem ihr Lachen verklungen war. „Wie findet sie es, eine Gesellschafterin zu bekommen, deren Mutter keinen Zutritt zu ihrem Haus hat?“

„Wir brauchen den Fall nicht von dieser Seite zu betrachten. Sie haben vor einigen Jahren beschlossen, daß es Sie nicht kümmert, ob Sie auf der Gästeliste frühviktorianischer Herzoginnen stehen oder nicht. Modernere Herzoginnen empfangen Sie doch, glaube ich – und die sind schön und amüsant.“

„Aber gerade deshalb will ich diese und ihresgleichen. Sie würden mich langweilen, aber ich brauche sie. Sie sollen in mein Haus kommen und auf ihre steife Art höflich zu mir sein. Ich will zu ihren schrecklichen Dinnerparties eingeladen werden und sehen, wie sie mit ihrem gräßlichen geerbten Juwelenschmuck am Tisch sitzen und ‚einander traurige Geschichten vom Tod der Könige erzählen‘[7]. Das ist von Shakespeare! Ich habe es gestern abend im Theater gehört.“

„Warum wollen Sie das?“ fragte Coombe.

„Wenn ich Sie frage, woher Ihr ungesundes Interesse an Robin kommt, sagen Sie, daß Sie es nicht wissen. Ich weiß es nicht – aber ich will es.“ Plötzlich schoß ihr das Blut ins Gesicht, sie zeigte sogar ihre kleinen Zähne. „Robin bekommt es“, rief sie und ballte ihre kleinen Fäuste. „Sie ist noch nicht achtzehn – und sie ist eine Schönheit – und sie wird bei einer vornehmen alten Herzogin leben. Sie bekommt *alles*! Die Herzoginwitwe wird sie mit einer wichtigen Persönlichkeit verheiraten. Sie werden ihr dabei helfen“, fuhr sie ihn plötzlich an. „Sie wären imstande, sie selbst zu heiraten!“

Es trat eine kurze, aber vollkommene Stille ein. Coombe brach sie, indem er sagte: „Aber *sie* wäre nicht imstande, *mich* zu heiraten.“ Wieder

7 Shakespeare, König Richard II., zitiert nach der Übersetzung von Johann Joachim Eschenburg.

die gleiche kurze, vollkommene Stille, und wieder brach er sie. Er gab sich kühl und vernünftig. „Es ist besser, sich solche Gefühle nicht anmerken zu lassen. Lassen Sie uns ganz offen sein. Ihr größter Wunsch ist es doch, daß Ihre Tochter das Haus verläßt. Als sie noch klein war, haben Sie mir gesagt, daß Ihnen der Gedanke zuwider sei, sie am Rockzipfel hängen zu haben. Nun können Sie sie auf elegante Weise loswerden."

„Das stimmt – das stimmt", murmelte Feather. Sie begann die Vorteile zu sehen, und der katzenhafte Ausdruck verschwand aus ihrem Gesicht – oder erinnerte jetzt vielleicht an den Blick einer Katze, die von Sahne träumt. Bei ihr hielt keine Stimmung lange an. „Sie wird nie zurückkommen", sagte sie. „Die Herzogin wird es nicht erlauben. Ich kann ihre Zimmer nutzen und freue mich darüber. Es hat seinen Vorteil, eine Art Kameliendame zu sein."

27. Mutter und Tochter

An dem Abend, bevor Robin von zu Hause wegging, saß sie allein im Dämmerlicht einer Lampe und dachte nach – wie die meisten Mädchen nachdenklich dasitzen, wenn eine Veränderung bevorsteht, denn für junge Menschen bedeutet jede Veränderung, daß sich Türen endgültig schließen und sich neue Wege auftun.

Da ging die Tür zu ihrem Zimmer auf, und eine elfenhafte Gestalt in Blaßgrün erschien genau dort, wo die Strahlen der Leselampe hinfielen, als wollten sie sie besonders zur Geltung bringen. Es war ihre Mutter – in einem Kleid, dessen frühlingshafte Farbe sie aussehen ließ wie eine Dryade. Sie sah so jung und hübsch aus, daß es Robin den Atem verschlug, als sie aufstand und auf sie zuging.

„Deine alte Mutter kommt, um dir ihren Segen zu geben“, sagte Feather.

„Ich habe mich gefragt, ob ich morgen früh in dein Zimmer kommen kann“, antwortete Robin.

Feather ließ sich graziös nieder. Sie war nicht intelligent genug, um die Stimmung zu begreifen, die sie hierher geführt hatte. Es war ein Gefühl der Ablehnung gewesen – etwas hatte sie geärgert. Sie wußte jedoch, warum sie das frühlingshafte grüne Kleid angezogen hatte, in dem sie aussah wie ein junges Mädchen. Robin sollte nicht das Gefühl haben, Besuch von ihrer Großmutter zu bekommen. So weit war sie gekommen.

„Wir kennen uns eigentlich gar nicht, nicht wahr?“ sagte sie.

„Nein“, antwortete Robin. Sie konnte die Augen nicht von der Schönheit abwenden. Es erinnerte sie so sehr an *die Dame unten* und das einsame Kind in dem schäbigen Kinderzimmer.

„Mütter haben heutzutage nicht mehr so ein enges Verhältnis zu ihren Töchtern wie früher, als es modern war, ihnen beim Brei-Essen zuzuschauen oder sie zu unterrichten. Wir haben uns nicht oft gesehen.“

„Nein“, sagte Robin.

Feathers Lachen hatte wieder den hohen Ton, der Coombe aufgefallen war. „Du hast nicht viel zu sagen, wie?“ bemerkte sie. „Und du starrst mich an, als ob du mich erforschen wolltest. Du weißt wohl, daß du große Augen hast und daß sie eine schöne Farbe haben, aber vielleicht darf ich dich darauf aufmerksam machen, daß Männer es nicht mögen, wenn man sie so anstarrt, als wolle man ihr Innerstes ergründen. Senk die Lider."

Robin senkte die Lider. Sie war entgeistert von einem Unterton in der Stimme ihrer Mutter – einem Ton von Gereiztheit.

„Gewöhne dir nicht an, sie allzu oft zu senken", platzte Feather heraus, „sonst sieht es so aus, als wolltest du deine Wimpern zur Geltung bringen. Mädchen, die sich solcher Kniffe bedienen, machen sich zum Gespött. Alison Carr *lebt* seitwärts, weil sie ein hübsches Profil hat." Coombe hätte den katzenhaften Blick erkannt, wenn er gesehen hätte, wie sie sich in ihrem Stuhl zurücklehnte und ihre Tochter taxierte. Ihr entging nichts, denn sie war gut im Beurteilen des weiblichen Charmes anderer Frauen.

„Steh auf", sagte sie.

Robin stand auf. Sie konnte sich ja schlecht weigern, aber sie errötete, weil sie plötzlich verlegen wurde.

„Du bist nicht klein – aber auch nicht groß", sagte ihre Mutter. „Das ist ein Nachteil. Heute ist es für Frauen modern, sehr groß zu sein. Du Mauriers Zeichnungen im Punch und sein alberner *Trilby* sind schuld daran. Es gibt nur noch Kleider für Riesinnen. Mich kümmert es nicht, aber ein Mädchen bekommt Schwierigkeiten, wenn es nicht sechs Fuß groß ist. Du kannst dich wieder hinsetzen." Es war wirklich ein seltsames Gespräch zwischen Mutter und Tochter. Während Feather ihre Tochter ansah, wuchs ihre Abneigung gegen sie mit jeder Minute. Sie hatte das Gefühl, die Beherrschung zu verlieren. „Bigotte Menschen würden jetzt sagen: ‚Du gehst in die Welt hinaus'", fuhr sie fort. „In erbaulichen Büchern geben Mütter ihren Töchtern immer Ratschläge und Warnungen mit, wenn sie sie verlassen. Ich kann dir ein paar Warnungen mitgeben. Du glaubst, daß nun, da eine Herzoginwitwe dich aufgenommen hat, eine sorgenfreie Zukunft vor dir liege. Du irrst dich. Du glaubst, weil du achtzehn und hübsch bist, würden die Männer dir zu Füßen liegen."

„Das wäre schrecklich", rief Robin plötzlich leidenschaftlich. „Ich *hasse* Männer!"

Das einfältige hübsche Ding, das sie in die Welt gesetzt hatte, wurde noch einfältiger, als sein Ärger zunahm. „Das behaupten alle Mädchen, aber auch der Dümmste weiß, daß es nicht stimmt. Männer sind das, was zählt. Ich muß lachen, wenn ich an sie denke – und an dich. Du weißt nichts über Männer, aber sie wissen alles über dich. Ein gerissener Mann kann mit einem naiven Mädchen machen, was er will."

„Sind sie denn *alle* schlecht?" rief Robin aufgebracht.

„Keiner von ihnen ist schlecht. Sie sind einfach nur Männer. Und das ist meine Warnung. Wenn sie dir den Hof machen, dann bilde dir nicht ein, daß sie dich behandeln, als seist du die Enkelin der alten Herzogin. Du wirst nur ihre bezahlte Gesellschafterin sein – und das ist etwas anderes."

„Ich werde mit keinem von ihnen reden –", begann Robin.

„Du wirst tun müssen, was die Herzogin dir sagt", lachte Feather. Sie begriff, daß es in ihrer Macht stand, den Glanz der Dinge zu dämpfen, in dem das Mädchen schwelgte. Sie war wie ein gehässiges Schulmädchen, dem es Spaß macht, einer Freundin die Vorfreude auf die Ferien zu verderben, um die es sie beneidet. „Alte Männer werden dir nachlaufen, und du mußt freundlich zu ihnen sein, ob es dir gefällt oder nicht." In ihren Augen blitzte es sonderbar auf. „Lord Coombe mag Mädchen, die gerade von der Schulbank kommen. Aber wenn er dir Avancen macht, solltest du dir nicht zuviel darauf einbilden."

Robin machte einen Satz auf sie zu. „Weißt du nicht, daß ich Lord Coombe *verabscheue*!" schrie sie und vergaß sich in diesem grausamen Moment vollkommen. „Habe ich nicht allen Grund –" Dann kam sie zur Besinnung und brach ab.

Aber Feather war nicht erschrocken. Im Laufe der Jahre, in denen sie den Dingen ins Auge gesehen hatte, hatte sie sich einen seelischen Panzer zugelegt, von dem alle Geschosse abprallten. Eigentlich amüsierte es sie sogar – es „kam ihr gelegen", daß Robin diesen Ton anschlug. „Oh! Du meinst wohl, du weißt, daß er mich bewundert und meine Rechnungen bezahlt. Was wäre aus dir geworden, wenn er das nicht getan hätte? Er war für uns ein Wohltäter."

„Ich weiß nur eins – daß ich es schon als kleines Kind nicht ertragen konnte, ihm die Hand zu geben!" rief Robin.

Feather fielen verschiedene Dinge ein, die sie beinahe vergessen hatte, und sie amüsierte sich noch mehr. „Du hast in all diesen Jahren sicher nicht vergessen, daß der Junge, in den du dich so unpassend verliebt hattest, von *seiner* Mutter weggebracht wurde, weil Lord Coombe der Verehrer *deiner* Mutter war – und er war ein solcher Sünder, daß er sogar ein Baby angesteckt hätte! Donal Muir ist mittlerweile ein junger Mann. Ich frage mich, was seine Mutter tun würde, wenn er im Haus deiner Herrin erscheinen würde – denn das ist sie, deine Herrin – und anfangen würde, dich zu umwerben." Sie lachte laut heraus. „Du wirst einen Haufen Schwierigkeiten bekommen, aber das wäre die angenehmste!"

Robin stand nur da und starrte sie an. Ihre gerade erst aufgeflammte Wut war schon wieder verraucht. Ohne Vorwarnung schwappte eine Welle aus der Vergangenheit über sie hinweg – und brachte den wilden Schmerz zurück, den sie an dem Morgen empfunden hatte, als sie als Kind in der Frühlingssonne gewartet hatte und für sie eine Welt zusammengebrochen war. Es kam zurück – der herzzerreißende Kummer, die hilflose Verzweiflung, als stünde sie wieder in den Büschen, als sei es nie vorübergegangen. Sie durchlebte alles noch einmal und konnte es nicht ertragen. „Haßt du mich – so, wie ich Lord Coombe hasse?“ rief sie. „Willst du, daß mir schlimme Dinge passieren? Oh! Mutter, warum!“ Sie hatte noch nie „Mutter“ gesagt. Das Schicksal legte ihr das Wort in den Mund. Die Jämmerlichkeit ihrer Jugend und Einsamkeit und Tränen war beinahe unerträglich hinreißend.

Aus irgendeinem Grund haßte Feather sie dafür noch mehr. Sie wollte ihrer Tochter wehtun. „Du bist eine hinterlistige kleine Katze!“ rief sie, sprang auf und stand ihr gegenüber. „Du meinst, ich sei ein altes Weib und eifersüchtig auf dich! Weil du ein hübsches Mädchen bist, glaubst du, Frauen über dreißig würden nicht zählen. Du wirst schon sehen! Mrs. Muir wird zählen, und sie ist mindestens vierzig, das sieht doch ein Blinder! Ihr Sohn ist so schön, daß alle für ihn schwärmen. Und er betet sie an – er ist ihr Sklave. Ich *hoffe,* daß du in einen Schlamassel gerätst, aus dem du nicht mehr herausfindest – und komm dann nicht zu mir!“ Robins Schönheit war zuviel. Feather stand dicht vor ihr, und der Impuls des biestigen Schulmädchens überwältigte sie. „Sieh mich nicht so an“, rief sie und versetzte der rosigen Wange eine schallende Ohrfeige. „So!“ schrie sie hysterisch, wandte sich ab und lief weinend aus dem Zimmer.

Robin hatte sich am Nachmittag des gleichen Tages an der Charing Cross Station von Mademoiselle Vallé verabschiedet, aber am Abend zuvor hatten sie lange zusammen gesessen und miteinander gesprochen. Eigentlich hatte auch Mademoiselle gesagt „Du gehst in die Welt hinaus“, aber nicht in einer solchen Stimmung wie Mrs. Gareth-Lawless. Man kann für ein Mädchen verantwortlich sein und es jahrelang jeden Tag sehen, aber gewisse Dinge werden gerade durch die langen gemeinsamen Jahre schwer aussprechbar. Und warum sollte man schwierige Themen in klare Worte fassen, wenn man nicht schlecht erzogen und neugierig ist? Besorgt war sie manchmal gewesen, aber nie neugierig. So kam es, daß auch an diesem Abend des Abschieds nicht sie diejenige war, die sprach.

Nachdem sie ein paar Minuten wortlos zusammengesessen und ins Feuer geschaut hatten, brach Robin das Schweigen. „Ich muß immer daran denken, daß ich eine Art Dienerin bin. Ich muß mich in Acht nehmen. Mir fällt es sicher leichter als anderen Mädchen, zu begreifen, daß ich nicht zu Hause bin. Ich habe mir seit Wochen nicht mehr von Dowie beim Ankleiden helfen lassen. Ich habe gelernt, alles selbst zu machen.“

„Aber Dowie wird im gleichen Haus sein wie du, und die Herzogin ist sehr gütig.“

„Jeden Abend danke ich Gott dafür, daß Dowie bei mir bleibt“, sagte das Mädchen. „Ich beginne und beende jedes Gebet damit.“ Sie sah sich um und stieß dann hervor: „Ich gehe fort von hier. Ich werde nichts tragen und nichts essen und in keinem Bett schlafen, für das ich nicht selbst bezahlt habe."

„Diese Zimmer sind sehr schön. Wir hatten es sehr gut hier", sagte Mademoiselle. Plötzlich hatte sie das Gefühl, daß sie nur ein paar Minuten abwarten mußte, um Gewißheit über Dinge zu bekommen, die sie bisher nur geahnt hatte. „Tut es dir nicht ein bißchen leid?"

„Nein", antwortete Robin, „nein."

Sie stand auf dem Teppich und hatte die Hände auf den Rücken gelegt. Mademoiselle hatte das Gefühl, daß sie die Finger ineinander krallte. Die Französin war besonders bewegt davon, daß sie aussah wie eine schmale *jeune fille,* die eine Lektion aufsagte. Die Lektion begann so:

„Ich weiß nicht, wann ich zum ersten Mal gemerkt habe, daß ich anders war als andere Kinder", sagte sie. „Vielleicht ist ein Kind, das nichts hat – nichts – gezwungen, mit dem Denken zu beginnen, bevor es weiß, was Gedanken sind. Wenn sie spielen und sich amüsieren und geliebt werden, haben sie keine Zeit für etwas anderes als Wachsen und Glücklichsein. Sie haben nie die schrecklichen kleinen Zimmer oben gesehen –"

„Dowie hat mir davon erzählt", sagte Mademoiselle.

„Ein anderes Kind hätte sie vielleicht vergessen. Ich vergesse sie nie. Ich – ich war so klein, und die Zimmer waren erfüllt mit etwas Schrecklichem. Es war Einsamkeit. Als Andrews mich zum ersten Mal gekniffen hat, hatte ich vor dem Schrecklichen Angst und begann plötzlich laut zu weinen. Ich starrte immer aus dem Fenster und – ich weiß nicht mehr, wann ich es zum ersten Mal gemerkt habe – konnte die Kinder sehen, die mit ihren Kindermädchen nach draußen gingen. Und es waren immer zwei oder drei Kinder, und sie lachten und redeten und hüpften herum. Die Kindermädchen lachten und redeten auch, aber Andrews nie. Wenn sie mit mir in die Gärten gegangen ist, saßen die anderen Kindermädchen zusammen und unterhielten sich, und die Kinder spielten miteinander. Einmal sprach ein kleines Mädchen mich an, und ihr Kindermädchen rief sie zurück. Andrews wurde sehr böse und zerrte mich am Arm weg und sagte, wenn ich je wieder mit dem Kind reden würde, würde sie mich kneifen."

„So eine Teufelin!" rief die Französin.

„Ich habe lange nachgedacht, aber es nie verstanden. Wie konnte ich auch?"

„Mein Baby!" rief Mademoiselle Vallé, stand auf, nahm sie in die Arme und küßte sie. *„Chere petite ange!"* murmelte sie. Als sie sich wieder hinsetzte, waren ihre Wangen naß.

Auch Robins Wangen waren feucht, aber sie trocknete sie rasch mit ihrem Taschentuch. Für einen Moment schien sie ihrer Rede steckenzubleiben. „Hat Dowie Ihnen je von Donal erzählt?" fragte sie zögernd.

„Ein wenig. Er war der kleine Junge, mit dem du gespielt hast?“

„Ja. Er war das erste menschliche Wesen“, sagte sie sehr langsam, als suche sie nach den richtigen Worten, um auszudrücken, was sie meinte, „das erste *menschliche* Wesen, das mir begegnet ist. Sehen Sie, Mademoiselle, er – er wußte alles. Er war immer glücklich gewesen, er hatte Menschen und Dinge, die zu ihm *gehörten.* Ich hatte nichts und niemanden. Wenn ich wie er gewesen wäre, hätte ich ihn gar nicht so wunderbar gefunden. Ich war in einem Freudentaumel. Ein Geschöpf, das taub, stumm und blind war, erwacht plötzlich und sieht einen Sommertag mit Blumen und Sonnenschein – so war es für mich.“

„Du hast es all die Jahre in Erinnerung behalten?“ sagte Mademoiselle.

„Es war der Beginn meines Lebens. Das kann man nicht vergessen. Wir haben nur zusammen gespielt, wie Kinder es tun, aber – es *war* ein Freudentaumel. Ich wollte nicht einschlafen und es nur für einen Moment vergessen. Ja, ich erinnere mich. Dann und wann habe ich einen Traum, und der ist wirklicher als – als das hier –“ Sie machte eine ausholende Handbewegung. „Ich bin dann immer in einem richtigen Garten und spiele mit einem echten Donal. Und seine Augen – seine Augen –“, sie hielt inne und dachte nach, „haben einen Ausdruck, der ist wie – wie jener erste Morgen.“ Im nächsten Moment veränderte sich ihr Gesichtsausdruck. Alle Kindheitserinnerungen schienen weggewischt zu sein. „Seine Mutter hat ihn weggebracht. Da begann ich es herauszufinden“, sagte sie. „Ich hörte, wie Andrews mit ihrer Schwester sprach, und auf eine kindliche Weise kam ich zu dem Schluß, Lord Coombe habe ihn weggeschickt. Ich haßte Lord Coombe jahrelang, bis ich herausfand, daß er es nicht getan hatte – und daß es einen anderen Grund gab. Danach dauerte es seine Zeit, bis ich mir alles zusammengereimt hatte. Aber zuletzt fand ich heraus, was der Grund gewesen war. Dann fing ich an, Pläne zu schmieden. Das hier sind nicht meine Zimmer“, sie sah sich wieder um, „und das sind auch nicht meine Kleider.“ Sie zupfte an ihrem Kleid. „Ich bin nicht so ‚ein starker Charakter‘, wie ich es gern wäre, aber ich empfinde kein bißchen Abschiedsschmerz – kein bißchen.“ Sie kniete nieder, schlang die Arme um die Taille ihrer alten Freundin und sah zu ihr auf. „Ich bin wie ein Blatt, das vom Wind umhergewirbelt wird. Ich weiß nicht, was der Wind mit mir anstellen wird. Wohin weht er die Blätter? Niemand weiß es genau.“ Sie legte den Kopf auf Mademoiselles Knie und weinte bitterlich.

Nachdem sie sich an der Charing Cross Station von Mademoiselle verabschiedet hatte, schaute sie dem Zug nach, bis er nicht mehr zu sehen war. Danach ging sie zurück in die Zimmer, um die sie kein bißchen Abschiedsschmerz empfand. Und bevor sie abends zu Bett ging, kam Feather, um ihr mütterliche Ratschläge und Warnungen mit auf den Weg zu geben.

28. Coombes Visionen

Eine Tochter von Mrs. Gareth-Lawless, ein Mädchen, von dessen Existenz man kaum etwas gewußt hatte, gehörte nun zum Haushalt der Herzogin von Darte. Die Neuigkeit weckte nur kurz das Interesse der Kreise, zu denen Mrs. Gareth-Lawless keinen Zutritt hatte und die sie kaum zur Kenntnis nahmen – oder wenn, dann nur achselzuckend als moderne Abnormalität. Auch die Haltung der Herzogin selbst machte deutlich, daß sie keinen Kommentar für nötig hielt.

„Ich habe keine hübschen jungen Verwandten, die Zeit haben, zu mir zu kommen und bei mir zu wohnen. Ich mag alles, was jung und hübsch ist, und bin dankbar für das, was ein glücklicher Zufall mir beschert hat", sagte sie. Im Gespräch mit Coombe beurteilte sie die Situation treffend wie immer. „Vor vierzig Jahren wäre es unmöglich gewesen. Man hätte dem Mädchen ein schlechtes Gewissen gemacht, und Außenstehende hätten sich eingemischt. Man hätte gesagt, daß man auch ihre Mutter berücksichtigen müsse. Aber heutzutage weiß man, daß Mütter verschieden sind, und Mrs. Gareth-Lawless sich selbst und ihrem wohl recht amüsanten Kreis genügt. Früher hätte es geheißen, die arme Robin sei für sie verantwortlich – und ich ebenfalls. Meine Position hätte allen Moralvorstellungen widersprochen. Aber mittlerweile haben wir die gesunde Gewohnheit, Menschen getrennt von ihren Verwandten zu betrachten – sonst hätten wir ja schöne Verhältnisse!"

„Sie wissen natürlich, daß Henry plötzlich nach irgendeinem Anfall in Ostende gestorben ist", war Coombes Antwort.

Sie hatte natürlich wie der Rest der Welt davon gehört, Coombe aber seither nicht mehr gesehen. „Wer hätte gedacht, daß er in seinem Zustand noch so lange leben würde?" sagte sie. „Sie haben mehr Glück mit dem jungen Donal Muir. Haben Sie ihn und seine Mutter gesehen?"

„Ich habe eigens eine Reise nach Braemarnie gemacht und hatte ein seltsames Gespräch mit Mrs. Muir. Mit ‚seltsam' meine ich nicht, daß es nicht vollkommen gesittet verlaufen wäre. Es war nur deshalb seltsam, weil mir klar ist, daß sie insgeheim mit Entsetzen daran denkt, daß ihr Sohn das zukünftige Oberhaupt des Hauses Coombe ist. Sie macht keine Witze darüber, wie ich es mir unverschämterweise erlaube. Es ist eine billige Verteidigung, alles ins Lächerliche zu ziehen, aber es *ist* eine Form der Verteidigung, und man gewöhnt es sich an."

„Helen Muir hat das nie getan", sagte seine Freundin. „Alles in allem glaube ich, daß ihr von Zeit zu Zeit bewußt wird, daß sie alles zu schwer genommen hat. Sie war wunderschön und liebte ihren Mann sehr. Wenn so eine Frau ihren Mann verliert und nur noch sein Kind hat, kommt es oft vor, daß sie das Kind mit einem Überfluß an Liebe überschüttet. Sie war aber zu vernünftig, um den Jungen zu verweichlichen und ihn zu einem Muttersöhnchen zu machen. Was ist aus ihm geworden?"

„Er ist ein prächtiger junger Schotte aus den Highlands. Er würde zu gut aussehen, wenn er nicht so stark und agil wäre wie ein junger Hirsch. Er vergöttert seine Mutter und hat nicht genug von der Welt gesehen – und legt auch keinen Wert darauf. Sie ist für ihn die einzige Frau auf der Welt, und er hat nur einen Wunsch – mit ihr auf Braemarnie zu leben."

„Sie wird nicht bereit sein, ihn Ihnen anzuvertrauen."

„Ich bin nicht so eitel, wie ich vielleicht wirke", sagte Coombe. „Ich habe allen persönlichen Egotismus beiseitegeschoben, als ich mit ihr sprach und versuchte zu erklären, daß ihm in meiner Gesellschaft nichts Schlechtes widerfahren würde. Mein voraussichtlicher Erbe und ich müssen Zeit miteinander verbringen, und er muß mit seinen Aufgaben vertraut gemacht werden. Von dem nächsten Marquis of Coombe wird mehr gefordert werden als von mir. Es wird tatsächlich *gefordert* werden, nicht nur gehofft oder erwartet, und zwar von einem übermächtigen Schicksal – nicht nur von irgendwelchen Leuten, die in der Öffentlichkeit stehen."

„Können Sie sich vorstellen, *was* man fordern wird?" fragte sie interessiert.

„Nein – und die Leute, die meine Meinung teilen, können es auch nicht. Niemand kann es, bis der Neuanfang kommt. Aber davor wird Blut fließen – das Blut vielversprechender junger Männer wie Donal Muir – vielleicht sogar sein eigenes – mein Gott!"

„Und dann hat das Haus Coombe kein Oberhaupt mehr", sagte die Herzogin.

„Viele Häuser werden kein Oberhaupt mehr haben – große und kleine. Und wenn mehr Leute diese Gefahr erkennen würden, wäre sie nicht so groß."

„Solch junge Männer!" sagte die alte Herzogin bitter. „Lebensfrohe junge Männer in der Blüte ihres Lebens! Es ist schrecklich."

„All die jugendliche männliche Kraft – so vielversprechend für die nächste Generation – die jungen Väter von Millionen, die für immer ungeboren bleiben werden! Es ist furchtbar! Und es wird nicht nur England so gehen, sondern einer ganzen blutgetränkten Welt."

So sprachen sie miteinander über die schwarze Tragödie, deren Weltbühne ihrer Meinung nach insgeheim schon aufgebaut war. Und obwohl es hier und da auch andere gab, die spürten, daß sich unausweichlich der Vorhang bald heben würde, schaute und hörte der Rest der Welt in sorgloser Gleichgültigkeit zu, wie die Darsteller ihre Rollen probten und die Bühnenbauer und Tischler hämmerten. In diesen Tagen diskutierten die beiden das Thema immer öfter in der Erwartung, das Ereignis rücke jeden Tag näher.

Jedesmal, wenn das Oberhaupt des Hauses Coombe einen seiner sogenannten „Wochenendbesuche" in Gegenden gemacht hatte, die ein Engländer nur erreichen kann, wenn er den Ärmelkanal überquert, wußte er bei der Rückkehr wieder mehr darüber, woher der Wind wehte.

„Außer all den Klängen des täglichen Lebens hört man in diesem einen Land das Rasseln und Klirren von Waffen und den endlosen Marschtritt unzähliger Füße", sagte er nach einem solchen Besuch. „Zwei Generationen von Männern wurden dazu geboren und erzogen, Teil einer riesigen todbringenden Maschine zu sein – das Ergebnis ist eine monströse Konstruktion. Jeder ist ein Teil von ihr, und jedes Teil ist nur von dem Wunsch beseelt, dem gerufenen Kommando zu gehorchen, wie eine Marionette dem Ziehen an der Strippe gehorcht. Für jeden Einzelnen dieser Millionen bedeutet die Liebe zum eigenen Land Haß auf alle anderen und die Überzeugung, daß kein anderes Existenzberechtigung hat. Das heilige Credo eines jeden lautet, daß die Deutschland so groß ist, daß es auf der Welt keinen Platz für andere gibt. Blut und Eisen werden die Welt von minderwertigen Völkern säubern. Für die Massen ist das der Wille ihres Gottes, Ihr Gott ist ein Lückenbüßer für ihren Kaiser."

„Sie sagen das nicht nur, weil Sie gewohnt sind, alles als Scherz zu betrachten?"

„Ich wünschte bei Gott, es wäre so. Das arme riesige unmenschliche Dinge, das er geschaffen hat, weiß nicht, daß er als Junge nicht Krieg gespielt hat wie andere Jungen, sondern daß er damals schon ein Besessener war. Sein ganzes krankes Leben hindurch hat er mit seinem Volk Soldat gespielt – und dabei hatte er Hunger und Durst."

Auf dem Tisch lag eine Bibel, und die Herzogin zog sie zu sich heran. „Hier ist ein Vers", sagte sie, „ich finde ihn." Sie blätterte und fand ihn. „Hören Sie nur! *So sollst du nun heute wissen und zu Herzen fassen, daß der HERR der alleinige Gott ist oben im Himmel und unten auf Erden, und keiner sonst.*[8]

8 5. Mose 4:39.

Das ist eine Macht, die sich nicht auf Deutschland oder England oder Frankreich oder die Landkarte von Europa beschränkt. Es ist das Gesetz des Universums – und nicht einmal Wilhelm II. kann ihr seinen allmächtigen Willen aufzwingen. *Und keiner sonst.*“

„*Und keiner sonst*“, wiederholte Coombe langsam. „Wenn irgendein Mensch die Macht hätte, diese Wahrheit in sein wahnsinniges Hirn zu hämmern, würde er wahrscheinlich im Delirium sterben. Für ihn gibt es keine wichtige Sache, die nicht ‚made in Germany‘ ist. Und es gehört zu seiner wertvollen theatralischen Kostümierung. Es gehört zu seinen Utensilien – wie das herabhängende Schwert und die blitzenden Orden. Er schwingt das Schwert vor seinem Volk, um die Aufmerksamkeit der einfachen und ehrlichen Leute zu wecken, wie man eine Rassel vor einem Kind schüttelt. Es befinden sich einige darunter, die nicht so leicht von Phrasen über Blut und Eisen angezogen werden.“

„Aber man wird ihnen befehlen, ihr eigenes Blut und das anderer zu vergießen. Junge Männer wie Donal Muir – mit roten Wangen und weißer Haut – werden in Stücke gerissen.“ Sie schauderte, als sie es sagte. „Ich habe Angst!“ sagte sie. „Ich habe Angst!“

„Ich auch“, sagte Coombe, „vor dem, was kommt. Was war ich für ein *Dummkopf!*“

„Wie lange wird es dauern, bis andere Männer aufwachen und das gleiche sagen?“

„Jeder Mann schämt sich seiner eigenen Verrücktheiten.“ Er hielt sich kerzengerade wie ein Mann, der vor einem Erschießungskommando steht. „Ich hatte ein Leben zu leben oder wegzuwerfen. Weil ich zu Anfang schwer verletzt wurde, warf ich es weg, als sei es erledigt. Ich sagte: ‚Es gibt keinen Gott und keinen Teufel, weder Laster noch Tugend, keine Liebe und keinen Haß. Ich will tun und lassen, was mir beliebt.‘ Ich hatte Macht und Geld und Verstand. Ein Mann, der klar sieht und sich ausdrücken kann, hätte an seinem Geburtsort bleiben und mit einer Stimme sprechen können, die gehört wird. Er hätte kämpfen können – gegen Wahnsinn und Blindheit und Trägheit. Ich habe mich bewußt dafür entschieden, keinen Finger zu rühren – außer für den kaltherzigen Dummkopf, der ich selbst war. Das Leben geht schnell vorbei. Es gibt keinen Weg zurück.“ Er endete mit einem kurzen rauhen Lachen. „Das ist Furcht“, sagte er. „Furcht vertreibt allen Unsinn und alles Unwichtige aus dem Geist eines Menschen. Weil ich mich fürchte, mache ich mir Vorwürfe. Und ich sorge mich nicht nur um mich oder Sie, sondern um die ganze Welt, die zusammenbrechen wird, noch bevor das Ende kommt.“

„Sie haben unheilvolle Vorzeichen gesehen?“ Die Herzogin beugte sich vor und sprach leise.

„Ich war in Wien. Es liegt etwas in der Luft – die Arroganz, mit der Männer durch die Straßen stolzieren und ihre Säbel rasseln lassen. In ihren Blicken liegt schwärmerische Begeisterung. In ihren Äußerungen stecken kaum verhohlene prahlerische Drohungen. Sie hatten immer einen Hang zu solchen Dingen – aber jetzt wirkt es wie ein gefährlicher Geist, der aus der Flasche gelassen wurde – wenn er überhaupt jemals eingesperrt war. Die Hintergrundmusik aus klirrenden Waffen und marschierenden Füßen ist immer präsent, mehr als je zuvor. Es gibt kein Entkommen. In den großen Munitionsfabriken wird Tag und Nacht gearbeitet. Auf den Straßen, in Privathäusern, in den Läden, überall hört und sieht man Zeichen. Es sind Zeichen, die man vielleicht nicht erkennt, wenn man sie nicht jahrelang beobachtet hat. Aber ich habe es zu lange beobachtet, um nur die Oberfläche zu sehen. Die Nation wartet auf etwas – sie wartet."

„Was wird der Vorwand sein – was?" überlegte die Herzogin.

„Jeder Vorwand wird gut genug sein – vielleicht braucht es auch gar keinen – außer daß Deutschland bekommen muß, was es will, und daß es stark genug ist, es sich zu nehmen – nachdem es vierzig Jahre an seiner Maschinerie gearbeitet hat."

„Und wir anderen haben keine aufgebaut. Was auch immer auf uns zukommt, wir haben es eigentlich verdient." Das Gesicht der alten Frau war düster.

„In drei Dörfern, in denen ich der Gutsherr bin, habe ich auf eigene Kosten junge Männer exerzieren lassen. Die Leute glauben, ich täte es zu meiner persönlichen Belustigung – aus einer exzentrischen Laune heraus. Es ist auch wirklich eine Abwechslung von dem ewigen Cricket. Ich habe Preise verliehen und gelegentlich Reden gehalten, weil englische Muskeln ein wertvoller Besitz sind, den man sie möglichst weit entwickeln muß. Wenn ich mir einmal die Bemerkung erlaubte, daß jeder Engländer genug Kräfte haben sollte für den Fall, daß sie plötzlich gebraucht werden, sah ich die Damen amüsiert lächeln bei der Vorstellung, England in einer so unenglischen Zwangslage zu sehen. Ihr unschuldiger und doch hochmütiger Glaube, daß das Land jederzeit auf alles vorbereitet sei, hat mein Herz aus Stein gerührt. Und Männer wie ich sind schuld – nicht nur Männer meines Standes, sondern Männer meiner *Art* – die beschlossen haben, sich um nichts zu kümmern und die nur ihr Leben leben, wie es ihnen gefällt."

„Wird man uns lehren, daß man nicht streiten kann ohne Beistand? Werden wir gezwungen sein, es zu lernen?" sagte sie.

„Ja – gezwungen. Nur Zwang bringt uns weiter. Die Menschheit ist unterentwickelt. In ein paar hundert Jahren wird sie sich verändert haben. Vielleicht macht sie in diesem Jahrhundert den ersten großen Schritt – weil die große Umwälzung sie nach vorn spült." Er schaute zur Tür, die gerade aufging.

Robin trat ein und hatte ein paar Briefe in der Hand.

Ihm fiel auf, daß sie sich verändert hatte. Mrs. Gareth-Lawless' Tochter war früher immer die Verkörperung schlichter Eleganz gewesen. Je einfacher sie aussah, desto kostbarer wirkte sie. Der Unterschied in ihrem Äußeren lag darin, daß ihr unscheinbares Tweedkleid mit den weißen Säumen am Hals und den Handgelenken nicht aus einem teuren Laden stammte, obwohl es gut geschneidert war. Man sah, daß es als Arbeitskleidung gedacht war und nicht als Schmuck. Ihr Haar war streng frisiert und ihre Bewegungen waren sehr ruhig. Coombe bemerkte, daß sie ihn respektvoll grüßte.

„Ich habe die Briefe fertig", sagte sie zu der Herzogin. „Ich hoffe, sie entsprechen Ihren Vorstellungen. Manchmal fürchte ich –"

„Machen Sie sich keine Sorgen", sagte die Herzogin gütig. „Sie schreiben sehr korrekt und drücken sich sehr gewählt aus. Ihre Briefe sind immer genau so, wie ich es mir wünsche. Waren Sie heute außer Haus?"

„Noch nicht." Robin zögerte ein wenig. „Gestatten Sie, daß ich Mrs. James frage, ob es ihr recht ist, wenn Dowie für eine Stunde mit mir kommt?"

„Ja", ebenso gütig wie vorher. „Wenn Sie möchten, auch für zwei Stunden. Ich fahre heute nachmittag nicht aus."

„Danke", sagte Robin und verließ das Zimmer ebenso leise, wie sie es betreten hatte.

Als die Tür zuging, lächelte die Herzogin Lord Coombe an. „Ich verstehe sie", sagte sie. „Sie hat Freude daran, sich nützlich zu machen. Sie könnte sich von Dowie bedienen lassen und bräuchte dann fast nichts selbst zu tun, aber sie macht alles allein und fragt mich immer um Erlaubnis, wenn sie eine Bitte an die Haushälterin Mrs. James hat. Sie hat nur einen Wunsch – ihr Brot zu verdienen wie andere junge Frauen, die für ihre Tätigkeit bezahlt werden. Ich würde sie wirklich gern umsorgen und verwöhnen, aber das würde sie nur unglücklich machen. Ich lasse mir Aufgaben für sie einfallen, die völlig unnötig sind. Die kleine eingekapselte Seele hat jahrelang gehofft und gebetet, auf eigenen Füßen stehen zu dürfen, und sie kann kaum glauben, daß sie jetzt die Möglichkeit dazu hat. Man darf ihr nicht die Freude daran verderben. Ich schicke sie auf Botengänge, die mein Dienstmädchen erledigen könnte. Ich habe ihr ein kleines Zimmer gegeben, das aussieht wie ein echtes Arbeitszimmer. Es ist voll von Ordnern und Papieren, und sie sitzt dort und schreibt Sachen für mich ab und sieht sogar Rechnungen durch. Sie macht ihre Sache sehr gut. Ich habe sie ein- oder zweimal bis zum späten Abend arbeiten lassen. Dabei ist sie regelrecht aufgeblüht!"

„Sie sind wirklich die wunderbarste Frau der Welt", sagte Coombe. „Das sind Sie."

29. Die Pläne der Herzogin

In dem nüchternen kleinen Zimmer, das die Herzogin ihr zugewiesen hatte, schuf Robin sich einen Zustand, den sie Glück nannte. Sie hatte Freude an den Rechnungsbüchern, die ordentlich im Regal standen, an den Mappen für Briefe und wichtigere Dokumente, an den verschiedenen Sorten Briefpapier und den Umschlägen in verschiedenen Größen und aus verschiedenem Material, je nachdem, wofür sie gebraucht wurden.

„Sie dürfen die Umschläge aus dickem Papier nicht oft benutzen, aber man muß auf jede Notwendigkeit vorbereitet sein“, hatte die Herzogin erklärt und dadurch einen Weg zu Robin gefunden – indem sie an ihr Verantwortungsgefühl appellierte.

Das Mädchen wußte nicht, wieviel Rücksicht ihre Arbeitgeberin auf sie nahm, aber sie wußte, daß sie gütig war und viel Verständnis hatte. Sie ahnte auch nicht, daß ihr Temperament jederzeit bereit war, aufzuflammen, falls jemand den Verdacht äußern sollte, daß sie für ihre Tätigkeit zu gut bezahlt wurde und daß sie aus Gründen, die mit Lord Coombe zu tun hatten, eine Position innehatte, die eine Pfründe war. Sie hielt ihr kleines Arbeitszimmer selbst in Ordnung, staubte die Rechnungsbücher so gründlich ab, daß man es beinahe Polieren nennen konnte, und ordnete die Mappen so systematisch, daß sie – was das Ideal ordnungsliebender Perfektion ist – jedes Dokument auch im Dunkeln finden konnte. Sie war die Pünktlichkeit in Person und immer bereit, jeden Augenblick bei dcr Herzogin zu erscheinen, wie durch Zauberhand, bevor die private Klingel, die mit ihrem Zimmer verbunden war, aufgehört hatte zu läuten. Der Respekt, mit dem sie der Haushälterin Mrs. James begegnete, rührte das Herz dieser ehrenwerten Frau.

„Sie ist eine junge Dame“, sagte Mrs. James zu Dowie. „Und sie macht Ihnen und ihrer Gouvernante Ehre, Mrs. Dowson. Junge Damen sind regelrecht aus der Mode gekommen.“

„Mademoiselle Vallé war Gouvernante in den höchsten Kreisen. Ich selbst war immer bei feinen Leuten tätig. Sie ist mit nichts in Berührung gekommen, das ihre Manieren hätte verderben können. Und ein gutes Herz hat sie von Natur aus“, antwortete Dowie.

„Sie ist mit nichts in *Berührung* gekommen –?“ hakte Mrs. James höflich nach, als sie merkte, daß dies ein unbewußter Ausruf gewesen war.

„Mit nichts“, sagte Dowie und fuhr unbeirrt fort, ein Laken zu säumen.

Robin schrieb Briefe und kopierte verschiedene Dokumente für die Herzogin, sie ging mit ihr einkaufen und gab Bestellungen auf. Sie durfte mit der Dorfschullehrerin und der Frau des Pfarrers in Darte Norham korrespondieren, Preise für vorbildliches Betragen und hervorragende Leistungen in der Schule und Babywäsche für die „Müttertasche“ kaufen und andere Wohltätigkeiten unterstützen. Sie kaufte gern Preise und Babysachen, weil sie – ohne daß es ihr bewußt war – Freude an Jugend und der Erfüllung jugendlicher Wünsche hatte. Immer öfter und bedeutungsvoller als je zuvor richteten sich Blicke auf sie, begegneten dem ihren und folgten ihr, wenn sie durch die Straßen ging oder mit der Herzogin in der Barouche fuhr. Nach und nach gewöhnte sie sich daran und verlor Schritt für Schritt ihre Angst davor. Sie begann sogar zu verstehen, daß es meistens – von wenigen Ausnahmen abgesehen – nett gemeint war.

Sie erkannte die Freundlichkeit im Verhalten der anderen, wenn sie lachten und redeten und sich nach ihr umdrehten. Junge Dinger wie sie selbst eines war und die stets paarweise an ihr vorüberliefen drehten sich immer um und sahen einander an, und dann lächelten oder lachten sie oder erröteten ein wenig. Es war wie früher, als sie aus ihrem Kinderzimmerfenster auf die Straße hinuntergeschaut und die Kinder gesehen hatte, die fast immer zu zweit oder zu dritt unterwegs waren und lachten und hüpften und schwatzten. Ihr fielen die fröhlichen jungen Pärchen auf, die eine solche Lebensfreude ausstrahlten, und sie hatte ein gutes Gefühl dabei. Es war so natürlich wie ihre Freude an den Blüten, die sich im Frühling öffneten, oder an den Vögeln, die sangen – aber auch das war ihr nicht bewußt.

Ein Verstand, der seit vielen Jahren im Einklang mit der Seele arbeitet, zu der es gehört, entwickelt ein tiefes Wissen um universelle Gesetze. Der Verstand der alten Herzogin arbeitete so und hielt immer mit seinem Anführer Schritt. Er kam nie auf die Idee, allein zu arbeiten und stürzte auch nie in den Abgrund des menschlichen Wahnsinns, der nur an das glaubt, was er sieht und benennen kann, und der meint, daß die üblichen Namen wirklich Eigenschaften, Sehnsüchte und Stimmungen treffend beschreiben könnten. Sie hatte eine feine Wahrnehmung entwickelt, Weisheit, gesunde Vernunft und Güte.

Als sie mit Robin an ihrer Seite durch die Straßen fuhr, sah sie die Blicke, die Robin folgten, und sie sah die freundliche Miene des Mädchens beim Anblick der jungen Geschöpfe, die solche Lebensfreude ausstrahlten. Die Herzogin war bewegt und sogar beunruhigt.

Nachdem sie von einer morgendlichen Fahrt zurück war, ließ sie Dowie zu sich kommen. „Sie haben Robin betreut, seit sie ein kleines Kind war?“ begann sie.

„Sie war noch nicht ganz sechs, als sie in meine Obhut kam, Euer Gnaden.“

„Sie gehören nicht zu den Frauen, die ein Kind nur füttern und baden und ordentlich anziehen. Sie waren wie eine Mutter zu ihr.“

„Ich habe es versucht, Euer Gnaden. Ich habe sie geliebt und behütet, und ich glaube, sie liebt mich auch.“

„Darum möchte ich mit Ihnen über sie sprechen, Dowie. Wenn Sie die Frau wären, die in ihrem Leben einfach nur kam und ging, könnte ich es nicht. Sie ist – ein sehr schönes junges Geschöpf, Dowie.“

„Von ihrem kleinen Kopf bis zu den schmalen Füßen, Euer Gnaden. Niemand weiß das besser als ich.“

Hier zeigte sich das berühmte Lächeln der Herzogin. „Ein schönes junges Ding sollte andere schöne junge Menschen kennenlernen und sich mit ihnen anfreunden. Das ist einer der Gründe, warum sie auf der Welt sind. Seit sie bei mir ist, hat sie mit niemandem unter vierzig gesprochen. Hat sie nie junge Freunde gehabt?“

„Nie, Euer Gnaden. Einmal haben zwei junge – freche Mädchen bei ihr Tee getrunken und ihr von Scheidungsskandalen und den Beteiligten erzählt. Sie wollte sie nie wiedersehen.“ Dowie machte ein völlig ausdrucksloses Gesicht und fügte hinzu: „Sie haben ihr Fragen in den Kopf gesetzt, die ich nicht beantworten konnte, und sie war völlig verstört. Nein, Euer Gnaden, sie hat nie Gleichaltrige gekannt.“

„Sie ist – so unwissend wie ein Kind“, dachte die Herzogin laut.

„Sie weiß es nicht – armes Ding –, aber es ist so“, antwortete Dowie.

Ihre Blicke begegneten sich, und sie sahen sich einen Moment lang an.

Dowie gab sich gelassen, und die Herzogin verstand ihre Absicht und wußte, daß sie unbefangen reden konnte.

„Lord Coombe hat mir anvertraut, daß sie eine furchtbare Gefahr überstanden habe, die einen bleibenden Eindruck auf sie gemacht habe“, sagte sie leise. „Er hat es mir erzählt, weil er meinte, es würde einiges an ihrem Verhalten erklären.“

„Manchmal hat sie Alpträume deswegen“, sagte Dowie. „Und wenn sie aufwacht, schleicht sie zitternd zu mir ins Zimmer, und ich nehme sie mit in mein Bett und halte sie fest, bis die Panik vorbei ist. Sie sagt, am schlimmsten sei der ständige Gedanke daran, daß vielleicht andere Mädchen in die gleiche Falle gelockt wurden – und nicht entkommen sind.“

Die Herzogin war sehr nachdenklich. Sie sah die Folgen, die ein solcher Schock für ein junges Mädchen haben mußte. „Wenn sie Kontakt zu anderen jungen Dingern hätte und Unsinn mit ihnen reden und an ihren Vergnügungen teilhaben würde, würde sie es vergessen", sagte sie.

„Ah!" rief Dowie aus. „Das ist es." Der fragende Blick der Herzogin erforderte eine Antwort, und Dowie gab sie respektvoll. „Das Ereignis war nur der Tropfen, der das Faß zum Überlaufen gebracht hat. Geahnt hatte sie es schon lange und immer mehr herausgefunden, als sie heranwuchs. Diejenigen, die sie gern kennen würde – sie hat es einmal unumwunden zu Mademoiselle gesagt –, wollen sie vielleicht nicht kennen. Ich muß mir die Freiheit nehmen, offen zu reden, Euer Gnaden, sonst hat es keinen Sinn, daß ich überhaupt etwas sage. Sie ist der festen Überzeugung, eine Art Außenseiterin zu sein."

„Ich muß sie davon überzeugen, daß sie nicht ...", begann die Herzogin, aber Dowies ruhiger Blick ließ sie innehalten.

„Hatten Euer Gnaden die Güte, zu erwägen …?" sagte die vortreffliche Frau.

„Ja – junge Leute einzuladen und sie miteinander bekannt zu machen – damit sie Freunde findet." Noch während sie es sagte, wurde sie etwas befangen, weil sie Dowies weisen Blick bemerkte.

„Euer Gnaden kennen die jungen Leute, die sie gern kennen würde." Es war eine schlichte Feststellung.

„Die Leute sind nicht mehr so spitzfindig wie früher." Der Ton Ihrer Gnaden war die Antwort auf die Bemerkung, die Dowie nicht gemacht hatte.

„Nicht alle, aber einige", antwortete Dowie. „Heutzutage besteht London aus zwei Welten, Euer Gnaden – aus der Welt Eurer Gnaden und aus der von Mrs. Gareth-Lawless. Ich habe gehört, es gebe noch andere dazwischen, aber ich kenne nur diese beiden."

Die Herzogin wurde wieder nachdenklich. „Sie meinen, daß das, was Robin zu Mademoiselle Vallé gesagt hat, stimmen könnte – in meiner Welt. Und vielleicht haben Sie nicht ganz unrecht, auch wenn Sie nicht ganz recht haben."

„Vor meiner Zeit bei Miss Robin war ich nur bei Familien angestellt, die nichts mit Mrs. Gareth-Lawless' Klüngel zu tun hatten. Ich erinnere mich, daß es dort eine – Strenge – herrschte, die manchmal sogar etwas harsch wirkte. Die älteren Diener sagten, es sei *wegen* der neuen Sitten und all der Dreistigkeit. Eine meiner jungen Damen lernte eine andere junge Dame in ihrem Alter – sie war erst fünfzehn – auf einem Wohltätigkeitsbasar kennen, und sie freundeten sich an und mochten einander sehr. Über die Mutter der jungen Dame wurde viel geredet – im Zusammenhang mit einer Persönlichkeit hohen Ranges – höchsten Ranges, Euer Gnaden – und alle wußten es. Das Mädchen war ein reizendes kleines Ding und sehr wohlerzogen. Es hieß, ihre Mutter wolle sie in die Welt hineindrängen, zu der sie selbst keinen Zutritt hatte. Der Bekanntschaft wurde ein Riegel vorgeschoben, Euer Gnaden – und zwar sofort. Und meinem armen kleinen Mädchen brach es fast das Herz – und ich hörte, für die andere sei es noch viel schlimmer gewesen."

„Ich werde darüber nachdenken", sagte die Herzogin. „Es bedarf der Überlegung. Ich wollte mit Ihnen sprechen, weil ich gemerkt habe, daß sie sehr bestimmte Vorstellungen davon hat, was sich für sie als bezahlte Gesellschafterin gehört, und sie ist vielleicht nicht vorbereitet. Sorgen Sie bitte dafür, daß sie ein schönes Kleid bekommt, daß sie bei Gelegenheit tragen kann."

„Sie hat schon zwei, Euer Gnaden." Dowie lächelte liebevoll, als sie es sagte. „Ein Abendkleid und eins für den Nachmittag, falls Euer Gnaden aus irgendeinem Grund ihre Begleitung wünschen. Sie sind so schlicht, wie sie es wagt, aber wenn sie eins davon anzieht, sieht es einfach gut aus."

„Ja", sagte Ihre Gnaden. „Danke, Dowie. Sie dürfen gehen."

Dowie machte ihre Andeutung eines respektvollen Knickses und ging zur Tür, aber als sie sich ihr näherte, wurden ihre Schritte langsamer, und bevor sie sie erreichte, blieb sie stehen. Ihr Gesicht hatte plötzlich einen besonderen Ausdruck – einen heldenhaften Ausdruck. Sie wandte sich um, machte ein paar Schritte rückwärts und blieb wieder stehen – ein unerwartetes Verhalten, das die Herzogin veranlaßte, sich umzudrehen und sie anzusehen. Sie erkannte die heldenhafte Miene und wartete – mit mehr Spannung, als sie sich anmerken ließ – auf eine Erklärung.

„Euer Gnaden", begann Dowie und betete zu Gott, daß er ihr Mut einflößen möge, wenn sie das Richtige tat, und sie zurückzuhalten, wenn sie einen Fehler machte, „wenn Euer Gnaden an die Eltern anderer junger Damen und Herren dachte – haben Sie dann überlegt, ob Sie bereit wären –", sie schnappte nach Luft, fuhr aber gelassen und respektvoll fort: „Lady Kathryn – Lord Halwyn –"

Lady Kathryn war die junge Enkelin der Herzogin, Lord Halwyn war ihr äußerst gutaussehender Enkel, der in der Armee diente. Die Herzogin verstand, was der heldenhafte Blick bedeutete, und sie hatte großen Respekt davor.

„Ihre Empfindungen für sie sind die einer Mutter", sagte sie. „Und Sie sind eine praktische, klardenkende Frau. Nur wenn ich bereit bin, einen solchen Schritt zu unternehmen, habe ich das Recht, andere darum zu bitten. Lady Lothwell ist die Mutter, mit der ich zuerst sprechen muß. Ihre Kinder sind auch meine, obwohl ich nur die Großmutter bin."

Lady Lothwell war ihre Tochter, und obwohl sie nicht als viktorianisch galt – weder aus der frühen noch aus der mittleren Periode –, fragte sich Dowie, als sie in ihre eigenen gemütlichen Zimmer zurückkehrte, was passieren würde.

30. Lady Lothwell

Was dann geschah, war gar nicht kompliziert. Die Tochter einer so klugen Frau konnte nicht starrsinnig oder unvernünftig sein. Lady Lothwell hörte so viel von Robins Geschichte, wie ihre Mutter ihr erzählte, und zeigte liebenswürdiges Interesse. Sie wußte viel mehr über Mrs. Gareth-Lawless und hatte viel mehr Klatsch gehört als die Herzogin. Sie hatte von dem Kind gehört, das man nie zu sehen bekam, und sie hatte mit Widerwillen eine Geschichte über Lord Coombe gehört, der so ein unnatürliches Interesse an dem Kind habe und sicher ein bestimmtes Ziel verfolge. Es konnte nicht stimmen – immerhin kannte ihre Mutter den Mann schon seit Jahren.

„Natürlich dachtest du nicht an etwas Großes oder Formelles?“ fragte sie lächelnd nach einem Augenblick des Schweigens.

„Nein. Es geht nicht darum, das Mädchen in die Gesellschaft einzuführen. Ich will ihr nur helfen, ein paar nette junge Leute kennenzulernen, die einen guten Charakter und gute Manieren haben. Sie ist nicht die typische Gesellschafterin einer alten Dame, und wenn sie nicht so streng mit sich und mir wäre, würde ich sie behandeln wie Kathryn. Sie ist ein herzerwärmendes junges Ding. Es ist ja bekannt, daß ich eine exzentrische Vorliebe für sie habe, und wenigstens ihr Vater hatte gute Verbindungen, also wird ihre gegenwärtige Position kein Hindernis sein. Sie ist nicht das erste moderne Mädchen, das sich entschieden hat, ihr eigenes Brot zu verdienen.“

„Aber ist sie nicht viel zu hübsch?“

„O ja. Aber sie stellt es nicht zur Schau.“

„Ach, wie herzerwärmend – und zu hübsch! Liebste Mama!“ Lady Lothwell lachte wieder. „Kathryn kann sie nichts anhaben, aber ich gestehe – wenn George nicht gerade bis über beide Ohren in ein reizendes Geschöpf verliebt wäre, das mindestens fünfzehn Jahre älter ist als er, würde ich mir Gedanken machen. Aber er hat nur Augen für Mrs. Stacy – Mrs. Alan Stacy – die mit dem prächtigen hennaroten Haar und den Augen, die sie so gekonnt niederschlägt. Kein zweiundzwanzigjähriger Junge kann ihr widerstehen. Ihre Anbeter werden ‚Die Schulanfänger‘ genannt.“

„Ein kleines Abendessen und ein wenig Tanz – und George und Kathryn werden vielleicht der Anfang eines interessanten Experiments. Es wäre sehr lieb von dir, im Laufe des Abends vorbeizukommen."

„Hoffst du vielleicht, daß du eine Ehe für sie arrangieren kannst?" Lady Lothwells Frage klang etwas verstört. „Du bist so fabelhaft, liebste Mama, daß ich weiß, du würdest es tun, wenn du daran glaubst. Du erreichst alles, was du willst."

„Der Platz eines Mädchens ihrer Art ist im Haus eines jungen Mannes, dessen Platz im Herzen und in der Seele eines Mädchens ihrer Art ist. Sie sollten Gottes Willen erfüllen, indem sie sich leidenschaftlich ineinander verlieben. Sie sollten heiraten und viele Kinder bekommen, die auch so wunderschön und überglücklich werden wie sie. Das würde zur Weiterentwicklung der Menschheit beitragen."

„Oh! Mama! Du bist herrlich – wie immer! Für so eine intelligente Frau bist du reichlich verträumt – aber gerade das macht dich so anbetungswürdig."

„Träume sind das einzige, was wahr ist. Alle anderen Dinge sind nur Visionen."

„Engel!" Ihre Tochter lachte und gab ihr einen Kuß. „Ich tue alles, was du möchtest. Das habe ich immer getan, nicht wahr? Es liegt daran, daß du einen dazu bringen kannst, die Dinge so zu sehen wie du."

Bevor sie sich verabschiedeten, hatten sie vereinbart, daß Kathryn und George bei dem Essen und dem Tanz dabeisein würden und daß noch ein paar andere nette junge Leute dazukommen sollten, und daß Lady Lothwell und vielleicht auch ihr Mann vorbeischauen würden.

„Du bist eine frühe Viktorianerin, Mama, deshalb fällt es dir leicht, Dinge zu beginnen. Der Abend wird auch der ‚Beginn' der kleinen Miss Lawless sein. Es war die richtige Entscheidung, das ‚Gareth' wegzulassen. In den letzten Jahren spricht man nicht mehr soviel davon, daß die verschiedenen Schichten ‚auf ihrem Platz bleiben' sollten – und ‚Ober- und Unterschicht' klingt wirklich vulgär."

„Wir können ruhig ‚auf unserem Platz bleiben'", sagte die Herzogin. „Wir sollten uns so fest an ihn klammern wie möglich. Die Plätze selbst verschieben sich. Es ist beinahe wie die Verschiebung der Kontinente."

Robin ging am nächsten Abend in Dowies Zimmer und sah ihr einen Moment schweigend beim Nähen zu, bevor sie sprach. Sie sah blaß und nervös aus. „Ihre Gnaden gibt ein Fest für ein paar junge Leute, Dowie", sagte sie. „Sie möchte, daß ich dabei bin. Ich – ich weiß nicht, was ich tun soll."

„Was du tun sollst? Dein bestes Abendkleid anziehen und hinuntergehen und dich amüsieren wie die anderen jungen Leute. Ihre Gnaden möchte, daß du mit Gleichaltrigen zusammenkommst", war Dowies Antwort.

„Aber ich bin nicht wie die anderen. Ich bin nur ein Mädchen, das seinen Lebensunterhalt als Gesellschafterin verdient. Woher soll ich wissen –"

„Ihre Gnaden weiß es", sagte Dowie. „Und es ist deine Pflicht, zu tun, was sie von dir erwartet – und tu es mit Würde."

Robin wurde noch blasser. „Verstehen Sie nicht, daß ich noch nie im Leben auf einem Fest war – nicht einmal auf einem Kinderfest? Ich weiß nicht, wie man sich dort benimmt."

„Du weißt, wie eine wohlerzogene junge Dame sich mit Leuten unterhält und wie man sich hinsetzt und vom Stuhl aufsteht und durch das Zimmer geht. Du tanzt wie eine Fee. Mehr wird niemand von dir verlangen."

Robin dachte laut nach: „Die Herzogin würde mich nicht einladen, wenn sie nicht wüßte, daß die Leute – gut zu mir sein werden."

„Lady Kathryn und Lord Halwyn kommen. Es sind ihre Enkelkinder", sagte Dowie.

„Woher wissen Sie das?" fragte Robin.

„Weil Ihre Gnaden so freundlich war, mir zu erzählen, daß sie etwas in dieser Art geplant hatte. Sie ist darauf gekommen, weil du als junges Mädchen nur mit viel älteren Leuten zu tun hast – und weil sie so ist, wie sie ist."

Die Farbe kehrte in Robins Gesicht zurück. „So etwas passiert Mädchen in meiner Situation nicht oft", sagte sie.

„Ihre Gnaden passiert selbst nicht oft", sagte Dowie. „Niemand ist so weise und gütig wie sie."

Diese Erkenntnis gab Robin Selbstvertrauen. Sie wußte, wieviel Weitsicht und was für einen klaren Blick diese Frau in ihrem langen Leben erworben hatte. Wenn sie etwas beschlossen hatte, dann hatte sie gute Gründe dafür und bot nicht ein Geschenk an, das der ausgestreckten Hand im letzten Moment entrissen werden konnte. Langsam breitete sich eine sonderbare Wärme in Robin aus und erfüllte sie ganz. Sie hatte wirklich gelernt zu tanzen, sich graziös zu bewegen und sich gewählt auszudrücken. Man hatte sie viele Dinge gründlich gelehrt, aber sie hatte sich nie gefragt warum. Ihr war nicht bewußt, daß Lord Coombe und Mademoiselle Vallé ihr eine Erziehung und Bildung hatten zuteil werden lassen, die der einer jungen Prinzessin gleichkam, deren Rüstzeug makellos sein muß. Wenn die Herzoginwitwe von Darte sie eines schönen Tages bei Hofe hätte vorstellen wollen, hätte sie gewußt, daß sie eine Schleppe in einer bestimmten Länge tragen mußte, wo und vor wem sie wie tief knicksen mußte, wie sie die königlichen Hände küssen mußte und was sie mit ihrer Schleppe anfing, wenn sie sich zurückzog. Als sie das gelernt hatte, hatte sie Mademoiselle Vallé gefragt, ob es zur Erziehung aller Mädchen gehörte, und Mademoiselle hatte geantwortet: „Es ist gut, alles zu können – sogar Zeremonien, die man vielleicht nie braucht. Es ist alles Teil eines Hintergrundes und bewahrt einen vor der Peinlichkeit, nicht zu wissen, wie man sich verhalten soll."

Wenn sie auf der Straße an den jungen Paaren vorbeigegangen war, hatte sie wegen dieses Hintergrunds besonderes Interesse an ihnen gehabt. Sie konnte sich vorstellen, wie sie in prächtigen Ballsälen miteinander tanzten, deren Lichter und Farben sie mithilfe ihrer eigenen Phantasie erschaffen mußte; sie wußte, wie die Mädchen aussehen würden, wenn sie einen Salon betraten, und sie fragte sich oft, ob sie sich wohl befangen fühlten, wenn der Page ihre prächtigen Schleppen ausbreitete und sie dann sich selbst überließ. Es war ganz natürlich, daß sie darüber nachgedacht und sich manchmal unbewußt danach gesehnt hatte, ein Tropfen in der Flut zu sein, die an ihr vorbeiströmte, wenn sie abseits am Ufer stand.

Das warme Gefühl ließ ihr Herz schneller schlagen. In ihrem Zimmer öffnete sie ihren Schrank. Das Kleid hing bescheiden in seiner Ecke, sicher vor Londons Staub und Schmutz. Es war weiß und schlicht wie alles, was sie in Auftrag gab, aber Mademoiselle hatte sie zu einer jungen Französin gebracht, die immer wußte, was sie tat. Und da das Mädchen die feine Gestalt einer Waldnymphe und die Augen eines Rehs hatte, hatte sie sich etwas einfallen lassen, das sie besonders zur Geltung brachte. Robin schloß die Tür ab, nahm das Kleid aus dem Schrank und fand die Seidenstrümpfe und Schuhe, die dazugehörten. Sie zog alles an und stand vor ihrem hohen Spiegel, und nachdem auch die letzte Kleinigkeit getan war, wich sie ein paar Schritte zurück, sah sich an und drehte sich graziös um sich selbst.

„Ja. Ich bin –", sagte sie. „Ich bin – sehr!" Im nächsten Augenblick lachte sie über sich selbst. „Wie albern! Wie albern!" sagte sie. „Beinahe jeder ist – mehr oder weniger! Ob ich mich an die Schritte erinnern kann?" Denn sie hatte die neuen Tänze gelernt – die Schritte und Drehungen und Pausen. Und ihr neues Kleid war so kurz wie die modischen Kleider anderer Mädchen und brachte ihre zarte Gestalt zur Geltung.

Sie tanzte allein vor dem Spiegel wie eine Nymphe, ihre Augen leuchteten, und etwas erwachte in ihr, genau wie damals, als Donal sie als Kind unter den rußbedeckten Londoner Bäumen geküßt hatte.

31. Der Ball

Den Tag vor dem Fest verbrachte Robin in heimlicher Aufregung. Sie wußte, daß es ihr wichtiger vorkam, als es eigentlich war. Wenn sie sechs Jahre alt gewesen wäre, wäre sie wahrscheinlich genauso kribbelig gewesen. Sie versteckte sich hinter den Gardinen in ihrem Zimmer, damit sie zusehen konnte, wie die Männer den karmesinroten und weißenBaldachin von der Eingangstür bis zur Stufe für die Kutschen anbrachten. Der rote Teppich, den sie ausrollten, hatte etwas Magisches. Das Klingeln an der Tür, das verkündete, daß Dinge gebracht wurden, die Betriebsamkeit der Diener, die Floristen, die Blumen und große tropische Pflanzen in die Salons und den Wintergarten brachten – und in Ecken, die sonst nicht geschmückt waren – alles ließ ihr Herz höher schlagen. Wenn sie in der Vergangenheit die fröhliche Welt normaler Kinder kennengelernt hätte, wäre sie jetzt nicht in solcher Ekstase gewesen. Aber sie hatte nur gewußt, daß es Kinderfeste gab, und auch das nur, weil einmal im Haus gegenüber ein Debütantinnenball stattgefunden hatte. Beinahe wie im Fieber hatte sie am Fenster gekauert und zugesehen, wie die Kutschen vorfuhren und Kinder in Rosa und Weiß und Blau ausstiegen, die dann auf dem schmalen roten Teppich ins Haus rannten oder geführt wurden. Sie hatte die Klänge der Musik gehört, und wohlige Schauer hatten sie überlaufen – aber ach! Zwischen ihr und der Feier hatten Welten gelegen.

Sie fand den Weg in die Salons, deren Türen sonst nicht offenstanden. Die Räume waren prächtig und kamen ihr riesig vor. Es gab herrliche Kristalleuchter, die aussahen, als könnten sie tausend Wachskerzen tragen. Es gab eine prächtig hergerichtete Ecke für die Musiker – geräumig und vollkommen und nur zum Vergnügen da. Alles wartete nur darauf, die Leute glücklich zu machen, die einander kannten, jung waren und sich amüsieren wollten. Als Kinder hatten die jungen Lothwells mit anderen Kinder in den großen Räumen getanzt und gespielt und auf Weihnachtsfeiern und zu Geburtstagen ihre kleinen Absätze auf den blanken Böden gestoßen. Wie wunderbar mußte es gewesen sein! Aber sie hatten nicht gewußt, daß es wunderbar war.

Als Dowie ihr beim Anziehen half, sah sie im Spiegel eine verschönerte Robin, deren geschwungene Lippen lächelten und zugleich ein wenig zitterten. Ihr seidenweiches Haar war schwarz wie die Nacht, und die kleinen geringelten Löckchen auf ihrem schmalen weißen Nacken zogen die Blicke auf sich und faszinierten den Betrachter.

„Du siehst wunderbar aus, Liebling“, sagte Dowie, als sie den Verschluß ihrer Halskette zumachte. „Ganz wunderbar.“ Dowie war selbst aufgeregt, obwohl sie nicht sagen konnte, warum. Vielleicht lag es daran, daß sie wünschte, Mademoiselle wäre da.

Robin gab ihr einen Kuß, als sie fertig war. „Ich werde die Treppe hinunterrennen“, sagte sie. „Wenn ich langsam gehe, habe ich nur Zeit, mich seltsam und schüchtern zu fühlen, und dann *schleiche* ich vielleicht in den Salon. Das darf nicht sein. Ich muß hineingehen, als wäre ich ein Leben lang auf Feste gegangen.“

Sie rannte nach unten und sah aus wie ein fliegender weißer Vogel, aber sie mußte stehenbleiben, um Atem zu holen. Als sie den Raum betrat, tat sie es mit erhobenem Haupt und furchtloser Miene.

Die Herzogin – die selbst wunderbar aussah – hieß sie mit einem beinahe liebevollen Lächeln willkommen. „Was für ein schönes Kleid!“ sagte sie. „Sie sehen sehr hübsch darin aus.“

„Ist es genau richtig?“ sagte Robin. „Mademoiselle hat es für mich ausgesucht.“

„Es ist genau richtig. ‚Schrecklich richtig‘, wie George sagen würde. Er wird beim Essen neben Ihnen sitzen. Er ist mein Enkel – Lord Halwyn, und Sie werden zweifellos merken, daß ‚schrecklich‘ sein Lieblingswort ist. Kathryn sagt ‚deevy‘ oder ‚exquig‘. Ich erwähne es, weil Sie vielleicht nicht wissen, daß sie ‚exquisit‘ und ‚himmlisch‘ meint. Machen Sie sich keine Sorgen, wenn Sie die Sprache der beiden nicht verstehen. Sie sind liebe Kinder, die das Leben in vollen Zügen genießen. Ich lasse mich nicht dadurch abschrecken, daß ihre Welt mir vorkommt wie ein neuer Planet.“

Robin trat ein wenig näher an sie heran. Sie fühlte sich wie vor vielen Jahren, als sie zu Dowie gesagt hatte: „Ich möchte Ihnen einen Kuß geben, Dowie.“ In ihren Augen spiegelte sich kindliche Liebe, denn sie verstand nur zu gut den freundlichen Takt und den Humor, der in den Worten „Ich lasse *mich* nicht abschrecken“ lag.

„Sie sind gütig“, sagte sie. „Und ich bin dankbar – *dankbar.*“

Die sehr gutaussehenden jungen Leute, die sehr bald in den prächtigen großen Salon strömten – allein oder Bruder und Schwester gemeinsam –, erfüllten sie mit unschuldiger Begeisterung. Sie waren alle so schön, so unbefangen untereinander und gegenüber ihrer Umgebung, perfekt gekleidet und mit tadellosen Manieren. Die enganliegenden Kleider und die kurzen Röcke unterstrichen die Jugend und Mädchenhaftigkeit und gaben den jungen Damen das Aussehen von Feenkindern. Kathryn sah in silberbestickter Gaze aus wie vierzehn statt zwanzig – nicht zuletzt dank des Grübchens in ihrer Wange und der kleinen Stupsnase. Ein Mädchen in rotem Tüll sah aus wie ein Kind, das um den Weihnachtsbaum tanzen will. Alle sahen so jung aus, und überall wurde getanzt, und die ganze Welt, modern oder unmodern, wollte dabeisein und herumwirbeln, hüpfen und neue phantastische Schritte erfinden. Die jungen Männer waren von schlanker, aufrechter Gestalt und bewegten sich leichtfüßig. Ihre Kleidung paßte zu ihrer Geschmeidigkeit. Robin fand, daß sie alle aussahen, als ob sie ihr Leben mit Tanzen verbracht hätten.

Es waren genau die Menschen, die immer an ihr vorbeigeeilt waren und an Dinge gedacht hatten, die zu ihrem Leben gehörten, aber nichts mit Robin zu tun hatten. Jetzt war der Strom zum Stillstand gekommen und schien für einen Moment mit ihr verbunden zu sein. Immer wieder begegneten ihr bewundernde Blicke von Neuankömmlingen. Kathryn war ganz aufgeregt wegen ihrer Augen und Wimpern, und George lief hin und her. Das taten auch andere. Am Eßtisch drehten viele junge Leute die Köpfe und sahen sich um, und unter den Blumendekorationen leuchtete es in jungen Augen auf. Als nach dem Essen der Tanz begann, lächelte die Herzogin. Sie sah, daß es die Herren zu einer bestimmten Stelle zog. Es war die Stelle, an der Robin stand, und um sie herum bildete sich ein Kreis aus immer mehr Personen.

George tanzte als erster mit ihr. Er war groß und schlank und geschmeidig und hatte breite Schultern. Er hatte ein freundliches Gesicht und Augen von einem warmen Blau, und er kannte alle neuen Tanzschritte und die überraschenden Drehungen. Robin entging nichts, und sie genoß alles in vollen Zügen. Bei der zweiten Runde um den Saal brach sie in unbändiges Lachen aus.

„Wie himmlisch es hier ist!“ rief sie und blickte zu Halwyn auf. „Wie himmlisch!“

Ihr Augenaufschlag konnte einem jungen Mann gefährlich werden. George durchzuckte ein freudiger Schreck. Er hatte von dem Mädchen gehört, das die Gesellschafterin seiner Großmutter war. Die Herzogin selbst hatte ihm von ihr erzählt, und er hatte beschlossen, äußerst liebenswürdig zu sein und dafür zu sorgen, daß das kleine Ding sich amüsierte. Er war auch schon in Häusern gewesen, die eine junge Gesellschafterin aus guter Familie hatten, weil keine Tochter da war. Die Gesellschafterin hatte alle möglichen Privilegien, weil sie all die lästigen kleinen Pflichten erfüllte und unterhaltsam genug war, um Farbe ins das Leben der Alten und Einsamen zu bringen. Manchmal war es ein reizendes Mädchen, das mitfühlend war und sich gern in ruhigen Ecken in Wintergärten oder Bibliotheken aufhielt, und manchmal war das Mädchen auch eine Expertin im Flirten und erwartete, daß die Männer sie entsprechend behandelten. Ein Mann mußte seine fünf Sinne beisammen haben. Diese Gesellschafterin war anders als alle, die George kannte.

„*Sie* sind himmlisch", sagte er mit einem jungenhaften Lachen. „Sie sind wie eine Feder – und wie eine Weidengerte."

„Sie sind leichtfüßig und gewandt", lachte sie zurück, „und gleichzeitig sind Sie wie Eisen."

Mrs. Alan Stacy, die Dame mit dem prächtigen hennaroten Haar, hatte neuerdings weniger Zeit für ihn. Sie war damit beschäftigt, einem neuen „Schulanfänger" die Grundlagen nahezubringen. So etwas kommt natürlich vor, und obwohl George insgeheim außer sich vor Wut gewesen war, stand es ihm nun frei, „sich herumzutreiben", und diesen Zeitvertreib liebte er sehr.

„Wir wollen so immer und ewig weitermachen", sagte er, und sie durchquerten den halben Raum, als seien sie wirklich nur Blätter im Wind. „Immer und ewig."

„Das wünschte ich auch. Aber die Musik hört ja leider auf", sagte sie.

„Die Musik sollte nie aufhören – nie", antwortete er.

Aber die Musik hörte auf, und als sie wieder erklang, erschien wie der Blitz ein anderer großer, geschmeidiger junger Mann und erhob Anspruch auf sie, nur um sie nach dem Tanz an den nächsten weiterzugeben. Man gönnte ihr kaum einen Moment Ruhe, und in ihrem Rausch jugendlicher Freude brauchte sie auch kaum einen. Immer sah sie in lachende junge Gesichter, und die Blicke der anderen sagten ihr, daß sie nichts falsch machen konnte. An diesem aufregenden Abend war sie vollkommen – sie war wunderschön, sie tanzte hinreißend, sie war neu und anders und herrlich. Keiner der wohlfrisierten, aufrechten jungen Leute faßte es genau in Worte, aber irgendwie verstand sie es doch. Die bewundernden Blicke jagten ihr keine Angst mehr ein. Sie begriff, daß die Leute sie mochten, und es war herrlich, gemocht zu werden, zu tanzen und sich zu amüsieren. Auf ihrem Gesicht lag ein seliger Ausdruck, der ihr nicht bewußt war, aber der auf einen männlichen Betrachter unwiderstehlich wirkte. Als sie herumwirbelte, sagte sie sich von Zeit zu Zeit: „So fühlen sich andere Mädchen. Sie sind so glücklich wie ich jetzt. Ich rede und lache mit Leuten wie andere Mädchen. Ich bin Robin Gareth-Lawless, aber ich amüsiere mich auf einer Party wie dieser – einer Party für *junge* Leute."

Lady Lothwell saß neben ihrer Mutter und sah dem Treiben interessiert zu. Dann und wandte lächelte sie. „Nun, liebste Mama", sagte sie schließlich, als Jugend und Schönheit mit tänzerischer Anmut an ihr vorbeiwirbelte, „sie ist ein großer Erfolg. Ich weiß nicht, ob genau das deine Absicht war."

Die Herzogin erklärte nicht, was ihre Absicht gewesen war. Auch sie beobachtete die jungen Leute und dachte sich eine Menge. Eigentlich hatte Lady Lothwell gar nicht erwartet, daß ihre Mutter sich erklären würde, denn das tat sie beinahe nie. Und sie machte auch nur selten Fehler.

In diesem Moment kam Kathryn, gehüllt in knappe hauchdünne Streifen von Weiß und Silber, auf sie zu. Sie blieb stehen und musterte sie mit einem seltsamen, etwas verstörten Ausdruck auf ihrem kleinen stupsnasigen Gesicht. „Sie hat *etwas* an sich, Großmama", sagte sie. „Alle Mädchen sehen es, aber keine weiß, was es ist. Sie sitzt erst ein paar Minuten da, und seht euch nur George an – und Hal Brunton – und Captain Willys. Natürlich lachen sie alle und tun so, als wäre es nichts Ernstes, aber sie würden einander am liebsten an die Kehle springen. Vielleicht sind es ihre Wimpern. Sie schaut unter ihnen hervor wie unter einem Vorhang."

Lady Lothwells sonderbares kleines Lächeln wurde ein sonderbares kleines Lachen. „Ja. Sie sieht aus, als fühle sie sich überglücklich und schüchtern zugleich. Das macht sie so hinreißend. Männer können dem natürlich nicht widerstehen."

„Sie versuchen es gar nicht erst", erwiderte die kleine Lady Kathryn. Es klang ein wenig aufsässig.

„Ich glaube nicht, daß es ihr bewußt ist", sagte Lady Lothwell nachdenklich.

„Es ist ihr nicht einmal annähernd bewußt. Das ist am schlimmsten", bemerkte die Herzogin.

„Du siehst also, daß es etwas Schlimmes *gibt*", sagte ihre Tochter.

Die Herzogin warf einen verstohlenen Blick auf Kathryn, aber glücklicherweise lichteten sich die Wolken auf der Stirn des Mädchens in diesem Augenblick, und sie strahlte, als ein junger Mann lächelnd auf sie zukam und sie zum Tango, Foxtrott, zum Antilopengalopp oder welchem Tanz auch immer aufforderte.

„Wenn es ihr wirklich bewußt wäre, wäre *das* am schlimmsten für andere – jedenfalls für uns. Dann könnte sie ihren Blick einsetzen, um alles mögliche zu erreichen. Aber da sie es nicht weiß, hat sie es nicht so leicht – unter den Umständen."

„Der Umstand, Mrs. Gareth-Lawless' Tochter zu sein, ist nicht angenehm", sagte Lady Lothwell. „Es könnte abenteuerlustige junge Männer auf dumme Gedanken bringen. Eigentlich tut sie mir leid. Es würde mich nicht wundern, wenn sie ein liebes kleines Ding wäre. Sie sieht so zart aus – man möchte sie in den Arm nehmen. Vielleicht ist sie wie die Heldin eines sentimentalen Romans, den ich kürzlich gelesen habe. Ihr eifrigster Anbeter sagt über sie: ‚Sie erobert das Herz eines Mannes und entfacht eine Wärme, die nie wieder erkaltet.‘ Das fand ich sehr hübsch.“

Die Herzogin fand es auch sehr hübsch. „Die nie wieder erkaltet“, wiederholte sie. „Was für ein herrliches Erlebnis für zwei Menschen – wenn – “ Sie hielt inne und musterte Robin, die auf der anderen Seite des Raumes versuchte zu entscheiden, welcher der vielen Kandidaten Anspruch auf den nächsten Tanz hatte. Sie schaute stirnrunzelnd auf ihre Karte, beobachtet von jungen Männern, die gespannt warteten, wer der Sieger des Augenblicks werden würde.

„Oh!“ Lady Lothwell lachte auf. „Wie Kitty sagt –‚Sie hat etwas an sich‘, und es sind nicht nur die Wimpern. Du hast einen Virus auf uns losgelassen, liebste Mama, und bekommst ihn nicht mehr unter Kontrolle. Um wieder Kitty zu zitieren: ‚Sieh dir George an!‘“

Die Musik wurde im Laufe des Abends immer lebhafter. In den Zimmern wurde es heiß, und die Blumen verströmten einen immer intensiveren Duft. Dann und wann hielt Robin einen Moment inne, um zu lauschen und tief einzuatmen. Sie glaubte Lilien, Reseden und Apfelblüten zu riechen. Der Strom riß sie mit, und sie schwamm als glückliches Blütenblatt an seiner Oberfläche. Würde er sie je ans Ufer treiben und dort liegenlassen? Während die Geigen sangen und die tausend Wachskerzen erglänzten, schien es ihr unvorstellbar, daß dieser herrliche Traum je zu Ende gehen könne. Er erschien ihr wirklicher als alles andere im Leben.

Im Wintergarten befand sich ein Springbrunnen aus Marmor, der aus dem Garten eines Palastes in Rom stammte. Er war nicht riesig, aber wunderschön und stand zwischen Palmen und tropischen Gewächsen, deren Blätter er naßspritzte. Ein berauschender Duft hing in der Luft, und natürlich zog es jeden jungen Mann mit Partnerin an diesen Platz.

George führte Robin dorthin, und sie setzte sich auf den Rand des Marmorbeckens. Sie streifte einen Handschuh ab, tauchte die Hand ins Wasser und planschte ein wenig, weil es so herrlich kühl war. George stand dabei und schaute auf ihren gesenkten Kopf hinunter. Es war unmöglich, nicht ihre niedlichen kleinen Ohren und das samtige Weiß ihres schmalen Nackens zu bemerken. Sie gefiel ihm sehr. Er war nicht feinsinnig genug, um zu begreifen, daß ihre Antwort auf eine beiläufige Bemerkung, die er beim Essen gemacht hatte, ihre Wirkung auf ihn nicht verfehlt hatte.

„Eine der schönsten Frauen, die ich je gesehen habe, war eine Mrs. Gareth-Lawless“, hatte er gesagt. „Sind Sie mit ihr verwandt?“

„Ich bin ihre Tochter“, hatte Robin geantwortet, und ihm war es gelungen, liebenswürdige Konversation zu machen und sich dabei insgeheim zu fragen, wieviel seine Großmutter wußte oder nicht wußte.

Ein- oder zweimal im Laufe des Abends hatte er unwillkürlich an Feather denken müssen. Robin war das Mädchen, das Gerüchten zufolge für den alten Coombe reserviert war. Ein abstoßender Gedanke, wenn es denn stimmte. Wie war sie zu der Herzogin gekommen? Und warum? Und was hatte Coombe wirklich vor? Hatte er sich in den Kopf gesetzt, auf seine alten Tage ein junges Mädchen zu heiraten? Es kam vor, daß ein alter Knabe so etwas tat, und dann geschah es ihm recht, wenn ein junger Spund ihm den Rang ablief. George war nicht kopflos, aber er hatte sehr engen Kontakt mit Mrs. Alan Stacy und ihren Freunden gehabt, und das hatte ihn unvorsichtig gemacht. Und er fühlte sich zu Robin hingezogen – mehr, als ihm bewußt war.

„Ist es immer noch himmlisch?“ fragte er. (Was für zarte Hände sie hatte!)

„Es wird jede Minute himmlischer“, antwortete sie.

Er lachte unbefangen. „Das Himmlische ist, wie sehr Sie sich amüsieren. Ich habe noch nie gesehen, wie ein Mädchen einen ganzen Raum zum Leuchten bringt. Sie sprühen Funken, wenn Sie tanzen.“

„Wie eine Sternschnuppe“, lachte Robin. „Und es kommt daher, daß ich noch nie im Leben tanzen war!“

„Nie! Sie meinen, außer auf Kinderfesten?“

„Ich war nie auf Kinderfesten. Dies ist mein erstes Fest – mein erstes – erstes.“

„Das verstehe ich zwar nicht, aber ich bin froh darüber, denn für mich ist es großartig, Sie zu sehen – auf Ihrem ersten – ersten – ersten.“ Er setzte sich neben sie auf den Rand des Springbrunnens. „Ich werde es nie vergessen“, sagte er.

„Ich werde mich auch ein Leben lang daran erinnern“, sagte Robin. Sie hob den Blick ihrer gefährlichen Augen, und ihr Lächeln machte sie noch gefährlicher.

Vielleicht lag es daran, daß er sehr jung war, vielleicht war er auch unmoralisch, vielleicht hatte es damit zu tun, daß er seinen Gefühlen nie Zügel angelegt hatte – und im nächsten Augenblick dachte er, es liege daran, daß er ein Dummkopf war. Wie auch immer – plötzlich vergaß er sich und ertappte sich dabei, daß er ihr den Nacken küßte – zweimal.

Er hatte sich nicht überlegt, was daraufhin passieren würde, aber es war eine Demütigung – und lächerlich. Mit einer zornigen Handbewegung spritzte Robin ihm Wasser ins Gesicht, in die Augen und in den Mund. Sie riß sich los und kochte vor Zorn und Schmerz – denn was er sah, war nicht nur Zorn.

„Sie – Sie!“ schrie sie und hätte ihn noch einmal naß gespritzt, wenn er sie nicht am Arm gepackt hätte.

Er war selbst zornig – auf sie und sich selbst. „Sie – Sie kleine Närrin!" keuchte er. „Warum haben Sie das getan, selbst wenn ich ein Taugenichts wäre? Es ist doch nichts dabei. Sie sind so schön –"

„Sie haben alles verdorben", fauchte sie, „alles – alles!"

„Ich habe nichts verdorben. Ich war nur dumm – und Sie sind selbst schuld, weil Sie so hübsch sind."

„Sie haben alles auf der Welt verdorben! Jetzt", mit einem jämmerlichen kleinen Schluchzer, „kann ich nur zurück gehen – zurück!"

Er hatte die absurde Idee, daß sie sich gebärdete wie Cinderella, nachdem die Uhr zwölf geschlagen hat. Ihre Stimme verriet einen so tiefen Kummer, daß er unwillkürlich auf sie zutrat. „Bitte", sagte er atemlos, „reden Sie nicht so. Ich bitte um Verzeihung. Ich gehe auf die Knie, wenn Sie wollen. Oh! Kathryn – komm bitte her!"

Letzteres sagte er, weil in diesem schwierigen Moment plötzlich seine Schwester Kathryn zwischen den Treibhausblumen und den großen Palmen erschien. Sie blieb wie angewurzelt stehen und starrte sie beide an – schaute von einem zum anderen.

„Was ist denn los?" fragte sie leise.

„Oh! Sprich du mit ihr", brachte George hervor. „Ich habe das Gefühl, daß ich jeden Moment anfange zu schreien, und dann laufen alle zusammen. Ich habe mich vergessen, und sie ist offenbar noch nie geküßt worden. Sag ihr – sag ihr, daß du schon geküßt wurdest."

Ein seltsamer Ausdruck erschien auf Kathryns Gesicht. Ein feiner Hauch der Weisheit ihrer Großmutter schärfte ihren Blick auf eine voranstürmende, aufregende Welt. Sie war nie naiv gewesen, und für ein zartes schimmerndes Etwas in Weiß und Silber war sie sogar sehr scharfsinnig. „Sei nicht frech", sagte sie zu George, ging zu Robin und legte ihr ihre kühle Hand auf den Arm. „Er hat sich nur dumm benommen. Laß ihn gehen", sagte sie. Sie warf einen Blick auf George, der sich mit einem Taschentuch den Ärmel abwischte, und fing an zu lachen. „Hat sie dich in den Springbrunnen geschubst?" fragte sie amüsiert.

„Sie hat mich naßgespritzt", brummte George. „Ich muß nach Hause und mich umziehen."

„Gute Idee", sagte Kathryn belustigt. „Trocken kannst du dich besser entschuldigen."

Er verschwand zwischen den Palmen wie eine Schlange im Gebüsch, und die beiden Mädchen standen da und sahen sich an. Robins Wut hatte sich abgekühlt, und ihr Gesicht sah hart aus. Kathryn war nicht bewußt, daß sie Robin mit dem gleichen Blick ansah, mit dem die Herzogin in den ganz anderen Tagen ihrer Jugend vielleicht ein anderes Mädchen angesehen hatte.

„Jetzt, da er weg ist, erzähle ich dir etwas", sagte sie. „Ich *wurde* schon geküßt – genau wie andere Mädchen, die ich kenne. Jungen wie George sind nicht wichtig, aber natürlich hat er sich schlecht benommen. Aber wer hat schon wirklich gute Manieren? Es geht alles so schnell, daß kaum Zeit für Manieren bleibt. Wenn ein älterer Mann sich an einem vergreift, ist es manchmal widerlich. Aber ihn in den Brunnen zu stoßen, war eine gute Idee", und sie lachte wieder.

„Ich habe ihn nicht hineingestoßen."

„Ich wünschte, du hättest es getan!" Es klang schelmisch, aber im nächsten Moment runzelte Kathryn besorgt die Stirn. „Weißt du", sagte sie, „du bist so *schrecklich* hübsch."

„Ich wäre lieber eine Aussätzige", stieß Robin hervor.

Aber Kathryn verstand sie natürlich nicht. „Was für ein Unsinn!" antwortete sie. „Was für ein vollkommener Unsinn! Das ist nicht dein Ernst. Komm wieder in den Ballsaal. Meine Mutter fragte nach George." Sie wandte sich um und ging voraus, und dabei fügte sie noch etwas hinzu. „Übrigens – in einem der Balkanländer ist jemand Wichtiges ermordet worden. Die Leute dort morden ständig – es macht ihnen Spaß. Lord Coombe ist gerade hereingekommen und spricht mit Großmama darüber. Ich sehe, daß sie beide ganz aufgeregt sind – auf ihre ruhige Art." Als sie sich dem Eingang zum Ballsaal näherten, blieb sie einen Moment stehen. Ihr Lächeln war anders als sonst – es war schelmisch. „Gerade jetzt sind alle Mädchen ganz aus dem Häuschen vor Aufregung", sagte sie. „Und die Männer ebenfalls. Der am besten aussehende junge Mann in ganz England tanzt mit Sara Studleigh. Er ist zufällig vorbeigekommen, und die Herzogin hat ihn gebeten zu bleiben. Er ist ein Wunder – ein Wunder an Schönheit und Charme."

Robin sagte nichts. Sie hatte kein Interesse an der Balkantragödie gezeigt und interessierte sich offenbar auch nicht für das Wunder.

„Du fragst ja gar nicht, wer er ist!" sagte Kathryn.

„Ich will es nicht wissen."

„Oh! Komm schon, sei nicht so mürrisch! Wenn du ihn siehst, willst du es bestimmt wissen. Ich wollte es wissen und alle anderen auch. Er heißt Donal Muir. Er ist Lord Coombes Erbe. Eines Tages wird er das Oberhaupt des Hauses Coombe sein. Da kommt er!" Sie war ganz aufgeregt. „Sieh nur!"

Es war eine Fügung des Schicksals – oder wie man es auch immer nennen will. Der Tanz führte ihn genau in diesem Augenblick auf sie zu – und dank der langsamen Schritte war er auch nicht gleich wieder verschwunden – es waren die sonderbaren, verstohlenen, beinahe im Stand ausgeführten Schritte des argentinischen Tango. Er war gut angezogen und frisiert wie die anderen jungen Männern, sein goldblonder Kopf thronte auf einem heroischen Hals, er hatte breite, aber nicht zu breite Schultern, eine schmale, aber nicht zu schmale Taille, lange und kräftige Beine, die aber dennoch leichtfüßig waren. Er hatte helle Augenbrauen, ein strahlendes Lachen und weiße Zähne. Robin fand, daß er einen Kilt und ein Plaid tragen sollte – und eine Mütze mit Adlerfeder auf dem blonden Haar, das sich gelockt hätte, wenn es nicht zu kurz gewesen wäre. Er war kaum zwei Yard von ihr entfernt, und plötzlich – als habe man ihn gerufen – wandte er den Blick von Sara Studleigh – dem kleinen Ding in Rot – ab. Seine Augen waren blau wie das klare Wasser in einem Bergsee, auf dem Sonnenstrahlen glänzen, und sie lachten ebenso wie sein Mund. Sein Blick traf ihren.

32. Das Wiedersehen

Im Lauf der Äonen, seit all die Welten geschaffen wurden, ist es zumindest nicht undenkbar, daß in all den Welten, von denen unser eigenes Atom eine ist, eine Kraft herrscht – unbegrenzt, unbesiegbar und unerklärlich –, und welchen Namen man dieser Macht auch gibt, so bleibt sie doch immer dieselbe. Auf unserem Atom des Universums nennt man sie „Liebe". Nicht einmal die größten Skeptiker bestreiten ihre Existenz, nicht einmal die gründlichsten Forscher wagen sich an eine Erklärung, und auch die brillantesten Gelehrten können sie nicht wegdiskutieren. Ihre Formen – Schönheit, Trivialität, Großartigkeit, Dummheit, Lieblichkeit, Stumpfsinn, Heiligkeit, Reinheit und Brutalität – verringern oder verstärken ihre unveränderliche Macht nicht. Wie sich die Erde um ihre Achse dreht und Tag und Nacht, Frühling, Sommer, Herbst und Winter hervorbringt, so bringt sie auch diese unaufhörlich wirkende Kraft hervor. Gottgleiche Menschen wurden von ihr erhöht oder zerbrochen, Dummköpfe haben mit ihr gespielt, Grobiane haben sie besudelt, Heilige haben sie verehrt, Dichter sie besungen und Witzbolde sie verspottet. So wie Elektrizität den Tod, Erleuchtung und Macht bringen kann, so kann es auch diese große Kraft, und es ist töricht – egal, wie weise oder schelmisch man sein will –, ironisch darauf hinzuweisen, daß ihre Auswirkungen gar nicht so gewaltig seien. Ob die Welt ohne diesen psychologischen Faktor besser oder schlechter wäre, muß – glücklicherweise – nicht hier entschieden werden. Was da ist, existiert. Niemand von uns hat es geschaffen. Jeder geht auf seine Weise mit dieser Macht um, je nachdem, ob er klug oder unvernünftig entscheidet. Er wird auch die Folgen tragen – und die treffen vielleicht auch andere.

Über diese Kraft wußten das Oberhaupt des Hauses Coombe und seine alte Freundin viel und hatten oft darüber gesprochen. Sie hatten beide Erfahrung darin, ihre Anzeichen wahrzunehmen, seien sie nun subtil oder überdeutlich, und die Entwicklung zu beobachten. Sie hatten sie in den Augen junger Leute gesehen, sie hatten sie in klingendem Lachen und albernem Kichern gehört, sie hatten sie als Tragödie oder Komödie Gestalt annehmen sehen – und gesehen, wie sie zu Ende ging, wie sie zu einer Bindung führte oder zu einem Nichts zusammenschmolz. Aber sie wußten, daß sie immer anwesend war und daß niemand im Laufe seines Lebens völlig unberührt davon bleibt.

Jahre vor diesem Abend hatten die beiden Kinder, die im Garten spielten, nichts von dieser Macht geahnt, die sie zueinander hinzog. Selbstvergessen und unbewußt spielten sie zusammen und fühlten sich immer mehr verbunden.

So geschah es, daß man – ohne orakeln zu wollen – sagen kann, daß in dem Moment, in dem ein auffallend schöner und auffallend gut gekleideter junger Mann ahnungslos den Londoner Ballsaal betrat, in dem Mrs. Gareth-Lawless' Tochter den Tanzenden zuschaute und in dem er einem Mädchen in die Augen sah, das einen Moment neben den weit geöffneten Flügeltüren stand, die unerklärliche und unbesiegbare Kraft wieder wirksam wurde. Donal Muirs Augen weiteten sich nur ein wenig und nur eine Sekunde lang. Er hatte nicht gewußt, warum er sich plötzlich umgesehen hatte, und er wußte nicht, warum er plötzlich verwirrt war. Man starrte ein Mädchen nicht deshalb an, weil man ihrem Blick eine Sekunde lang begegnet war, als man an ihr vorbeitanzte! Sie war wirklich von hinreißender Schönheit, und sie hatte etwas … ja, sie hatte *etwas* an sich, das den Blick auf sich zog und … er wußte nicht, was es war. Es hatte ihm tatsächlich beinahe einen elektrischen Schlag versetzt. Er lachte ein wenig über sich selbst und runzelte die Stirn.

„Sie haben Miss Lawless gesehen", sagte Sara Studleigh, die gerade mit ihm tanzte. Sie machte sich eines Kicherns schuldig, aber es klang gutmütig. „Ich weiß, Sie haben Miss Lawless gesehen – die Schönheit bei der Tür."

„Hier sind so viele Schönheiten – überall! Man kann nicht den Blick heben, ohne eine zu sehen", antwortete Donal. „Was für eine Menge!" (Das Gefühl, einen leichten elektrischen Schlag bekommen zu haben, läßt einen noch einmal hinsehen, um herauszufinden, woher der Stromstoß kam, dachte er.)

„Sie ist die mit den Wimpern."

„Ich habe auch Wimpern – und Sie ebenfalls!" Er schaute sie liebenswürdig an. Ihre waren tatsächlich sehr schön.

„Aber unsere sind nicht zwei Zoll lang und bilden nicht diesen schönen Kranz um die Augen, wenn wir jemanden ansehen."

„Bitte schauen Sie zu mir auf und lassen Sie mich sehen", sagte Donal. „Als ich Sie zum Tanz aufgefordert habe, dachte ich –"

Was für eine „Art" er hat, dachte Sara Studleigh.

Aber Donal dachte: Vielleicht *sind* es die Wimpern. Auffällige Wimpern waren sehr faszinierend.

„Ich wußte, daß Sie sie gesehen haben", sagte Sara Studleigh, „denn zufällig habe ich mitbekommen, wie ein oder zwei Leute sie zum ersten Mal gesehen haben."

„Was ist mit diesen Leuten passiert?" fragte Donal Muir.

„Sie haben vergessen, wo sie waren", lachte sie, „und ein paar Sekunden gar nichts gesagt."

„Ich möchte nicht vergessen, wo ich bin. Es wäre auch nicht möglich", antwortete Donal. (Aber genau so war es, dachte er. Für eine Minute *habe* ich es vergessen.)

Dann fiel ihm ein, daß man nicht mit einem Mädchen tanzen und dabei über ein anderes Mädchen reden sollte. Er war klug genug, das Thema zu wechseln. Die Musik spielte unentwegt und entfaltete ihre wundersame Kraft, junge Seelen mitzureißen, die Blumen verströmten einen immer stärkeren Duft, fröhliches Plaudern und Lachen und leuchtende Augen verzauberten den Saal. Das Herz dieses jungen Mannes schlug im gleichen Takt wie die der anderen. Lady Lothwell, die die Herzogin vertrat, war so gütig, eine andere Partnerin für ihn zu finden, sobald ein neuer Tanz begann. Diesmal war es ihre eigene Tochter, Lady Kathryn. Auch beim Tanz mit Sara Studleigh hatte er das Mädchen mit dem Wimpern gesehen, das mit jemandem herumwirbelte, und als er den Tanz mit Kathryn begann, erhaschte er wieder einen Blick auf sie, obwohl sie sich am anderen Ende des Zimmers befand. Und fast sofort sprach Kathryn von ihr.

„Ich weiß nicht, wann Sie mit Miss Lawless tanzen können", sagte sie. „Ihre Tanzkarte stellt sie vor mathematische Probleme."

„Ich habe einen Setter, der einen anstarrt und reglos abwartet, bis man zu ihm hinsieht. Dann macht er einen Satz, und man muß ihn streicheln", sagte er. „Wenn ich zu ihr gehe, wird sie vielleicht Notiz von mir nehmen."

Notiz von ihm nehmen – das hinreißende Geschöpf! dachte Kathryn. Sie würde Freudensprünge machen – trotz all ihrem Gerede über Aussätzige – jedes Mädchen würde das. Er ist *zu* liebenswürdig! *Er* hat auch etwas an sich.

Robin machte keine Freudensprünge. Sie kam gar nicht dazu, denn ein Tanz folgte auf den nächsten, und einige waren sogar in zwei oder drei Stücke unterteilt. Aber der mitreißende Klang der Geigen, der Duft und die tausend Kerzen hatten sie in eine andere Sphäre katapultiert, obwohl sie geglaubt hatte, sie könne nicht mehr höher hinaus. Endlich – nach all den Jahren – die auf die längst vergangenen Tage gefolgt waren – war er zurückgekommen.

Niemand hatte je das seltsame, geradezu abartige Geheimnis geahnt, das sie immer für sich behalten hatte – als Kind – als kleines Mädchen – und als größeres Mädchen, als sie lieber gestorben wäre, als preiszugeben, daß sie sich in ihrer Einsamkeit an etwas erinnert hatte – etwas, an das sie sich klammerte – eine Erinnerung, aus der sie eine Begleiterin gemacht hatte, die ihr Bilder zeigte und ihr im Dunkeln Geschichten erzählte und mit der sie sogar Gespräche führte.

Aber für sie waren es lebende Geschöpfe gewesen und ihr einziger echter warmer Trost, der ihr seltsamerweise noch näher war als die gütige Dowie und die geliebte Mademoiselle. Sie hatte sich gefragt, ob die beiden etwas dagegen gehabt hätten, wenn sie es gewußt hätten – ob Mademoiselle schockiert gewesen wäre, wenn ihr klar gewesen wäre, daß manchmal ein heranwachsender lachender Junge in flatterndem Kilt und Plaid sie auf ihren Spaziergängen begleitet hatte, der eine Stimme und einen Blick hatte, die einem das Herz höher schlagen ließen. Anfangs war er wie sie ein Kind gewesen, aber dann war er mitgewachsen – immer größer, großartiger, wunderbar männlich und unvergleichlich. Aber sie hatte nie zu hoffen gewagt, daß er vor ihren Augen Gestalt annehmen würde – als lebendes Wesen. Er war nur ein Schatten gewesen, den sie liebte und den man ihr nicht nehmen konnte, weil er ihr Geheimnis war, von dem niemand wissen konnte. Die Musik spielte weiter, und ihr Klang tat beinahe weh. Und er war in demselben Zimmer wie sie! Donal! Donal! Er hatte es nicht gewußt und wußte es immer noch nicht. Er hatte sie angelacht, ohne es zu wissen – er war zurückgekommen. Er war jetzt ein junger Mann wie all die anderen, aber viel schöner. Was für ein Lachen, was für herrliche Schultern, was für ein großartiger Tänzer! Ihr Gefühl sagte ihr, daß er noch genau so war wie in jenen wunderbaren ersten Tagen.

Vielleicht kommt er gar nicht darauf, dachte sie, als sie tanzte und versuchte, gleichzeitig zu reden und nachzudenken. Ich war ja so klein – er wird sich nicht an mich erinnern. Ich erinnere mich nur, weil ich nichts anderes hatte. Oh – wenn es ihm nun nicht wieder einfällt! Sie konnte nicht hingehen und es ihm erzählen. Auch wenn ein Mädchen so etwas tun könnte, erinnerte er sich wahrscheinlich nicht an ein Kindheitserlebnis, das so lange her und für ihn wohl völlig unbedeutend gewesen war. Es war nur für sie so ungeheuer wichtig gewesen, und in seinem Leben war soviel passiert – viel mehr als in ihrem. Sie mußte sich zusammennehmen, um nicht ständig nach ihm Ausschau zu halten. Sein hellblonder Kopf mit dem kurzgeschnittenen welligen Haar war in der Menge leicht auszumachen, wenn man aufmerksam war. Er tanzte erst mit einer Rothaarigen, dann mit einer Brünetten und schließlich mit einer hochgewachsenen Schwarzhaarigen. Von der anderen Seite des Saales kam er beim Tango auf sie zu, und ihr

Herz schlug heftig. Er kam dicht an ihr vorbei, sein Blick fiel auf sie, und sie überfiel ein unsichtbares Zittern, das nicht mehr aufhören wollte. Oh! Wenn er nur etwas länger hingesehen hätte – wenn sie mit ihrem Tanzpartner nur an ihm vorbeikommen würde! Und wie furchtbar, daß sie sich überhaupt solche Aufregung erlaubte – wenn sie nicht erwarten konnte, daß er sich an das kleine Ding erinnerte, das sie damals gewesen war – nur ein anderes Kind, mit dem er zusammen in einem Garten gespielt hatte. Oh! Ihr Herz machte einen Satz – wenn er sie ansehen würde – wenn er sie *ansehen* würde! Wann hatte sie zum ersten Mal gemerkt – nach einer endlosen Zeit des Wartens, in der sie ihre Aufregung nicht hatte bezwingen können –, daß er *anfing,* sie zu sehen – daß ihm irgendwie ihre Anwesenheit bewußt wurde und es seinen Blick auf sie zog, auch wenn er sie nicht gleich erkannte? Durch den überfüllten Raum begegneten sich ihre Blicke zum ersten Mal, und wieder tanzte er mit einer anderen Partnerin an ihr vorbei. Dann machte er eine Pause und zeigte sich sehr vergnügt – obwohl er eigentlich immer vergnügt wirkte. Er war fröhlich gewesen, als sie in den Gärten zusammen gespielt hatten. Ja, seine Augen fanden sie. Sie hatte das Gefühl, daß er mit jemandem in seiner Nähe über sie sprach. Natürlich schaute Robin weg und versuchte, nicht gleich wieder hinzusehen. Aber als sie trotz Absicht und Entschlossenheit nicht anders konnte – waren seine Augen wieder da. Sie bekam jedesmal einen Schreck, wenn es passierte, aber er erschrak nicht. Ihr Herz schlug schneller, denn nun begriff sie, daß seine Blicke nicht zufällig auf sie fielen, sondern daß er sie sehen wollte – und wollte, daß sie ihn sah. So empfand sie es, obwohl sein Verhalten vollkommen korrekt war. Der Anlaß für ihre Begegnung war auch vollkommen korrekt – nach einer dieser endlosen Zeitspannen erschien Lady Lothwell und stellte ihn vor, als sei diese kurze Zeremonie etwas völlig Alltägliches. Seine anmutige Verbeugung sagte den Beobachtern nicht mehr als die von George, aber als er den Arm um sie legte und sie gemeinsam den Tanz begannen, fragte sich Robin voller Entsetzen, ob er nicht merkte, wie sehr ihr Herz hämmerte. Wenn ja, wäre das schrecklich – aber es hörte nicht auf. So nahe dran zu sein – zu versuchen, es zu glauben – sich ins Gedächtnis zu rufen, daß sie ihm nichts bedeuten konnte und nur sie aufgeregt war – wegen nichts! Aber sie konnte es nicht ändern. Das waren die ungeordneten Gedanken, die ihr durch den Kopf gingen. Sie war kein schüchternes Mädchen, aber sie konnte nichts sagen. Seltsamerweise war auch er für ein paar Momente still. Sie tanzten für eine Weile wortlos und merkten nicht, daß die Leute sie beobachteten, weil sie einen schönen Anblick boten. Und die Wahrheit war, daß keiner der beiden auch nur im entferntesten ahnte, was der andere dachte.

„Das – ist ein herrlicher Walzer“, sagte er schließlich. Er sagte es leise und bedeutungsvoll, als vertraue er ihr ein Geheimnis an. Er hatte nicht beabsichtigt, in so einem Ton zu sprechen, aber als er sich selbst hörte, machte es ihm gar nichts aus. Was war mit ihm los?

„Ja“, antwortete Robin. (Nur „Ja.“)

Er hatte es nicht gewußt, als er sie zum ersten Mal gesehen hatte, ging es ihm durch den Kopf. Natürlich konnte er jetzt keine großen Worte machen. Aber wie außergewöhnlich, daß –! Sie war wie eine Schwalbe, die flog. Es könnte ewig so weitergehen. Eine Runde um den großen Ballsaal – noch eine – und als die dritte begann, lachte er ein wenig und sprach wieder.

„Ich möchte Ihnen eine Frage stellen. Darf ich?“

„Ja.“

„Heißen Sie Robin?“

„Ja“, sie konnte es nur hauchen.

„Das dachte ich mir“, in dem Ton, in dem er von der Musik gesprochen hatte. „Ich habe es gehofft – nachdem ich es zuerst nur geahnt hatte. Ich habe es *gehofft.*“

„Ja – ja.“

Er hatte nicht beabsichtigt, sie ein wenig fester zu halten, aber er tat es unbewußt. Er war eben noch fast ein Junge. „Haben wir – haben wir nicht in einem Garten zusammen gespielt?“

„Ja – ja“, hauchte Robin. „Das haben wir.“

Sie hörte einen Laut, der klang, als habe er nach Luft geschnappt. Aber gleich danach ging der Tanz weiter, und es folgte eine kurze Stille.

„Ich wußte es“, sagte er dann, sehr leise. „Ich *wußte*, daß wir zusammen in einem Garten gespielt haben.“

„Sie wußten es nicht sofort, als Sie mich heute abend zum ersten Mal gesehen haben.“ Wobei sie auf unschuldige Weise enthüllte, daß sie seinen ersten Blick bemerkt hatte.

Aber auch seine Antwort war aufschlußreich. „Sie standen in der Tür – Sie kamen gerade herein. Ich weiß nicht, warum Sie mir gleich aufgefallen sind. Danach habe ich in der Menge nach Ihnen Ausschau gehalten.“

„Das habe ich nicht gesehen“, sagte Robin milde und verriet in ihrer Unerfahrenheit noch mehr.

„Nein, weil Sie mich nicht angesehen haben – Sie waren zu beschäftigt. Gefällt Ihnen dieser Tanz?“

„Mir gefallen alle Tänze.“

„Tanzen Sie immer so? Geben Sie Ihrem Partner immer das Gefühl, er hätte ein Leben lang mit Ihnen getanzt?“

„Es liegt daran, daß – wir zusammen im Garten gespielt haben“, sagte Robin. Gleich darauf erschrak sie vor sich selbst, denn – sie waren schließlich nur zwei alltägliche junge Leute, die einander zum ersten Mal auf einem Ball begegneten und sich überhaupt nicht kannten. Es war wirklich ihre erstes Zusammentreffen – die Begegnung zweier Kinder zählte nicht. Aber das Herzklopfen und der innere Aufruhr legten sich nicht.

Auch er fühlte sich geradezu außergewöhnlich, und dabei war er doch sonst ein höchst gewöhnlicher Zeitgenosse. Es war außergewöhnlich, so aufgeregt zu sein und sich in eine andere Sphäre versetzt zu fühlen, nur weil er mit einem Mädchen tanzte, das er wiedererkannt hatte und das er nicht gesehen hatte, seit es fünf oder sechs gewesen war. Es war außergewöhnlich, daß er sich so zu ihr hingezogen fühlte, überwältigt von dem Wunsch, mit ihr zu reden, ihr Fragen zu stellen. Fragen worüber? Über sie selbst – über sie beide – die Jahre, die dazwischen lagen – über den Garten.

„Die Erinnerung kam Stück für Stück wieder, nachdem ich zweimal zu Ihnen hingesehen hatte. Sie sind mehrmals an mir vorbeigekommen, ohne es zu merken." (Oh! Und ob sie es gemerkt hatte!) „Mir hatten andere Leute einen Tanz versprochen. Aber ich bin zu Lady Lothwell gegangen. Sie ist sehr gütig."

Die Jahre fielen von ihnen ab, und alles hatte wieder angefangen – die Glückseligkeit war wieder da. Er brachte sie ihr, jetzt genau wie damals. Er hatte die Macht dazu. Sie wartete nur darauf, was er sagen würde. Es gibt solche Phasen im Leben – wenn auch nur selten – und das Schicksal wollte es, daß sie gerade nun eine solche Phase durchlebte.

Es stimmte, daß mehr Wasser unter seiner Brücke hindurchgeflossen war als unter ihrer, aber jetzt –! Mit einem beinahe körperlich schmerzenden Schlag kam die Erinnerung an den Kummer des kleinen Jungen zurück, und es war, als sei es erst gestern gewesen – und das Bedürfnis, es ihr zu erklären, ebenso dringend wie am ersten Tag.

„Sie ist noch sehr klein und wird es nicht verstehen", hatte er zu seiner Mutter gesagt. „Sie ist wirklich noch klein – vielleicht wird sie weinen."

Wie monströs es ihm erschienen war! Hatte sie geweint – die arme kleine Seele? Er schaute auf ihre Wimpern hinunter. Ihre Wangen hatten noch die gleiche Farbe wie damals. Auch das fiel ihm wieder ein. Er wollte sie an sich drücken.

„Sie hat niemanden außer mir!" hörte er seine eigene Kinderstimme heftig sagen. Lieber Gott, es *war,* als sei es gestern gewesen. Er schluckte tatsächlich etwas hinunter, das ihm in der Kehle saß.

„Sie haben sich nur wenig ausgeruht", sagte er laut. „Es gibt hier einen Wintergarten mit Marmorbänken und Ecken und einem Springbrunnen. Würden Sie dort mit mir hingehen, wenn der Tanz zu Ende ist? Ich möchte mich bei Ihnen entschuldigen."

Sie hob den Blick, und die Wimpern bildeten jenen Kranz um die Augen, von dem Sara Studleigh gesprochen hatte. Ein Organ in seiner Brust machte einen heftigen Satz.

„Entschuldigen?“

Sprach er mit ihr beinahe so, als sei sie immer noch vier oder fünf? Er mußte es ihr erklären, wie er es dem kleinen Kind von damals erklärt hätte – aber er fühlte sich nicht mehr wie ein Achtjähriger.

„Ich möchte Ihnen erklären, warum ich nie wieder in den Garten gekommen bin. Es war ein gebrochenes Versprechen, nicht wahr?“

Die Musik hatte nicht aufgehört – aber sie hatten aufgehört zu tanzen.

„Kommen Sie mit?“ sagte er, und sie ging mit wie ein Kind – genau wie damals. Es schien ihr ganz natürlich, zu tun, was er wollte.

Der Wintergarten war ein kleines Paradies. Die Wärme mit ihrem Tropenduft – die unzähligen Blüten – die sanften Klänge der Musik – das Rauschen des Springbrunnens. Sie befanden sich auf einer höheren Ebene. Sie konnten in ihrer Ecke das Spritzen des Wassers hören und es manchmal auch fühlen. Ein kristallklarer Tropfen fiel auf ihre Hand, als sie sich auf die Marmorbank setzte. Sein Blick war etwas besorgt, und seine Stimme klang unsicher.

„Ich wurde geweckt – und es kam mir vor, als sei es mitten in der Nacht“, sagte er, als sei es erst gestern passiert. „Meine Mutter mußte plötzlich nach Schottland zurück. Ich war noch ein kleiner Junge, aber es hat mich fast umgebracht. Eltern und Kindermädchen verstehen nicht, wie sehr so etwas ein Kind mitnehmen kann. Ich hatte es Ihnen versprochen – wir hatten es einander versprochen – nicht wahr?“

„Ja“, sagte Robin. Ihr offener Blick war unverwandt auf ihn gerichtet. Was für Augen! Was für Augen! Es war rührend, wie sie auf seine Worte wartete.

„Kinder – vor allem kleine Jungen – lernen, daß sie nicht weinen dürfen, wenn sie traurig sind. Als ich an dem Tag im Zug saß, war mir, als würde mir das Herz in meiner kleinen Brust brechen. Ich wandte meiner Mutter den Rücken zu und starrte aus dem Fenster, damit meine Mutter mein Gesicht nicht sehen konnte. Ich hatte sie immer geliebt, aber ich glaube, in dem Moment habe ich sie *gehaßt*. Lieber Gott! Ich hatte bis dahin noch nie irgend etwas gehaßt. Was für eine harte Prüfung für einen kleinen Kerl! Meine Mutter war ein Engel, aber sie *wußte* es nicht.“

„Nein“, sagte Robin in einem seltsamen Ton und mit unverwandtem Blick. „Sie *wußte* es nicht.“

Er hatte auf einem niedrigen Marmorstuhl Platz genommen und umklammerte seine Knie mit einem Griff, der sehr emotional aussah. Da er saß, schaute er zu ihr auf statt auf sie hinunter. „Ich war *Ihretwegen* so verzweifelt", sagte er. „Es lag an Ihnen. Wenn es nur um mich gegangen wäre, hätte ich es ertragen. Und ich kam mir vor wie ein großer Junge. Ich dachte, ich wäre Jahre – Jahrzehnte älter als Sie – und viel größer!" In seinem kleinen Lachen schwang Mitleid für den großen kleinen Jungen mit. „Sie waren so winzig und hübsch – und so einsam."

„Ich war so einsam wie ein Vogeljunges, das aus dem Nest gefallen ist."

„Sie hatten mir gesagt, daß Sie ‚nichts' hatten. Sie sagten, niemand habe Sie je geküßt. Ich war mein ganzes Leben geliebt worden. Sie hatten so eine seltsame Art, mich anzusehen, als ob es in meiner Macht stünde, Ihnen alles zu geben – vielleicht schmeichelte es der Eitelkeit des kleinen Jungen, der ich war, und ich habe Sie deshalb geliebt – aber vielleicht lag es auch nicht daran."

„Sie *waren* alles", sagte Robin – und die Schlichtheit, mit der sie es sagte, ließ die Erinnerung an den Garten so lebendig werden, daß er den Weißdorn riechen und das ferne Klavierspiel hören konnte.

„Ich habe die ganze Zeit Ihre Augen gesehen und Ihr Lachen gehört und dachte, mir würde das Herz brechen. Ich wußte, daß Sie im Park auf mich warteten – und wie sich Ihr kleines Gesicht langsam verändern würde. Ich wußte, daß Sie dachten, ich würde kommen. ‚Sie ist noch klein' – das sagte ich mir immer wieder. ‚Und sie wird weinen – furchtbar weinen – und sie wird glauben, ich hätte es mit Absicht getan. Sie wird nie die Wahrheit erfahren.' Es war", er zögerte einen Moment, „es war auch Scham dabei. Als hätte ich Ihr Kleinsein und Ihr Vertrauen verraten, obwohl ich zu jung war, um zu wissen, was Verrat bedeutet."

Sie sah ihn an wie zuvor, „als ob er ihr alles geben könne". Wie sonst sollte sie ihn auch ansehen, wenn von ihm so eine Beruhigung ausging, die alle alten Wunden heilte? Nichts an seinem Verhalten war aufgesetzt – er war kein Jüngling, der flirtete. Es war echt, und er erzählte es ihr, weil er nicht anders konnte – er mußte sein Herz erleichtern.

„Haben Sie geweint?" sagte er. „Hat der kleine Junge sich zuviel eingebildet? Ich sollte es vielleicht hoffen."

Robin legte die Hand aufs Herz. „Nein", antwortete sie. „Ich war nur ein kleines Ding – aber ich glaube, es hat etwas getötet – hier."

Er atmete heftig ein. „Oh!" sagte er, und für ein paar Augenblicke saß er nur da und starrte sie an. „Aber es ist wieder zum Leben erwacht?" sagte er dann.

„Ich weiß nicht. Ich weiß nicht, was es war. Vielleicht konnte es nur in einem sehr kleinen Geschöpf existieren. Aber es wurde getötet."

„Mein Gott!" stieß er hervor. „Es war, als würde man einem Kanarienvogel den Hals umdrehen, wenn er in der Sonne singt!"

Die Musik zu einem neuen Tanz ertönte, und er stand auf. „Danke, daß Sie mir die Möglichkeit gegeben haben, es Ihnen zu erzählen", sagte er. „Das war die Entschuldigung. Es war sehr gütig von Ihnen, zuzuhören."

„Ich wollte es hören", sagte Robin. „Ich bin froh, daß ich nicht alt werden und sterben mußte, ohne es zu erfahren. Als ich Sie heute abend gesehen habe, hätte ich beinahe laut gesagt: ‚Er ist zurückgekommen!'"

„Ich bin froh, daß ich gekommen bin. Es ist seltsam, wie man etwas noch einmal durchleben kann. Zwischen unserer letzten Begegnung und heute liegen so viele Jahre. Ich habe das Leben eines Jungen geführt – mit Hauslehrern und Eton und Oxford und Leuten und vielen Reisen und Vergnügungen. Aber in dem Augenblick, als ich Sie an der Tür gesehen habe, versetzte mich etwas in jene Zeit zurück. Ich gestehe, daß ich mir nie erlaubt habe, in der Erinnerung zu schwelgen. Es tat mir nicht gut, denn dann dachte ich immer wieder daran, wie es war, als kleiner Junge mit gebrochenem Herzen in dem Zug zu sitzen – und an das Gefühl, verraten worden zu sein. Es ist ungesund, über Dinge zu grübeln, die nicht mehr zu ändern sind. Also verblich die Erinnerung. Aber als ich beim Tanzen an Ihnen vorbeikam, wußte ich irgendwie, daß ich *etwas* entdeckt hatte. Es machte mich unruhig. Ich konnte den Blick nicht von Ihnen abwenden, obwohl sich nicht gehört, jemanden anzustarren. Dann ganz plötzlich *wußte ich es!* Ich kann Ihnen nicht beschreiben, wie es war. Sie waren wieder da – und ich mußte Ihnen eine Erklärung geben, wie ich es auch getan hätte, wenn ich Sie damals am gleichen Abend in Braemarnie angetroffen hätte. Konventionen hatten nichts damit zu tun. Es hätte keine Rolle gespielt, auch wenn Sie mich für einen Dummkopf gehalten hätten. Das hätten Sie denken können."

„Nein, hätte ich nicht", antwortete Robin. „Ich war nie auf Festen in Eton oder Oxford. Das hier ist mein erstes Fest."

Sie stand ebenfalls auf, und ein paar Sekunden standen sie da und sahen einander an – beide mit einem zittrigen jungen Lächeln, dessen sich keiner der beiden bewußt war. Robin kam als zuerst wieder zu sich. Er sah, daß an ihrem Hals eine Ader pochte, und sie hob die Hand.

„Diesen Tanz hatte ich Lord Halwyn versprochen – und wir haben die ganze Zeit hier gesessen. Wir müssen zurück in den Ballsaal."

„Das müssen wir wohl, nehme ich an", erwiderte er langsam und widerwillig – aber er konnte kaum den Blick von ihr abwenden – obwohl er ihrer Aufforderung nachkam. Sie gingen wieder zurück.

In dem hellerleuchteten Ballsaal spielte die Musik weiter, als er die schmale junge Gestalt in Weiß in den Arm nahm und sie beide buchstäblich durch die Luft wirbelten.

Die alte Herzogin und Lord Coombe schauten zu, ohne wirklich etwas zu sehen. Sie sprachen leise über Sarajevo.

FRANCES HODGSON BURNETT

EDITHA UND DER EINBRECHER

ERZÄHLUNG

VERLAG 28 EICHEN